Re: 리마케팅하라!
Marketing

KB053204

천개의 바람이 되어 저희 형제와 가족들을 돌봐주시는

고(故) 양은희 여사님께 이 책을 바칩니다.

인사이트를 얻기 위한 최적의 마케팅 공부

Re: 리마케팅하라!
Marketing

박노성 지음

BM 성안북스

- 일러두기

에피소드에 등장하는 학생 등 사람들의 이름은 가명입니다.

날마다 새롭게

다시, 태어나라! Re-born

우리는 날마다 다시 태어납니다. 아니 매 시간, 매 순간 죽고 다시 태어납니다. 죽음에 익숙해져야 합니다. 그래야 새로운 탄생이 시작되기 때문입니다. 태어나는 게 현재이고 죽는 게 과거라면, 글에 담는 모든 순간은 과거입니다. 제가 저와 관련된 이야기를 쓰더라도, 그게 글이 되었다면 어제의, 아니 오래전의 이야기입니다. 그림이나 음악 등의 예술은 물론, 우리가 배우는 교육 역시 한순간을 영원히 박제시킨 과거에서 시작됩니다.

잘못된 시간에 박제될까 봐 글을 마무리할 때면 언제나 아쉬움이 남습니다. 잘못 썼거나 틀린 내용은 없을까? 읽기 쉽도록 썼을까? 너무 많은 말을 한 건 아닐까? 머릿속에는 아직도 부족한 게 많은 이야기들이 제 머리를 떠나지 않지만 이제 죽을 시간입니다. 태어날 시간을 정하지 못하듯 죽어야 할 시간 역시 제가 정하는 것이 아닙니다. 누구나 시간은 모자라고, 결국 다하지 못하고 죽게 됩니다. 그 과정에서 새로운 것을 탄생시키고 세상에 남기는 것이 인간이지요.

다시, 생각하라! Re-think

어린 시절, 어머니께서는 저희 두 형제에게 동화책을 읽어주시곤 하셨습니다. 『행복한 왕자』를 읽어주실 때의 일이 떠오릅니다. 남쪽 나라로 떠나는 길이었던 한 제비가 우연히 행복한 왕자 동상에 앉게 됩니다. 왕자는 우연히 자신의 몸에서 쉬어가는 제비에게 부탁 하나를 들어달라고 말합니다. 바로 자신의 몸에 장식된 금과 보석, 심지어는 사파이어로 만든 자신의 눈 등을 어려운 사람에게 전달해 달라는 것이었지요. 그렇게 제비는 왕자의 부탁으로 어려운 사람에게 도움을 줍니다.

하지만 왕자의 부탁을 들어주는 과정에서 제비는 남쪽으로 돌아가는 타이밍을 맞추지 못하여 결국 얼어 죽고, 어려운 사람에게 갖은 금은보석 등을 나눠준 덕분에 볼품없어진 왕자의 동상은 사람들의 손에 의해 철거됩니다. 한편, 이를 불쌍하게 여긴 천사는 왕자의 녹슨 심장과 제비의 사체를 신에게 가져옵니다. 신은 흡족해하면서 "제비는 이제 천국을 누비면서 영원히 노래를 부를 것이고, 왕자는 영원히 그 노래를 들으리라"는 축복을 내리며, 동화가 끝이 납니다. 저는 이 이야기를 듣고 어머니께 다음과 같은 질문을 하였

습니다. "엄마, 왕자는 두 번 죽은 건가요? 그럼 먼저 죽은 왕자는 어디 갔어요?"

『어린이를 위한 칸트 전기』를 읽어주실 때도 비슷한 경험을 하였습니다. 책에서 철학자 칸트는 매일매일 일정한 시각에 맞추어 산책을 한다는 내용이 있었습니다. 그 시간이 어찌나 정확하고 규칙적이었던지 마을 사람들은 그의 산책 코스에 따라 시계를 맞추었다고 합니다. 그러나 어린아이였던 저의 눈에는 존경은커녕 그런 칸트가 참으로 이상한 사람으로밖에 보이지 않았습니다. 산책은 수업 시간을 알리는 학교 종소리와는 다른 것입니다. 정시·정각에 출발하는 KTX와도 다릅니다. 특별한 볼일이 있어서 걷는 것이 아니기 때문에 때론 빠를 수도 있고, 때론 늦을 수도 있습니다. 나비나 거미를 보면 멈추기도 하고, 물웅덩이를 밟다 보면 그 코스가 빗나갈 수도 있어야 하는 것이지요. 산책은 그야말로 멍때리고 걷는 것이니까요.

이처럼 흥미를 끌기 위해 필요한 부분만 정리한 모순투성이의 이야기는 비단 동화나 위인전에만 존재하는 것이 아닙니다. 제가 겪었던 성공 사례와 우리가 흔히 알고 있는 마케팅 신화 역시 상당 부분이 왜곡되어 있을 수도 있는 것이지요.

다시, 마케팅하라! Re-marketing
이 책은 모두가 칭찬하는 성공 사례나 효과를 거둔 광고, 성과를 냈던 마케팅에 숨겨진 이면을 비틀고 되짚어 다른 각도로 정리한 것입니다. 저만의 호기심을 다섯 개의 부로 나누었으며, 각 부는 세 개의 장으로 구성되어 있습니다. 또 각 부는 성격도 다르고, 서술 방법도 조금씩 다릅니다. 하나의 주제로 세 장이 모두 이어지는 경우도 있고, 첫 번째 장을 위해 나머지 장이 설명하는 경우도 있으며, 각자 독립된 사례를 비교하기도 합니다. 내용이 스타일을 만든 셈이지요. 좀 더 자세하게 살펴드리겠습니다.

'제1부. 적과의 동침'은 책을 빌려주는 별마당 도서관과 책을 판매하는 영풍문고가 코엑스몰이라는 같은 공간에서 공존하는 방식을 살펴보았습니다. 직접적인 계기는 김위찬 교수와 르네 마보안 (Renée Mauborgne) 교수의 저서인 『블루오션 시프트』의 부록에서 우리나라의 블루오션 사례로 별마당 도서관을 들었기 때문입니다. 제 생각과는 달리 너무나도 극단적인 칭찬이었기 때문에 사실 관계를 확인하고 싶었습니다. 그래서 이 과정에서는 글쓴이의 의도와 맥락을 살펴보기 위해 많은 서적을 검토하였고, 별마당 도서관의 모티브가 되었던 츠타야 서점도 살펴보았습니다.

'제2부. 선도 기업의 딜레마'는 꼭 짚어보고 싶었던 내용을 다루었습니다. 어떤 기업은 잠깐 등장했다가 사라지고, 어떤 기업은 지속 가능한 성장을 이루어 내지요. 또 어떤 기업은 잘 나가다가 한순간에 몰락하는 반면, 어떤 기업은 순간순간에 충실한 것만으로 눈부신 업적을 이루기도 합니다. 이 과정에서 후덕한 독지가라도 나타나서 도움을 준다면 좋겠지만, 이 역시 동화에서나 가능한 일입니다. 냉정한 현실 세계에서는 대부분을 스스로 해결해야 하기 때문입니다. 그러나 아주 가끔은 더 이상 물러날 곳이 없다고 생각하는 순간, 돌파구를 만나기도 합니다. 저는 오랫동안 이러한 극적인 이야기를 찾아다녔습니다. 하지만 동화에서나 나올 법한 이야기를 찾는다는 것은 쉽지 않은 일이지요. 그래서 이번 책에서는 이러한 이야기를 쓸 수 없을 것이라고 생각하였습니다. 그런데 이게 무슨 일일까요. 책을 쓰기 직전에 주변 사람들을 통해 이러한 이야기를 쓸 수 있는 기회를 얻을 수 있었습니다. 야후와 롯데, 네이버와 카카오, 애플과 소니가 바로 그것입니다.

'제3부. 소비자를 열광시켜라'는 광고 기획자들이 항상 마주하는 성과를 낼 수 없을 것만 같은 광고주들의 성공 이야기를 다루었습니다. 다만, 제가 담당했던 다른 광고주들의 성공 이야기 등을 포함하여 더 길게 다루고 싶었지만, '2% 부족할 때'의 사례만으로도 내용이 상당히 방대해졌기에 그 외 이야기는 다루지 않았습니다. 그렇다고 단순한 경험을 소개하는 데에만 그치지 않고 상황과 배경을 최대한 많이, 그리고 자세하게 담으려고 노력하였습니다.

'제4부. 인과관계의 오류'는 가장 힘들게 작성한 챕터입니다. 새로운 정부가 들어설 때마다 등장하는 교육계를 뒤흔드는 무능한 장관들의 이야기로 시작해서 일관성 없는 정부의 교육 정책으로 마무리하고 싶었습니다. 하지만 연결고리를 찾는 게 쉽지 않았지요. 그렇게 몇 달을 끙끙거리던 저의 그물에 아름답게 반짝이는 물고기 한 마리가 걸렸습니다. 바로 박순애 교육부 장관의 사퇴였지요. 정책 실패로 이어졌던 이 사례와 함께 과거에 비슷한 논란을 일으켰던 사례를 연결하여 정리하였습니다.

'제5부. 뛰는 자 위의 나는 자'는 제목에서 짐작할 수 있듯이 새로운 트렌드에 대한 이야기입니다. 모두가 한 번쯤 들어봤지만, 정확하게 이해할 수 없었던 주제들을 쉽게 정리해보았습니다.

각 부의 마지막 장에는 우리가 주변에서 겪을 수 있는 마케팅 에피소드를 담은 '헤드라이트(headlight)'라는 코너가 있습니다. 기업의 마케팅 담당 직원 혹은 소상공인이나 (예비)창업자가 직접 시도해볼 수 있는, 알기 쉬운 마케팅 케이스 스터디(Case Study)로써 모두가 마케터인 시대에 어둠에 처한 기업에게 요긴하게 쓰일 수 있는 내용들을 재미있게 담았습니다.

다시, 창조하라! Re-create

책을 집필하는 도중에 사무실을 옮겼습니다. 키우던 난초도 함께 가져왔지요. 이전의 사무실은 오피스텔이어서 샤워기로 물을 틀어 10분 정도 흠뻑 적신 뒤, 몇 시간 동안 놔두는 방식으로 난초에 물을 줬었습니다. 그런데 이번에 옮긴 곳은 일반 사무실이라서 물을 틀어 둘 샤워기가 없었지요. 그래서 공용 화장실에서 통에 물을 담아 난초가 물을 빨아드리도록 내버려 둔 뒤에 가져오는 식으로 물을 줄 수 밖에 없었습니다. 그런데 이게 어떻게 된 일일까요? 이후 난초의 반응이 달라졌습니다. 물에 흠뻑 적신 난초는 두 세 시간 물을 빼도 사무실 바닥이 흥건하게 적었는데, 통에 담아 둔 난초는 사무실 바닥에 물을 거의 흘리지 않았던 것입니다. 그동안 쏟아지던 수동적인 물은 난초에게 오랜 시간 게워내야 할 만큼 버거웠지만, 능동적으로 빨아들이도록 놔두자 원하는 만큼만 흡수할 수 있었던 것입니다.

지식도 마찬가지입니다. 저자의 내용을 수동적으로 받아들이면 지식은 줄줄 세어 버립니다. 책의 절반은 온전히 독자의 몫이기 때문이지요. 그렇기에 책을 읽는 지금 이 순간에 여러분의 능동적인 관점이 더해진다면, 이 책은 여러분에게 최선의 전략을 찾아낼 수 있도록 도움을 줄 것입니다. 그리고 이는 저에게 정말 기쁘고 의미 있는 일이 되겠지요. 다만, 아무리 마음에 들고 재미있어도 무협지를 읽듯 처음부터 끝까지 단번에 읽는 것은 권하지 않습니다. 천천히 여유를 가지고 다른 기업 및 사람들의 전략 등을 자신의 상황과 대입도 해보고, 비교해보며 읽기 바랍니다. 분명 많은 도움이 될 것입니다.

마이클 포터(Michael Porter)는 "성공적인 전략은 반드시 선택을 요구한다."라고 했습니다. 저는 여러분들이 이 책을 통해 당면한 현 상황에서 기업들이 구사한 전략을 살펴보는 단순한 시각에만 머무르지 않았으면 좋겠습니다. 반드시 필요한 전략을 선택하고,

곱씹어 사고함으로써, 사업을 이끌어 나갈 추진력과 마케팅 아이디어를 얻어 가셨으면 좋겠습니다.

그동안 다양한 기업들을 만나 컨설팅을 진행하면서 각 개인의 능력과 재능의 차이가 그리 크지 않다는 것을 깨달았습니다. 유사한 분야의 사업에서는 더욱 그 차이가 크지 않았고요. 그러므로 다른 사람의 성공을 따르기만 하는 것은 시간 낭비에 불과합니다. '노력은 결코 배신하지 않는다.'는 그 시시한 문장의 놀라운 힘을 믿는다면, 지금 여러분이 하는 일을 새로운 관점으로 바라보시기 바랍니다. 그리고 여러분이 꿈꾸는 그곳에 도달하는 데에 이 책이 든든한 자양분이 되기를 진심으로 희망합니다.

박노성 드림

| 차례 |

제2부. 선도 기업의 딜레마

제5부. 뛰는 자(者) 위의 나는 자(者)

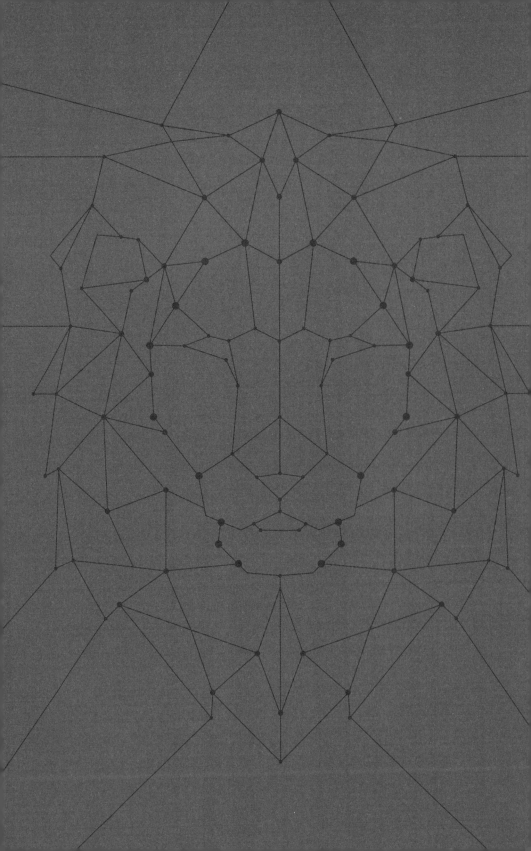

제1부.
적과의 동침

"언젠가는 카카오톡이 공급자이며 소비자이고, 또 경쟁자이면서 협력자라는 사실을 SK텔레콤이 알게 될 날이 오리라. 잘 정립된 산업에서는 상품과 고객의 세그먼트(segment)를 파악하기 쉽다. 하지만 가치 사슬이 존재하지 않는 곳에서는 어디서 어떻게 돈을 벌어야 할지, 어떤 활동을 어떻게 통제할지, 수직적 혹은 수평적으로 통합될지를 어떻게 알 수 있을까?"

– 게리 하멜(Gary Hamel)과 C. K. 프라할라드(Coimbatore Krishnarao Prahalad)[1]

제1부.
'적과의 동침' 들어가기

첫 번째 이야기는 우연히 올린 블로그의 글에 대한 네티즌의 꾸준한 관심에서 아이디어를 얻은 주제입니다.[2] 원고를 써 나가면서 현상을 해결할 이론으로 마이클 포터(Michael Porter)의 '경쟁 전략'과 '경쟁 우위'에서 큰 도움을 받았습니다.

포터는 '기업의 성공은 차별화와 원가 우위를 통해서 가능하다.'고 강조합니다. 그런데 경영학의 역사에는 이러한 포터의 이론에 반대하는 사람이 여럿 등장합니다. 김위찬과 르네 마보안(Renée Mauborgne)은 경쟁 없이도 새로운 시장을 창출할 수 있다며, '블루오션 전략'을 제시하였지요. 또 포터가 강조한 경쟁자를 '협력자'라는 전혀 다른 시각으로 발상의 전환을 하는 것이 배리 네일버프(Barry J. Nalebuff)의 '코피티션(Coopetition)'입니다. 하지만 이들의 아이디어 모두 마이클 포터가 경쟁 우위에서 이미 언급한 문제들입니다. 일부분을 확대하여 파생시켰지만, 뿌리는 같은 것이지요.

이들의 치열한 연구 덕분에 '코엑스몰의 대형 서점은 어디로 갔을까?' 라는 어려운 질문에 대한 나름의 해법을 도출해 낼 수 있었습니다. 하지만 이 책 역시 마이클 포터의 손바닥 안에서 벗어나지 못합니다. 만약 제1부. '적과의 동침' 읽고 관련 내용에 흥미가 생긴 창업가나 스타트업 종사자라면 제1부의 이론적 근거를 제공한 배리 네일버프의 또 다른 명저인 『어니스트 티의 기적』도 꼭 한 번 읽어보시기 바랍니다. 다행히 이 책은 만화랍니다.

1장.
코엑스몰의 대형 서점은 어디로 갔을까?

'한국 사람은 책을 안 읽는다.'

예전부터 수도 없이 들었던 말입니다. 그럼에도 광화문, 종로, 강남, 잠실, 삼성, 홍대입구, 합정 등 주요 상권에는 여전히 대형 서점이 존재합니다. 트렌드를 파악할 수 있기 때문일까요? 아니면 약속 시간보다 일찍 도착해서 친구를 기다릴 때 책만큼 좋은 것이 없기 때문일까요? 속내를 들여다보면 그렇게 낙관적이지만은 않습니다.

시간이 지날수록 대형 서점의 출점은 늘어나고 있지만, 매장의 규모는 작아지고 있으며, 무엇보다 매장 내 도서의 비중이 줄어들고 있습니다. 대형 서점인 교보문고와 영풍문고의 오프라인 매장 수는 2022년 기준 전국에 총 86개로, 2015년 63개와 대비하여 봤을 때, 약 36% 증가하였습니다. 하지만 도서만 판매하는 매장은 거의 없고, 음반 및 문구류가 매장의 절반가량을 차지합니다. 교보문고 합정점의 면적은 1,550㎡(약 469평)나 되지만, 그중 42%인 661㎡(약 200평)가량은 음반 및 문구류를 판매하는 핫트랙스 매장입니다. 이는 온라인 서점과의 경쟁에서 수세에 몰린 대형 서점이 더이상 도서 유통만으로는 수익을 내기 힘들어졌다는 것을 방증(傍證)하는 지표입니다. 교보문고 관계자는 다음과 같이 말합니다.

"책을 판매하는 것만으로는 온라인 서점과의 차별화를 이룰 수 없습니다. 고객을 오프라인 서점으로 끌어들이기 위해 복합 문화 공간으로의 변화가 필요합니다."

최근 들어 일본 사람도 책을 읽지 않는다고 합니다. 노벨상 수상자가 무려 30여 명에 이르는 아시아 지역의 압도적인 독서 강국 일본 역시 독서율 하락이 사회적 이슈인 것입니다. '전국 대학생활 협동조합 연합회'가 일본의 전국 국공립·사립 대학생 1만 155명을 대상으로 하루 평균 독서 시간을 조사하였더니, 절반가량인 49.1%가 '0시간'이라고 답하였습니다.[3] 일본의 유명 작가 히가시노 게이고는 자신의 베스트셀러 『나미야 잡화점의 기적』의 에필로그에서 '만화책만 읽는 사람들도 좋아할 수 있도록 쉽게 썼노라.'고 밝혔을 정도입니다.

이쯤 되면 일본 번역서들이 대개 150~200페이지 남짓에 불과하고, 다양한 문고판이나 독특한 출판물을 만드는 것은 대중들의 독서를 유도하기 위한 것이 아닐까 싶습니다. 소프트웨어 측면에서 독자들을 배려하는 일본의 노력인 것이지요. 물론 하드웨어 측면에서 독자를 배려하는 노력도 빼놓을 수 없습니다.

여기서 등장하는 것이 바로 '츠타야 서점'입니다. 츠타야 서점이 사람들의 입에 처음 오르내릴 때에는 '서점의 변화' 정도로 언급되었습니다. 그런데 이제는 출판업과 전혀 상관없는 우리나라 일반인들도 일본 여행을 가면 꼭 들러보는 명소가 되었습니다. 독서 교육에 관심이 많다 보니 저 역시 일본으로 종종 출장을 가곤 하였습니다. 그리고 그때마다 독특한 사업 방식의 두 회사가 눈길을 끌었습니다. 바로 츠타야 서점과 뒤에서 다룰 잡화 매장 '돈키호테'입니다.

첫 번째 사업 방식 - 츠타야 서점

오프라인 서점 불황 속, 츠타야 서점의 선전

많은 사람들이 츠타야 서점에 주목하는 이유는 서적의 독특한 진열 방식 때문입니다. 카테고리에 따라 서적을 진열하는 기존의 서점들과는 달리, 츠타야 서점은 관심사를 바탕으로 서적을 진열합니다. 예를 들어 '요리 관련 코너'에는 요리를 주제로 한 실용 서적, 에세이, 소설, 시집 등 카테고리와는 상관없이 요리 관련 서적들이 한데 모여 있습니다. 지금은 사라진 반디앤루니스 코엑스몰점도 이러한 시도를 많이 했었지요.

사실 츠타야 서점의 이런 방식은 장소에 대한 부담이 크고, 손도 많이 갑니다. 도서를 카테고리별로 진열하지 않는다는 것만으로도 효율성은 크게 떨어지며, 서점 직원들이 책 내용을 일일이 살펴서 어떤 관심사에 맞춰 배치할지 끊임없이 고민해야 하기 때문입니다. 또 기획하는 관심사나 이벤트의 주제에 따라 공간도 새롭게 구성해야 하며, 필요할 경우 해당 분야의 출판사와 협업도 해야 합니다. 문학동네 출판사에서 반디앤루니스 서점과 손잡고 김영하 작가 컬렉션을 기획했었던 것처럼 말이지요. 이는 당시에 인지도가 높지 않았던 김영하 작가의 잠재력을 믿었던 출판사와 대중의 기호를 파악한 서점의 효과적인 협업이었습니다. 다만, 이런 기획을 지속시키려면 서점이 해야 할 일이 생각보다 많습니다. 다양한 악기로 연주하는 오케스트라에서 반드시 전체를 지휘하는 지휘자가 필요한 것처럼, 넓은 시야를 바탕으로 서점 전체를 지휘하는 도서 관련 전문가가 필요합니다. 단순히 콘셉트의 변화 혹은 차별화 전략으로 흉내 내듯 접근하기에는 서점이라는 사업은 고려할 게 너무나도 많기 때문입니다.

츠타야 서점의 3가지 성공 요인: 즉시성, 직접성, 그리고 편안함

츠타야 서점의 CEO 마스다 무네아키는 '온라인이 중심인 세상에서 오프라인 서점이 성공하려면, 즉시성과 직접성이 필요하다.'고 강조합니다. 이는 온라인 쇼핑몰이 중심이 되는 상황에 위기를 느낀 무네아키가 오프라인 매장이 살아갈 방법을 고민한 끝에 발견한 비결입니다. 그럼 하나씩 살펴보겠습니다.

첫째, 즉시성입니다. 온라인 서점의 경우, 코로나19 사태 이후 비대면 서비스가 강화되면서 당일 배송 서비스는 확대되고 있지만, 온라인상에서 클릭한 상품을 그 자리에서 바로 가져갈 수는 없습니다. 즉, 배송 기간이 아무리 짧아도 기다리는 시간이 발생하는 것입니다. 심지어 제품에 따라 차이도 있습니다. 당연히 가전제품이라면 기다리는 시간이 길어도 문제될 것이 없습니다. 그런데 저녁 식사 때 한우고기를 먹으려는 사람에게 1~3일의 시간을 기다리라고 하면, 이는 문제가 될 것입니다. 무네아키는 이처럼 즉시 구매해야 가치가 증가하는 상품이야말로 오프라인 사업에 적합하다고 보았습니다.

둘째, 직접성입니다. 온라인 서점에 책이 아무리 많아도 어마어마한 책의 장벽을 직접 마주했을 때 느끼는 벅찬 감동을 전달하기는 어렵습니다. 그래서 책을 사 모으는 사람들도 있는 것이겠지요. 책을 사 모으는 사람들에게 구입한 책을 읽느냐고 물어보면, '꼭 그렇지만은 않다'라고 대답합니다. 그리고는 서점에서 책을 고르고, 구입해서 책장에 꽂아 두는 것만으로도 지적인 공백을 메우는 것 같다고 말하며, 드넓은 벽면을 가득 메운 막대한 양의 책들에 압도당하는 기쁨이 강렬하고 포근해서 책을 모으는 것이라고 말합니다.

요즘은 모든 이들이 온라인상에서 필요한 것들을 구매하는 것 같지만, 반드시 그렇지도 않습니다. 즉시성과 직접성 때문이지요. 즉시성을 경쟁력으로 삼는 대표적인 사업이 '편의점'입니다. 편의점은 필요한 상품을 집 근처에서 1년 365일 24시간 내내 즉시 손에 넣을 수 있습니다. 그래서 많은 사람들이 슈퍼마켓이 아닌, 편의점을 찾는 것이지요. 직접성을 경쟁력으로 삼고 있는 대표적인 곳은 거대 쇼핑몰인 신세계 그룹의 '스타필드'입니다. 압도적인 양의 상품들이 자랑하는 매력이 고객의 발길을 끄는 것이지요. 코로나19 사태와 모바일 커머스의 약진이라는 새로운 트렌드로 인해 고통 받고 있는 오프라인의 매장들 중에서도 편의점과 거대 쇼핑몰의 성장세는 꺾인 적이 없습니다. 이렇듯 즉시성과 직접성이야말로 오프라인 매장이 온라인 쇼핑몰에 대해 가질 수 있는 경쟁력입니다. 그렇다면 편의점과 거대 쇼핑몰만으로 사람들이 정말 충분한 만족을 느낄 수 있을까요? 물론 충분하다고 보기는 어렵습니다. 그래서 '편안함'도 고려해야 합니다.

셋째, 바로 앞에서 언급한 편안함입니다. 얼마 전에 개장한 현대백화점 '더현대 서울'은 코로나19 사태의 한복판에서 개장했음에도 불구하고, 높은 매출을 기록한 것으로 유명합니다. 실제로 가보니 쇼핑 중간 중간에 쉴 공간이 별로 없는 일반적인 백화점과는 달리, 더현대 서울의 곳곳에는 테이블과 의자를 갖춘 쉴 공간이 있더군요. 백화점 내부에서도 랜드마크가 될 법한 공간인 5층 사운즈 포레스트는 유모

차를 동반하는 고객들도 장소에 구애받지 않고 쉴 수 있을 정도인, 약 1천 평 규모의 널찍한 공간입니다. 게다가 층별 동선 너비도 최대 8m 정도라 유모차 8대가 동시에 움직일 수 있어 거리두기 확보도 가능합니다. 밀도 높은 쇼핑 공간 대신 자연과 넉넉한 공간을 강조한 것입니다. 이를 두고 현대백화점 홍보 실장인 김준영 상무는 다음과 같이 말하였습니다.

"매장 공간을 줄여 연매출 2천억 원을 포기한 셈이지만, 단기적인 매출보다도 장기적 관점에서 고객이 편안하게 방문해 쉴 수 있는 공간을 만들고자 했습니다."

이처럼 편안함을 강조한 더현대 서울 덕분에 현대백화점의 매출은 전년도보다 약 14.5%가량 상승하였습니다.

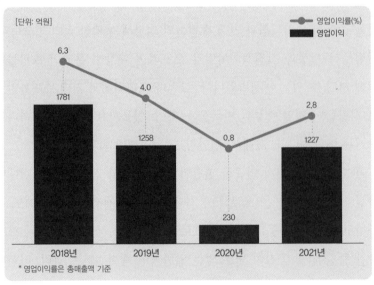

〈그림 1-1〉 현대백화점 상반기 영업 이익 (출처: 비즈니스 와치)

츠타야 서점이 바라보는 '시장의 변화'

오늘날의 수많은 데이터에는 신호와 소음이 섞여 있습니다.[4] 따라서 소음처럼 쏟아지는 방대한 정보 속에서 자신에게 필요한 '신호'를 캐치할 수 있어야 하지요. 제품도 마찬가지입니다. 경쟁적으로 돌아가는 대량 생산 시스템 덕분에 시장에는 많은 제품들이 넘쳐나고 있으며, 소비자들은 그중에서 자신에게 필요한 제품을 찾아낼 수 있어야 합니다. 그래서 '내가 원하는 제품'을 더 잘 찾을 수 있도록 도와주는 기업이 살아남고 있습니다. 이처럼 이제는 소비자에게 한 발 더 다가가야 합니다. 노벨경제학상 수상자인 리처드 탈러(Richard H. Thaler) 교수가 주장한 '넛지(Nudge)'처럼 최적의 상품을 추천해 줄 수 있는 '제안 능력'을 갖추고서 말이지요.

제안 능력의 핵심은 본질적으로 '기획자'의 역할입니다. 소비자가 원하는 제품을 공급하는 것보다 더 중요한 것이 소비자의 구매욕을 자극하는 일이기 때문입니다. 즉, 소비자에게 필요한 제품을 공급하는 것이 아니라, 소비자 스스로 '난 저 제품이 필요하다.'고 느끼게 만들어야 하는 것입니다. 그리고 여기에서 필요한 개념이 바로 '큐레이션(Curation)'이고, 책 판매에 큐레이션을 적용한 곳이 바로 츠타야 서점입니다.

저 역시 '끌리는 책이 있을까?' 싶어 틈틈이 대형 서점을 찾습니다. 하지만 도서 카테고리로만 구분되어 있는 대부분의 서점 진열 방식으로는 '끌리는 책', '나에게 필요할 것 같은 책'을 찾기가 굉장히 어렵습니다. 책을 '제안'하기보다 말 그대로 '진열'하고 있기 때문입니다. 그러다 보니 눈에 띄는 책은 대부분 '광고하는 책'입니다. 즉, 원치 않는 책을 구매할 가능성이 높아지는 것이지요.

츠타야 서점은 차별화 기회를 여기서 찾았습니다. 서점이라는 공간을 책만 파는 곳이 아닌, 라이프 스타일(Life Style)을 제안하는 곳으로 다시 정의한 것이지요. 서점을 막연히 찾는 사람들에게 '이런 라이프 스타일은 어때?'라는 제안을 책의 카테고리를 뛰어넘어 횡적으로 연결시켜 주는 것입니다. 때문에 그 제안에 적합한 음악이나 영화도 함께 팔 수 있는 것이지요. 물론 그러한 제안에 따라 츠타야는 서점 공간을 다시 구성합니다.

소비자부터 생각하니 매출이 따라온다

츠타야 서점의 이런 전략은 단순한 차별화나 얕은 콘셉트에서 나온 것이 아닙니다. 빠르게 변화하는 소비자들의 욕구에 맞춰 회사의 관점과 구조를 혁신시킬 전략을 먼저 설정하고 나니, '소비자에게서 시작되어야 한다'는 전술이 실타래처럼 필연적으로 따라 나온 것입니다.

서점은 공간 사업입니다. 더 많은 수익을 내야 하기에 '공간의 효율성'이 무엇보다도 중요합니다. 하지만 이것이 사업의 목적이 되면 곤란합니다. 공간을 아무리 효율적으로 설계해도 소비자의 눈에는 예스24나 아마존(Amazon)과 같은 온라인 서점보다 부족할 수밖에 없기 때문입니다. 여기서 우리가 주목해야 할 점이 있습니다. 많은 기업들이 범하는 오류 말입니다. 예를 들어, 경쟁자를 의식하여 '차별화'를 마케팅의 시작점으로 잡다 보니 극복할 수 없는 한계를 전략으로 삼는 것입니다. 그리하여 스스로 인지하지 못한 사이에 소비자들의 인식 속에서 경쟁사와의 간극이 점점 벌어집니다.

츠타야 서점의 콘셉트인 '라이프 스타일 제안'도 단순히 차별화에서 시작되었다면, 효율성이 떨어진다는 이유로 시도하기가 어려웠을 것입니다. 하지만 츠타야 서점의 전략은 시작점도 끝점도 모두 '소비자'였습니다. 이는 기존 서점의 문법이나 구조적 한계를 신경 쓰면 할 수 없는 일입니다. 이렇듯 공간을 포함한 모든 것을 바꾸는 것이 전략의 범주에 들어갑니다. 효율성과 시스템은 그다음 문제입니다.

"소비자로부터 생각해 보니까, 이 전략은 아이디어가 아니라 마땅히 그래야 하는 자연스러움이었습니다."

츠타야 서점의 CEO 마스다 무네아키의 말입니다.

두 번째 사업 방식 - 돈키호테

일본 출장을 갈 때마다 들리는 또 하나의 독특한 장소가 있었습니다. 바로 잡화 매장인 돈키호테입니다. 아내는 꼭 출장을 가는 저에게 돈키호테에서 사오라며, 몇몇 제품을 적어주곤 했습니다. 제품 목록에는 '시세이도 퍼펙트 휩', '하다라보 화장품', '츠바키 샴푸', '타비노야도 입욕제', '쿄세라 세라믹 칼', '조지루시 보온 도시락' 등이 적혀 있었습니다. 목록을 보면서 아내에게 우리 동네에서도 쉽게 살 수 있을 것 같은 이런 제품들을 굳이 출장길에 사와야 하느냐고 물었습니다.

"당신 출장 간다니까 상윤이 엄마가 부탁하더라고요. 하다라보 화장품은 진영이 엄마가 부탁한 거고, 지연이 엄마도 사다 달라고 하고요. 돈키호테에서 저렴하게 판다니 사다 주면 좋잖아요."

그렇게 일본에서의 일정을 마치고, 돈키호테로 가서 아내가 부탁한 물건들을 구매하였습니다. 그리고 지인들이 부탁한 '호로요이(ほろよい)'라는 술도 샀습니다. 그 술 역시 돈키호테에서만 판매합니다. 마치 창고를 연상케 하는 구조로 이루어진 돈키호테는 말 그대로 '이곳저곳을 다니며, 원하는 상품을 털어오도록' 되어 있었습니다. 쉽게 말해 일본 슈퍼마켓에서 구매할 수 있는 품목들을 대량으로 구매하고 싶거나 화장품, 액세서리, 피규어 등 모든 일본 제품들을 바로바로 구매할 수 있는 초대형 슈퍼마켓인 것입니다. 덕분에 일본 여행을 가는 사람들이 꼭 방문하는 곳이기도 합니다. 독특한 진열 방식도 재미있지만, 돈키호테에서만 파는 물건이 적지 않기에 사람들의 발길은 끊이지 않습니다. 언젠가 우리나라에 들어오면 인기를 끌겠다 싶은 그런 매장이었습니다.

스타필드 코엑스몰의 차별화 전략

일본의 츠타야 서점과 돈키호테 잡화 매장, 이 두 기업의 사업 방식을 눈여겨본 사람이 저뿐만은 아니었나 봅니다. 코엑스몰에서의 운영권을 따낸 신세계 그룹이 '별마당 도서관'이라는 콘셉트 공간을 만든다더니, 마침내 놀라울 만한 스케일의 서점 공간을 오픈했다는 소식이 들려왔습니다. 츠타야 서점에서 모티브를 얻은 것이 분명해 보였지만, 사이즈는 그것을 압도할 만큼 대단했습니다. 청출어람(靑出於藍)이라고나 할까요.

별마당 도서관은 관광객들이 연신 사진을 찍고, 좋은 추억을 만드는, 그야말로 삼성동의 랜드마크로 떠올랐습니다. 주변 상권의 매출이 15%가량 증가할 만큼 그 열기가 대단하였지요. 그래서 2017년은 가히 '별마당 도서관의 해'라고 해도 과언이 아니었습니다. 그 해 출간된 김위찬 교수와 르네 마보안 교수가 지은 『블루오션 시프트』라는 책에는 '한국의 블루오션 시프트 사례' 중 하나로 별마당 도서관을 다음과 같이 소개하였습니다.

'진정으로 새로운 가치를 제공하려면 기존 경쟁의 틀을 벗어나야 한다. 츠타야 서점으로 유명한 마스다 무네아키가 디자인한 일본 다케오 시립도서관이 출발점이 되었다. 신세계 TF팀은 다케오 시립도서관을 단순히 모방하는 데서 그치지 않았다. 환경적 조건이 달랐을 뿐 아니라 도서관 이상의 그 무엇, 즉 신세계만이 줄 수 있는 새로운 가치를 추구해야 했기 때문이다. 이를 위해 책상과 의자 형태의 선택과 배치, 전시 자료의 선택과 배열, 카페·편의점 같은 상업 시설과 전시·문화 공간이 가진 특징들의 조화를 고려했다. 그 결과 한쪽에서는 강연이 진행되고, 그 옆에서는 책을 읽고, 또 다른 사람들은 차를 마시며 담소를 나누는, 어디서도 찾기 어려운 독특한 문화 공간이 만들어졌다.'

별마당 도서관의 서적은 영풍문고가 B2B(business-to-business)로 납품을 하였는지, 영풍문고 직원들이 직접 관리하고 있었습니다. 그래서 처음에는 좋았습니다. 이 많은 책을 공짜로 볼 수 있다니! 그러나 좋은 것도 잠시, 문득 이런 의문이 들었습니다.

'공짜로 많은 책을 볼 수 있는 것은 반디앤루니스 서점이나 영풍문고에서도 가능했던 일 아닌가?'

차이가 있다면 대부분의 책이 손에 닿지 않는 곳에 꽂혀 있다는 것과 다 읽지 못한 책을 집에 가져갈 방법이 없다는 것이었습니다.

별마당 도서관의 진실

아나나 다를까, 햇수로 4년이 지나면서 별마당 도서관에 대한 피로감이 슬슬 몰려들었습니다. 결정적인 이유는 코로나19 때문이었습니다. 아니, 정확히는 코로나19 때문에 찾아 읽은 알베르 카뮈(Albert Camus)의 『페스트』 때문입니다.

질병 퇴치와 관련된 이야기를 기대하고 읽었는데, 카뮈 특유의 인간 내면 심리를 깊숙하게 묘사한 것이 너무 인상적이었습니다. '역시 노벨문학상 수상 작가는 클래스가 다르구나'라는 생각이 들면서 카뮈의 작품에 대한 갈증이 밀려왔습니다. 그래서 카뮈의 에세이인 『시지프 신화』도 읽기로 마음을 먹고, 사무실 근처에 있는 별마당 도서관을 찾아갔습니다.

빽빽하게 꽂혀 있는 수많은 책들 중에서 카뮈의 책을 찾아 대강 들춰 보니, 곧바로 소장하고 싶어졌습니다. 이런 생각은 『페스트』를 읽으면서 내내 했던 결심이기도 합니다. 아무 자리에나 앉아 몇 시간 만에 훌쩍 읽어 낼 문장이 절대로 아니었으니까요. 카뮈는 정말 대단한 작가입니다. 그렇기에 대형 서점이라면 당연히 그의 작품이 꽂혀 있을 것이라는 확신을 가지고, 코엑스몰에 위치한 영풍문고를 찾아갔습니다. 그런데 아무리 찾아도 『시지프 신화』가 없었습니다.

'뭐야, 무슨 대형 서점에 카뮈의 책도 없어.'

그제서야 형편없이 작아진 영풍문고의 규모가 눈에 들어왔습니다.

'언제부터 매장의 규모가 이렇게 작아졌을까?'

이후 지하철을 타고 교보문고 강남역점에 가서야 『시지프 신화』를 살 수 있었습니다. 그리고 사무실로 돌아오던 내내 노벨문학상 수상 작가의 책마저 팔지 못할 정도로 형편없이 쪼그라든 영풍문고의 규모가 떠올라 씁쓸했습니다.

삼성역 코엑스몰에서 사라진 대형 서점

『시지프 신화』를 읽다보면 표도르 도스토옙스키(Fyodor Mikhailovich Dostoevsky)의 『악령』에 등장하는 키릴로프가 자주 언급됩니다.

'스스로 목숨을 끊을 수 있다면 나도 신과 같은 존재다.'

키릴로프는 이런 독특한 궤변을 늘어놓고, 또 그대로 실행하는 인물입니다. 『악령』은 열린책들 출판사의 판본으로 읽었습니다. 앞에서 언급한 키릴로프의 그 문장은 '상', '중', '하' 권 중에 '하'권에 등장했던 것으로 기억합니다. 이 문장이 계속 머릿속에 맴돌아 책을 들춰 보러 코엑스몰에 있는 별마당 도서관에 찾아갔습니다. 그런데 누가 읽고 있는 것도 아닌데, 책장에는 모든 시리즈가 아닌, '중'권만 꽂혀 있었습니다. 알고 보니 별마당 도서관의 책 분실양이 날이 갈수록 감당하기 힘든 수준으로 늘어나고 있었던 것입니다.[5]

곧바로 영풍문고로 갔습니다. 『악령』은 물론 열린책들의 '세계 문학 시리즈' 자체가 없었습니다. 제가 찾는 『악령』은 박혜경 번역가가 새로 번역한 신간이었는데도 불구하고 없었습니다. 물론 인터넷으로 주문할 수도 있지만, 먼저 읽은 김연경 번역가의 번역본과 새로 출간된 박혜경 번역가의 번역본을 꼭 비교해본 뒤에 사고 싶었습니다. 하지만 코엑스몰의 영풍문고에서는 제가 읽고 싶었던 책을 찾을 수 없었습니다. 아름답고 거대했던 코엑스몰의 랜드마크 서점은 사라지고, 몇몇 인기 서적만을 전시하는 작은 서점만이 남은 것입니다.

흔히들 서점을 두고 트렌드를 읽기 좋은 곳이라고 합니다. 그렇다면 별마당 도서관은 어떨까요? 아쉽지만 책의 흐름이 멈춘 지 오래입니다. 신간 코너가 있지만, 구색 갖추기에 불과합니다. 오래된 책도 관리가 부실하여 유실 혹은 파손된 것이 많습니다. 시리즈물은 더 처참합니다. 가령 세계 문학 시리즈는 민음사, 문학동네, 열린책들, 을유문화사, 창비 등에서 경쟁적으로 출간하는데, 해당 출판사의 코너가 다 차면 추가되는 속도가 아무래도 일반 서점처럼 빠르지는 않습니다. 별마당 도서관의 맨 꼭대기에 있는, 손에 닿지 않는 책을 쳐다볼 때마다 저 멀리서 이런 메아리가 들리는 듯합니다.

'읽고 싶은 걸 찾지 말고 손에 잡히는 책을 그냥 읽어! 이 공간 그냥 보는 게 더 훌륭하잖아, 안 그래? 사진이나 찍으라고~'

어느덧 삼성동 코엑스몰에는 독자가 원하는 책이 아니라 관광객이 원하는 책이, 더 정확히 말하면 사진 찍기 좋은 책장만이 놓여 있습니다.

별마당 도서관의 한계

기업은 사업을 수행하는 과정에서 어떤 형태로든 '전략'을 가지고 있기 마련입니다. 이러한 전략은 초기 기획 단계에서 구체화될 수도 있고, 진행 중 토론과 논의를 거치면서 잠재된 형태로 전개될 수도 있

습니다. 또 담당자가 자체적인 전략을 수립하고, 실행에 옮길 때에는 상황에 따라 접근 방법에 차이가 있을 수도 있습니다. 그러나 각 담당자들의 접근 방법을 모두 합치더라도 그것이 최선의 전략이 되는 경우를 보기는 힘듭니다.

『블루오션 시프트』에 따르면 엄청난 스트레스와 고민 속에서 제안된 다양한 아이디어 가운데, 신세계 그룹 TF(Task Force) 팀을 사로잡은 단어가 바로 '책'이었다고 합니다. 21세기, 디지털 세상, 강남의 쇼핑몰 한복판, 드넓은 광장, 이 중 어느 것도 도무지 책과 어울리지 않아 보였습니다. 그럼에도 불구하고 신세계 그룹 TF 팀은 '아날로그 감성을 대표하는 책을 중심으로 문화, 예술, 휴식, 공감, 소통을 엮어낼 수 있다면 어떨까?', '그것이 가능하다면 책을 중심으로 새로 창출된 가치는 어떤 모습을 띄어야 할까?' 등의 질문들을 멈추지 않았고, 마침내 별마당 도서관이라는 잭팟을 터트렸다고 합니다. 하지만 별마당 도서관이 과연 진정한 잭팟이었을까요?

한국판 돈키호테, 삐에로쑈핑

별마당 도서관에 이어 신세계 그룹이 공을 들인 또 하나의 작품이 있습니다. 바로 일본의 B급 만물상인 돈키호테를 벤치마킹한 '삐에로쑈핑'입니다. 오사카에서 여러 번 들렀던 돈키호테의 한국 버전이 너무 반가워서 아이들과 자주 갔습니다. 아이들은 특히 여기서 파는 UFO 모양의 캔디 과자를 좋아했습니다. 저 역시 치즈 모양의 방석, 헐크 가면 등 많은 물건을 삐에로쑈핑에서 구매하였습니다. 실제로 사업 초기에는 신세계 그룹의 이마트 주가는 강세를 보였습니다. 삐에로쑈핑이 신세계 그룹의 차기 신사업으로 주목을 받은 것입니다. 성과도 있었습니다. 삐에로쑈핑 1호점(스타필드 코엑스몰점)은 개점 두 달여 만에 누적 방문객 수 60만 명을 넘어섰고, 초기 매출 목표를 120%나 초과 달성했습니다.

이후 신세계 그룹은 매장을 공격적으로 확대하여 2018년 9월 동대문 두타점, 11월 논현점, 12월 의왕점·W몰점·명동점을 잇달아 오픈합니다. 그리고 서울뿐만 아니라 경기·부산 등에도 진출하면서 매장의 수는 9개로 빠르게 불어났습니다. 이처럼 목표 매출을 초과 달성할 정도로 삐에로쑈핑은 엄청난 인기를 끌었고, 정용진 부회장이 직접 홍보 전선에 나서는 등 임대료 부담을 상쇄할 만큼의 마케팅 효과도 누렸습니다.

삐에로쑈핑 1호점은 영풍문고를 축소하고 그 자리에 오픈했는지, 위치가 과거의 영풍문고 자리였습니다. 아쉽지만 줄어드는 독서 인구가 어찌 어제오늘의 문제인가요. 아무튼 별마당 도서관에 이어 정용진 부회장의 또 하나의 작품은 이렇게 탄생했습니다.

삐에로쑈핑의 실패와 별마당 도서관의 미래

저는 한국판 돈키호테를 무척이나 기대했던 사람 중 한 명으로서 아이들과 매번 삐에로쑈핑을 찾았습니다. 그런데 몇 번 방문하고 나니, 아쉬운 부분들이 눈에 보이기 시작하였습니다.

첫째, 무엇보다 돈키호테가 내세운 '놀라울 만큼 저렴한 가격'을 실현하지 못했다는 것입니다. '급소 가격'이니 '광대 가격'이니 저렴한 가격을 홍보하는 마케팅 문구는 무수히 많았지만, 정작 소비자가 체감하는 데에는 한계가 있었습니다. 가령 제가 주로 구매하는 '갸스비 스타일링 왁스'는 삐에로쑈핑에서도 판매하지만, 통신사 할인을 받으면 편의점이 더 저렴합니다. 또 삐에로쑈핑에서 3,000원에 판매하는 '크리넥스 마스크'는 온라인몰에서 1,500원대에 판매됩니다. 물론 온라인몰에서는 배송비를 별도로 내야 하지만, 코엑스몰의 주차비를 감안한다면 삐에로쑈핑의 가격적인 메리트는 크지 않았습니다.

둘째, 삐에로쑈핑에서만 파는 독특한 상품이 없었습니다. 돈키호테처럼 쇼핑을 불편하게 만드는 복잡한 쇼핑 공간은 잘 카피하였지만, 정작 돈키호테처럼 '사고 싶은 물건은 과연 얼마나 있는가.' 하는 의구심이 늘 떠나지 않았습니다. 매번 삐에로쑈핑을 찾으면서도 늘 UFO 모양의 캔디 과자만 사고 말았습니다. 허접하거나 구경거리만 가득하지 사고 싶은 게 없었던 것입니다. 하다못해 일본의 돈키호테에서는 독특한 술을 다양하게 구비하여, 고객들의 호기심, 구매 욕구 등을 자극하였는데, 삐에로쑈핑은 그저 시장에서 가져온 듯 비슷비슷한 물건들을 빼곡히 쌓아 놓고 판매만 하고 있었습니다. 그렇기에 고객들의 구매를 유도하는 제품은 구비하지 못했다는 생각을 지울 수 없었던 것입니다. 다음은 인하대학교 소비자학과 이은희 교수의 말입니다.

"삐에로쑈핑이 당초 내세운 보물찾기 콘셉트가 성공하려면, 소비자에게 정말 보물 같은 메리트를 줘야 합니다. 예컨대 구제 시장에는 제품이 어지럽게 쌓여 있지만, 그 속에서 희귀한 제품을 찾는 재미가 있고, 가격이 저렴해 소비자로선 정말 보물을 찾은 느낌을 받습니다. 그러나 삐에로쑈핑의 경우 매장 구조나 상품 진열은 복잡하지만, 정작 소비자가 찾는 보물은 없는 게 아닌가 싶습니다."

역시나 삐에로쑈핑의 폐점은 생각보다 일찍 찾아왔습니다. 폐점일에 찾은 삐에로쑈핑 코엑스몰점은 황량하기 그지없었습니다. 물건이 모두 빠진 아래층에는 아예 들어갈 수 없게 '출입 금지' 안내문이 붙어 있었고, 위층에서는 재고 소진 행사가 거의 끝나가고 있음에도 손님이 많지 않았습니다. 그저 텅 빈 매대에 팔리지 않은 물건 몇 가지만 어지럽게 널려 있었습니다. 순간 이런 생각이 머리를 스쳤습니다.

'껍데기 베끼기에만 급급했던 것은 아닐까? 삐에로쑈핑도, 별마당 도서관도….'

그리고 오랜 리모델링 후, 그 자리에는 의류 매장 '스파오(SPAO)'가 입점하였습니다. 결국 코엑스몰을 상징하던 대형 서점의 아름다운 공간이 삐에로쑈핑을 거쳐 의류 매장으로 넘어가고 만 것입니다.

반면, 아직까지 별마당 도서관은 그 자리를 지키고 있습니다. 영업 적자가 연간 900억 원에 달했던 삐에로쑈핑과는 달리, 그 손해가 숫자로 나타나지 않은 덕분입니다. 저는 오늘도 카뮈의 『시지프 신화』에 이어 도스토옙스키의 『악령』을 사러 가까운 삼성역을 두고, 저 멀리 강남역 교보문고로 향합니다. 도대체 어디서부터 잘못된 것일까요?

2장.
경쟁자와 협력자는 종이 한 장 차이

　광화문에 있는 대림미술관과 국립현대미술관은 관람객을 끌어 모으기 위해 서로 경쟁합니다. 물론 경쟁만 하지는 않지요. 사람들에게 주말에 가 볼 만한 미술관이 많다는 인식을 심어주어 무턱대고 광화문을 찾게 만드는 협력 관계이기도 합니다. 어쩌면 일민미술관과 성곡미술관 등은 물론, 최근 풍문여고 자리에 개관한 서울공예박물관 등과 연결하여 서울 도심 투어 코스를 만들 수도 있을 것입니다. 아울러 국립현대미술관은 특별 전시를 위해 대림미술관에서 작품을 빌리기도 하고, 역으로 빌려주기도 합니다. 그래서 국립현대미술관은 대림미술관의 고객이면서 공급자이고, 경쟁자이면서 협력자인 것이지요.

　'모여 있다'는 데 따른 장점은 이밖에도 더 있습니다. 대림미술관은 가수 폴 매카트니 경(Sir James Paul McCartney)의 전 부인이자 사진작가 린다 매카트니(Linda McCartney)의 전시회인 '생애 가장 따뜻한 날들의 기록'에서 이례적으로 관람객들의 사진 촬영을 허락하였습니다. 미술관에서 절대로 금기하는 행동을 허락한 것입니다. 덕분에 수많은 관람객들이 전시회 사진을 찍어 SNS에 올렸습니다. 심지어 전시회 전부를 개인 블로그에 퍼 담는 사례도 속출하였지요. 주변에서 우려의 목소리가 없지는 않았지만, 대림미술관은 밀어붙였습니다. 그리고 그 결과, SNS상에서 입소문을 탄 이 사진전은 관람객이 20만 명이나 동원될 만큼 초대박을 칩니다.[6] 이후 국립현대미술관을 비롯한 보수적인 미술관에서도 사진 촬영을 허가하는 경우가 점점 늘어나기 시작하였습니다.[7] 대림미술관의 긍정적인 영향력이 인근 미술관으로도 전파된 것이지요.

모두가 경쟁자이고, 모두가 협력자이다

"언젠가는 카카오톡이 공급자이며 소비자이고, 또 경쟁자이면서 협력자라는 사실을 SK텔레콤이 알게 될 날이 오리라. 잘 정립된 산업에서는 상품과 고객의 세그먼트(segment)를 파악하기 쉽다. 하지만 가치 사슬이 존재하지 않는 곳에서는 어디서 어떻게 돈을 벌어야 할지, 어떤 활동을 어떻게 통제할지, 수직적 혹은 수평적으로 통합될지를 어떻게 알 수 있을까?"

게리 하멜과 C. K. 프라할라드가 쓴 『시대를 앞서는 미래 경쟁 전략』에 등장하는 내용을 요즘 트렌드에 맞게 수정한 문장입니다.[8] 전화기로 통화하는 경우보다 카카오톡의 보이스톡과 페이스톡으로 통화하는 경우가 더 많아진다면, SK텔레콤의 경쟁자는 KT나 LG U+ 아니라 카카오가 되겠지요. 반면 SK텔레콤은 세계 최대 차량 공유 업체인 우버(Uber)와 합작하여 '우티(UT)'를 출범시켰습니다. 모빌리티 시장에서 독주하는 '카카오 T'를 견제하겠다는 뜻이지요.[9]

시장 참가자는 다양한 역할을 수행할 수도 있습니다. 그리고 '시장 참가자가 데이터를 활용할 때 어떤 관점으로 접근하는가?'가 얼마나 중요한지는 아무리 강조해도 지나치지 않습니다. 그런 이유로 최진석

kakao		SK telecom	
내비게이션			
실적	누적 가입자 1,400만 명 월간 길 안내 1억 5,000만 건(2018년 9월)	실적	월간 이용자 1,190만 명 국내 내비 점유율 55%
특징	한국판 구글 안드로이드 오토 기본 탑재 AI기잔 응급의료시스템 개발 사업 참여	특징	시간별 예측, 안전운전 점수화 동남아 차량 공유 '그랩'에 수출
택시			
실적	가입기사 23만 명 월간 이용자 1,000만 명(2018년 말 기준)	실적	가입기사 15만 명 월간 이용자 120만 명(2018년 말 기준)
특징	월급제 웨이고블루, 고급형 T블랙	특징	일반·대형·모범택시 호출
주차			
실적	수도권 1,400여 주차장과 제휴	실적	208곳과 제휴, 600곳 이상 목표

〈그림 2-1〉 카카오-SKT 모빌리티 서비스 비교 (출처: 서울경제)

전 서강대학교 철학과 교수는 『탁월한 사유의 시선』에서 보이는 것과 보이지 않는 것의 경계를 뛰어넘는 공생의 관계를 강조합니다.

사실 카카오의 경쟁사를 SK텔레콤으로 보는 것은 경계를 뛰어넘는 생각이며, 대림미술관과 국립현대미술관을 협력자로 보는 것도 경계를 넘는 생각입니다. 경계를 두면 그 너머의 새로운 것을 볼 수 없습니다. 철학자 아르투르 쇼펜하우어(Arthur Schopenhauer)의 말인 '인간은 자기 비전의 한계를 세계의 한계로 생각한다'와 같은 의미지요.

경계를 넘어서야 숫자 뒤에 숨겨진 의미를 파악할 수 있습니다. '자기 비전의 한계'에서 벗어나야 서점의 물리적 한계에 대해 고민해보고 새로운 활로를 찾을 수 있는 것이지요. 즉, 관점을 혁신해야 데이터를 기반으로 현명한 의사 결정을 할 수 있는 것입니다. 여기서 핵심은 '숨겨진 의도'입니다.

겉으로 드러난 숫자를 파악하고 순서를 매기는 것은 누구나 할 수 있습니다. 그렇기에 새로운 가능성을 모색하려면 문제를 바라보는 시선을 달리해야 합니다. 속도의 시대에는 무수한 데이터에서 새로운 가치를 찾는 사람과 그렇지 않은 사람의 격차가 더욱 크게 벌어질 것입니다. 숫자에 숨겨진 의도를 찾는 것은 기존의 관점을 고집하지 않고서 관찰·고찰·통찰함으로써 다양한 피벗(pivot)을 세울 때 가능합니다. 피벗에 대해서는 제9장에서 자세히 살펴보기로 하고, 여기서는 별마당 도서관과 영풍문고의 사례를 분석하기 위해 두 가지 이론을 살펴보도록 하겠습니다. 하나는 너무나도 유명한 마이클 포터 교수의 '다섯 가지 힘(Porter's 5-Forces) 이론'이고, 다른 하나는 그만큼 유명하지는 않지만, 이 책 1부의 열쇠가 된 배리 네일버프 교수의 '가치 그물(value net) 이론'입니다.

전략에도 국·영·수가 있다고? 다섯 가지 힘 이론

마케팅 전략은 기업을 둘러싼 환경과 연관되어 있습니다. 그리고 그 환경의 범위는 미국이나 중국의 경제 상황부터 우리나라의 사회 문제 혹은 대통령 선거나 국회의원 총선거까지 매우 광범위합니다. 이 중에서 마케팅에 직접적인 영향을 미치는 것은 기업이 속한 산업 분야에 국한됩니다. 기업은 산업 분야나 시장에서 경쟁하는 타 기업과의 힘 싸움이나 경쟁 강도에 영향을 받습니다. 그렇기에 우리 기업의 마케팅 전략만 고려해서는 성공적인 경쟁을 이끌어 낼 수가 없는 것이지요.

학창 시절에 공부를 유난히 잘하던 친구를 한번 떠올려보세요. 여러분과 그 친구가 시험 전날 함께 놀았습니다. 그리고 기말고사 성적

표를 나란히 받게 되었지요. 평소 전교 10위권이던 친구는 전교 1등을 하고, 중위권이던 여러분은 반 석차가 10등이나 떨어졌습니다. 이는 단순히 우연의 일치일까요? '역시 범성이는 머리가 좋구나'라고 생각하고 싶겠지만, 그 범성이라는 친구는 여러분과 헤어지고 집에 가서 밤새 공부했을 것입니다. 아니면 여러분과 놀기 전에 이미 공부를 마쳤을 수도 있습니다. 세상없는 우정을 과시하던 친구라도 간혹 '아, 이 친구와 나는 어쩐지 그릇이 다르구나'라는 생각을 하게 될 때도 있지요. 성적표를 받는 날이 바로 그 날입니다. 국어, 영어, 수학, 사회, 과학 등 다섯 개 과목의 시험 점수는 그 막연함을 구체화시킵니다.

경쟁 강도도 마찬가지입니다. 경쟁 상대가 장사를 잘한다면 분명 원인이 있을 것입니다. 여러분이 느끼지 못할 뿐이지요. 즉, 우리 기업이 선택하고 결정하는 행위가 시장에서 펼쳐지는 경쟁 상황의 전부는 아니라는 말입니다. 다양한 역학 관계와 미처 고려하지 못한 경제 구조에 의해 영향을 받는다는 것이지요. 이처럼 기업이 속한 산업의 경쟁 강도를 좌우하는 막연한 무언가를 마이클 포터 교수는 구체적으로 다섯 가지 요인으로 나누었습니다. 그리고 이를 '다섯 가지 힘(5-Forces)'이라고 부르지요. 다섯 가지 힘은 그 산업의 잠재적인 수익성을 결정합니다. 구체적으로 살펴보면 다음과 같습니다.

1. **잠재적인 진입 기업**(새로운 진입 기업의 위협): 산업이란 규모의 경제, 초기 자본, 브랜드 충성도와 같은 일정한 문턱을 넘은 기업만 입장이 가능한 클럽과 같습니다. 진입 장벽이 높으면, 물 좋고 분위기 좋은 클럽이 될 가능성이 있지만, 낮다면 동네 불량배들이나 들끓는 어

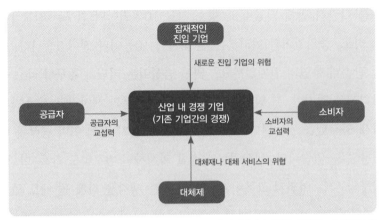

〈그림 2-2〉 산업에서의 경쟁을 유발하는 다섯 가지 힘

수선한 클럽이 되겠지요.

2. **공급자**(공급자의 교섭력): 공급자는 기업에 공급하는 제품에 가장 높은 가격을 부과하기를 원하므로, 회사와 공급자 간에는 자연스럽게 힘의 다툼이 일어납니다. 그리고 그 결과, 관계를 끝내더라도 잃을 것이 별로 없고, 보다 자유로운 선택을 할 수 있는 쪽이 우위에 서게 됩니다. 많은 산출물을 한 고객에게 집중적으로 팔 필요가 없는 회사나, 밀접한 대체재가 없는 독특한 제품을 만드는 회사가 그 예입니다.

3. **소비자**(소비자의 교섭력): 고객은 기업이 가격을 낮추거나 물건의 품질이 높아지길 원합니다. 또 고객은 얼마나 많이 구매하는가, 얼마나 많은 정보를 갖고 있는가, 다른 대안을 기꺼이 찾아보려 하는가와 같은 조건들에 따라 그렇게 할 수 있는 능력을 갖추게 됩니다.

4. **대체재**(대체재나 대체 서비스의 위협): 요즘처럼 생산이 과다한 시대에는 비슷한 상품들이 서로 경쟁할 수밖에 없습니다. 우체국은 택배 업체와 경쟁하고, 카메라는 스마트폰과 경쟁합니다. 한 산업이 혁신을 일으키면 생각지도 못한 분야의 산업이 고통을 겪을 수도 있습니다.

5. **산업 내 경쟁 기업**(기존 기업들 간의 경쟁): 앞의 네 가지 요인은 경쟁 상태로 보입니다만, 포터는 이를 '전쟁도 아니고 평화도 아닌, 두 가지가 혼재된 상태'라고 말합니다. 기업들이 경쟁하는 이유는 유리한 입장을 획득하기 위함입니다. 대부분 경쟁자를 이기기 위해 노력하겠지만, 공격하지 않기로 합의할 수도 있고, 심지어 동맹을 맺기도 합니다. 이때 공격을 하느냐 동맹을 맺느냐는 앞의 네 가지 요인들에 달려 있습니다. 예를 들어, 대체품이 시장에 진입할 기세라면 기존 업체들끼리 뭉치겠지만, 소비자들과 공급자들이 몰려 있는 제품이라면 치열하게 경쟁할 수도 있습니다.

다섯 가지를 살펴보니 사용할 수 있는 전략의 범위가 꽤 넓다고 생각할지도 모르겠습니다. 하지만 포터의 생각은 다릅니다. 그는 이 중에서 오직 몇 개의 '본원적 전략'을 갖춰야 장기적인 경쟁에서 살아남을 수 있다고 말합니다.

포터의 본원적 전략들

"누구나 얻을 수 있는 처방은 전략적으로 평범하거나 평균 이하의 성과를 낸다. 기업은 경쟁 우위를 얻기 위해 이 중에서 하나를 선택하지 않으면 안 된다."

마이클 포터의 말입니다. 그의 말에 따르면 기업이 가질 수 있는 경쟁 우위는 오직 '저원가(원가 우위)'와 '차별화'뿐입니다. 그리고 이 각각의 영역에서 타깃을 세분화하여 집중하는 것이지요. 그리하여 본원적 전략은 〈그림 3-3〉에서처럼 저원가와 차별화, 그리고 원가 집중과 차별화 집중 등 네 가지로 나눠집니다.

		경쟁 우위	
		저원가	차별화
경쟁영역	광의의 타깃	1 원가 우위	2 차별화
	협의의 타깃	3A 원가 집중	3B 차별화 집중

〈그림 2-3〉 마이클 포터의 본원적 전략

이 본원적 전략들 중, 어느 하나도 시도하지 않는 기업은 성공하기 어렵다는 것이 마이클 포터의 생각입니다. 본원적 전략을 자세히 살펴보겠습니다.

1. **원가 우위**: 산업 내에서 저원가 생산자가 되기 위한 전략입니다. 원가 우위 전략은 경험을 얻고, 대규모 생산 시설에 투자하고, 규모의 경제를 이용하고, 전사적 품질 관리와 같은 프로그램을 통해 전반적인 운영비를 주의 깊게 모니터링함으로써 실현 가능합니다.

2. **차별화**: 브랜드의 가치나 고객의 충성도를 높일 수 있는 독특한 제품이나 서비스를 개발하는 전략입니다. 기업이 더 좋은 품질, 더 나은 기능, 독특한 특징을 소비자들에게 하나라도 더 제공하면 높은 가격을 받을 수 있다는 것입니다.

3. **집중화**: 특정 고객 집단, 생산 라인, 지역 시장에 집중하는 전략입니다. 집중화는 제품의 차별화에 공을 들이는 '차별화 집중'과, 특정 타깃에게만 낮은 비용으로 판매하는 '원가 우위 집중'으로 나뉩니다.

포터의 본원적 전략은 틀렸다

저는 '하나의 전략을 추구하지 않으면 어중간해진다'는 포터의 생각에 동의하지 못합니다. 그리고 '명확한 요인'을 분석해서 경쟁 우위를 만들어내라는 말 역시 너무 공자님 말씀처럼 들립니다. 사실 놀라운 기술 혁신 중에는 애초에 아무런 관심을 못 받는 경우가 상당히 많으며, 의도된 용도가 아닌, 다른 영역에서 꽃을 피우는 경우도 있습니다. 또 유연성을 떨어뜨려 생각의 폭을 좁힐 수도 있습니다. 하나씩 사례를 들면서 살펴보겠습니다.

첫째, 실제로 많은 기술 혁신이 애초에는 아무런 관심을 못 받는 경우가 허다합니다. TV가 처음 발명되었을 때, 20세기폭스의 창업자 대릴 자누크(Darrl zanuck)는 TV를 두고 다음과 같이 말하였습니다.

"사람들은 매일 합판으로 된 상자 같은 TV를 보는 게 지겨워질 것이다. TV는 어쩌면 6개월 뒤 시장에서 사라질지도 모른다."

하지만 그의 바람과는 달리 TV는 현대 미디어의 핵심이 되었습니다. 이와 비슷한 사례를 하나 더 살펴보도록 하겠습니다. 1957년 케네스 올센(Kenneth Olsen)이 컴퓨터 관련 회사인 DEC(Digital Equipment Corporation)를 창업할 때, 누군가가 컴퓨터의 대중화에 대한 그의 의견을 물었습니다. 그리고 그는 다음과 같이 대답하였습니다.

"도대체 집에 컴퓨터를 가지고 있을 이유가 뭐죠? 그럴 일은 전혀 없을 것입니다."

이처럼 질문 같지 않은 질문이라는 듯이 대답하였던 올센은 살아생전에 스티브 잡스가 아이폰을 출시하는 모습까지 지켜봐야 했습니다.

둘째, 의도된 용도가 아닌 다른 영역에서 꽃을 피우는 경우가 있습니다. 토머스 에디슨(Thomas Alva Edison)이 축음기를 발명하지 않았다면, 세계적으로 24조 1,380억 원에 달하는 어마어마한 수익을 발생시키고 있는 음악 산업은 존재하지 않았을 것입니다. 그러면 에디슨을 '음악 산업의 아버지'라고 부를 수 있을까요? 아쉽게도 에디슨은 축음기가 오늘날과 같은 음악 산업의 기초가 되리라고는 꿈에도 생각하지 못했습니다. 그는 축음기를 그저 속기록이나 유언장의 대체품으로 발명했을 뿐입니다. 2005년 유튜브(YouTube)를 만든 스티브 첸(Steve Chen) 역시 자신이 만든 플랫폼의 광고비가 2018년에 TV의 광고비를 뛰어넘게 될 줄은 상상조차 하지 못했을 것입니다. 유튜브 창업 당시 간편 결제 서비스인 페이팔(PayPal)을 매각한 돈으로 이미 억만장자의 반열에 올랐던 그가 굳이 그 시점에 유튜브를 구글(Google)에 팔아넘긴 이유는 더 큰 성공에 대한 확신이나 비전이 없었기 때문이었겠지요.

셋째, 유연성을 떨어뜨려 생각의 폭을 한정하거나 조직의 비전을 좁힐 수도 있습니다. 네이버의 이해진 의장도 비슷한 관점을 갖고 있습니다. 네이버 플랫폼인 라인(LINE)이 미국과 일본에 상장한 것을 기념하는 기자 간담회가 열렸을 때, 한 기자가 이해진 의장에게 다음과 같은 질문을 했습니다.

"네이버가 3년 이내에 어떤 회사가 될 것으로 예상하십니까?"

이에 이해진 의장은 다음과 같이 대답합니다.

"경영 철학이 무엇인가라는 질문을 많이 받습니다. 네이버는 3년 뒤, 10년 뒤 기업이 어떻게 되리라는 그런 비전이 없었기에 유연하게 성장할 수 있었습니다. 비전이 강하면 겉으로는 명확해 보여도 조직이 경직됩니다. 의사 결정자도 자신이 발표한 비전에 대해 의도적이든 의도적이지 않든 맞춰가려는 게 생깁니다. 게다가 정작 조직이 변화해야 할 때 머뭇거리는 부작용까지 벌어집니다. 지금까지 회사를 운영하며 배웠던 것은 회사는 유연하게 변화할 수 있어야 한다는 점입니다. 절박하면서도 어떠한 변화에도 유연하게 움직일 수 있는 자세가 치열한 경쟁 사회에서 살아남는 기본이라 생각합니다."[10]

과거의 오프라인 쇼핑몰은 편리한 입지와 좋은 가격 등 남보다 나은 경쟁력이 있으면 그만이었지만, 이제는 상황이 달라졌습니다. 조금 더 나은 가치를 제공하는 정도로는 경쟁자를 압도하기가 어렵습니다. 급격히 발전하고 있는 온라인 쇼핑 산업이 가성비와 시·공간적 편의성을 무기로 오프라인 쇼핑몰을 위축시키고 있기 때문입니다. 그래서 일까요? 코엑스몰의 필승 전략인 별마당 도서관은 마이클 포터의 다섯 가지 힘 전략으로는 이해하기 어려운 구석이 있습니다.

다섯 가지 힘 이론으로 살펴보는
별마당 도서관과 영풍문고의 관계

다음은 별마당 도서관을 운영하고 있는 신세계 프라퍼티의 임영록 대표의 말입니다.

"스타필드 코엑스몰의 첫해에는 별마당 도서관 개관과 매장 개선 등 기존 이미지를 탈피하고, 코엑스몰만의 차별화된 경쟁력을 높이는 데 집중했습니다. 별마당 도서관이 명소가 되면서 코엑스몰도 방문하고 싶은 쇼핑몰로 위상이 높아진 만큼, 앞으로는 쇼핑과 문화가 공존하는 스타필드 코엑스몰만의 경쟁력을 더욱 높이기 위해 노력할 계획입니다."

별마당 도서관은 이중고, 삼중고를 떠안은 신세계 그룹의 그나마 유일한 돌파구였습니다. 하지만 신세계 그룹의 갖은 노력에도 불구하고, 별마당 도서관을 찾는 대중들의 발길은 점점 줄어들고 있습니다. 그래서 이번에는 마이클 포터의 다섯 가지 힘 이론으로 별마당 도서관과 영풍문고의 관계를 분석해 보도록 하겠습니다. 마이클 포터에 따르면 산업에 참여하는 참가자는 공급자, 소비자, 대체재, 잠재적 위협자, 경쟁자 등 다섯 가지로 나뉩니다. 그렇다면 별마당 도서관과 영풍문고의 관계는 이 중 어디에 해당할까요?

첫째, 영풍문고는 별마당 도서관에 도서를 제공하므로 '공급자'입니다.

둘째, 별마당 도서관은 영풍문고로부터 책을 구매하므로 영풍문고의 '소비자'입니다. 영풍문고 또한 별마당 도서관에 대량의 도서를 공급하면서 현금을 조달할 수 있으니 나쁘지 않다는 계산을 했을 것입니다. 문제는 별마당 도서관이 최종 소비자가 아니라는 점입니다. 최종 소비자인 독자들이 영풍문고에서 구매해야 할 책을 별마당 도서관은 무료로 제공하기 때문입니다.

셋째, 별마당 도서관은 좁은 통로에 서서 읽어야 하는 서점과 달리 쾌적한 독서 공간을 제공합니다. 앉아서 읽을 수 있는 넓은 독서 공간은 물론, 1층에는 책을 들고 커피까지 마실 수 있는 스타벅스(Starbucks)도 있습니다. 게다가 몇 시간이고 읽다가 다음 날 또 와서 읽는 것이 가능합니다. 영풍문고도 마찬가지입니다. 영풍문고 역시 책을 구매하지 않아도 독서하는 데에 부담이 없습니다. 따라서 별마당 도서관은 영풍문고의 '대체재'가 될 수 있습니다.

넷째, 별마당 도서관은 대단히 크고 웅장합니다. 총면적 2,800㎡(약 850평)에 약 5만 권의 도서를 소장하고 있습니다. 영풍문고 코엑스몰점은 2018년 6월에 기존 공간을 절반으로 축소한 1,157㎡(약 350평) 공간으로 이전하였습니다. 그마저 문구류 매장이 절반을 차지하기에 소장한 도서는 2만 권도 채 안 됩니다. 코엑스몰 리뉴얼로 내방객이 줄었다지만,[11] 별마당 도서관이라는 '잠재적 위협자'가 없었다면 규모를 절반 이하로 축소할 필요는 없었을 것입니다. 더욱이 경쟁자인 교보문고 강남점이 11,900㎡(약 3,600평) 규모에 서적 50만 권을 보유하는 등 모든 면에서 존재감을 과시하는 것을 감안하면 영풍문고 코엑스몰점은 오히려 지켜야 할 마지노선에 가까웠습니다. 그러나 그렇게 하지 못한 것이지요. 실제로 시내 중심가에서 있는 영풍문고 종각 본점은 10,578㎡(약 3,200평) 규모에 약 60만 권을 보유하고 있고, 교보문고 광화문 본점은 8,598㎡(약 2,600평) 규모에 약 43만 권을 보유하면서 존재감을 과시하고 있습니다. 그래서 별마당 도서관은 영풍문고의 '잠재적 위협자'입니다.

다섯째, 마이클 포터에 따르면 '경쟁자'는 같은 산업 분야에 종사하는 다른 기업을 말합니다. 즉, 제조 방법이나 기술적인 의미에서 비슷한 제품을 만드는 기업이지요. 그런데 별마당 도서관은 엄연히 쇼핑몰이기에 영풍문고와 같은 산업 분야에 속하지 않습니다. 더욱이 집주인이 세입자의 영업을 방해할 이유도 없습니다. 그렇기에 포터식 분류에 따라서 경쟁자로 보기 어렵습니다. 자, 이제 별마당 도서관과 영풍문고의 관계를 좀 더 입체적으로 이해하기 위해서 잠시 일본으로 건너가 츠타야 서점의 차별화 전략을 살펴보겠습니다. 마침 일본 정부가 외국인 무비자 입국을 허용하겠다고 밝혔으니 이번 기회에 한 번쯤 직접 가 보셔도 좋겠네요.[12]

츠타야 서점의 차별화 전략

오사카에서 방문했던 츠타야 서점에서는 세련된 큐레이션, 고급스러운 인테리어 등 감각적인 조명과 책에 머무르지 않고 음식, 여행, 아웃도어, 생활 잡화로 이어지는 다양성이 눈길을 끌었습니다. 하지만 모든 츠타야 서점이 으리으리한 것은 아닙니다.

동네의 작은 츠타야 서점 중에는 옛날 서점의 분위기를 그대로 간직하는 곳도 상당수 있습니다. 우리나라의 대형 할인 마트인 이마트와

츠타야 서점 시부야 스크램블 스퀘어

츠타야 다마치 에키마에 스토어

츠타야 서점 후쿠오카 공항

쇼난 T-사이트

츠타야 신도 히가시 에키마에 스토어

마키노 고등학교 프론트 스토어

〈그림 2-4〉 각 지점의 특성에 따른 츠타야 공유 라운지를 소개하는 안내 사이트[13]

편의점인 이마트24를 생각하면 도움이 되실 겁니다. 하지만 츠타야는 번화가와 외곽 지역, 도심지와 주택가처럼 유동 인구가 얼마나 되느냐에 따라 서점을 분류하지는 않습니다. 츠타야는 지역에 최적화되어 있어서 지역 주민들에게 필요한 것들을 중심으로 세분화합니다.

도쿄 시부야 구에 위치한 다이칸야마 점의 콘셉트는 '라이프 스타일 제안 매장'입니다. 또 도쿄 외곽의 후타고타마가와 점은 이마트의 일렉트로 마트처럼 가전제품과 잡화 중심의 매장입니다. 지역마다 각자의 방식, 각자의 의식주, 각자의 취향이 있다는 사실에 주목한 것이지요. 이는 해당 지역에서만 발견하고 느낄 수 있는 체험을 구현하기 위한 노력의 결과입니다. 다음은 츠타야 매장 개발팀 직원의 말입니다.

"대도시에 점포를 내기 전에는 언제나 잠재 고객의 필요와 욕구를 탐색하는 시기를 거칩니다. 가장 중요한 탐색 방법은 이 지역에 필요한 시설에 대해 해당 지역을 오가는 소비자에게 물어보는 것입니다. 유동 인구가 많은 다이칸야마에서는 카페가, 도쿄로 출퇴근하는 사람들이 거주하는 후타고타마가와에서는 영화관과 가전제품에 대한 요구가 많았습니다. 그런 소비자의 필요와 욕구를 채워주는 것이 새로운 점포를 개설할 때 설정하는 목표입니다."

물론 소비자에게 묻는다고 그 방법이 모든 지역에 맞아떨어지는 것은 아닙니다. 설문 조사를 해보신 분은 아실 것입니다. 설문 조사 결과, 응답의 대다수가 '보통이다'와 '잘 모르겠다'라는 것을요. 따라서 잠재 고객의 필요와 욕구를 탐색하기 위해서는 세심한 관찰이 동반되어야 합니다. 시행착오도 많이 겪어 보고, 발품도 많이 팔아야 하는 것이지요. 그럼에도 츠타야 서점이 지역 주민들을 관찰하는 이유는 그것이 오프라인 기업의 생존과 직결된다고 판단하기 때문입니다.

아마존이나 쿠팡, 마켓컬리 등 온라인이 절대로 줄 수 없는 것은 결국 사람 냄새가 나는 공간감과 인간적인 따스함입니다. 그렇기에 빠름과 쉬움, 그리고 편리함 이외에 온라인에서 제공할 수 없는 것들을 찾아내고자 하는 의도와 소비자들의 욕구를 충족시켜야 살아남을 수 있다는 절박함이 츠타야를 움직이는 게 하는 원동력인 것이지요.

'프랜차이즈 동네 서점'이 태어나기까지

CCC 그룹이 지역 책방 활성화에 관심을 갖게 된 계기는 2013년 홋카이도의 하코다테 점을 오픈하면서부터입니다. SNS에서 거대한 마을 도서관으로 유명해진 이곳은 지역 밀착과 커뮤니티 형성을 실행에 옮긴 최초의 츠타야 매장이기도 하지요. 오픈 당시 하코다테 지점장이던 모리타니는 다음과 같이 말하였습니다.

"지역에서 커뮤니티 활동을 지속하는 사람이나 그런 단체에 참가하고 있는 사람은 적지 않아요. 그런 사람들에게 말을 걸고, 하코다테의 츠타야 서점을 활동 장소로 삼아 달라고 제안했습니다. 대여로는 받지 않지만 이벤트의 내용에는 간섭할 수 있다는 조건이었어요. 매출보다는 지역 사람들이 모이는 장(場)에서 하코다테의 츠타야 서점을 키워간다는 걸 우선시했습니다."

츠타야 서점이 중요하게 생각한 것은 판매할 책이 아니라 책을 구매해줄 사람이었습니다. 그래서 지역 주민들과 하나가 되는, 구성원의 일부가 되는 작업을 시작한 것입니다. 아무리 대형 프랜차이즈 서점이라도 그 마을에서는 그 마을의 규칙을 따라야 합니다. 프랜차이즈의 지점이라는 것은 어디까지나 그 지역의 일상을 바탕으로 삼아야 하기 때문입니다. 그렇게 하코다테 지점은 사람이 모일 수 있는 자리를 시설 내 여러 군데에 설치하였습니다. 책장으로 공간을 나누는 건 좀 삭막해 보일 수 있지만, 한쪽에 난로를 설치하여 사람들이 모여들게 하였습니다. 또 음향 기기나 대형 모니터가 갖춰진 공간을 만들어 이벤트 장소로 활용하였고, 책장 사이에 작은 의자를 두어 짧은 휴식을 위한 공간도 확보하였습니다. 그 결과, 코로나19 사태 이전에는 이벤트가 매달 100회 정도 열렸으며, 현재는 70~80개 수준까지 회복한 상태입니다. 다음은 하코다테 점에서 육아 관련 이벤트를 맡아 진행하는 타카하시 아사미의 말입니다.

"홋카이도에서 커뮤니티 활동을 할 수 있는 건 하코다테의 츠타야 서점 덕분입니다. 무엇을 해야 한다거나 몇 명 이상 모여야 한다는 등의 까다로운 요구가 전혀 없어요. 그저 지역 사회에 필요한 걸 재미있게 해달라는 게 전부입니다. 덕분에 믿음이 가고 의지가 되죠."

40년 책방 츠타야의 '컨시어지' 활용법

호텔에서 객실로 안내하는 사람을 컨시어지(Concierge)라고 부릅니다. 컨시어지는 중세 프랑스에서 성을 방문한 사람들에게 미로처럼 복잡한 내부를 안내하는 사람을 부르던 용어로, 촛불 관리인을 뜻하는 프랑스어 '르 콩트 데 시에르주(le Comte des Cierges)'에서 유래하였습니다. 츠타야 서점에는 이런 컨시어지가 존재하는 책방이 있습니다. 츠타야 서점 하코다테 점에는 배낭여행으로만 70여 개의 나라를 여행한 사카모토 미키야가 서점 내 '여행의 작은 방'에 상주하면서 손님에게 여행의 팁을 전해줍니다. 그리고 매달 마지막 일요일 오후 5시에는 여행에 관해 두 시간 동안 이야기를 나누는 강연 이벤트도 진행합니다. 다음은 츠타야의 서점 부분을 책임지고 있는 우메타니 토모히로 사장의 말입니다.

"코로나19 사태의 영향으로 기복은 있지만, 여행을 못가서 대리 만족을 하려는 분들 덕분에 매출이 꾸준히 증가하고 있습니다."

얼마 전, 우리나라에서도 엄청난 인기를 끌며, 닌텐도 스위치의 품절 대란까지 일으켰던 게임 '모여봐요 동물의 숲'이 가장 많이 팔린 곳도 이곳 하코다테 점입니다. 츠타야 서점은 이런 원인을 지역 밀착 커뮤니티 형성 방식 덕분으로 파악합니다. 단순하게 물건을 파는 곳이 아니라 사람이 모이는 곳이라는 말이지요. 코로나19 사태로 대면 접촉을 꺼리던 시기에는 '사람이 모이는 곳'이라는 말이 더 애절하게 들리기도 하였습니다.

코로나 국면에서 대한민국 오프라인 서점의 실적

코로나19 사태로 인해 오늘날 기업의 생존력을 결정하는 핵심 변수로 '적응 우위'가 중요해졌습니다. 적응 우위는 말 그대로 '변화를 잘 받아들여 성장을 위한 원동력으로 삼을 수 있는 능력'을 말합니다.[14] 변화에 적응한다는 것은 변화의 의미와 영향력을 정확하게 해석하고, 이 해석을 바탕으로 올바른 의사 결정을 내린다는 이야기입니다. 그렇다면 코로나19 사태 와중에 별마당 도서관은 출판 시장 활성화를 위해 어떤 역할을 했을까요? 다음은 도서관문화비평가 이용훈 씨가 '도서관 닷컴'에 게재한 칼럼의 일부입니다.

"별마당 도서관을 둘러본 다음 든 의문은 '왜 도서관이어야 했을까?'였다. 시설과 공간은 새롭다. 장서 측면에서 보면 거대한 책장에 책이 멋지게 꽂혀 있어 책의 아름다움이나 가치를 되짚어 보고, 시민들을 책으로 이끈다는 점에서는 긍정적이다. 그런데 책장에 가까이 다가가면 책은 그냥 책장에 꽂혀 있다. 5만 권이나 되는 책 가운데 어느 책이 어디에 있는지 알 수 있는 방법은 없어 보인다. 그러다 보니 책을 그저 사람들을 상업적 공간으로 모으는 도구로 쓴 것이라는 비판의 근거가 되는 것이라 생각한다. 별마당 도서관이 앞으로 이 문제를 어떻게 해결할 것인지 궁금하다."

스타필드 코엑스몰점은 인문학이라는 정체성을 내세우기 위해 도서관이라는 콘셉트를 가져와 인문학과 연결했습니다. 여기에는 신세계 그룹 정용진 부회장의 남다른 인문학 사랑이 한몫을 했습니다. 신세계 그룹은 '지식 향연'이라는 프로젝트를 통해 2016년에는 요한 볼프강 폰 괴테(Johann Wolfgang von Goethe)의 『이탈리아 여행』을, 2018년에는 보리스 존슨(Alexander Boris de Pfeffel Johnson)의 『처칠 팩터』를, 그리고 2020년에는 도널드 케이건(Donald Kagan)의 『페리클 레스』를 번역하여 인문학에 대한 남다른 애착을 보였습니다.[15] 다음은 당시 신세계 그룹의 한 관계자의 말입니다.

"앞으로도 '인문학을 통해 전 국민이 행복한 대한민국을 만든다'는 지식 향연의 비전을 위해 우리 시대 최고의 인문학 서적을 번역하는 일에 계속 힘써 나갈 계획입니다."

하지만 문제는 '별마당 도서관이 신세계 그룹의 인문학 사랑을 국민들에게 어떻게 전달할 것인가?'입니다. 국내 1위 서점인 교보문고마저 2021년 상반기에 31억 원의 적자를 기록한 상황인데 말입니다. 게다가 교보문고의 경우 온라인 사업 부문의 실적은 좋았던 반면, 오프라인 서점에서의 매출이 급감하면서 적자 실적으로 이어진 것입니다. 또한 도서 판매는 늘었지만, 문구류를 판매하는 핫트랙스의 매출 감소 역시 심각한 상황입니다.

이처럼 온라인 서점의 매출 감소가 심각해지자 상황을 해결하기 위해 교보문고는 새로운 서비스를 시작하였습니다. 고객이 책을 주문하면 당일에 책을 받을 수 있는 '바로드림 오늘배송' 서비스를 시작한 것입니다. 이 서비스는 고객이 오전 1시 이전에 책을 주문하면 당일 오후 6시까지, 오후 6시 이전에 주문하면 자정 이내에 받아볼 수 있도록 하는 서비스입니다. 배송은 물류 기업 메쉬 코리아(MESH KOREA)가 운영하는 배달 대행업체 '부릉(VROONG)'이 맡아 진행하는데, 10권까지는 배송비가 2,500원이고, 10권 초과 시 추가 비용이 발생합니다. 하지만 아직까지는 교보문고 광화문점, 잠실점, 강남점 등 3개 지점의 인근 5㎞ 내에 있는 고객에게만 적용되는 서비스입니다. 다음은 교보문고 김형면 점포사업본부장의 말입니다.

"교보문고는 책이 급하게 필요하거나, 책을 받기까지 하루 이상 기다리는 고객들의 불편함을 해소할 수 있을 것으로 기대하고 있습니다. 특히 비대면 서비스를 원하는 고객이 많아져 '바로드림 오늘배송' 서비스를 추진하게 됐습니다."

츠타야 서점 역시 온·오프라인 융합 판매 방식을 강화해서 매출을 끌어올렸습니다. 차이가 있다면 교보문고와는 반대로 주문한 책을 매장에서 직접 받아가도록 한 것이지요. 급격한 매출 감소로 인하여 교보문고는 배송 서비스를 강화한 반면, 츠타야 서점은 온라인으로 주문을 하고 오프라인 매장에 와서 수령하도록 유도한 것입니다. 실제로 츠타야 서점의 앱이나 웹 사이트를 통해 구매한 손님 중 70%가 매장에서 수령하는 방식을 취했으며, 또 그중 75%는 매장에서 다른 서적과 문구류까지 함께 구매한 것으로 나타났습니다.

코로나19 사태 초기부터 우리나라 정부는 공공 도서관을 강제로 휴관하고, 도서 대출에도 제한을 걸었습니다.[16] 덕분에 2020년 기준, 서적 판매량이 23%가량 늘었습니다.[17] 반면, 미국의 뉴욕 시립 도서관은 코로나19 사태로 독서 인구가 늘어나자 더 많은 사람들이 도서관에서 책을 대출할 수 있도록 연체료를 폐지하였습니다.[18] 게다가 서점에는 영업 제한 규제를 작게 적용하여 코로나19 사태로 여유 시간에 마땅히 놀러 갈 곳이 없는 이들에게 안성맞춤의 공간을 제공해주었습니다.

자, 이제 삼성역 코엑스몰을 한번 살펴보겠습니다. 코엑스몰은 신세계 그룹이 운영권을 맡기 전부터 교통의 요충지이자 관광 명소로 유명한 곳이었습니다. 그리고 크리스마스이브 같은 특별한 날에는 사람들이 오르내릴 공간도 부족할 정도로 유동 인구가 많은 곳입니다. 또무역 센터와 코엑스몰을 중심으로 하는 압도적인 스케일의 쾌적한 공간은 기념사진을 찍기에 부족함이 없습니다. 그런데 이러한 코엑스몰의 중심부에 도서 대여가 불가능한 반쪽짜리 도서관인 별마당 도서관이 자리하고 있습니다. 그렇다면 별마당 도서관 덕분에 영풍문고 코엑스몰점의 매출은 늘었을까요?

실제로 영풍문고는 2020년에 1,240억 원의 매출을 올렸지만, 20억 원의 영업 손실을 기록했으며, 영풍문고 코엑스몰점 역시 찾는 사람들이 줄어들면서 매출이 꾸준히 감소하였습니다. 물론 영화관이나 아쿠아리움처럼 폐쇄된 공간도 아니니 좋은 책을 찾으려는 사람들이 가지 않을 이유는 없습니다. 그러나 이미 많은 책을 별마당 도서관에 빼앗기고 쪼그라든 영풍문고 코엑스몰점이기에 방문할 만한 메리트가 사라지고 만 것입니다.

디지털 기술은 오프라인을 이끄는 내비게이션

내비게이션은 운전자에게 길을 찾아 알려주지만, 운전자가 차에 탑승하지 않으면 무용지물입니다. 교보문고와 츠타야 서점의 온라인몰은 오프라인 매장을 찾은 손님들을 위한 내비게이션과 같았습니다. 일

본의 서적·잡지 등 출판물의 유통 구조는 우리나라와 거의 비슷합니다. 출판사와 총판, 그리고 서점으로 이어지는 삼각형의 순환 구조이지요. 하지만 어느 책이 어느 시점에 얼마나 팔릴지는 누구도 알지 못합니다. 그렇기에 반품이 늘어나거나 책이 판매되지 않아 재고가 쌓이게 되면, 매장 규모가 한정적인 오프라인 매장으로써는 이러한 것들이 부담으로 작용할 수밖에 없습니다.

츠타야 서점은 여기서 한 발짝 더 나갔습니다. 앱과 웹 사이트로 수집한 모든 빅데이터를 기반으로 서점의 입지, 상권 데이터, 장르별 판매 정보 등을 분석한 것입니다. 이를 바탕으로 책을 주문해 서적 배본을 최적화하여 평균 40%에 이르던 서적의 반품률을 10%까지 줄였습니다. 도쿄 바지코엔에 위치한 츠타야 서점에서는 2019년부터 신간 주문 부수를 30% 정도 줄이는 대신, 데이터를 분석해 장르별로 최적의 진열 방법을 도출하는 인공 지능(Artificial Intelligence, AI) 재고 관리 시스템을 도입하였습니다. 예를 들어 경제·경영 서적은 많은 종류의 책을 갖추기보다, 종수를 줄이더라도 표지를 노출해서 독자의 구매욕을 자극하는 방식으로 매출을 극대화한 것입니다. 이러한 혁신적 판매 관리 시스템을 통해 츠타야 서점은 전국 평균 36%에 달했던 반품률을 17.5%로 줄이고, 매출액은 10% 늘리는 데 성공하였습니다. 반품이 줄면 출판사 역시 판매 부수 산출이 정확해져 필요 없는 책을 추가로 인쇄하지 않아 반품 수수료, 창고 관리비, 서적 폐기비 등의 비용을 절감할 수 있습니다. 이렇듯 서점 직원이 '감'으로 하던 재고 관리를 빅데이터를 활용함으로써 출판사와 서점이 서로 상생할 수 있게 된 것입니다.

일본의 다른 서점과 총판도 인공 지능(AI) 도입을 서두르고 있습니다. 대형 서점 '마루젠'은 고단샤, 슈에이샤, 쇼카쿠칸 등의 출판사와 함께 인공 지능을 활용한 유통 최적화를 목표로 합자 회사 설립을 진행 중입니다. 또 일본 2위 도매상 '도한'도 준쿠도, 분쿄도 등 대형 프랜차이즈 서점을 계열사로 거느린 다이닛폰 인쇄와 제휴하여 반품률 삭감 프로그램을 개발하고 있습니다. 결과적으로 츠타야 서점의 성공은 데이터를 만드는 기술이 아니라 데이터를 바라보는 사람 덕분입니다. 눈에 보이는 데이터는 물론, 그 데이터가 만들어내는 의미까지 읽어낸 결과인 것이지요.

3장.
마케팅 근시안

　얼마 전, 백신을 맞은 아내가 두통을 호소하는 바람에 딸아이와 함께 타이레놀을 사러 집 밖을 나섰습니다. 마침 일요일이어서 약국 문이 모두 닫았더군요. 그때 함께 간 딸아이가 편의점에서 본 것 같다며, 제 팔을 끌었습니다.

　"편의점에서 타이레놀을 판다고? 의약품이라 쉽게 판매할 수 없을 텐데…."

　그래도 속는 셈 치고 편의점에 들렀습니다. 그런데 이게 웬걸요? 편의점에서 타이레놀을 버젓이 판매하는 게 아니겠습니까! 그렇습니다. 오늘날 편의점에서는 의약품을 판매하며, 알파 문구 센터에서는 맥심 커피를 구매할 수 있습니다. 대규모 사기 사건으로 투자자들에게 막대한 손실을 끼친 옵티머스·라임 펀드 역시 증권사와 은행 창구를 통해 판매하였습니다. 또 송금 서비스로 시작한 금융 기업 토스는 최근 모빌리티 업체인 '타다'를 인수하였습니다.[19] 동남아시아 모빌리티 시장의 패자(覇者)인 '그랩'이 결제·금융 사업으로 확장 중인 것은 널리 알려진 일이지요. 모빌리티에서 먼저 시작하든, 금융에서 시작하든, 이 두 영역이 꼭 분리되어 진행되어야 하는 산업 분야는 아닙니다. 게다가 국내 택시 시장의 매출 규모는 연간 12조 원에 달합니다. 토스가 군침을 안 흘릴 이유가 없는 것이지요. 다음은 토스 이승건 대표의 말입니다.

　"국내 택시 시장 규모는 연간 매출액 기준 약 12조 원에 달하고, 절반 정도가 호출 앱을 통해 이루어지고 있어, 토스의 결제 사업 등 여러

금융 서비스와의 시너지가 기대된다고 판단했습니다."

결제 사업을 주력으로 하는 토스의 입장에서는 토스페이가 더 많이 깔리는 것이 무조건 중요합니다. 즉, 더 많은 택시에 토스 결제가 들어가야 했고, 그래서 협력자가 필요했을 것입니다. 토스가 바라보는 시장은 금융이나 보험이 따로따로 존재하지 않는, 금융 서비스를 위한 하나의 거대한 결제 시장일 뿐입니다.

가치 그물 이론으로 살펴보는 별마당 도서관과 영풍문고의 관계

앞서 언급한 마이클 포터의 '산업에서의 경쟁을 유발하는 다섯 가지 힘'에서 '5. 산업 내 경쟁 기업(기존 기업들 간의 경쟁)'의 설명을 떠올려 보겠습니다. 포터는 경쟁 상태에 대해서 '전쟁도 아니고 평화도 아닌, 두 가지가 혼재된 상태'라고 말하였습니다. 네일버프는 이러한 마이클 포터의 생각에서 가치 그물에 대한 아이디어를 얻게 됩니다. 그의 책 『코피티션』에는 다음과 같은 그림이 등장합니다.

네일버프의 가치 그물을 보면, 수평축에는 소비자와 공급자가 있습니다. 또 원자재와 노동과 같은 자원은 공급자에서 기업으로 흘러가고, 제품과 서비스의 흐름은 기업에서 소비자로 움직입니다. 반대로 현금은 소비자에서 기업으로, 기업에서 공급자로 흘러 들어갑니다.

가치 그물의 수직 축에는 기업의 경쟁자와 협력자가 있습니다. 포터의 주장에 따르면 별마당 도서관과 영풍문고는 경쟁자에 해당하는

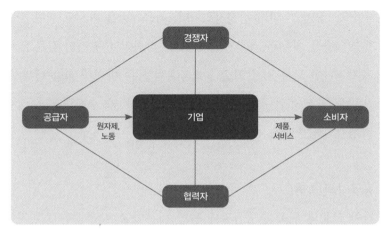

〈그림 3-1〉 배리 네일버프의 가치 그물

데, 경쟁자에 대한 네일버프의 생각은 다음과 같습니다.

"소비자가 당신의 제품만을 가지고 있는 것이 아니라 다른 시장 참가자의 제품도 함께 가지고 있다면, 그래서 당신 제품의 가치가 떨어진다면, 그 참가자는 경쟁자다."

전기 자동차를 만드는 현대자동차와 배터리를 만드는 LG에너지솔루션은 협력자입니다. 사람들이 전기 자동차의 가치를 더 크게 인식하는 것은 성능 좋은 배터리를 갖췄을 때의 이야기이니까요. 그렇다면 협력자는 이렇게 정의할 수 있겠습니다.

'소비자가 당신의 제품만을 가지고 있을 때보다 다른 시장 참가자의 제품도 함께 가지고 있을 때 당신 제품의 가치가 더 커지면, 그 참가자는 협력자다.'

제가 학생들을 가르치는 신라대학교는 부산에 있습니다. 부산을 가는 방법은 다양하지만, 그중 고속 철도인 SRT와 국내선 비행기가 대표적인 방법입니다. 그래서 이 둘은 경쟁자이지요. 소주 시장에서 '처음처럼'과 '참이슬' 역시 경쟁자입니다. 처음처럼을 마시고 취한 사람에게 참이슬은 아무런 가치가 없습니다. 파전이나 광어회 같은 안주가 추가된다면 모를까, 참이슬은 처음처럼을 더 마시게 하는 데 어떠한 역할도 하지 못합니다. 마찬가지로 SRT 티켓을 구매했다면, 국내선 비행기의 탑승권은 아무런 가치가 없습니다.

공급자의 측면

가치 그물의 왼쪽은 공급자에 관한 내용이고, 오른쪽은 소비자에 관한 내용입니다. 그리고 소비자와 마찬가지로 공급자에게도 두 가지 측면이 존재합니다. 다른 참가자가 공급자의 자원을 끌어들이기 위해 여러분을 돕거나, 혹은 여러분과 경쟁할 수 있는 것이지요. 그것을 정의하면 다음과 같습니다.

'다른 참가자에게도 동일한 자원을 납품하는 공급자가 당신에게는 더 매력적인 자원을 공급한다면, 그 공급자는 당신의 협력자다. 반면 공급자가 당신에게 납품하는 자원이 다른 참가자와 비교했을 때 소비자에게 덜 매력적이라면, 그 공급자는 당신의 경쟁자다.'

공급자와 관련된 경쟁은 산업의 경계를 뛰어넘는 경우가 많습니다. 예를 들어, 벤처 투자자는 자금 공급자입니다. 그렇기에 많은 스타트업들이 벤처 투자자의 자금을 유치하기 위해 세계 시장을 넘나들면서 경쟁하는 것이지요. 기업의 직원 역시 공급자입니다. 기업이란 직원들이 있어야 운영되는 조직이기에 직원에게 돈(월급)을 지불하고 그들의 노동력과 시간을 삽니다. 한편 직원과 관련된 경쟁도 산업 간의 경계를 넘나듭니다. 우리는 졸업 시즌만 되면 수많은 기업들이 대학교

에서 입사 설명회를 개최하는 것을 쉽게 볼 수 있습니다. 이것이 바로 학교를 갓 졸업한 우수 인력을 뽑기 위한 기업 및 산업 간의 경쟁인 것이지요.

공급자는 경쟁자이면서 동시에 협력자인 경우도 많습니다. 저희 사무실 근처에 있는 CU 편의점과 GS25시 편의점은 출근 시간, 아침 식사를 못한 직장인들을 놓고 경쟁합니다. 판매 분야에서 서로 경쟁자인 것이지요. 그러나 이 두 편의점들은 도시락 공급 업체나 우유 회사로부터 신선한 제품을 합리적인 가격에 공급받을 수 있다는 측면에서는 협력자가 되기도 합니다. 그리고 이러한 경쟁과 협력 덕분에 편의점을 찾는 손님들은 더 나은 서비스를 제공받을 수 있는 것이지요.

소비자와 공급자의 대칭성

가치 그물은 중요한 두 가지 대칭적 존재를 보여줍니다. 먼저 수평선에서 소비자와 공급자가 대칭을 이룹니다. 양쪽 모두가 가치를 창출하는 협력자인 것이지요. 그러나 완벽한 대칭을 이루는 것은 아닙니다.

아마존의 고객 중심주의가 관심을 끌고, 모바일 시장의 활성화로 인해 후기(리뷰)의 중요성이 늘어나면서 '손님은 왕'이라는 말이 어느 때보다도 중요해졌습니다. 반면 '공급자가 왕'이라는 말은 못 들어봤습니다. 그런데 코로나19 사태 이후로는 공급자와의 관계 역시 소비자와의 관계 못지않게 중요해졌습니다.

최근 들어 안전사고가 잇달아 발생하면서 택배 노동자들의 파업이 늘어나고 있습니다. 또 운송 업무 외에 분류 업무까지 더해지니 과중한 노동에 시달리다 사망하는 택배 노동자들이 나오면서 사회적 문제로 떠오르고 있습니다. 2021년 한 해에만 택배 노동자 다섯 명이 과로사하였으며, 뇌출혈로 쓰러진 후 의식을 회복하지 못하는 등의 안전사고가 발생하였습니다. 택배 노동자들은 「근로기준법」에서 노동자로 인정받지 못합니다. 대부분이 택배사나 대리점과 '근로 계약'을 체결하고서 일을 하는 것이 아닌, 택배사나 대리점과 '택배 위·수탁 계약'을 체결하고 업무를 처리하기 때문입니다.

고객을 왕처럼 대우하는 것도 중요하지만, 이제는 공급자의 권리역시 보장해주어야 합니다. 그것이 진정한 균형이기 때문입니다. 예전에 다니던 회사의 신년회 때 특강을 들은 적이 있습니다. 강사님은 회장님을 단상으로 모신 뒤, 직원들에게 '회장님 덕분입니다'라는 인사를 시켰습니다. 그리고 기쁜 마음으로 인사를 받은 회장님에게는 '직원 여러분 덕분입니다'라는 인사를 시켰습니다. 회장님은 잠시 머뭇거렸고, 이내 정적이 흘렀습니다. 자신이 월급을 주는 사람들에게 인사를 하라는 말에 쉽게 수긍하지 못한 것입니다. 다행히 부드럽게 마무리가 되었지만, 회장님의 속마음을 알아버린 직원들의 마음은 쉽게 아물지 않았습니다.

경쟁자와 협력자의 대칭성

수직선에서도 협력자와 경쟁자 간의 대칭 관계가 성립합니다. 사실 협력자는 거울에 비친 경쟁자의 모습입니다. 나의 반응에 따라 거울속의 상대방도 움직이기 때문이지요. 그리고 이러한 점에서 인과응보(因果應報) 혹은 기브 엔 테이크(Give & Take)를 떠올리게 됩니다. 여기서 주의할 점이 있습니다. 배리 네일버프의 가치 그물 이론과 마이클

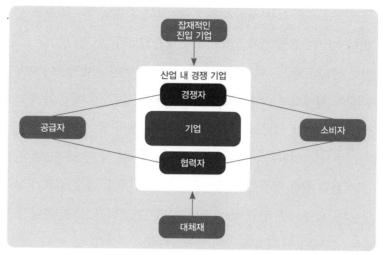

〈그림 3-2〉 가치 그물과 다섯 가지 힘의 관계

포터의 다섯 가지 힘 이론은 호박과 수박처럼 전혀 다릅니다. 그림으로 보면 그 차이가 조금은 명확해 집니다.

코엑스몰의 대형 서점은 어디로 갔을까?

참여자의 위치를 정확하게 이해하려면 우선 우리가 속해 있는 가치 그물부터 살펴봐야 합니다.

영풍문고 코엑스몰점의 소비자

코엑스몰의 소비자는 주로 젊은 사람들입니다. 그리고 코엑스몰의 전통적인 랜드마크는 서점, 영화관, 호텔, 컨벤션, 백화점, 아쿠아리움 등 여섯 가지이며, 이를 일컬어 '복합 문화 공간'이라고 부릅니다. 그래서 코엑스몰을 찾는 사람들은 일단 '최고 수준의 랜드마크를 즐길 수 있다'는 기대감을 가지고서 이곳에 방문합니다.

이런 문화 트렌드 덕분에 자연스레 요즘 유행하는 매장들이 어우러져 매출이 활성화되는 생태계가 조성됩니다. 물론 이 여섯 가지 랜드마크를 찾는 고객 그룹들은 코엑스몰이 제공해야 할 서비스의 형태에 대해 상반되는 의견을 가지고 있을 수 있습니다. 다만, 코엑스몰은 모든 고객들의 말을 동시에 들을 수 없겠지요. 아니, 들을 필요가 없을 것입니다. 그래서 등장한 것이 별마당 도서관입니다. 당시 별마당 도서관은 영풍문고에 다음과 같이 제안합니다.

"우리 책을 당신이 공급해주십시오."

영풍문고 코엑스몰점의 공급자

코엑스몰의 공급자는 주로 입점한 매장입니다. 매장이 밀집한 핵심 구역은 지하 1층으로, 각종 패션 가게와 카페, 음식점들이 몰려 있습니다. 패스트푸드점으로는 KFC, 맥도날드, 쉐이크쉑버거 등이 영업 중입니다.

중앙에는 한층 더 내려갈 수 있는 라이브 플라자가 있습니다. 계단형 휴식 장소인 이곳은 주말에는 다양한 공연이 열리고, 사인회라도 열리면 1~2시간 이전부터 엄청난 인파가 몰립니다. 바로 아래층에는 애플스토어와 건담베이스 등이 있습니다.

영풍문고는 별마당 도서관에 도서를 공급합니다. 이는 강남역이나 잠실역에 있는 교보문고와 비교하면 매출을 단기간에 확실히 끌어올릴 수 있는 기회였습니다. 어쩌면 영풍문고 관계자들은 이렇게 외쳤을

지도 모릅니다.

"코엑스몰 입찰을 따낸 것은 진정한 행운이었다."

영풍문고 코엑스몰점의 경쟁자

코엑스몰은 어마어마한 경쟁자와 맞서고 있습니다. 지하철을 타고 서쪽으로 세 정거장만 가면, 대한민국의 대표 번화가인 강남역이 있고, 동쪽으로 세 정거장만 가면 우리나라에서 가장 높은 빌딩인 롯데월드타워가 있는 잠실역이 있습니다. 코엑스몰과 세 정거장씩을 사이에 두고 있는 이 번화가들은 더 많은 고객을 끌어들이기 위해 서로 경쟁합니다.

코엑스몰의 대표적 경쟁자인 강남역은 가장 많은 광역 버스들과 2호선, 그리고 신분당선이 교차하는 등 교통의 요지입니다. 승하차 인원이 연간 7,300만 명에 달하는, 대한민국의 모든 도시 철도역들을 통틀어 1위인 곳이지요. 그리고 이를 기반으로 어학원과 의류 매장, 맛집 등이 즐비합니다. 지상과 지하를 막론하고 개별 매장이 모여 있어 맛집이 많은 편이지요. 반면, 대형 컨벤션이나 백화점 공간이 없어 다른 지역에 비해 영화관 시절이 약간 취약한 편입니다.

잠실역은 승하차 인원이 연간 6,200만 명에 달하는 전통의 번화가입니다. 호텔과 마트는 물론, 뮤지컬 공연장인 샤롯데씨어터(Charlotte Theater)와 놀이공원인 롯데월드 어드벤처까지 보유한 전천후 공간이지요. 또한 잠실새내역과 송파구청역이라는 지상 매장 상권을 가까이 두고 있어 시너지 효과가 무궁무진합니다. 한편 삼성역의 연간 승하차 인원은 4,400만 명으로 이 두 곳에 비하면 적은 편입니다. 하지만 아셈타워와 파르나스, 글라스타워 등을 중심으로 테헤란로에 인접하여 로레알 코리아, 구글 코리아, 페이스북 코리아 등 외국계 기업이 가장 선호하는 사무 공간으로 인정받고 있습니다. 게다가 호텔은 물론이고, 대한민국 대표 컨벤션 센터인 코엑스몰이 자리하고 있습니다. 특히 상영관이 19개나 되는 메가박스 코엑스몰점은 잠실역 롯데시네마 월드타워점과 함께 국내 최대 상영관 수를 자랑합니다. 그렇다면 서점은 어떨까요? 별마당 도서관에 도서를 납품한 뒤로 영풍문고는 애매한 위치에 놓입니다.

'이미 별마당 도서관에 서적을 대규모로 납품했겠다, 일단 임대료라도 줄여보자.'

이런 계산을 했을까요? 영풍문고는 매장 규모를 대폭 축소하기 시작합니다.

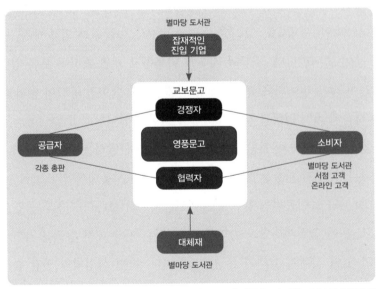

〈그림 3-3〉 영풍문고의 가치 그물과 다섯 가지 힘

영풍문고 코엑스몰점의 협력자

삼성역과 강남역, 잠실역은 고객을 확보하기 위해 서로 경쟁하지만, 상권을 고급화하고 소비를 촉진시키는 면에서는 최선의 협력자들이기도 합니다. 이 번화가들의 공통점은 '교통의 요지'라는 점입니다. 접근하기 편하다 보니 사람들이 모이기 쉽고, 인근의 유흥가와 맛집이 해당 상권을 풍요롭게 만들지요. 또 사무실과 주거 지역도 번화가를 보완해줍니다. 그 때문에 매장 직원들은 사무실과 가까운 곳에 숙소나 주택을 구할 수도 있습니다.

매일같이 경기가 열리는 잠실 야구장도 훌륭한 협력자입니다. 경기가 끝나면 일부 관중들은 삼성역으로, 또 일부는 잠실역으로 이동하여 식사나 여흥을 즐깁니다. 즉, 잠실역과 삼성역은 자신의 상권으로 소비자를 흡수할 수 있는 자체적인 협력자를 각자 보유하고 있기도 한 것이지요. 잠실역에 문을 연 123층 높이의 롯데월드타워는 서울의 모든 지역에서 보일 만큼 랜드마크의 역할을 하고 있습니다. 삼성역은 이에 질세라 입점 업체들을 돕기 위한 협력자로 별마당 도서관을 오픈하였습니다. 그런데 별마당 도서관의 협력자에서 제외된 곳이 하나 있습니다. 바로 영풍문고입니다. 만약 강남역 또는 잠실역에 별마당 도서관을 지었다면 어떻게 되었을까요? 아마 해당 지역의 서점인 교보문고는 분명 지금의 영풍문고처럼 쪼그라들었을 것입니다.

삼성역 코엑스몰의 다른 랜드마크인 영화관과 아쿠아리움 역시 코로나19 사태 때문에 피해를 보았습니다. 다른 지역의 상황도 마찬가지입니다. 그런데 서점은 확실히 코로나19 사태가 아니라 별마당 도서관 때문에 쪼그라든 것처럼 보입니다. 물론 누적 방문자 수 4,500만 명을 자랑하는 별마당 도서관은 한국의 자랑거리입니다. 다만 트렌드를 읽을 수 있는 문화 공간의 역할은 그저 콘셉트에 불과했음을 이제는 모두가 알고 있습니다. 코엑스몰이 두 협력자를 불러다가 서로 싸움을 붙인 꼴이 되고 만 것이지요. '복합'은 있지만 '문화'가 사라진 별마당 도서관…. 영풍문고 자리에 오픈했던 삐에로쑈핑의 실패를 보고 들기 시작한 의심입니다.

별마당 도서관의 가치 그물

지금까지 영풍문고의 입장에서 주변의 소비자, 공급자, 경쟁자 및 협력자를 살펴보았습니다. 이런 범주는 다양하게 늘어날 수 있습니다. 예를 들면, 소비자를 끌어들이기 위해 만들어진 별마당 도서관은 영풍문고의 소비자입니다. 영풍문고는 '단기적 수익'이라는 매력적인 미끼를 덥석 물었습니다. 하지만 영풍문고가 자신의 가치 그물을 먼저 작성하였다면, 아마 다른 대응이 가능했을 것입니다. 별마당 도서관의 입장과 영풍문고의 입장에서 각자의 가치 그물은 전혀 다른 결과를 만들어내기 때문이지요. 심지어 소비자 입장에서 코엑스는 롯데타워와 강남역 등의 경쟁자가 가진 대형 서점을 보유할 수 있었기에 영풍문고의 규모를 축소시킨 것은 잘못된 판단이었습니다.

코엑스몰 전체의 운영권을 갖고 있는 신세계 프로퍼티의 입장에서는 어땠을까요? 일단 이렇게 가치 그물을 확장시키다 보면 수요를 창출하는 방법인지 아닌지를 알아낼 수 있습니다. 물론 세입자인 영풍문고의 입장에서는 선택의 여지가 없었을 수도 있지요. 그렇다면 별마당 도서관은 신세계 그룹의 갑질이었을까요? 저는 그렇게 생각하지 않습

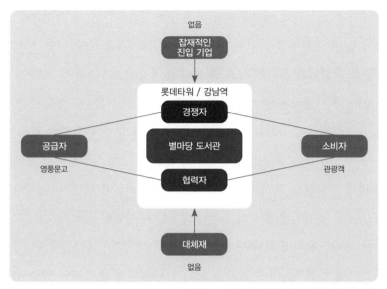

〈그림 3-4〉 별마당 도서관의 가치 그물과 다섯 가지 힘

니다. 처음에는 분명 소비자에게 유익했습니다. 다만, 지금은 상황이 달라졌습니다. 주변의 경쟁자를 너무 의식한 탓에 별마당 도서관 이후의 시점까지는 생각하지 못했던 것입니다. 이런 상황을 하버드 대학교의 마케팅 교수 시어도어 레빗(Theodore Levitt)은 '마케팅 근시안(marketing myopia)'이라고 부릅니다. '바로 앞만 내다보고 세운 전략'이라는 뜻이지요. 소비자에게 도움이 되지 않는 것은 결국 기업에도 도움이 되지 않는다는 사실을 잊지 말았으면 합니다.

마케팅 근시안이 발생하는 이유

'왜 이런 적과의 동침에서 빠져나오지 못할까?'

별마당 도서관과 영풍문고의 이야기를 정리하면서 제 머릿속을 떠나지 않던 질문이었습니다. 대한민국 최고의 기업 중 하나인 신세계 그룹과 대한민국 최고의 서점 중 하나인 영풍문고라면 분명 츠타야 서점보다 나은 결정을 할 수 있었을 텐데 말이지요. 저는 그 이유로 츠타야가 영리해서라기보다 우리나라 서점 유통에 어떤 문제점이 있기 때문이 아닐까 하는 쪽으로 생각이 기울었습니다. 제 사무실에서 코엑스몰 반대 방향에는 또 하나의 오프라인 서점 '최인아 책방'이 위치하고 있습니다. 제일기획 출신인 최인아 부사장이 창업한 서점이지요. 고즈넉한 분위기에 이끌려 계단을 오르면 대한민국에서 내로라하는 크리에이터와 기획자들이 추천하는 도서가 단정하게 전시되어 있습니다. 저는 그 추천 도서 목록을 볼 때마다 '여기서부터 저기까지 전부 주세요!'라고 말하고 싶어집니다. 하지만 그중에 한 권도 산 적이 없습니다. 스마트폰을 열어서 온라인 서점 앱으로 주문하면 10% 할인된 가격으로 책을 살 수 있고, 바로 다음 날에 받을 수 있는데 왜 이 서점에서 책을 사겠습니까? 그렇다면 최인아 책방은 뭘 팔아서 수익을 남기는 걸까요? 아니 우리나라 서점은 과연 살아남을 수 있을까요? 이런 환경에서 츠타야 같은 서점이 탄생할 수 있겠습니까? 만약 서점이 수익이 나는 구조였다면 별마당 도서관도 저렇게 영풍문고를 힘들게 하지는 않았을 겁니다. 당연하다고 생각하는 사람들이 많겠지만 여기에서 저는 뭔가 기울어진 느낌을 지울 수가 없었습니다.

이러한 상황을 이해하기 위해서는 도서 정가제를 먼저 살펴봐야 합니다. 2003년 도서 정가제가 처음 도입되었던 것은 온라인 서점의 떨이 판매를 막기 위해서입니다. 50% 할인 등 출판사의 떨이 책을 온라인에서 정기적으로 할인하자 동네 서점 매출이 줄어들었다는 하소연 때문에 시작되었지요. 도서 정가제의 주요 골자는 출간 18개월 동안 최대 10%로 할인을 제한하고, 18개월 이후부터는 이 제한을 없애는 것이었습니다. 그러나 10년 후, 인터넷 떨이 판매가 잠잠해지자 10% 할인 또는 포인트 적립으로 가격 할인을 포함하여 책값의 15%까지 제한하는 정책만 남기고 나머지는 유야무야 사라졌습니다. 그리고 이 혼돈 속에서 혜택을 본 기업이 바로 온라인 서점입니다. 저는 이후로 동네에 있는 서점에서 책을 사지 못하겠더군요. 10,000원 짜리 책을 지금 구매하면 10,000원, 온라인으로 주문하면 9,000원에 구매할 수 있기 때문입니다.

도서 정가제란 무엇인가

2019년 10월 14일, 청와대 청원게시판에 도서 정가제 폐지 안건이 올라왔습니다.[20] 한 달간 총 20만 여명의 국민이 동의한 청원인의 주장은 다음과 같았습니다.

"처음에 도서 정가제 시행할 때 '동네 서점 살리기'를 캐치프레이즈로 내걸지 않으셨습니까? 중소 규모의 서점과 출판사가 같은 조건으로 경쟁하기 위해서 실행한다고 했습니다.

- 지역 서점은 2014년 1,625개에서 2017년 1,535개로 감소
- 오프라인 서점 수 2009년 2,846개 〉 2013년 2,331개 〉 2017년 2,050개로 감소

2014년도까지의 도서 정가제는 비교적 합리적인 측면이 있었습니다. 소비자 입장에서는 저렴할수록 좋지만 중소 서점과 출판사와의 상생을 위해서 어느 정도의 규제는 같이 감당할 수 있었습니다. 구「출판문화산업진흥법」제22조(간행물 정가 표시 및 판매)는 발매 이후 18개월간은 최대 10%의 할인만이 가능했지만, 그 이후에는 무제한 할인이 가능하다는 조약이 붙었고, 가격 할인과 별도로 10%의 포인트를 적립하게 하는 등의 합리적인 추가 조항이 붙어있었습니다. 하지만 최재천 전 의원이 발의한 현「출판문화산업 진흥법」제22조(간행물 정가 표시 및 판매)는 발매일과 관계없이 모든 책이 10%의 가격 할인만을 가능하게 하였으며 도서관, 군부대, 교도소 및 공공기관에 복지의 개념으로 할인을 적용할 수 있게 하였던 조항마저 폐지하였습니다."

정부는 여러 기관의 입장을 수렴하여 의견을 개진합니다. 그러면 늘 그 논의는 이전과 크게 다르지 않게 마무리 됩니다. 이해관계자들의 입장을 듣고 정부의 답변 이후 합의된 내용에는 청원자의 의도가 완전히 사라져 있기 때문입니다. 소비자가 선택할 수 있는 기회를 달라거나 후생을 높여 달라는 취지가 합의 사항 어디에도 묻어있지 않습니다. 도서 정가제 폐지에 대한 쟁점을 정리해보면 다음과 같습니다.

도서 정가제 폐지 찬성 입장

도서 정가제는 소비자의 구매 의욕을 떨어뜨립니다. 온라인 서점이 도서 정가제를 찬성하는 이유는 아마도 자신들은 10% 할인을 해줄 수 있기 때문일 것입니다. 반면, 이러한 제도로 인해 동네 서점은 전멸로 이어졌습니다. 동네 서점이나 오프라인 서점에서 1000원에 파는 도

서를 온라인은 900원에 판매합니다. 게다가 배송료도 받지 않습니다. 동네 서점이 장사가 안 되는 이유가 바로 이 때문이지요. 왜 동네 서점은 10% 할인을 안 해줄까요? 도서 정가제 때문일까요? 그럼 왜 온라인 서점은 10% 할인을 해줄까요? 이게 도서 정가제 위반은 아닙니까? 헷갈리기 시작합니다.

도서 정가제 폐지 반대 입장

도서 정가제는 온라인 서점의 자본력 게임으로부터 영세 서점을 지켜줍니다. 도서 정가제 시행 전 온라인 서점에서는 대량 매입으로 정가의 3~40%에 판매하는 이벤트를 종종 했었습니다. 저 역시 온라인 서점 할인 행사를 꼬박꼬박 챙겨봤던 기억이 납니다. 이러한 이유로 한국서점조합연합회는 도서 정가제의 폐지를 반대하고 있는 것입니다. 그리고 제도를 폐지하게 되면 가격 교란이 올 것이라는 정부의 우려도 도서 정가제 폐지 반대에 한몫을 하고 있지요. 다음은 정부의 입장입니다.

"온라인 서점이 80% 할인을 진행하면, 동네 서점은 다 죽는다. 그래서 도서 정가제가 필요하다."

이러한 정부의 우려는 처음 도서 정가제가 시행되던 2002년 당시의 출판계의 견해와도 일치합니다. 당시 신간의 할인 폭을 낮추는 방향으로 도서 정가제를 개정하면 소비자들에게 다소 비용 부담이 전가되지만, 그만큼 영세 출판인들과 지역 서점에 돌아가는 책값의 이윤이 늘어난다는 논리를 펼쳤었습니다.

그렇다면 도서 정가제의 찬반을 주장하는 이들의 논점을 정리해보 겠습니다. 도서 정가제 폐지에 찬성하는 청원인의 청원 내용을 한마디 로 정리하면, '동네 서점 운영만으로도 생계유지가 가능하게 해주세 요.'입니다. 그리고 이에 대한 청와대의 답변 내용은 다음의 두 가지로 정리됩니다.

1. 도서 정가제는 유지하는 게 맞다. 그렇지 않으면 온라인 서점의 대량 매입 할인 공세를 이겨낼 수 없을 것이다.

2. 10% 할인 재량권이 있지 않은가. 동네 서점도 온라인 서점과 가 격을 동일하게 맞추거나 할인 혜택을 제공해라.

예스24와 아마존의 서로 다른 성장 방식

예스24의 로고를 보면 아마존의 웃는 입과 비슷한 느낌을 지울 수 가 없습니다. 또 우리나라 서점 시장에서 45%의 점유율을 지키고 있 으니 최고의 온라인 서점을 모토로 시작했던 두 기업의 창업 정신이 잘 유지되었다고도 볼 수 있습니다. 하지만 예스24와 아마존의 차이 는 명확합니다. 아마존은 더 이상 서점이 아니지요. 쇼핑몰입니다. 책 만 팔아서는 수익 구조를 맞추기 어렵다고 판단했기 때문입니다. 오 래전부터 아마존은 책을 판 돈으로 다양한 신사업에 투자를 할 수밖 에 없었습니다. 오프라인 서점과 온라인 서점이 동일한 가격에 판매하 였고, 아마존은 '보다 나은 서비스'에 사활을 걸어야 했으니까요. 그렇 다면 예스24는 어떤가요? 예스24의 경우 음반과 티켓을 팔기도 하지만 여전히 서점입니다. 아마존은 책만 팔아서 수익을 남기기 어려웠기에 다른 제품도 팔았지만, 예스24는 책만 팔아도 성장할 수 있는 구조이기 때문이지요. 예를 들어볼까요? 한동안 편의점에서 1만원에 4개 맥주가 유행이었습니다. 그런데 최근에 1만 1천원으로 가격이 올랐지요. 만약 같은 맥주를 온라인에서 1만원에 판다면 어디서 사시겠습니까? 이런 말도 안 되는 가격 정책 때문에 예스24는 2021년 6,156억원의 매출을 달성하여 온오프라인 통틀어 성장세가 가장 높은 기업으로 선정되었습니다. 이러한 사실을 기반에 두고 우리는 냉정하게 판단해 볼 필요가 있습니다. 예스24가 이 10% 할인 말고 다른 어떤 경쟁력이 있을까요? 제 생각에는 없습니다. 그리고 이 기형적인 도서 정가제 때문에 예스24는 아마존처럼 다른 제품을 팔 이유가 없습니다. 책만 팔아도 많은 수익을 낼 수 있는 구조이니까요.

별마당 도서관과 영풍문고의 윈윈 전략

제 아내는 어릴 적 꿈이 서점 주인이었습니다. 책과 책 읽는 사람을 좋아했고, 책 읽는 사람과 이야기하는 것이 좋았기 때문입니다. 하지만 현시점에서 동네 서점을 운영하면 바보입니다. 같은 제품을 온라인 서점보다 10% 비싸게 파는데 누가 동네 서점에서 책을 사려고 하겠습니까? 그 금싸라기 땅에 단순히 전시용 책만 펼칠 수밖에 없었던 별마당 도서관의 고민은 바로 여기서 시작된 것입니다. 게다가 이 무주공산과 같은 온라인 서점 시장에 쿠팡과 쓱닷컴은 물론, 최근에는 네이버까지 도전장을 내밀었습니다. 정부와 국민의 무관심 속에서 동네 서점이 완전히 사라질지도 모르는 위기에 봉착하게 된 것이지요.[21]

책을 보는 사람이 없는 것은 책을 볼 공간이 없기 때문입니다. 별마당 도서관과 영풍문고는 책을 볼 수 있는 상징적인 공간임을 잊지 말아야 합니다. 그렇기에 별마당 도서관에 새로운 책을 유입시켜야 합니다. 오래된 책이 즐비한 낡은 서가가 아니라 새롭고 싱싱한 책들이 넘치는 출판사들의 잔치마당이 펼쳐져야 하는 것이지요. 그리고 그 곳의 책은 모두 영풍문고가 맡아서 판매·관리·운영하면 어떨까요. 동네에 좋은 서점으로 가득한 그런 날, 별마당 도서관을 오픈하던 정용진 부회장의 바람대로 대한민국의 독서 붐도 다시금 일어나리라 생각합니다.

↳ 헤드라이트 ↱

차를 몰고 한밤중에 가로등도 없는 시골길을 달린 적이 있습니다. 그때 차량의 헤드라이트는 초고속 굴착기처럼 어둠을 파헤치며 길을 만들어주었고, 대학에서 처음 '광고기획 워크샵'이라는 과목을 맡았을 때의 느낌을 떠오르게 하였습니다.

광고쟁이로서, 또 실무 마케터로서 겨우 시행착오만 겪어왔던 제가 무슨 수로 다른 사람을 가르치겠습니까. 당시에 저는 수업을 이끌어 갈 자신이 없었습니다. 솔직히 겁이 났었지요. 그로부터 얼마간의 시간이 지나고, 학생들을 가르쳐야 할 날이 다가왔습니다. 그런데 막상 학생들과 수업을 진행하다 보니 밝게 빛나는 헤드라이트가 저를 비춰주더군요. 그 빛은 어둠 속에서 가장 빛났습니다. 실무에서 겪었던 오해의 어둠 속을 비추는 이해의 헤드라이트는 이론을 현실에 어떻게 활용해야 하는 지를 더 잘 보여주었던 것입니다.

각 파트의 마지막에 붙은 이 코너는 그간 현장에서 만난 기업이나 대표님들을 통해 겪었던 사례를 보완하고 각색한 내용입니다. 열이 날 때 이마를 짚어주던 어머니의 손을 떠올려보세요. 그것은 어머니의 손이면서 이미 어머니의 것이 아닙니다. 어머니가 이마를 짚어주는 그 촉감을 통해서만, 객관적인 타인의 체온을 통해서만 주관적인 자기 자신의 열을 비로소 확인할 수 있기 때문입니다. 널리 알려진 기업가들의 첫 발자취를 쫓다보면 이러한 자기 객관화를 통해 이마를 짚어주는 어머니의 손과 같은 사례를 여럿 찾아 볼 수 있습니다.

친근한 이미지로 많은 이들의 사랑을 받는 외식 경영 전문가 백종원 대표는 젊은 시절 세계를 누비는 무역업자를 꿈꾸며, 건축 자재를 수입하는 목조 주택 사업에 뛰어들었습니다.

청년 사업가로 제법 성공을 거두는가 싶을 때, IMF 외환 위기가 들이닥쳤고, 급등한 달러 가격으로 백종원 대표의 사업은 직격탄을 맞았습니다. 사업은 순식간에 부도가 났고, 남은 것은 17억 원의 빚과 쌈밥집 식당 하나였습니다. 도저히 길이 보이지 않던 그는 무작정 바다 건너 홍콩으로 도망쳤습니다. 처음에는 구룡 반도와 홍콩 섬 사이의 바다로 뛰어들까 생각했지만, 수영을 잘하는 편이라 살아날 것 같았습니다. 다음에는 고층 건물에 올라가서 뛰어내리려고 했는데, 고층 건물마다 옥상 문이 막혀 있었습니다. 그렇게 한참 동안 홍콩의 번화가인 침사추이 지역을 걷던 그의 눈에 꼬챙이에 걸린 삼겹살과 오리고기 등을 파는 식당이 눈에 들어왔습니다. 그제야 시장기가 든 백종원 대표는 요기를 하기 위해 식당에 들어가서 음식을 입에 넣었습니다. 그런데 놀랍게도 입에 대는 음식마다 맛있었습니다.

"안 되겠다. 내일 죽어야겠어."

생전 처음 맛보는 음식으로 인해 백종원 대표는 극단적인 선택을 다음 날로 미루게 됩니다. 그리고 이틀쯤을 더 이집 저집에서 고기 요리를 먹다가 '이 아이템으로 뭐든 해 봐야겠다!'라는 생각이 들어 한국으로 돌아왔습니다. 귀국하자마자 그는 채권자들을 쌈밥집 식당으로 부르고, 그 앞에 무릎을 꿇었습니다.

"남은 건 이 식당 하나인데, 나눠 가져도 얼마 안 됩니다. 기회를 주신다면 이 식당으로 일어나 빚을 꼭 갚겠습니다."

그렇게 시간이 지나 '한신포차', '새마을식당'을 비롯하여 우리가 아는 성공적인 아이템을 줄줄이 내놓으며 재기에 성공합니다. 홍콩에서 먹었던 오리고기의 맛을 잊지 못한 덕분에 말이지요. 그에게는 홍콩 여행이 이마를 짚어주는 '어머니의 손'이자 어둠 속에서 앞을 보게 만든 '헤드라이트'였던 셈입니다. 지금부터 살펴볼 케이스 스터디를 통해 여러분의 아픈 곳을 진단하고 문제점을 비추는 기회로 삼으시기 바랍니다.

감성을 강조하라

CASE STUDY

휘 인터내셔널에서 최근 '카르메넬(Karmenel)'이라는 스킨케어 제품을 출시하였습니다. 출시한 지는 얼마 되지 않지만, 최근 K-뷰티의 바람을 타고 외국에서 조금씩 주문이 들어오고 있는 상황이지요. 여기에 용기를 얻어서 곧 국내 고객들에게도 선보일 예정입니다. 기초 화장품을 중심으로 마스크팩, 크림, 앰플, 샴푸 등 대여섯 개 제품 라인이 있고, 향후 더 늘어날 예정입니다. 기능적 특징으로는 피부 표면의 수소 이온 농도를 최적으로 유지하는 새로운 성분 배합이 핵심이며, 이외에도 몇 가지 새로운 기능이 있습니다. 이 화장품을 어떻게 마케팅하면 좋을까요?

휘 인터내셔널의 양만휘 대표는 새로운 브랜드의 국내 출시를 앞두고 다짐하였습니다. 어떻게든 이 브랜드를 10년, 20년 지속적인 사랑을 받는 강력한 브랜드로 키우겠다고 말이지요. 하지만 이제 겨우 BEP(break-even point)를 맞추고 있는 상황이라 강력한 마케팅으로 소비자의 주목을 끌 필요가 있었습니다. 즉, 소비자들에게 이 브랜드의 제품을 중·장기적으로 각인시킬 수 있는 마케팅 캠페인이 필요한 것이지요. 그렇다면 이러한 마케팅 캠페인을 하기 위해서는 무엇부터 고려해야 할까요?

TV에서 가수 KCM과 박정현을 본 적이 있습니다. 둘 다 고음 처리가 자연스럽고 창법이 시원시원하더군요. KCM은 각종 음악 방송에 등장해 묘기 부리듯 고음을 들려줍니다. 그러다 KBS의 《노래 싸움 승부》라는 프로그램에서 KCM이 김경호의 〈금지된 사랑〉으로 배우 권혁수와 경쟁을 벌였습니다. 그런데 고음 처리에서 권혁수에 밀려 판정단 평가에서 패하더군요. 이렇듯 고음 처리를 기준으로 가수를 평가한다면, 더 높은 목소리를 내는 사람이 등장하는 순간 최고의 가수 자리를 내주어야 합니다. 반면 MBC의 《나는 가수다》 이후 최고의 전성기를 맞고 있는 박정현은 고음만을 장점으로 내세우지 않았습니다. 그녀는 어떤 노래든 그 노래의 분위기에 맞춰 노래를 불렀습니다. 그리고 그 덕분에 '노래를 맛깔나게 부르는 가수'라는 이미지를 대중들에게 인식시켜주었지요. KCM이 내세운 장점이 '자신의 기능'이라면, 박정현은 '자신의 의미'에 충실한 것입니다.

미국 피셔 경영대학원의 제이 B. 바니(Jay B. Barney) 교수는 지속적인 경쟁 우위를 위해 가져야 하는 속성으로 'VRIO'를 주장합니다. VRIO는 '가치(Value)', '희소성(Rarity)', '모방 곤란성(Imitability)', '조직(Organization)'의 약자입니다.[22] 그중 '모방 곤란성'은 마케팅에서 차별화 포인트를 생각할 때에 적용할 만합니다.

기능은 모방하기가 쉽습니다. 그리고 다른 사람이 따라하는 순간 더 이상 차별화 포인트가 될 수 없지요. 그래서 지속적으로 사랑받는 브랜드로 남으려면 모방하기 쉬운 '기능'이 아닌, 모방하기 어려운 '자신의 의미'가 필요합니다.

'세계에서 가장 가벼운 노트북'이라는 기능 중심의 마케팅은 경쟁사

가 더 가벼운 제품을 내놓는 순간, 어떠한 가치도 남지 않습니다. 그래서 제품의 기능적 특징이 아니라 자신만의 메시지를 통해 사람들의 공감을 얻어야 하는 것입니다.

개인의 퍼스널 브랜드든, 특정 제품의 브랜드든 자신만의 의미를 만드는 것을 '브랜드에 의미 부여하기'라고 합니다. 여기서 말하는 '브랜드'란 모두에게 있지만 남이 내세우지 않는 '차별성'을 의미합니다. 예를 들어, 농심 새우깡은 맛을 강조하지 않습니다. '언제, 어디서나, 누구든지 즐기는 과자'를 목표로 하는 의미를 부여해 성공하였지요. 또 삼성전자의 가전 브랜드 비스포크(Bespoke, '맞춤형'이라는 뜻)는 '가전을 나답게'라는 메시지로 '모두에겐 자신만의 비스포크가 있다'는 지향점을 공유해 인기를 누리고 있습니다. 애플(Apple)의 'Think Different(다르게 생각하라)' 역시 애플 마니아를 양산한 브랜드에 의미 부여하기의 대표적인 사례이지요.

이러한 것들은 대기업뿐만 아니라 소상공인에게도 적용됩니다. 나에게 잘 어울리는 귀고리, 고마운 사람을 위해 선물하고 싶은 한우, 깁스를 한 환자에게 꼭 필요한 긁개, 포근한 기분을 느끼게 해주는 침구 등 모든 상품이나 서비스는 사람들의 필요를 충족시키기 위해 세상에 나왔습니다. 하지만 세상에 없는 제품을 만드는 사람은 찾기 어렵지요. 그래서 모두에게 있지만, 남들이 내세우지 않는 '차별성'이라는 의미를 부여할 필요가 있는 것입니다.

결국 브랜드의 의지, 의견, 지향점을 소비자들에게 보내는 메시지에 담는 것이 변화의 시대에 지속 가능한 성장을 이루는 방법입니다.

제품을 알리기보다는 공감대를 형성한다

휘 인터내셔널의 양만휘 대표는 카르메넬 스킨케어의 수소 이온 농도 최적화나 새로운 성분보다는 제품 개발 콘셉트에 포인트를 두기로 하였습니다. 홈페이지를 제외한 어떤 곳에서도 수소 이온 농도나 성분에 대해 일절 다루지 않는 대신, 고객에게 전달하고자 하는 콘셉트에 중점을 둔 것이지요. 카르메넬 스킨케어가 내세우는 콘셉트는 '나 자신이 지닌 자연스러운 아름다움을 지켜주는 저자극성 화장품'입니다. 메이크업으로 모두 비슷한 아름다움을 추구하는 것이 아니라, 누구나 가지고 있는 자신만의 아름다움을 발견하고 소중히 여기자는 것이지요. 자연스러운 아름다움을 강조하기 위해서는 스킨케어가 중요하고, 그래서 카르메넬 스킨케어를 사용해야 한다는 식의 연결이 성립됩니다.

우선 이 콘셉트를 자사 웹 사이트에서 대대적으로 선언하였습니다. 그리고 '나 자신이 지닌 자연스러운 아름다움을 지켜주는 저자극성 화장품'이라는 콘셉트에서 '당신은 당신이 생각하는 것보다 아름답다'라는 슬로건을 개발하였지요. 광고도 참신하게 만들었습니다. 광고를 짧게 설명해보도록 하겠습니다.

범인의 몽타주를 그려주는 사람을 고용해 얼굴을 직접 보지 않고, 이야기를 통해 10여 명의 일반인들의 얼굴을 스케치합니다. 이때 몽타주를 그려주는 사람에게 얼굴에 대해 설명하는 사람은 '나'와 '지인'입니다. 본인이 본인의 얼굴을 설명하고, 지인은 그 사람의 얼굴을 대신해서 설명해주는 것이지요. 몽타주를 그리는 사람은 커튼을 사이에 두고서 한 명당 두 장의 몽타주를 그립니다. 첫 번째 그림은 '본인이 말하는 본

인의 얼굴'이고, 두 번째 그림은 '지인이 말하는 그 사람의 얼굴'을 말이지요. 그렇게 완성된 두 장의 그림을 나란히 놓고 보니 지인의 말을 토대로 그린 그림이 더 예쁘고, 느낌이 좋으며, 행복해 보였습니다. 그리고 광고의 마지막 장면에서 자신의 얼굴이 그려진 두 장의 그림을 비교해보면서 감격하는 주인공을 배경으로 '당신은 당신이 생각하는 것보다 아름답다'라는 슬로건이 나타납니다.

이 광고 동영상은 유튜브에서 수백만 회나 조회되고, 많은 호평을 받게 되며, 카르메넬 스킨케어 역시 히트 상품이 되어 기록적인 매출을 올릴 수 있었습니다.[23]

〈그림 3-5〉 도브 리얼 뷰티 스케치 | 당신은 당신이 생각하는 것보다 아름답다
(Dove Real Beauty Sketches | You're more beautiful than you think) (출처: 유튜브)

브랜드에 의미를 부여하면 모방할 수 없다

사람들은 의외로 제품을 '그냥' 구입합니다. 그냥 검색했더니 첫 페이지에 올라와 있어서 구입하고, 그냥 구매 후기가 많아서 주문합니다.

상품 수가 많지 않던 시대에는 기능적 차별화가 중요한 역할을 하였

습니다. 상품별 기능과 특징이 다양하여 구분하기 쉬웠기 때문입니다. 그러나 기업이 늘어나고, 전자 상거래가 발달하여 상품의 수가 매우 빠른 속도로 증가하는 오늘날에는 기능적 차이는 크지 않지만, 너무 복잡해서 상품에 대해 알기가 어려워졌습니다. 그리고 상황이 이렇다 보니 모든 상품의 장단점을 분석하고, 검토하여 냉정한 의사 결정을 하는 것이 쉽지 않게 되었지요. 즉, 물건을 사는 것 말고도 신경 쓸 일이 너무 많아 '그냥 남들이 구매하는 상품을 선택'하는 것입니다.

기능적 차별화는 기능을 모방 당하는 순간 차별화라고 할 수 없습니다. 과거에 체지방을 분해하는 다이어트 차를 판매한 적이 있습니다. 이때, 체지방을 분해하는 차가 제가 판매하던 것뿐이라면 '체지방 분해'라는 기능이 유효한 메시지가 되지만, 다른 차 브랜드도 체지방 분해 성분을 포함한다면, 체지방 분해만으로는 차별화된 메시지가 될 수 없는 것이지요. 또 알코올 도수가 낮은 소주가 한 종류만 있다면 '낮은 도수'만으로도 유효한 메시지가 되지만, 다른 브랜드도 도수를 낮춘다면 그것을 이길 만한 또 다른 요소가 필요합니다.

브랜드 의미는 일단 소비자에게 전달되면 모방하기가 쉽지 않습니다. 예를 들어, 현재 'Think Different'라고 할 수 있는 컴퓨터 회사는 애플뿐이며, 'Just Do It'이라고 할 수 있는 브랜드는 나이키뿐일 것입니다. 하지만 이런 메시지들이 처음부터 쉽게 마케팅 커뮤니케이션의 중심에 설 수 있었던 것은 아닙니다. 특히 나이키의 슬로건은 누구나 할 수 있는 말이라는 이유로 나이키 내부에서 반대하는 사람이 많았을 것입니다. 하지만 고객이 기억하는 것은 바로 '누구나 할 수 있는 말이지만 다른 회사가 말하지 않는 것'입니다.

차별화를 이루는 의미 부여의 4가지 전략

1. 개발 단계에서 브랜드 의미를 도출한다.

공장에서 해주는 설명은 기능 중심의 설명입니다. 광고주가 광고 대행사에게 해주는 설명 또한 그렇습니다.

마케팅은 상품이나 서비스의 개발 목적에 대한 질문에서 시작합니다. 그래야지만 브랜드의 의미를 도출해 낼 수 있기 때문입니다. 다음과 같이 '이런'에 잘 어울릴 만한 문구를 생각해보면 브랜드의 의미를 발견하는 데 도움이 될 수 있습니다.

- '이런' 사람에게 편리한 서비스를 제공한다.
- '이런' 상황에서 마시는 음료다.
- '이런' 즐거움을 전하고 싶다.
- '이런' 기분을 느끼게 해주고 싶다.
- '이런' 효과를 가지고 있다.
- '이런' 차별점이 있다.

2. 내부의 공감을 얻는다

앞에서 소비자가 제품을 구입할 때는 이성적 판단보다 감정적으로 결정하는 경우가 많다고 했습니다. 따라서 브랜드에 의미를 부여하면 이러한 소비자의 감정적 구매 행동에 대응할 수 있습니다. 게다가 이런 것은 경쟁사가 모방하기도 어렵습니다. 그렇기에 이러한 상황을 조직 내부에 인식시키고 공감대를 형성할 필요가 있는 것이지요.

3. 중·장기적으로 계획한다

'우리 강산 푸르게 푸르게', '가전을 나답게', 'Think Different', 'Just Do It' 등의 슬로건은 모두 짧게는 몇 년, 길게는 몇 십 년에 이를 만큼 장기적으로 자사의 브랜드 의지를 노출해왔습니다. 즉, '이렇다 할 기능적 특징이 없으니, 3개월 정도 브랜드 의미를 부여하는 광고라도 해보자'는 식으로는 효과를 기대할 수 없습니다. 중·장기적인 운용을 계획해야 합니다.

4. 모든 마케팅 활동에 브랜드 의미를 부여한다

브랜드 의미 부여 중심의 마케팅 커뮤니케이션은 기업 광고와는 의미가 다릅니다. 예를 들어, 상품 광고에서는 기능적 특징을 중심으로 하되 그것과는 별도로 브랜드 의미 광고를 하지는 않지요. 모든 마케팅 커뮤니케이션 활동의 중심에 브랜드의 의미를 두는 것이 기본이니까요. 또 그렇게 하는 것이 훨씬 효율적이기 때문입니다.

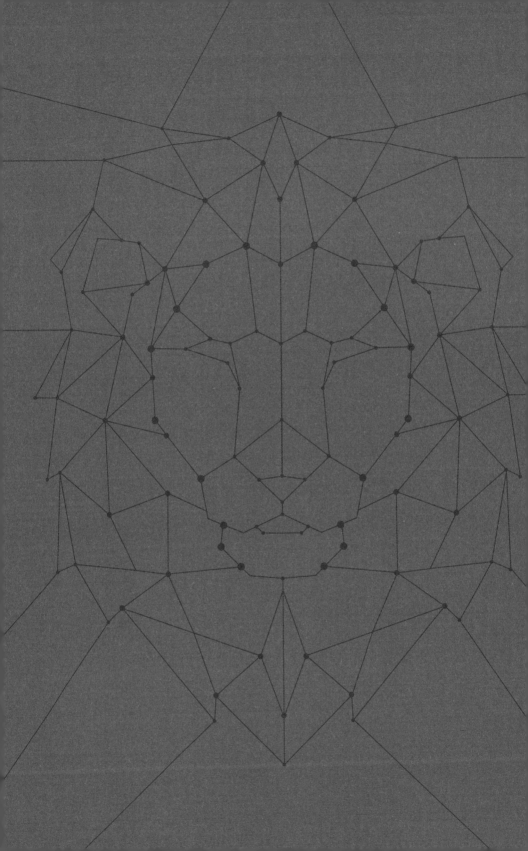

제2부.
선도 기업의 딜레마

"내 앞머리가 무성한 이유는 사람들이 나를 보았을 때 쉽게 붙잡을 수 있게 하기 위함이고, 내 뒷머리가 대머리인 이유는 내가 지나가버리면 다시는 붙잡지 못하도록 하기 위해서다. 어깨와 발뒤꿈치에 날개가 달린 이유는 최대한 빨리 사라지기 위함이며, 저울을 들고 있는 이유는 정확하게 판단하라는 의미이고, 칼을 들고 있는 이유는 단호하게 결단하라는 의미이다. 나의 이름은 '기회'이다."

– 이탈리아의 토리노 박물관에 전시된, 기회의 신 카이로스의 조각상에 적힌 글귀

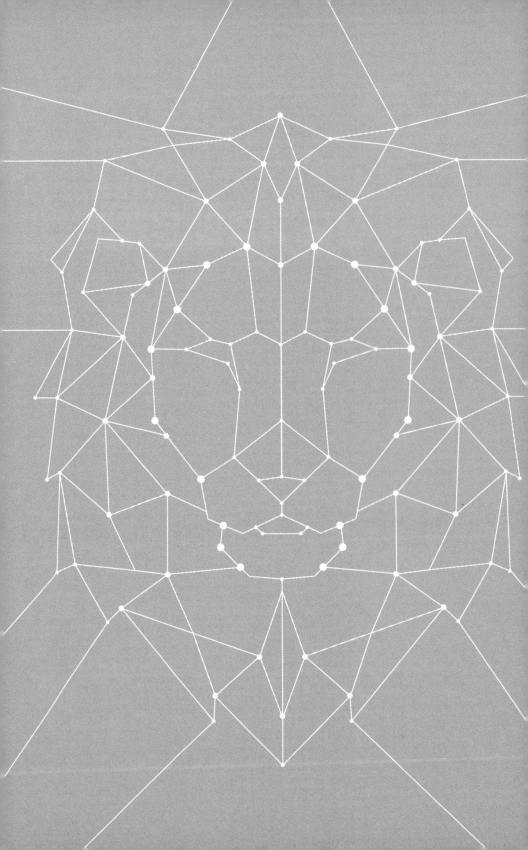

제2부.
'선도 기업의 딜레마' 들어가기

두 번째 이야기는 야후가 원래 대홍기획에 먼저 사업 제안을 했었다는 선배들의 귀띔에서 모티브를 얻었습니다. 제1부가 마이클 포터가 창시한 '잘되는 판'을 찾는 포지셔닝(positioning) 이론에 기반을 두고 있다면, 제2부는 톰 피터스(Tom Peters)가 주창한 '잘하는 것'을 찾는 케이퍼빌리티(capability) 이론에 기반을 두고 있습니다.

야후와 관련된 구체적인 사실 관계는 야후 코리아 직원들의 증언을 토대로 했으며, 손정의 회장에 관한 부분은 스기모토 다카시의 저서 『손정의 300년 왕국의 야망』에서 도움을 받았습니다. 마케팅 현장에서 네이버와 카카오를 가까이서 지켜볼 수 있었던 것도 책을 집필하는 데 큰 도움이 되었습니다. 빅데이터 덕분에 요즘은 누구나 쉽게 트렌드를 파악할 수 있습니다. 그런 데이터를 파악하려는 마케터에게는 여전히 톰 피터스의 저서 『초우량 기업의 조건』, 그리고 게리 하멜과 C. K. 프라할라드가 공동으로 집필한 『시대를 앞서는 미래 경쟁 전략』이 도움이 될 것입니다.

데이터 문해력 부분에서는 고려대학교의 노명완 명예교수님과 함께 NRI 독서종합검사를 개발한 경험이 유용하였습니다. 데이터 문해력 혹은 미디어 리터러시(media literacy)는 최근 중·고등학생은 물론 대학생들에게도 매우 중요한 분야입니다.

4장.
야후와 롯데의 동상이몽

심사위원 자격으로 창업진흥원에 갔을 때의 일입니다. 그곳에서 함께 심사를 맡은 한국산업지능화협회의 이상진 본부장과 스타트업에 대해 이야기를 나눈 적이 있습니다. 대화는 자연스럽게 성공하는 스타트업 유형에 대한 주제로 흘러갔습니다. 다음은 이상진 본부장의 말입니다.

"10년간 수많은 스타트업을 보았습니다. '정말 성공할 것 같다' 싶은 기업 중에서 지금까지 사업 중인 곳은 단 한 군데도 없습니다. 반면 '이게 무슨 사업이 될까?' 싶었던 기업은 지금 아주 많이 커져 있습니다."

그 말을 들은 저는 그중에서 제가 알만한 기업이 있느냐고 되물었습니다.

"토스와 직방은 제가 직접 인큐베이팅(incubating)한 업체입니다. 특히 토스의 이승건 대표와 친했었죠. 토스는 처음에 모바일 기반의 소셜 네트워크 서비스(SNS)로 창업을 했어요. 당시로선 새로운 기술이었던 '태깅(tagging)'을 도입한 서비스였지만, 곧 페이스북에서 비슷한 기능이 나오면서 아이템을 접었지요. 3년 동안 아이템을 8번 바꿨어요. 그때 이런 조언을 해줬지요. '승건아, 네가 하고 싶은 것 위주로 사업을 하지 말고 소비자와 사용자가 지금 원하는 게 뭘까 알아보고, 그것에 집중해 보는 게 어떻겠니?'"

이상진 본부장은 소비자 관점의 중요성을 강조했다고 합니다. 그러면서 자신의 조언 덕분에 지금의 토스가 만들어졌다고는 생각하지 않는다며 멋쩍게 웃었습니다. 하지만 8번 실패한 덕분에 지금의 성공이 가능했다는 사실만큼은 분명해 보입니다.

예측은 불가능하지만, 준비는 가능하다

영화 《백 투더 퓨처 2》에서는 '미래의 나'가 '과거의 나'에게 미래의 경기 결과를 알려주는 장면이 등장합니다. 줄거리를 짧게 살펴보면, 주인공 마티의 아버지인 조지 맥플라이를 괴롭히던 문제아 비프는 어른이 되어 조지의 집에서 일하는 신세가 됩니다. 그러던 어느 날, 우연히 타임머신의 존재를 알게 된 비프는 몰래 타임머신을 훔쳐 타고 과거로 갑니다. 그리고 어리고 철없는 자신을 만나 향후 60년간의 경기 결과가 기록된 '스포츠 연감'을 전달하지요. 덕분에 비프는 도박으로 억만장자가 됩니다. 사실 시간 여행자가 미래로 여행을 떠났다가 현재로 돌아와, 장래 지식에 기초해 큰 부를 쌓는 스토리는 수없이 많습니다. 미래를 알면 그만큼 경쟁에서 우위를 차지할 수 있기 때문이지요.

삼성은 미래를 준비하기 위해 240조 원을 투자하고 4만 명을 고용하겠다고 밝혔습니다.[1] 이외 다른 수많은 기업들 역시 코로나19 사태 이후를 준비하기 위해 수십억 원에 이르는 자금을 쏟아 붓고 있습니다. 미래를 정확히 예측하는 것은 불가능하지만, 준비하는 것은 가능하기 때문이지요.

인터넷이 막 태동하던 시절 롯데 그룹은 우리나라 최초의 온라인

쇼핑몰 중 하나인 '롯데닷컴'을 오픈합니다. 1996년 서비스를 시작한 인터파크에 이어 두 번째 쇼핑몰이었지요. 인터파크는 국제 전화 서비스와 PC통신 포털 사이트 '천리안'을 운영하던 데이콤의 사내 벤처로 출발했고, 롯데닷컴은 롯데 그룹의 광고 대행사인 대홍기획의 사내 벤처로 출발하였습니다. 대홍기획은 매출이 조금씩 발생하자 당시 프로젝트를 총괄하던 인터렉티브팀(interactive team)의 강현구 팀장을 중심으로 새로운 법인인 '주식회사 롯데닷컴'을 출범시켰습니다. 이어 롯데 쇼핑 마케팅 사업부의 인터넷 쇼핑팀을 흡수하면서 롯데 그룹 계열사의 면모를 갖추게 됩니다. 제가 대홍기획에 입사한 시점은 롯데닷컴으로 분사한 인터렉티브팀이 뉴 미디어 광고 전담팀으로 재편성된 직후였습니다.

손정의 회장의 등장

"집적 회로의 트랜지스터 수는 24개월 만에 두 배가 된다."

한 번쯤 들어보셨을 '무어의 법칙'입니다. 인텔의 창업자 중 한 명인 고든 무어(Gordon Earle Moore)가 1965년에 주장한 이론이지요. 사람의 두뇌에는 300억 개의 세포가 있다고 합니다. 이를 무어의 법칙에 따라 계산했을 때, 반도체 칩 하나에 실리는 트래지스터의 개수는 과연 언제쯤 인간의 두뇌 세포 수를 넘어설까요? 소프트뱅크의 창업자 손정의 회장의 계산에 따르면 2018년이었습니다. 이렇듯 컴퓨터가 '초지성'을 가지게 될 터닝 포인트를 2018년쯤으로 설정한 손정의 회장은 무어의 법칙을 바탕으로 미래를 구상합니다. 이 구상이 맞아떨어졌는지 그렇지 않았는지는 제6장 마지막 부분에서 소개하도록 하겠습니다.

손정의 회장이 자신의 이론을 실행에 옮기기 시작한 것은 1995년 전시회를 주관하는 컴덱스(Comdex)와 세계 최대 컴퓨터 관련 출판사인 지프 데이비스(Ziff Davis)를 인수하면서부터입니다. 많은 사람들이 이제 막 생겨난 정보 통신 산업 분야의 인터넷 비즈니스에 대해 잘 모르던, 아직 개척되지 않은 황무지와 같았던 시절에 벌인 일이었지요. 컴덱스와 지프 데이비스를 인수한 직후 손정의 회장은 한 언론과의 인터뷰에서 다음과 같이 말합니다.

"전시회와 잡지 산업은 정보 통신 산업의 정보가 모이는 중심지입니다. 황무지에서 길을 잃지 않고 보물을 찾도록 안내해주는 지도와 나침반 같은 존재인 것이지요."

손정의 회장이 이런 일을 벌이도록 만든 계기는 윈도우95(Windows95)를 일본에 수입하기 위해 마이크로소프트의 회장 빌 게이츠(William Henry Bill Gates)를 만나면서 찾아옵니다. 그 자리에서 빌 게이츠는 손정의 회장에게 지프 데이비스 출판사의 『PC WEEK』를 선물합니다.

"제가 즐겨 보는 컴퓨터 잡지입니다. 미국의 IT(Information Technology) 기업을 이해하는 데 도움이 될 것입니다."

손정의 회장은 이를 계기로 미국 기업을 매수합니다. 이렇게 매수한 기업은 지도와 나침반이 되어 그에게 보물을 안겨줬지요. 그 보물은 바로 미국 서해안의 실리콘 밸리에서 태어난 '야후!(Yahoo!)'였습니다. 그리고 야후를 소개해준 사람이 바로 지프 데이비스의 사장 에릭 히포(Eric Hippeau)였지요.

"지프 데이비스가 자랑하는 취재망을 통해 가장 유망한 단 하나의 기업을 고른다면 어디겠습니까?"

이런 손정의 회장의 질문에 히포는 조금도 망설이지 않고 야후를 추천합니다. 사실 지프 데이비스는 손정의 회장에게 매수되기 전에 야후에 투자할 것을 검토 중이었습니다.

플랫폼의 탄생

손정의 회장은 야후의 공동 창업자 제리 양(Jerry Yang)을 호텔 스위트룸으로 부릅니다. 당시 27세였던 제리 양은 손정의 회장보다 열한 살 아래였습니다.

"인터넷의 세계는 지금부터 어떻게 될 거 같습니까?"

손정의 회장의 질문에 제리 양은 자신이 꿈꾸는 인터넷 세계를 말해주었습니다. 그는 인터넷 세계는 무한히 넓어지고 있는 우주와 같아서 어디서든 자유롭게 드나들 수 있다고 설명했습니다. 다만, 너무 넓어서 어디로 들어가야 할지 모르는 사람이 많을 것이라고 하였지요. 그리고 바로 그런 사람들을 위해 검색 전문 포털 사이트인 야후를 만들어야 한다고 하였습니다. 이후 야후에는 많은 사람의 눈이 쏠렸고, 그것을 통해 여러 데이터를 찾아낼 수 있었습니다. 말하자면 막막한 인터넷 세상에서 사람들이 오르내리고 환승하면서 목적지까지 안내해주는 플랫폼 같은 것이었습니다.

제리 양과 헤어지고 얼마 후 손정의 회장은 실리콘 밸리의 야후 사무실을 찾아갑니다. 제리 양은 공동 창업자인 데이비드 필로(David Filo)와 함께 익숙지 않은 양복 차림으로 손정의 회장을 맞이하였지요. 당시 이제 막 생겨난 야후는 아직 이렇다 할 이익을 내지 못하고 있었습니다. 통신 기기들과 자료들이 잔뜩 쌓여 있는 지저분한 사무실에서 제리 양과 필로를 포함한 직원 대여섯 명이 일하고 있던 시절이었지요. 손정의 회장은 야후의 두 창업자를 보며 미소를 보였습니다.

"여기에서 피자와 콜라를 먹으면서 인터넷의 미래에 대해 이야기해 봅시다."

대만 출신인 제리 양은 어릴 적에 부친을 잃고, 영문학 교수였던 어머니의 손에 이끌려 대만에서 미국 캘리포니아 주의 산호세로 건너왔습니다. 그의 어머니는 실리콘 밸리의 중심지에서 이민자들을 대상으로 영어를 가르치면서 어린 제리 양을 길렀습니다. 수학에 뛰어난 재능을 보이던 제리 양은 이후, 스탠퍼드 대학교에 진학해 전자공학을 전공합니다. 그리고 그곳에서 만난 데이비드 필로와 함께 웹 사이트의 링크를 모은 '제리와 데이비드의 월드 와이드 웹 안내서(Jerry and David's Guide to the World Wide Web)'를 만들게 되고, 1994년 3월, 이 사이트의 이름을 야후로 변경합니다.

야후는 조너선 스위프트(Jonathan Swift)가 쓴 『걸리버 여행기』에 나오는 야만인 종족의 이름입니다. 사람의 모습을 한 야후 종족은 빛나는 돌을 둘러싸고 끊임없는 싸움을 이어가지요. 당시 이제 막 생겨난 인터넷 세계에도 빛나는 돌과 같은 정보들이 널려 있었습니다. 즉, '야후 종족'으로 비유된 네티즌들에게 진정으로 가치 있는 정보를 찾아주겠다는 의미에서 포털 사이트의 이름을 '야후'라고 지은 것입니다.

야후 재팬의 출범

야후의 주식 중, 5%를 취득한 손정의 회장은 이후 야후 재팬 설립을 추진하기 위해 소프트뱅크의 담당자 이노우에 마사히로를 야후 본사로 파견합니다. 처음 만난 자리, 어색한 악수가 오고 간 뒤, 이노우에에게 제리 양은 다음과 같이 말합니다.

"이게 전부 야후 재팬을 설립하겠다는 사람들이 보내온 제안서입니다. 20개가 넘는 회사에서 보내왔습니다."

제리 양의 책상 위에는 서류 더미가 수북이 쌓여 있었습니다. 야후에 눈독을 들이는 회사가 소프트뱅크만이 아니었던 것이지요. 인터넷 비즈니스는 속도가 생명입니다. 조직을 갖추고 나서 승부에 뛰어드는 것이 아니라, 하루라도 빨리 행동에 나서야 하는 것이 중요하지요. 다행히 소프트뱅크는 간발의 차이로 야후 재팬의 설립권을 얻어냅니다. 소프트뱅크가 60%, 미국 야후가 40%를 출자했지요. 한편 실무진들이 야후 재팬 설립을 위해 고군분투하고 있을 때 손정의 회장은 미국으로 건너갔습니다. 야후에 100억 엔을 추가 투자해 주식의 35%를 사들이기 위해서였지요. 그렇게 손정의 회장이 거액을 투자해 사들인, 또 지도와 나침반에 의지해 찾아낸 야후는 다시없는 보물이었습니다. 막대한 부를 가져다주는 금맥이었으니까요. 무엇보다 손정의 회장이 목표로 하던 정보 혁명을 향한 문을 열어줄 존재였습니다.

야후는 순식간에 실리콘 밸리의 떠오르는 별이 되었습니다. 제리 양과 데이비드 필로는 스타 경영자로서 이름을 날렸고요. 이어 1996년 미국 나스닥(NASDAQ)에 상장한 야후는 야후 재팬의 성공에 영감을 얻어 아시아의 다른 국가에도 지사를 세울 계획을 세우게 됩니다.

야후 코리아 설립을 거절한 롯데 그룹

대한민국에도 미래를 내다볼 수 있는 손정의 회장 같은 인물이 있었을까요? 아니, 적어도 야후가 개척하려는 포털 사이트라는 비즈니스의 진가를 알아본 인물이 있었을까요?

아시아 시장에, 특히 한국 시장에 관심이 있던 손정의 회장은 야후 코리아의 설립 담당자로 소프트뱅크 코리아의 염진섭 전무를 내정합니다. 그리고 염 전무는 오랫동안 준비한 자료를 바탕으로 야후 코리아 설립의 청사진을 마련하지요. 하지만 정작 미국 야후 본사의 반응은 냉담했습니다. 유럽 지역에 야후 현지 법인 설립을 한창 추진 중이었기 때문입니다. 이에 염 전무는 미국 본사를 설득하기 위해 롯데 그룹을 끌어들이기로 마음을 먹습니다. 이때 염 전무가 롯데 그룹을 선택한 이유는 세 가지였습니다.

첫째, 롯데 그룹은 일본과 한국에서 동시에 사업을 벌이고 있었으므로 일본 기업인 소프트뱅크와의 소통에 문제가 없었습니다.

둘째, 미국의 펩시콜라가 롯데 그룹의 칠성음료를 통해 대한민국에 유통되고 있어서 미국 본사를 설득하기가 쉬웠습니다.

셋째, 대기업으로서는 드물게 '롯데닷컴'이라는 인터넷 서비스를 운영할 만큼 정보 통신 분야에 앞서 있었습니다.

손정의 회장의 허락이 떨어지자 염 전무는 롯데닷컴을 운영하는 대홍기획이 위치한 종로구 공평동 사무실로 찾아갑니다.

"안녕하십니까. 저는 일본에서 포털 사이트 야후 재팬을 운영하는 소프트뱅크 코리아의 염진섭 전무입니다. 롯데 그룹과 손잡고 야후 코리아를 설립하고 싶습니다."

하지만 당시 포털 사이트가 뭔지도, 또 야후가 어떤 회사인지도 몰랐기에 대홍기획 남상조 대표는 뜻하지 않은 제안을 받은 뒤, 긴급회의를 소집합니다. 임원들 사이에서 마라톤 회의가 진행되었고, 미디어 본부를 담당하던 박광순 국장이 호출되었습니다. 하지만 그 역시 포털 사이트가 어떤 비즈니스인지, 야후가 무엇을 하는 회사인지 전혀 알지 못했습니다.

"태풍의 길목에 서면 돼지도 날 수 있다."

샤오미(XIAOMI)의 창업자 레이쥔(雷軍, Lei Jun)이 한 말입니다. 태풍이 움직이는 길목에서 미리 준비하고 있으면 강력한 바람에 힘입어 불가능해 보이는 일도 기적처럼 해낼 수 있다는 말이지요. 대홍기획이 돼지라면 포털 사이트는 태풍일까요? 하지만 레이쥔 회장의 말은 결과론적인 이야기입니다. 세상을 요동치게 하는 시대의 변화를 읽고, 그 흐름에 올라타는 것이 어찌 그리 쉽겠습니까. 자칫 태풍의 움직임을 읽지 못하면 큰 바람에 휩쓸리며 절체절명의 위기에 빠질 수도 있습니다. 설사 태풍에 올라타 하늘 끝까지 올라가더라도 태풍이 멈추는 순간 나락으로 떨어질 수도 있는 것이지요.

　책임 소재를 파악하기가 어려운 대기업의 내부 구조에서는 신기술을 바탕으로 하는 사업에 대한 의사 결정이 예나 지금이나 쉽지 않습니다. 당시 팽팽한 찬반 의견이 오간 야후 코리아 설립 회의 역시 마찬가지였지요.

　오랜 회의 끝에 결국 대홍기획은 야후의 합작 법인 설립 제안을 거절합니다. 거절 이유는 다음과 같습니다.

　"당신들의 인터넷 서비스는 우리의 신규 사업인 롯데닷컴과 겹치는 부분이 있습니다. 또 우리가 계획하고 있는 서비스가 따로 있어서 함께하기 어려울 것 같습니다."

　염 전무로부터 의외의 보고를 받은 손정의 회장은 적잖이 실망합니다. 그리고 고민 끝에 소프트뱅크 자체적으로 야후 한국 법인 설립을 위한 테스크포스(TF)팀을 구성하고, 염 전무를 대표이사로 내정합니다. 당시 야후 코리아 설립을 총괄했던 염진섭 대표의 말입니다.

　"국내 인터넷 사용 인구와 관련 사업의 미래가 빤히 보이는 데도 롯데 그룹과 대홍기획 측의 반응은 신통치 않았습니다. 이후 정보 검색사 두 명을 뽑아 일본 야후 재팬에 교육을 보내고, 혼자서 한국 법인 설립을 추진하는 외로운 작업을 해왔습니다."

　대홍기획과의 지지부진한 협상 후유증으로 유럽 법인들보다 1년 늦은 1997년 9월 1일에야 야후 코리아가 출범합니다. 대홍기획은 어째서 제 발로 굴러들어온 이 어마어마한 복덩이를 걷어찼을까요? 또한 그들이 '계획하고 있는 서비스'란 도대체 무엇이었을까요?

롯데 그룹이 계획하던 신사업의 정체

벤처 기업 붐이 한창이던 1990년대 후반에 롯데 그룹의 신격호 회장은 신동빈 부회장을 중심으로 후계 구도를 만들기 위해 인터넷 비즈니스 회사 설립을 준비합니다. 삼성 그룹이 이재용 부회장을 중심으로 후계 구도에 힘을 실어주기 위해 인터넷 중심의 'e삼성 전략'을 펼친 시기와 비슷하지요. 당시 롯데 그룹은 당면한 인터넷 시대는 물론, 한발 더 나가 모바일 시대까지 예측한 두 가지의 새로운 서비스를 준비합니다.

첫째, 인터넷을 중심으로 모회사인 롯데 쇼핑 인프라를 활용한 '롯데닷컴' 프로젝트입니다.

둘째, 휴대전화를 중심으로 한 모바일 비즈니스를 겨냥한 '모비도미' 프로젝트입니다. 일본 시장에서 대박을 터뜨린 'NTT 도코모(NTT DOCOMO)'의 서비스를 우리나라에 도입하는 것이었지요. 문제는 이 NTT 도코모가 일본 시장에서 소프트뱅크와 경쟁 관계였다는 사실입니다. NTT 도코모와의 사업을 준비하던 롯데 그룹이었기에 소프트뱅크 코리아의 제안을 거절할 수밖에 없었던 것이지요. 만약 야후에 대한 법인 설립을 소프트뱅크가 아닌 다른 회사가 제안하였다면 야후 코리아는 롯데 그룹의 소유가 되어 지금까지 남았을지도 모릅니다.

얼마 뒤, 롯데 그룹은 자본금 30억 원 규모의 '모비도미(Mobidomi)'라는 회사를 설립합니다. 롯데제과, 롯데칠성음료, 대홍기획 등이 60%를 출자했고, 일본 아사츠DK 컨소시엄이 40%를 출자한 한일 합작 투자 형식이었습니다. 이후 롯데닷컴과 모비도미는 신동빈 부회장

소속의 별도 법인이 되어 롯데 그룹 계열사로 편입됩니다.[2] 그렇다면 소프트뱅크의 야후 코리아 설립을 거절하고, NTT도코모와 함께 시작한 모비도미는 구체적으로 어떤 사업 모델을 가지고 있었을까요?

〈그림 4-1〉 모비도미의 사업 모델

당시 롯데 그룹은 계열사들의 서비스를 네트워크로 연결해 하나의 타운(Town)으로 묶고, 그 안에서 소비자를 흡수하겠다는 계획을 세웠습니다. 먼저 롯데백화점과 롯데마트, 롯데월드 등의 데이터베이스를 바탕으로 타깃 고객을 세분화합니다. 편의점인 세븐일레븐이나 패스트푸드점인 롯데리아, 패밀리 레스토랑인 TGI프라이데이 등에 방문할 가능성이 높은 고객을 대상으로 휴대폰을 통해 마케팅하겠다는 것이지요.

'모비도미'는 모바일 도우미의 줄임말입니다. 롯데 그룹이 생각한 태풍이 바로 이 모바일 서비스였던 것이지요. 지금은 일반화된 모바일 서비스를 무려 20년 전에 도입하기로 한 것입니다. 그런데 여기서 한 가지 문제가 발생합니다. 여러분은 혹시 '모비도미'라는 서비스에 대해 들어본 적이 있나요? 아마 대부분의 사람들에게 생소할 것입니다. 최초의 랩으로 평가받는 홍서범의 〈김삿갓〉이 큰 반응을 일으키지 못했듯, 시대를 앞서가긴 했지만 타이밍이 빨라도 너무 빨랐던 모바일 서비스는 많은 이들의 관심을 받지 못하게 됩니다.

이후 롯데 그룹은 인터넷 시대를 선점했다는 안도감에 눈이 멀어서 변화의 흐름을 제대로 읽지 못하였습니다. 반면 갖은 어려움을 딛고 설립한 야후 코리아는 출범 1년 만에 매출 15억 원, 영업 이익 2억 3,000만 원을 달성합니다. 인터넷의 바다에서 어떻게 활동을 시작해야 할지 모르던 사용자들의 환영을 받으며, 새로운 광고 매체의 등장을 알린 역사적인 순간이었지요. 대홍기획에서 뒤늦게 땅을 치고 후회를 한 것은 당연한 일입니다.

잘나가던 야후는 왜 몰락했을까?

세상은 변합니다. 성장이 빨랐던 만큼 야후의 쇠락도 빨랐습니다. 2000년에 닷컴 버블이 붕괴하자 미국 야후도 서서히 무너지기 시작하였습니다. 원인은 세 가지입니다.

첫째, 온라인 쇼핑 등 검색 기능 이외의 서비스를 다양하게 확대하지 못하였습니다.

둘째, 검색 엔진의 중요성을 간과하였습니다. 이 부분과 관련하여 야후는 밀고 올라오는 구글의 존재를 정확하게 파악하지 못하였습니다. 구글의 검색 엔진을 채택했던 야후는, 막상 구글이 급성장하자 2004년에 별다른 준비 없이 자체 검색 엔진으로 바꾸었습니다. 이것이 침체에 박차를 가하는 꼴이 되었던 것이지요. 시작을 함께 하다시

피 한 미국 야후와 야후 재팬은 모든 부분에 의견이 일치했지만, 오직 검색 엔진에 관한 부분에서는 의견이 갈렸습니다. 제리 양은 검색 엔진은 무엇이든 보여주니까 마지막엔 좋은 사이트와 나쁜 사이트를 사람 손으로 거를 필요가 있다고 생각하였습니다. 하지만 손정의 회장은 그렇게 체로 거르는 과정도 컴퓨터에 맡겨야 한다고 생각했지요. 또한 제리 양은 구글 검색 엔진을 하청 업체 정도로 이용하려 하였습니다.

그도 그럴 것이 야후는 2002년 한일 월드컵 공식 후원사가 될 정도로 세계적인 대기업 반열에 오른 상태였습니다. 즉, 엄청난 주가를 달리고 있던 시기였지요. 당시 야후 코리아의 새로운 책임자는 펩시콜라 코리아 출신의 이승일 대표였습니다. 이승일 대표 덕분에 저는 한국과 포르투갈전을 관람할 수 있었지요. 또 이때 제 옆에는 초등학생 아들 승주군을 동반한 네이버의 이해진 의장도 함께 있었습니다. 이렇듯 모두가 한마음으로 대한민국을 응원하며, 경기를 관람할 때까지만 해도 검색 엔진의 중요성에 대한 시각 차이가 향후 두 기업의 흥망을 결정할 줄은 꿈에도 몰랐습니다. 마치 우리나라가 4강에 갈 것을 아무도 몰랐던 것처럼 말이지요.

다음은 야후 재팬에서 초창기부터 지금까지 근무하고 있는 아리마 마코토의 말입니다.

"제리 양은 우리 회사가 하이테크 컴퍼니가 아니라 로우테크 컴퍼니로 머물러도 좋다고 했습니다. 반면, 구글은 기술에 중점을 두고 투자해 결국 야후를 앞질렀지요. 구글이 성장한 이유는 초기에 야후가 채택을 해주었기 때문입니다. 그렇기에 행랑방에 세 들어 살던 이에게 본채까지 내어 주었다고 할 수 있는 것이죠."

셋째, PC에 너무 중점을 두는 바람에 스마트폰에는 제대로 대응하지 못하였습니다. 이것은 비교적 최근의 일이지만, 야후의 사용자들이 이탈하는 데 불을 당긴 것만은 확실해 보입니다. 야후는 2000년대에 들어와 마이크로소프트로부터 합병 제안을 받았지만, 이를 거절합니다. 이후 2008년 제리 양이 사임하면서 사실상 하락 국면에 접어듭니다. 2012년에는 한국 시장에서 철수하고, 2017년에는 미국 통신 회사 버라이즌 커뮤니케이션즈(Verizon Communications)가 야후를 인수하여 재건에 앞장섭니다. 하지만 2021년에 버라이즌 조차 사모 투자 회사인 아폴로 글로벌 매니지먼트(Apollo Global Management)에 야후를 매각하고 맙니다.

기술은 지금도 끊임없이 개발되고, 빠르게 발전합니다. 블록체인(block chain)이나 양자 컴퓨팅(quantum computing) 같은 기술은 불과 한 세대 전만 해도 이 세상에 없었습니다. 우리가 사는 현재의 세상은 매일 엄청난 양의 정보와 데이터를 쏟아냅니다. 그리고는 이런 세상에서 도태되고 싶지 않다면, 어서 빨리 아이디어를 만들라고 재촉합니다. 하지만 정보와 기술 자체가 경쟁력이 되지는 않습니다. 또 모든 정보와 기술을 습득하는 것도 애초에 불가능합니다.

미래를 예측하는 것보다 중요한 것은 어떤 기술을 발견했을 때, 그 기술을 자신이 하는 일과 어떻게 연결할지에 대한 고민입니다. 위대한 성취는 바로 이런 작은 고민에서 시작되는 것이 아닐까요? 필요한 것은 지도와 나침반 딱 두 가지입니다. 1994년 미국 실리콘 밸리의 산호세 공항에 도착한 손정의 회장이 손에 쥐고 있던 바로 그것이지요. 손정의 회장의 활약은 다음 장에서도 계속 이어집니다.

5장.
네이버와 카카오의 복수혈전

1997년 염진섭 대표 체제로 출범한 야후 코리아의 서비스가 성공을 거두자 인터넷은 기회의 땅으로 여겨지기 시작하였습니다. 그리고 이러한 사실은 네이버 창업주인 이해진 의장과 카카오 창업주인 김범수 의장에게도 마찬가지였지요. 86학번 동기인 이해진 의장과 김범수 의장은 삼성 SDS 기술 연구소를 같이 다니던 회사 동료이기도 했습니다.

이해진 의장은 업무 이외 시간을 자기 계발과 개인 프로젝트에 할애하였습니다. 당시 야후의 인기로 검색 엔진 개발이 유행하였고, 이런 흐름에 맞춰 이해진 의장은 자연스럽게 사내 벤처인 '웹 글라이더'를 만듭니다. 그로부터 3년간의 노력 끝에 검색 엔진 개발에 성공하였고, 벤처 붐이 절정을 이루던 1999년 6월에 회사를 떠나 네이버를 설립합니다. 회사 이름 네이버는 'navigate(항해하다)'와 사람을 뜻하는 접미사 '- er'의 합성어입니다.

김범수 의장은 웹 프로그래밍에 관심을 갖고서 삼성 SDS 사내 유니텔 사업부에 자원을 하였고, 이를 계기로 게임 개발을 통한 창업을 결심합니다. 회사에서 나온 후, 자금 사정이 여의치 않았던 김범수 의장은 아내의 도움으로 PC방을 운영하면서 게임 개발에 몰두합니다. 그리고 마침내 1999년 12월, 무료 게임 서비스를 시작합니다.

이해진과 김범수의 합병

PC방 운영 경험이 있던 김범수 의장은 전국 PC방에 관리 프로그램을 공짜로 설치해주는 대신, 자신이 개발한 한게임(HANGAME)을 컴퓨터 초기 화면에 띄우게 하는 파격적인 마케팅을 펼칩니다. 그리고 얼마 지나지 않아 한게임은 PC방 고객들 사이에서 파장을 일으켰고, 서비스 개시 3개월 만에 무료 회원 수가 100만 명을 넘어서는 대성공을 거둡니다. 당시 3개월 만에 회원 수 100만 명을 돌파한 것은 닷컴 비즈니스 사상 초유의 일이었고, 한게임은 이를 기반으로 삼아 서비스 개시 한 달만인 2000년 1월에 한국기술투자에서 10억 원대의 투자를 유치합니다. 2000년 2월에는 무료 회원 수가 200만 명으로 늘어나는 등 한게임은 외형적으로 빠른 성장세를 이어갑니다. 하지만 사업 규모가 커지면서 한계는 생각보다 빨리 찾아왔습니다. 인기가 높아지면서 회원 수는 하루에 10만 명씩 늘어났지만, 이 정도의 트래픽을 감당할 서버가 턱없이 부족하였기 때문입니다.

비슷한 시기에 이해진 의장이 창업한 네이버 역시 한계에 도달해 있었습니다. 네이버는 야후 코리아의 비즈니스 외형을 그대로 따라한 덕분에 미래형 서비스라는 기대감으로 100억 원대의 투자를 유치하는 데 성공했지만, 마땅한 수익 모델이 없었습니다. 이해진 의장과 김범수 의장이 서로에게 주목한 것도 이때쯤입니다. 한게임은 네이버에 장비를 대여 받고, 네이버는 부족한 수익 모델을 한게임을 통해 극복한다면, 안정적인 인터넷 비즈니스가 가능하다고 판단한 것이지요. 그렇게 이 둘은 2000년 NHN(엔에이치엔)이라는 이름으로 합병합니다.

이 합병은 검색 솔루션 개발사인 '서치솔루션(SEARCH SOLUTIONS)'과 마케팅 회사인 '원큐(ONE Q)'까지 합하는, 즉 4개의 회사가 손을 잡는 대규모 인수·합병이었습니다. 물론 합병의 주체는 네이버였습니다. 이후 각기 다른 3개 회사를 인수·합병한 네이버는 한게임의 게임, 서치솔루션의 검색 기술, 원큐의 마케팅 노하우를 보유하게 됩니다. 표면상으로는 네이버가 한게임을 흡수하는 방식이었지만, 이해진 의장과 김범수 의장은 공동 대표를 맡게 됩니다. 하지만 이 평화는 오래 가지 않았습니다. 두 조직 간의 견해 차이가 좁혀지지 않았기 때문입니다.

이해진과 김범수의 결별

이해진 NHN 공동 대표와 김정호 전 NHN 한게임 대표, 오승환 전 NHN 서비스 대표, 김희숙·강석호·김보경·최재영 이사 등은 네이버 창업 멤버입니다. 또 김범수 NHN 공동 대표와 남궁훈 전 NHN USA 대표, 문태식 전 NHN 게임즈 대표, 천양현 전 NHN 재팬 대표 등은 한게임 창업 멤버입니다. 합병한 지 7년이 지나자 한게임 창업 멤버들이 잇따라 회사를 떠나면서 NHN 내부에서는 '포털(네이버)과 게임(한게임) 사이에 불협화음이 있는 것이 아니냐?'는 논란이 증폭됩니다.

이와 비슷한 사례가 햄버거 프랜차이즈인 맥도날드에도 있었습니다. 맥도날드의 창업자 레이 크록(Ray Kroc)과 회장인 해리 손번(Harry Sonneborn) 모두 프랜차이즈 확장에 없어서는 안 될 존재였습니다. 하지만 맥도날드의 규모가 커지면서 대화와 함께 왕래가 적어지기 시작하였고, 자연스럽게 캘리포니아를 중심으로 서부를 담당하는 크록과 뉴욕을 중심으로 동부를 담당하는 손번으로 별도의 인맥이 형성됩니다. 맥도날드 안에서 크록파와 손번파가 갈린 것이지요. 두 세력은 점차 각자의 방식으로 회사를 운영하면서 불편한 관계를 지속합니다. 이 두 세력이 다투게 된 결정적 계기는 불황에 대한 시각 차이 때문입니다. 1967년 당시 미국에는 불황의 그림자가 짙었습니다. 그렇기에 손번은 현금을 아끼고 새로운 매장의 확충을 자제하는 방향으로 경영을 하였지요. 하지만 크록은 손번의 소극적인 운영이 전혀 마음에 들지 않았습니다.

"불황일 때가 확장을 시작해야 할 때입니다. 경기가 회복되어 물가가 인상되면 비용만 늘어날 뿐입니다. 왜 그때까지 기다리려고 합니까? 부지가 좋고 구입할 능력만 되면 바로 건물을 올려 경쟁자보다 먼저 그곳을 점유해야 한다는 말입니다. 지역에 돈과 활력을 끌어들이면 사람들은 맥도날드에 대해 좋은 인상을 가질 것입니다."

창업자로서 지분이 더 많았던 크록은 손번의 소극적인 태도를 비난하면서 동시에 손번파를 몰아냅니다.

NHN의 경우를 다시 보도록 하겠습니다. 애초에 네이버와 한게임이 합병한 동기를 살펴보면 헤어진 이유를 유추하기가 어렵지 않습니다. 위에서 언급하였지만, 이 둘은 서로에게 부족한 점을 채우기 위해 결합하였습니다. 즉, 네이버는 한게임의 현금 창출 능력이 필요했던 것이었지요. 검색 시장으로는 영원히 돈을 벌 수 없을 것만 같았기 때문입니다. 하지만 미국에서 오버추어(overture.com)라는 유료 검색 서비스가 등장하면서 상황은 급격하게 변하기 시작합니다. 오버추어는 미국에서 야후를 중심으로 알타비스타(altavista)와 라이코스(Lycos) 등 여러 검색 엔진들에게 유료 검색 광고 서비스를 제공하면서 매출에 목마른 검색 엔진 서비스에 수익을 안겨주었습니다. 야후는 이런 오버추어의 잠재력을 인정하였고, 곧바로 인수하여 한국에서의 서비스를 시작하였습니다. 네이버의 이해진 대표가 한게임과의 합병을 후회할 만큼 실로 어마어마한 변화였던 것이었지요.

또한 비슷한 시기에 한겨레신문사에서 '디비딕(dbdic.com)'이라는 신규 서비스를 개발하였습니다.[3] 질문과 답변을 하는 사이트였지요. 당시 이 사이트는 충성 회원들이 몰려들 만큼 많은 이들에게 상당한 인기를 끌었습니다. 그리고 이를 계기로 한겨레신문사는 디비딕을 유료 서비스로 전환하게 되었지요. 이 틈을 타 네이버 역시 디비딕을 벤치마킹한 '지식인'을 런칭합니다. 비록 따라 만든 서비스였지만, 지식인은 디비딕과 달리 서비스의 전면 무료화를 약속하였습니다. 덕분에 막대한 사용자를 기반으로 지식 검색 시장을 순식간에 장악합니다. 결국 디비딕은 '엠파스(empas)'에 인수되지만, 네이버 지식인의 인기를 따라잡기는 역부족이었습니다.

이어서 네이버는 다음(daum.net)의 카페와 똑같은 커뮤니티 서비스를 '카페'라는 이름으로 런칭합니다. 다음은 카페라는 자신들의 고유한 서비스 이름을 침해했다며 법적으로 대응하지만,[4] 네이버는 아랑곳하지 않고 서비스를 추진하였습니다. 그리고 그 결과, 포털 사이트를 판단하는 지표인 페이지 뷰와 방문자 면에서 당시 1위였던 다음을 바짝 추격하기 시작하였지요.

이후 김범수 대표와 이해진 대표의 관계의 균형을 무너뜨리는 결정적인 사건이 발생합니다. 바로 네오위즈(NEOWIZ)의 2대 주주인 장병규 의장이 설립한 '첫눈(1noon.com)'이라는 검색 엔진의 탄생입니다.[5] 첫눈은 블로그 포스트의 댓글 등 기존 검색 엔진에서 잡히지 않는 데이터마저도 자체 데이터베이스로 구축해 빠른 검색 결과를 보여주는 서비스로 일대 파장을 일으켰습니다. 또한 구글의 페이지 랭크처럼 인터넷 특유의 '퍼가요'라는 문화를 검색 엔진에 적용한 '스노우 랭크'라는 기술을 통해서 정보의 양과 최신성에 따라 정보의 중요도를 책정하는 새로운 알고리즘도 도입하였습니다.

페이지 랭크는 구글의 창업자 레리 페이지(Larry Page)가 만들었다는 의미이고, 스노우 랭크는 퍼가기를 통해 정보의 양이 마치 눈덩이 (snow)처럼 불어난다는 뜻입니다. 네이버와 다음 등 기존의 검색 엔진이 포털 사이트에서 직접 편집한 정보를 제공하는 데 비해, 첫눈의 스노우 랭크는 네티즌들의 주목도와 관심도를 주제별로 일목요연하게 제공하면서도 포털 사이트의 개입이 들어가지 않는다는 점에서 이해진 대표의 마음을 사로잡습니다. 그래서 이해진 대표는 자산 가치 10억 원에 불과하던 첫눈을 무려 350억 원에 매수합니다.[6] 그리고 네이버는 이때부터 대한민국 대표 검색 엔진의 위상을 굳건히 차지합니다.

방문자 수가 늘어나면서 광고 수익이 증가하고, 그 덕분에 검색 서비스로 현금이 유입되면서 네이버는 더 이상 한게임의 도움이 필요 없어지게 됩니다. 애초에 검색 엔진이 되고 싶었던 네이버는 게임 비즈니스에는 관심조차 없었습니다. 즉, 필요해서 합쳤지만, 이제는 필요 없어진 것이지요. '괜히 합병했다'고 생각했던 것일까요? 이유야

알 수 없지만, 네이버는 2007년 9월 김범수 대표를 갑작스럽게 NHN USA 사장직으로 임명하고, 미국으로 발령을 보냅니다. 그리고 그로부터 8개월 뒤, 김범수 대표는 회사를 그만두게 되고, 한게임 멤버들 역시 김범수 대표를 따라 회사를 떠납니다.

풍운아 김범수

NHN USA 대표로 발령 난 김범수 의장은 상황을 직감하고 '아이위랩(IWILAB)'이라는 별도의 인터넷 서비스 회사를 준비합니다. '나(I)와 우리(We)의 실험실(Laboratory)'이라는 뜻의 아이위랩은 김범수 의장의 아이디어를 펼칠 수 있는 도구가 됩니다. 아이위랩의 초기 창업 자금은 80억 원이었고, 임직원 수는 20명이었습니다. 물론 이 20명의 직원 중 대부분이 김범수 의장을 따라 나온 NHN 출신들이었지요. 한편 김범수 의장은 IT계의 완벽한 공룡인 구글의 가장 취약한 부분을 블로그 서비스라고 보고 NHN 주식 25만 주를 처분한 자금 345억 원을 투자해 구글을 모티브로 한 서비스를 연구·개발합니다. 그리고 마침내 NHN의 경영에서 손을 뗀 2007년에 '부루닷컴(buru.com)'이라는 블로그 서비스를 런칭합니다.

부루닷컴은 단순한 블로그를 넘어 사용자의 지인들이 즐겨찾기한 웹페이지를 공유하는, 이른바 '소셜 컬렉션 서비스(Social Collection Service)'를 제공하는 사이트였습니다. 링크뿐 아니라 유저가 작성한 글, 이미지, 동영상 등의 블로그 콘텐츠를 주제별로 분류하여 정리할 수 있게 도움을 주는 사이트였지요. 같은 관심사나 주제에 대한 블로그 페이지도 모두 연결해 인터넷 검색을 여러 번 하지 않아도 관련 콘텐츠를 다양하게 타고 들어갈 수 있었습니다. 그러나 야심차게 준비한 것에 비해 부루닷컴의 서비스는 대중들로부터 큰 반향을 일으키지 못하였습니다.

2008년, 다시 한국으로 돌아온 김범수 의장은 '위지아닷컴(wisia. com)'이라는 개인 맞춤형 서비스를 내놓습니다. 네이버 지식인의 서비스에서 모티브를 얻은 위지아닷컴은 네이버 지식인보다 한발 더 나아가 답변에 랭킹을 매겨 활동을 장려하도록 설계되었습니다.[7] 다행히 시장의 반응은 부루닷컴보다 좋았지만, 유저가 많은 네이버가 지식인 서비스를 강화하자 시장에서 밀려날 수밖에 없었습니다. 그렇게 NHN을 떠난 후 2년 동안 야심차게 준비한 서비스가 모두 수포로 돌아가자 김범수 의장은 망연자실합니다.

골짜기가 깊으면 산봉우리가 높듯, 바닥에 떨어진 사람에게 남은 것은 튀어 오르는 것밖에 없습니다. 절망의 깊은 나락에 빠진 김범수 의장에게도 튀어 오를 기회가 다가옵니다. 미국에서 감탄해 마지않았던 아이폰의 국내 출시가 전파 인증 문제로 미루어지고 있다는 소식이었지요. 또 국내에는 아직 미출시되고 있던 아이폰을 KT가 수입하겠다고 공언하면서 삼성도 국내 첫 스마트폰을 준비하느라 분주하던 시기였습니다. 김범수 의장은 NHN USA 대표 시절 스티브 잡스의 아이폰 발표 장면을 떠올렸습니다. 그리고 곧바로 아이위랩의 플랫폼 시선을 PC에서 스마트폰으로 돌렸습니다. 즉, 스마트폰을 위한 어플을 개발하는 프로젝트에 돌입하기 시작한 것입니다.

PC 밖에서 승부하라

김범수 의장은 2009년 당시 아이위랩 내부에서 진행되던 신규 프로젝트 여섯 개를 모두 중지하고, 신속한 개발을 위해 20명 남짓한 직원을 3개 팀으로 재편합니다. 각 팀은 프로그래머 두 명, 디자이너 한명, 기획자 한 명으로 구성되었고, 모바일 커뮤니케이션의 성격을 사적인 서비스, 공적인 서비스, 그룹 서비스로 분류한 뒤 세 종류의 어플을 연구합니다. 물론 아이폰의 수입과 삼성의 새로운 스마트폰이 출시되기 전에 만들어야 했기에 시간이 넉넉하지는 않았지만, 2개월간의 엄청난 노력 끝에 세 가지의 서비스가 탄생합니다. 바로 카페 플랫폼인 '카카오아지트', 채팅 플랫폼인 '카카오톡', 블로그 플랫폼인 '카카오수다'가 그것입니다.

세 가지 서비스 중에서 가장 먼저 출시한 카카오아지트(2010년 2월 8일)는 지금의 네이버 밴드(BAND) 서비스와 유사한 비공개 모바일 카페입니다. 그러나 큰 호응을 얻지 못했지요. 뒤이어 카카오톡(2010년 3월 18일)이 출시되었습니다. 카카오톡은 상대방의 휴대폰 번호가 내 스마트폰의 주소록에 저장되어 있으면, 자동으로 친구 등록이 가능하다는 편리성과 무료로 문자를 보낼 수 있다는 점이 대중들의 마음을 사로잡았고, 상당한 인기를 끌었습니다. 마지막으로 세상에 선보인 카카오수다(2010년 3월 30일)는 이미지 기반의 모바일 블로그 서비스를 제공하였습니다. 트위터가 텍스트 중심의 서비스라는 점에서 착안해 이미지로 소통하는 서비스였지요.

다른 서비스는 큰 인기를 끌지 못하고 사라지지만, 채팅 서비스로

<그림 5-1> 카카오의 세 가지 서비스

만든 카카오톡은 사용자들의 선택을 받게 됩니다. 사용자들이 카카오톡을 '무료 문자 서비스'로 받아들이는 이상 현상이 발생하였기 때문이지요. 또 당시 1위 메신저였던 네이트온(Nate On)이 모회사인 SK텔레콤의 '유료 문자 서비스' 때문에 적극적으로 스마트폰 사용자를 끌어들이지 못하고 있던 것도 대중들의 선택 기여에 한몫하였습니다. 이에 카카오톡은 '절대 유료화하지 않겠다'고 선언함으로써 수많은 사용자를 흡수할 수 있었습니다.[8] 꼬리가 아니라 몸통을 공략해야 뱀을 잡을 수 있고, 거울을 쥔 손을 잡아야 거울에 비춰지는 빛을 통제할 수 있듯, 김범수 의장은 현상이 아니라 본질에 주목했기에 변화를 주도할 수 있었던 것입니다. 후일 김범수 의장이 당시 상황을 회고하며 다음과 같은 말을 하였습니다.[9]

"PC에서 시작한 내가 모바일 플랫폼과 만난 것은 행운이었습니다."

2022년 기준, 카카오톡 이용자의 수는 4,500만 명이 넘습니다. 이는 통계청이 발표한 경제 활동 가능 인구수인 4,478만 명과 거의 일치합니다.[10] 바야흐로 국민 앱(APP)이 되어 버린 것이지요.

김범수가 다음을 인수한 진짜 이유

카카오톡은 출시 직후부터 줄곧 사용자가 늘어왔지만, 마땅한 수익 모델이 없었습니다. 출시한 다음 해인 2011년의 실적은 매출 18억 원에 영업 적자 153억 원에 그쳤지요. 하지만 적자의 늪은 생각보다 길지 않았습니다. 카카오톡의 게임하기 플랫폼에 입점한 '애니팡', '아이러브 커피', '드래곤 플라이트' 등이 잇따라 성공을 거두었기 때문입니다. 그렇게 카카오톡을 선보인 지 2년 7개월 만에 처음으로 카카오는 흑자 전환에 성공합니다.[11] 김범수 의장이 네이버를 떠난 지 5년 9개월 만에 일이었지요. 이후 카카오는 게임으로 거둔 수익을 발판으로 모빌리티, 금융, 엔터테인먼트, 콘텐츠 등 다양한 영역으로 사업을 확장하면서 크고 작은 관련 기업을 끊임없이 인수하는 전략을 펼칩니다. 이때 김범수 의장이 처음으로 인수를 시도한 기업이 포털 사이트 다음이었다는 점을 고려하면, 네이버에 대한 앙금이 상당히 깊었던 것으로 추측됩니다. 시너지가 거의 없는 인수였으니까요.

당시 기업 가치 1조 590억 원으로 평가받던 다음은 이빨 빠진 호랑이에 불과하였습니다. 2004년 순 방문자 수를 네이버에 따라잡힌 다음[12]은, 2007년에는 대표 서비스인 '다음 카페'의 사용자 수마저 '네이버 카페'에게 추월당합니다.[13] 심지어 2009년에는 원조 서비스인 한메일의 사용자조차 네이버 메일에 따라잡히고 맙니다.[14] 또 다음을 인수하던 당시 활동하던 회원의 수도 카카오는 3,700만 명으로, 다음의 3,800만 명과 큰 차이가 없었고, 심지어 카카오의 회원들은 휴대폰 번호가 인증된 실명 회원이었지만, 다음은 그렇지 않았습니다. 김범수 의장에게 다음은 네이버를 네이버의 방식으로 누르기 위해 필요한 존재가 아니었을까요?

2014년 다음을 인수한 카카오는 우회 상장 방식으로 코스닥에 이름을 올립니다. 공모를 통한 신주 발행이 가능해져서 현금성 자산 확보가 용이해진 카카오는 2016년에 국내 최대 음악 서비스인 '멜론(Melon)'의 운영사 로엔엔터테인먼트(LOEN ENT)를 무려 1조 8,700억 원에 사들입니다.[15] 2015년 6월 30일 미국에서 애플 뮤직(Apple Music)이 출시되자 김범수 의장은 음악 정기 구독 서비스에 성장 가능성이 있을 것으로 판단했기 때문입니다. 실제로 카카오가 멜론을 인수한 뒤 6개월 만인 2016년 8월에 애플 뮤직은 국내 서비스를 시작합니다. 하지만 간발의 차이로 멜론을 인수한 덕분에 2016년 2분기 카카오의 콘텐츠 매출은 전년 대비 157% 상승한 7,018억 원을 기록합니다.

카카오의 다섯 가지 확장법

카카오는 현재 '카카오게임즈', '카카오페이', '카카오뱅크', '카카오인베스트먼트', '카카오엔터테인먼트', '카카오벤처스', '카카오엔터프라이즈', '카카오커머스', '카카오VX', '카카오브레인', '카카오페이증권', '카카오스페이스' 등 100여 개의 계열사를 거느리고 있습니다. 이처럼 카카오톡을 시작으로 성장하기 시작하였던 카카오가 단기간에 100여 개의 계열사를 거느릴 수 있었던 방법은 무엇일까요? 카카오가 계열사를 만드는 방법은 크게 다섯 가지로 나누어집니다.

첫째, 내부에서 서비스를 개발하고 직접 운영한 뒤, 수익이 발생하면 독립시키는 방법입니다. 여러분이 이번 달에 한 번쯤은 사용했을 카카오택시가 대표적입니다. 기존 택시 서비스에 피로감을 느낀 고객들의 호응을 얻으면서 출시한 지 1년 만에 승객 가입자 860만 명을 확보하였습니다. 앱을 이용하면 평균 30초 만에 배차되고, 결제 정보를 사전에 등록하면 카드도 꺼낼 필요가 없습니다. 또 탑승한 택시 정보를 가족이나 친구 등에게 카카오톡으로 전송할 수 있어서 안전성 면에서도 호응을 얻었습니다. 이후 카카오는 카카오택시의 규모가 커지자 2017년 8월 '카카오모빌리티'라는 이름으로 카카오택시를 분사시켰습니다. 현재 카카오모빌리티는 국내 택시 호출 서비스 시장에서 80%가 넘는 점유율을 차지하고 있습니다.

둘째, 시장 변화에 따라 통합시키는 방법입니다. 카카오엔터테인먼트는 2021년 3월, 웹툰과 웹소설 등 콘텐츠 제작을 담당하던 카카오페이지가 멜론을 운영하는 카카오M을 흡수·합병하면서 만들어진 회사입니다. 합병 당시 카카오페이지의 매출액은 2,570억 원, 영업 이익은 306억 원이었고, 카카오M의 매출액은 6,100억 원, 영업 이익은 500억 원이었습니다. 이 합병으로 카카오엔터테인먼트는 아티스트, 음악, 드라마, 영화, 공연 기획, 제작사 등의 엔터테인먼트 산업 가치 사슬을 모두 갖추게 되었습니다.

셋째, 역량 있는 분야를 다른 계열사로 이관하고, 기존 조직이 신규 사업을 담당하는 방법입니다. 카카오에는 카카오프렌즈 캐릭터 상품 유통과 캐릭터 IP(Intellectual Property, 지식재산) 라이선스 사업을 하는 카카오iX라는 회사가 있습니다. 2020년 8월, 카카오iX는 리테일 부문을 따로 떼어낸 뒤, 선물하기와 쇼핑하기 등 이커머스 플랫폼을 운영하는 카카오커머스와 합병을 진행하였습니다. 카카오프렌즈 캐릭터를 만들고 키워온 카카오iX만의 역량과 상품 개발 노하우를 커머스 사업 전반에 전파시키기 위해서입니다. 그리고 카카오iX의 나머지 조직은 '카카오스페이스'로 이름을 바꿉니다. 이때까지 카카오는 사내 공간 개발 사업부인 A스튜디오를 중심으로 총 113억 원 규모의 카카오 연수원인 '포레스트 원' 건립 사업을 추진해왔습니다. 카카오스페이스는 여기서 축적된 공간 기획·운영·디자인 등의 전문성을 바탕으로 부동산 관련 사업에 집중할 예정입니다. 주요 사업 분야는 부동산 개발 컨설팅, 부동산 매매, 경비·청소·시설 관리 용역, 가구 제작 및 디자인, 건축 설계 및 감리, 인테리어 설계 및 시공 등입니다.[16]

넷째, 기존의 기업을 인수·합병한 뒤, '카카오OO'이라는 이름을 붙이는 방법입니다. 2020년 2월, 카카오페이가 인수한 바로투자증권은 카카오 계열사로의 편입 과정을 마친 뒤 '카카오페이증권'으로 사명을 바꿔 달았습니다. 카카오페이증권은 카카오페이 플랫폼의 편의성, 연결성, 기술력을 활용해 금융 서비스 경험이 부족하거나 자산 규모가 작은 이용자들도 증권 거래 개설을 할 수 있도록 만들어졌습니다.

다섯째, 카카오인베스트먼트를 통해 성장 가능성이 높은 회사를 발굴하고, 지분을 인수해 자회사로 편입시키는 방법입니다. 카카오인베스트먼트는 2016년 교육 콘텐츠 앱을 제작하는 블루핀의 지분 51%를 인수하여 사명을 '카카오키즈'로 변경하였습니다. 카카오키즈는 주로 삼성키즈와 텐센트의 큐큐키즈에 기술을 공급하여 왔고, 2020년 6월 야나두를 인수하면서 인지도가 높은 야나두의 사명을 그대로 사용하되, 키즈 분야뿐만이 아닌 종합 교육 기업으로 새 출발을 선언하였습니다.

네이버의 반격

앞서 언급하였지만, 네오위즈의 2대 주주인 장병규 의장이 설립한 '첫눈'을 네이버가 인수합니다. 그리고 당시 첫눈을 인수하면서 네이버에 새롭게 합류한 신중호 검색센터장은 '라인의 아버지'로 통합니다. 하지만 그가 처음부터 메신저 서비스인 '라인'을 만든 것은 아닙니다.

첫눈을 통해 자신감을 얻은 이해진 의장은 검색 공룡인 구글에 대항하기 위해 신중호 검색센터장을 중심으로 한 검색 엔진 전담팀과 함께 일본으로 향합니다. 그리고 1년간의 준비 끝에 네이버 재팬을 오픈합니다. 네이버 성공의 발판이었던 지식iN의 일본판인 '네이버 마토메'를 핵심 서비스로 일본을 공략하겠다는 계산이었지요.

네이버 마토메는 하나의 주제에 대해 이용자들이 뉴스, 블로그, 동영상 등 관련된 정보들을 함께 쌓아나가는 집단 지성 서비스로, 일본에서도 '큐레이션 플랫폼(curation platform)'이라는 새로운 바람을 일으키며 많은 관심을 모았습니다. 다만 검색 엔진은 야후 재팬의 아성을 조금도 넘어서지 못했습니다. 즉, 네이버 재팬의 검색 서비스는 야후 재팬이 장악한 일본 시장에서 맥을 못 춘 것이지요. 결국 네이버 재팬은 네이버 마토메를 제외하고는 크게 주목을 받지 못하게 됩니다.

그때였습니다. 스마트폰의 등장으로 전 세계 인터넷 시장의 패러다

임이 바뀌기 시작하였고, 2010년 3월 대한민국에 카카오톡이 등장하면서 일대 파란을 일으킵니다. 이해진 의장이 내보냈던 김범수 의장이 모바일로 화려하게 컴백한 것입니다. 어제의 아군이 오늘의 적군으로 돌아온 상황에서 이해진 의장은 무슨 생각을 했을까요? 자존심이고 뭐고 가릴 게 없었습니다. 이해진 의장은 검색 엔진 전담팀인 첫눈의 인력에게 모든 업무를 중단하라 지시한 뒤, 전혀 다른 프로젝트를 주문합니다.

1년간의 노력 끝에 2011년 6월, 네이버는 '네이버톡'이라는 모바일 메신저를 일본에서 출시합니다. 그런데 이게 어떻게 된 일일까요? 검색 엔진 대신 김범수 의장이 만든 카카오톡을 모방한 네이버톡이 일본에서 뜻하지 않은 반응을 얻게 됩니다. 그해 3월에 발생한 동일본 대지진 사태와 맞물려 국내의 카카오톡처럼 일본의 표준 메시징 플랫폼이 되어 버린 것입니다. 이후 한국색이 짙은 네이버라는 이름을 지운 뒤, 서비스의 이름과 회사명을 라인(LINE)으로 바꾸고, 메신저 회사로 거듭납니다.

네이버와 카카오의 끝없는 성장

코스피 시가 총액 10위 안에 포함되어 있는 두 회사가 만들어가는 세상은 한국의 미래이자 곧 세상의 미래입니다. 현재의 네이버와 카카오는 이해진 의장과 김범수 의장이 없어도 잘 운영되도록 체계적인 조직력과 시스템을 갖추고 있습니다.

네이버와 카카오의 가장 중요한 변곡점은 지난 15년간 우리나라의 거의 모든 국민들이 스마트폰을 사용하게 되었다는 것입니다. PC는 사무실이나 집이라는 특정 공간에서만 사용할 수 있는 등 장소의 제약이 있습니다. 그런데 스마트폰을 통해서 사람들은 언제 어디서나 인터넷에 접속하게 되었고, 정보를 대단히 쉽게 접할 수 있게 되었습니다. '내 손끝의 모든 정보'가 가능한 세상이 온 것이지요. 즉, 소비자가 어떤 의도를 가지고서 모바일(스마트폰이나 태블릿PC)을 사용하는 '그 순간(moments)' 플랫폼이 즉각 응답해주는 세상이 온 것입니다. 그리고 이를 '마이크로 모멘츠(micro-moments)'라고 부르지요.[17] 모멘츠는 '모멘트 델라 베르다(Moment de la Verdad)'라는 스페인어에서 유래한 말로, 투우사가 소의 급소를 찌르는 순간을 의미합니다. 마케팅 관점에서 '결정적 순간'이라고 부르는 이때에 제품과 고객이 극적으로 마주하며, 앞에 '마이크로(micro)'를 붙였으니, 이 순간을 더 세세하게 쪼갠다는 의미가 되는 것이지요.

모멘츠는 다시 '첫 번째 순간(First moments)'과 '두 번째 순간(Second moments)'으로 나누어집니다. 소비자가 제품이나 서비스와 마주하는 순간이 두 번째 순간이라면, 주변 사람들의 입소문이나 광고를 통해 접하는 순간이 첫 번째 순간인 것이지요. 최근에는 스마트폰의 사용자가 더욱 늘어나면서 이 모멘츠가 하나 더 생겨났습니다. 바로 원하는 제품이나 서비스를 모바일로 먼저 찾아보는 순간을 뜻하는 '영 번째 순간(Zero moments)' 혹은 'ZMOT(Zero Moment of Truth)'가 탄생한 것이지요.

ZMOT 시대야 말로 개인 플랫폼이 중요한 시대입니다. ZMOT 시

대의 플랫폼은 첫 번째 순간이나 두 번째 순간과는 다음과 같은 두 가지 측면에서 차이가 납니다.

첫째, 사용자와 소비자, 혹은 시청자의 역할이 중요해졌습니다. 예를 들어, 유튜브와 인스타그램 덕분에 영상 콘텐츠에 대한 주목도가 높아지면서 영상을 보는 시청자의 의사 표현이 쉬워졌습니다. 댓글이나 '좋아요' 버튼을 말하는 게 아닙니다. 여기서 말하는 의사 표현이란 흥미 없는 영상은 쉽게 회피할 수 있지만, 재미있는 영상이라면 끝까지 찾아가서 보는 것을 의미합니다. 그리고 이를 통해 좋아하는 영상을 많은 이들이 볼 수 있게 공유시킬 수도 있습니다. 대표적인 사례가 그룹 해체 직전 군인들의 유튜브 응원으로 역주행에 성공한 브레이브 걸스(Brave Girls)의 〈롤린(Rollin)〉입니다.

둘째, 반응형 광고의 주목도 증가입니다. 저는 광고주들로부터 "배너 광고가 무슨 효과가 있어요?"라는 말을 무수히 들어왔습니다. 즉,

배너 광고의 클릭률이 떨어지면서 인터넷 광고에 위기가 온 것입니다. 그래서 대학원 시절에 무수히 많은 문헌을 검토하고, 해외 사례를 연구하였습니다. 그러던 중, 반전의 기회가 모바일에서 찾아 왔습니다. 모니터가 작아지면서 배너 광고의 주목도가 향상된 것입니다. 여기에 광고의 주목도를 높인 주역이 한 가지 더 있습니다. 바로 '네이티브 광고(Native Advertising)'입니다. 신문 기사와 비슷한 형식의 스토리텔링을 활용하는 네이티브 광고는 콘텐츠를 자연스럽게 소비할 수 있도록 도와주고, 광고하는 제품을 스토리로 소개하여 보는 이들의 거부감을 줄이는 형태로 반응을 이끌어냅니다. 서강대학교 커뮤니케이션학부 윤각 교수의 연구에 따르면 모바일에서 네이티브 광고의 클릭률은 배너 광고의 클릭률보다 적게는 두 배에서 최대 다섯 배가량 높았습니다.[18] 모바일화와 네이티브 광고의 등장으로 플랫폼의 중요도가 한층 높아졌다고 볼 수 있지요. 플랫폼을 이야기하면서 코로나19 사태도 빼놓을 수 없을 것입니다.

코로나19 사태는 네이버와 카카오가 인터넷 산업을 기간 산업의 경지로 끌어올리도록 만든 계기가 되었습니다. 인터넷 산업은 앞으로 모든 산업의 기반이 되는 기반 산업의 단계로 넘어갈 것으로 보입니다. 아울러 인터넷 산업이라는 이름의 구분 자체도 없어질 것입니다. 즉, 인터넷은 기본적으로 모두가 하는 가운데, IT 위에서 다양한 산업들이 융합하는 형태로 자리를 잡아갈 것입니다. 다음은 네이버 최수연 대표의 말입니다.

"네이버는 지금 맞닥뜨린 문제를 쉽고 편하게 해결할 수 있는 툴을 만드는 데 집중하고 있습니다."

이제 IT 기업은 다양성을 존중해야만 살아남습니다. 창작자·사업자·유저들이 필요한 서비스가 무엇인지, 어떤 것들이 필요한 툴인지, 어떻게 하면 다 함께 갈 수 있을지 등을 고민해야 하는 것이지요. 그래서 네이버는 중소상공인 사업자들과 창작자들이 디지털 전환을 잘할 수 있도록 각종 IT 툴을 만드는 데 집중하고 있습니다.

다시, 손정의

2021년 3월 1일, 손정의 회장은 야후 재팬의 경영권을 보유한 Z홀딩스와 네이버가 경영권을 보유한 라인을 통합하는 계획을 발표합니다.[19] 다음은 이해진 의장의 말입니다.

"일본 시장에서 통합 Z홀딩스는 일본 최대 인터넷 기업이 됐습니다. 오는 2027년까지 검색 50%, 온라인 커머스 50%의 성장을 달성하겠습니다."

이어서 2023년까지 매출 2조 엔(약 21조 원)을 달성하겠다는 포부도 밝혔습니다. 통합의 표면적인 이유는 네이버의 국적 지우기입니다. 한국 기업에 대한 인식이 좋지 않은 일본에서 비즈니스를 지속하려면 일본의 자본을 최대한 활용해야 하는데, 네이버 스스로 이러한 것들을 한다는 게 사실 쉬운 일은 아닙니다. 하지만 손정의 회장은 이 모든 것을 해결할 수 있습니다. 손정의 회장은 일본에서 아주 높은 위상을 누리고 있으며, 세계적인 거물이기 때문이지요. 또 '한국계'라는 점도 이해진 의장이 기댈 수 있는 요소입니다.

물론 국적 세탁이 합병 이유의 전부는 아닙니다. 야후 재팬은 2019년에 4조 원이 넘는 돈을 들여 온라인 패션 쇼핑몰 '조조타운(ZO-ZOTOWN)'을 인수하여 보유해왔습니다. 이에 따라 네이버 역시 온라인 창업 툴인 '스마트스토어'를 일본 이커머스 서비스에 도입할 예정입니다. 조조타운과 스마트스토어가 연결되면 일본 내 이커머스 시장 1위인 '라쿠텐(Rakuten)'이나 2위인 아마존 재팬(Amazon jp)과 겨루어 볼 만하다는 것이 손정의 회장의 판단입니다. 네이버의 입장에서도 일본의 중소상공인 관련 데이터 일체를 확보할 수 있습니다. 다음은 한성숙 네이버 전 대표의 말입니다.

"스마트스토어에 녹아 있는 첨단 기술력과 판매자의 다양성을 존중하는 방향성이 일본 이커머스 시장에 새로운 흐름을 만들어내길 기대합니다."

2021년 10월 15일, 손정의 회장은 네이버의 인공 지능(AI) 기술에 대한 대규모 투자 계획을 밝힙니다. 이를 위해 네이버는 2022년 3월에 인공 지능을 개발하는 '클로바 사내 독립 기업(CIC)'을 분사시키기로 결정하였습니다.[20] 이 모든 것은 손정의 회장이 소프트뱅크 창업 초창기에 대부분 계획했던 것이며, 잡지사와 플랫폼에 투자하면서 한층 더 정교해졌습니다.

앞에서 언급하였지만, 손정의 회장이 초지성의 시대로 낙점한 해는 2018년입니다. 그리고 그의 예상대로 구글 딥마인드(Google Deep-Mind)는 '이세돌'과 '알파고'의 대결을 통해 인류를 공포의 도가니로 몰아넣은 후, 2년 만에 다시 알파고를 능가하는 '알파 제로'[21]를 세상에 내놓습니다. 이로써 반도체 칩 하나에 실리는 트랜지스터의 개수가 사람의 두뇌에 있는 세포 수 300억 개를 뛰어넘은 것이지요. 손정의 회장의 말대로 2018년에 초지성 시대가 탄생한 것입니다. 그리고 그로부터 3년 후, 네이버에서 인공 지능 기술을 선보였고, 이를 눈여겨본 손정의 회장은 주저 없이 투자하기로 결정한 것이지요.

6장.
최고의 팔로워가 최고의 리더가 된다

"우리는 지금 새로운 시대에 진입하고 있습니다. 컴퓨터는 생산성의 시대, 인터넷 시대를 지나 새로운 시대로 들어가고 있습니다. 바로 디지털 라이프 스타일의 시대입니다. 앞으로 컴퓨터는 디지털 기기와 떼려야 뗄 수 없는 관계가 될 것입니다. 맥은 탁월한 소프트웨어로 모든 디지털 기기를 연결하는 디지털 허브가 될 것입니다."

20년 전, 스티브 잡스가 미국 샌프란시스코에서 열린 맥월드 연단에서 발표한 '디지털 허브(Digital Hub) 전략'의 내용입니다. 가전제품들이 모두 디지털 기기로 변해간다는 첫 신호였지요. 이후 휴대폰, 휴대용 CD 플레이어, mp3 플레이어, DVD 플레이어, 디지털 캠코더, 디지털 카메라 등 각종 디지털 기기가 쏟아져 나왔습니다. 그리고 사람들은 점점 디지털 기기로 삶을 즐기게 되었지요.

잡스가 말한 디지털 허브 전략의 핵심은 디지털 라이프 스타일의 중심에 맥 컴퓨터를 두겠다는 것이었습니다. 앞으로 컴퓨터의 역할은 업무 보조 기기가 아닌, 사람들에게 큰 즐거움을 주는 라이프 스타일 그 자체라고 생각하였거든요. 이런 예측을 한 것은 애플만이 아니었습니다. 애플이 롤 모델로 삼았던 소니(Sony)의 생각도 비슷했습니다.

잡스의 발표가 있고 약 10개월 후, 미국 라스베거스 컴덱스에서 소니의 CEO인 안도 구니다케(安藤國威) 회장 역시 '유비쿼터스 밸류 네트워크(Ubiquitous Value Network)' 전략을 발표합니다.

"다가오는 브로드밴드 네트워킹은 점점 더 복잡해질 것입니다. 소니는 기기와 컨텐츠가 언제, 어디서든 연결될 수 있는 유비쿼터스 밸류 네트워크를 만들 것입니다."

표현 방식은 다르지만 애플과 소니의 꿈은 같았습니다. 모든 기기와 콘텐츠가 자유롭게 연결될 수 있게 하겠다는 것이지요. 당시 구니다케 회장이 발표한 유니쿼터스 밸류 네트워크 전략의 주요 내용은 디지털 시대에 성장한 고객들에게 소니의 제품을 통해 꿈과 즐거움을 선사한다는 것이었습니다. 그렇기에 소니의 다양한 디지털 제품을 서로 호환되도록 만들어 사람들이 쉽게 콘텐츠를 즐길 수 있게 만들겠다는 계획을 세운 것이지요. 이처럼 두 회사가 궁극적으로 지향하는 목표점은 하나였습니다. 바로 디지털 기기를 연결해 콘텐츠를 자유롭게 활용하도록 하겠다는 것이었지요. 흥미로운 것은 당시 애플과 소니의 상황입니다.

다윗 애플과 골리앗 소니

애플은 거창한 전략을 제시했지만 당시의 시가 총액은 156억 달러(약 20조 원)로, 우리나라 삼성전자의 시가 총액인 420억 달러(약 56조 원)의 절반에도 못 미치는 기업이었습니다. 가진 거라곤 달랑 컴퓨터 한 대와 방금 개발을 끝낸 아이튠즈(iTunes), 이미 가지고 있던 아이무비(iMovie), 아이디브이디(iDvd) 등의 소프트웨어 몇 가지가 전부였지요. 가진 것이 많지 않던 작은 기업에 불과하였습니다. 그래서 생각해

낸 것이 자신들의 소프트웨어를 이용하여 타 회사의 디지털 음악 기기, 캠코더, 카메라 등을 맥으로 연결시키겠다는 것이었을 겁니다. 사실 애플의 '디지털 허브 전략'은 윈도우(Microsoft Windows)에 밀려 판매량이 줄어들고 있던 맥을 기사회생시키려는 고육지책에서 나온 일종의 선언에 가까웠습니다. '맥을 사세요. 맥에서는 여러분 기기를 더 잘 활용할 수 있어요'라는 메시지를 소비자에게 전한 것에 불과했던 것이지요. 그러니 디지털 허브 전략은 곧 맥 컴퓨터의 판매를 늘리기 위한 마케팅 슬로건이었다고 해도 과언이 아닙니다.

반면, 소니는 달랐습니다. 이미 대부분의 디지털 기기를 생산해 내고 있었고, 플레이스테이션(PlayStation) 같은 게임기와 윈도우 기반의 노트북인 소니 바이오(VAIO)가 인기를 끌고 있었습니다. 게다가 영화사와 음반사까지 소유하고 있어 소비자들에게 제공할 충분한 자체 콘텐츠까지 보유하고 있던 상황이었지요. 당시 소니의 시가 총액은 애플의 7배가 넘는 1,130억 달러(약 140조 원)를 기록하고 있었습니다. 그렇기에 유비쿼터스 밸류 네트워크 전략은 소니가 가진 제품을 연결하는 것만으로도 충분히 완성할 수 있는 실현 가능한 계획이었지요.

이렇듯 애플과 소니 모두 똑같은 생각을 하고 있었지만, 애플이 가진 것은 컴퓨터 한 대뿐이었고, 소니는 컴퓨터를 포함한 모든 것을 다 가지고 있었습니다. 그렇다면 그로부터 20년이 흐른 현재는 어떻게 되었을까요? 놀랍게도 현재 애플의 시가 총액은 3조 달러(약 4,049조 4,000억 원)로, 여전히 1,100억 달러(약 150조 원) 수준에 머물러 있는 소니를 압도적으로 뛰어넘고 있습니다. 소니와의 시가 총액이 약 27배 차이가 나는 세계적인 기업으로 성장한 것입니다.

소니의 몰락과 애플의 성장

애플은 눈앞에 있는 현재에 집중하였습니다. 앞서 언급하였지만, 디지털 허브 전략이라는 것은 고작 맥 컴퓨터의 판매량을 끌어올리기 위한 하나의 구실에 불과했습니다. 당시 애플은 사용자들이 컴퓨터에서 제일 많은 시간을 들이는 활동이 음악 관련 작업이라는 것에 주목을 하였습니다. 많은 사람들이 인터넷에서 음악 파일을 찾거나 CD에서 음악을 추출하여 MP3 플레이어에 옮기는 작업을 컴퓨터로 하고 있었거든요. 이에 애플은 음악 관리 소프트웨어인 아이튠즈를 출시해 맥 컴퓨터에서 음악 파일을 쉽게 관리할 수 있도록 만들었습니다. 그리고 10개월 뒤, 맥 컴퓨터에서 관리한 음악을 이동하면서 들을 수 있도록 하는 신개념 MP3플레이어 '아이팟(iPod)'을 출시합니다.

컴퓨터에서의 음악 관리 문제를 해결하자, 애플은 맥과 아이팟 고객들이 다른 프로그램도 설치할 수 있도록 '아이튠즈 스토어(iTunes Store)'를 출범시켰습니다. 이후 아이팟의 판매가 늘어나면서 아이튠즈를 윈도우에서도 사용할 수 있도록 소프트웨어를 개발합니다. 다음은 당시 아이튠즈 스토어와 관련된 언론과의 인터뷰에서 밝힌 개발팀 관계자의 말입니다.

"우리는 음악을 파일 형태로 구매하면 정말 멋질 거란 생각으로 아이튠즈 스토어를 출범했어요. 음악 업계를 재편하려는 계획은 전혀 없었습니다. 모든 음악은 전자 파일로 유통될 수 있는데, 왜 비용을 들여야 하느냐 말입니다. 음악 업계 역시 이익이죠. 파일을 그냥 쏘아 보내면 되는데, 굳이 불필요한 비용을 들일 필요가 없게 됐죠."

얼마 지나지 않아, 아이팟 사업은 새로운 국면을 맞이합니다. 2년 단위로 휴대폰 성능이 업그레이드 되고, 디지털 기기의 성능이 향상되면서 음악 플레이어 기능이 점차 휴대폰에 흡수되려는 움직임이 있었기 때문입니다. 당시 애플은 아이팟 터치(iPod Touch)를 공개하면서 아이튠즈 스토어를 통해 컴퓨터처럼 다양한 프로그램을 설치하도록 만들었습니다. 아이팟을 통해 웹 브라우저와 게임도 설치할 수 있게 된 것이지요. 그리고 이 아이튠즈 스토어가 소비자들로부터 뜻하지 않은 호응을 얻자, 스티브 잡스는 아이튠즈 스토어를 통해 전화 기능 어플리케이션(application, 앱)을 추가한다면, 아이팟도 휴대폰이 될 수 있을 것이라고 생각했습니다. 그렇게 2007년 1월, 애플은 새로운 개념의 휴대폰인 '아이폰(iPhone)'을 세상에 내놓게 되고, 대중들의 폭발적인 호응을 이끌어 냅니다. 이후 2010년 1월에는 아이폰처럼 앱 스토어를 편리하게 활용하면서 노트북처럼 대형 모니터를 갖춘 '아이패드(iPad)'를 선보입니다. 이처럼 애플의 모든 디지털 허브 전략의 중심에는 오로지 컴퓨터 하나만 있었습니다. 덕분에 지금은 세계에서 시가총액이 가장 높은 회사 중 하나가 되었지요.[22] 애플이 애초에 디지털 허브 전략을 발표할 때만 해도 거창한 계획 같은 것은 없었습니다. 당장 발등에 떨어진 '컴퓨터를 잘 팔아보자'는 문제에 집중해서 한 걸음씩 나아갔을 뿐입니다.

한편, 모든 것을 갖춘 소니는 좀처럼 연결 고리를 찾지 못하였습니다. 애플과 마찬가지로 소니 역시 1990년대 중반부터 향후 디지털 네트워크 시대가 도래할 것이라고 예측하고, 이에 대한 준비를 하기 시작합니다. 그래서 자사의 제품들을 연결해 사람들에게 더 큰 즐거움을 줄 다음의 세 가지 계획을 세우게 되지요.

첫째는 하드웨어와 콘텐츠 간의 연결입니다. 콘텐츠와 유통, 디지털 기기 등을 모두 연결해 소비자들이 편리하게 소니의 제품과 서비스를 활용하도록 하겠다는 계획이었습니다. PC 사업에 뛰어든 것도 디지털 기기를 연결하는 데 컴퓨터가 없어서는 안 될 존재였기 때문이었지요. 소니는 영화·음악·게임 사업을 하고 있어서 소비자에게 제공할 콘텐츠가 풍부하였습니다. 이러한 콘텐츠를 유통하기 위해 위성 방송 사업에 진출하고, 온라인 스토어를 만든 것이지요. 물론 전달된 콘텐츠는 소니가 만든 TV, 미디어 기기, 게임기 등을 통해 가정에서 재생될 예정이었습니다.

둘째는 제품과 제품 간의 연결입니다. 소니는 자사의 제품들이 서로 연결되면 히트 상품을 구매한 소비자가 그와 관련된 다른 제품도 구매할 것이라고 생각하였습니다. 그래서 소니의 디지털 카메라로 찍은 동영상이나 사진은 소니 PC에서만 쉽게 재생되고, 인화되도록 만들었지요. 즉, 인기 제품인 카메라에 만족한 소비자가 PC도 구매하도록 연계한 것입니다.

셋째는 홈 디지털 네트워크의 구축입니다. 디지털 방송이나 지상파, 인터넷을 통해 들어오는 많은 정보를 가정에 있는 서버에 축적한 뒤, 소니 제품 속에서 소비자들이 생활하게 만드는 소니 왕국의 건설을 구상한 것입니다.

그러나 현실은 소니의 생각과 다르게 흘러갔습니다. 아이튠즈 프로그램처럼 편리한 서비스를 개발하기보다 자신들이 만든 표준 규격에 고객을 묶어두려고만 했기 때문입니다. 결정적으로 소니는 '워크맨

(Walkman)' 브랜드를 이어받은 MP3 플레이어 자체의 디자인과 성능에만 치중한 반면, 애플은 아이튠즈라는 편리한 소프트웨어를 아이팟에 탑재하여 음악을 듣는 새로운 경험에 집중했습니다. 그리고 그 결과, 콘텐츠와 제품, 서비스 등을 연결하면 판매가 저조한 제품의 매출도 덩달아 높아질 줄 알았던 소니의 계획은 오히려 인기 제품의 판매를 끌어내리는 꼴이 되고 말았습니다.

첫 번째 단계부터 소니가 구상한 계획이 어긋나기 시작하자, 다음 단계의 계획은 자연스럽게 물거품이 되고 말았습니다. 그리고 그럴수록 소니는 자신들의 브랜드 파워를 믿고 제품과 서비스를 연결하는 계획에 더 집착하게 됩니다. 이 단계가 완성되지 않으면 최종 목표인 3단계 계획을 실현할 수 없기 때문이었지요. 결국 모든 것을 갖춘 소니는 그것들을 제대로 연결하지 못했고, 컴퓨터 하나만 가지고 있던 애플은 하나의 연결에서 새로운 연결의 단초를 찾아 천천히 이어갔습니다. 다음은 뜻하지 않은 성공을 거둔 이후 스티브 잡스가 했던 말입니다.

"앞으로 생길 점들의 연결을 만들어 낼 수는 없습니다. 오로지 과거의 점들을 연결 지을 수 있을 뿐이지요. 그러니 여러분은 현재의 이 지점이 앞으로 미래의 어떤 지점으로든 연결될 것이라 믿어야 합니다. 그것이 직감이든, 운명이든, 삶이든, 업적이든 뭐든지 말이지요. 이 접근법은 결코 저를 실망시킨 적이 없습니다. 심지어 제 인생을 확실히 남들의 것과 다르게 만들어주었습니다."

뜻은 높게 목표는 낮게

1997년 IMF 외환 위기, 2008년 세계 금융 위기, 2019년 코로나 19 사태 등 몇 년에 한 번씩 전 세계가 위기에 빠지는 지금이야말로 제품으로 고객을 옭아매려는 소니 스타일이 아닌, 인문학과 제품의 접점을 고민한 애플 스타일을 고민해야 할 때입니다. 역사적으로 세상에 막대한 영향력을 미친 사람들은 자신의 힘을 키우는 동시에 세상을 바라보는 철학을 고민했음을 기억할 필요가 있습니다. '인문학'으로 애플의 전성기를 활짝 연 스티브 잡스는 물론, '도가 사상'으로 중국 철학의 기틀을 마련한 노자, '유가 사상'으로 인본주의를 설파한 공자, '법가 사상'으로 중국을 통일한 진시 황제가 그러하였습니다. 또 이번 챕터의 주인공이자 자신만의 비전으로 세계의 정보 통신 업계를 주무르는 손정의 회장이 그러하지요. 손정의 회장은 회사를 인수하거나 신규 사업에 진출할 때 자신의 높은 뜻을 구체적으로 설명하여 주변을 설득하는 것으로 유명합니다.

실제로 1998년 6월 18일 IMF로부터 구제 금융을 지원받던 김대중 대통령은 한국인 3세로 일본에서 성공한 IT 기업인인 소프트뱅크의 손정의 회장과 당시 '한글과컴퓨터'에 투자한 미국 마이크로소프트의 빌 게이츠 대표를 청와대에 초대합니다. 그리고 그 자리에서 한국이 경제 위기를 극복하고 새롭게 발돋움하는 데 필요한 것이 무엇이냐고 질문하지요. 이에 손정의 회장은 다음과 같이 말하였습니다.

"첫 번째도 브로드밴드(broadband), 두 번째도 브로드밴드, 세 번째도 브로드밴드입니다."

손정의 회장의 이 같은 답변에 빌 게이츠 역시 맞장구를 칩니다.[23] 그리고 김대중 대통령은 브로드밴드 사업을 실행에 옮깁니다.

여기까지 들으면 손정의 회장이 구국 열사 같아 보일지도 모르겠지만, 우리는 그가 사업가라는 점에 주목할 필요가 있습니다. 더욱이 그의 성공에 대한민국이 도움은커녕 쌀 한 톨도 지원하지 않았다는 점 또한 고려해야 합니다. 당시 손정의 회장의 기업 합병과 인수 작업은 화려해 보였지만, 사실 실속이 없었습니다. 앞서 4장에서 살펴본 야후 투자 건 외에는 모조리 실패하고 있었기 때문이지요. 위기에 빠진 그가 돌파구로 생각했던 사업이 바로 초고속 인터넷인 브로드밴드였습니다.

손정의 회장은 이때까지 일본 정부에도 같은 이야기를 전달해왔습니다. 다만 일본 정부는 브로드밴드가 중요하다는 손정의 회장의 의견을 받아들이기가 어려웠습니다. 국영통신업체인 NTT(일본전신전화)가 나름대로의 계획을 갖고 있었기 때문입니다. 반면 IMF 사태로 인터넷 사업 관련 준비가 부족했던 한국은 손정의 회장이 말을 꺼내자마자 곧바로 브로드밴드 사업을 실행에 옮깁니다. '뜻은 높게'라는 손정의 회장의 좌우명답게 그야말로 '내지른 발언'이 의도치 않게 한국 정부를 자극한 것입니다. 이후 한국 정부의 실행력에 깜짝 놀란 손정의 회장은 일본으로 돌아와 '야후BB'라는 브랜드로 브로드밴드 사업에 뛰어들었지만, 4년간 적자에 허덕이며 소프트뱅크를 파산 직전 상태까지 몰고 가기도 하였습니다.

물론 어떤 시도도 실패로만 끝나는 경우는 없습니다. 시도 자체가 성공을 부르기도 하고, 설령 실패하더라도 그로 인해 무엇인가를 시도 하는 패턴을 경험하기 때문이지요. 그리고 이 경험된 패턴은 실패의 암울한 풍경 속에서도 뜻을 높게 품은 자들을 더 심층적이고 새로운 목적지로 안내합니다. 실제로 손정의 회장의 브로드밴드 사업은 기사회생하였고, 당시의 쓰디쓴 경험이 적자 폭이 큰 쿠팡에 대규모 투자를 감행하는 밑거름이 되었습니다.

제 주변 동료 중에 손정의 회장과 비슷한 정세현이라는 친구가 있습니다. 삼일회계법인 출신인 그는 회의 때마다 자신의 의견을 말하기 전에 다양한 비전을 제시하면서 꿈의 크기를 과시하는 버릇이 있습니다.

신규 사업 아이템에 대해 이야기하기 위해 모인 자리였습니다. 하나둘 사람들이 들어오자 회의는 시작되었고, 이번에도 역시 그가 먼저 대화를 주도해 나갔습니다. 자리에서 그가 꺼낸 첫마디는 다음과 같았습니다.

"사무실 앞에 있던 김밥천국 문 닫은 거 봤어요? 저는 그걸 보는 순간 '라면 가게를 차리면 어떨까' 하는 생각이 들었어요. 지금은 패스트푸드가 대세잖아요. 수입 라면만 전문으로 취급하는 분식집을 만드는 거죠."

그의 아이디어를 듣고 회의에 참석한 사람들은 서로 얼굴만 바라보고 있었습니다. 어색한 침묵이 맴도는 회의실, 그때 그가 마커펜을 들고 화이트보드에 우하향 직선을 그리더니 마지막에 세로줄 하나를 그으며, 다시 대화를 이어갑니다.

"코로나 때문에 문을 닫는 음식점이 넘쳐나고 있어요. 장사가 안 되니까 권리금을 낮춰도 들어올 사람이 없는 거죠. 하지만 코로나는 언젠가 끝이 납니다! 그 시점을 노려 분식점 10여 곳을 직영으로 여는 겁니다. 그리고 자금 회전이 어느 정도 되면 사업 설명회를 통해 가맹점을 모집하는 겁니다. 5년 후에는 전국 모든 지역에 점포를 세울 수 있지 않겠어요?"

그제야 그가 말하려는 의도를 파악하기 시작한 사람들은 이런저런 불가능한 이유를 들면서 딴죽을 걸어왔습니다. 그리고 결국 그가 말한 이야기는 흐지부지 끝났지요. 이때까지 그가 냈던 아이디어 중에 실행되지 않은 게 대부분인 걸 보면 가능성을 염두에 두고 말하는 것 같지는 않습니다. 오히려 '뜻은 높게'라는 좌우명으로 상대와 배포를 겨루어 자신의 우산 안에 품어온 손정의 회장식 사업 철학에 더 가까워 보입니다.

"제가 먼저 이야기한 덕분에 주변 사람들이 더 나은 선택을 하고, 그래서 제 예측이 빗나간다면 오히려 잘된 일이죠. 아무것도 바꿀 수 없는데 무엇 하러 꿈을 꾸겠어요?"

이야기를 마친 뒤 그가 했던 말입니다.

목표의 본질

제2차 세계 대전 당시 어린 장교가 이끈 헝가리군 정찰대가 겪은 믿지 못할 실화가 하나 있습니다. 이 정찰대는 알프스산맥을 가로질러 적진을 수색하는 임무를 부여받았습니다. 그러던 어느 날, 산맥을 넘어가던 중 갑자기 눈이 오고 바람이 불기 시작했고, 이틀 동안 계속된 눈보라 덕분에 길과 지형은 알아볼 수 없는 낯선 곳으로 바뀌어 버렸습니다. 결국 정찰대는 사방이 얼음과 눈으로 뒤덮인 험난한 산 속에서 길을 잃게 되었습니다. 어린 소대장은 당황했고, 부대원들을 죽음으로 몰아넣을지도 모른다는 생각에 공포에 휩싸였습니다. 하지만 소대장은 물론 소대원들도 아무것도 할 수 없는 상태였습니다. 그저 손 놓고 구조를 기다릴 수밖에 없는 상황이었지요.

그런데 다음 날 뜻하지 않은 곳에서 행운이 찾아왔습니다. 어떤 소대원의 침낭에서 알프스산맥의 지도가 발견된 것입니다. 정찰대는 환호했고, 소대장 역시 탈출할 수 있다는 희망에 너무나도 기뻤습니다. 그렇게 모든 대원들은 불안감을 떨쳐버렸고, 지도에 의지해 눈보라를 뚫고 산맥을 탈출할 수 있었습니다. 작은 지도 하나로 인해 죽음의 문턱에서 살아나올 수 있었던 것이지요.

부대로 귀환한 소대장은 지도를 가지고 있던 소대원에게 진심으로 감사의 마음을 표현했습니다. 그리고 소대를 구해준 지도를 다시 한번 펼쳐 보았지요. 그런데 지도를 보는 순간, 소스라치게 놀랄 수밖에 없었습니다. 눈앞에 펼쳐진 것은 알프스산맥이 아니라 피레네산맥의 지도였기 때문입니다. 이 일화를 학계에 소개한 조직심리학의 대가 칼 와익(Karl Edward Weick)의 해설을 들어보겠습니다.

"항상 위기에 빠지는 사람들은 행동하기 전에 모든 것을 생각하려고 합니다. 생각을 정리하고 가다듬는 습관은 문제가 있어요. 생각을 정리하는 동안에도 세상은 계속 변화하고, 분석은 뒤처지게 됩니다. 그래서 불확실한 환경에서 제가 경영자들에게 강조하는 것이 바로 행동입니다. 일단 행동하게 되면 생각에 살이 붙게 되고, 그 자체로 작동하게 됩니다. 저는 경영자들에게 분석하기 전에 먼저 움직이라고 주문합니다. 제가 헝가리 정찰대의 이야기를 좋아하는 것은 아무리 낡고 쓸모없는 전략이나 계획이라도 사람들이 무엇을 해야 할지 움직이도록 도와줄 수 있다는 겁니다. 전략이 맞고 틀리고는 중요한 게 아니에요. 불확실한 상황이나 위기에서 리더들은 생각하기 위해서 행동해야만 합니다. 절대로 반대가 아닙니다.”

즉, 계획은 정확한 예측이 목적이 아니라는 말입니다. 계획의 진짜 역할은 사람들을 움직이게 하는 것입니다. 일반적으로 사람들은 모호함과 불확실성을 두려워해서 계획을 세워야 움직이기 때문입니다. 헝가리 정찰대 역시 지도가 없었다면 움직이지 않았을 것이고, 끝내 얼어 죽었을 것입니다. 비록 알프스산맥의 지도는 아니었지만 지도 한 장이 사람들을 움직이게 해서 난관을 해결할 수 있게 한 것이지요. 이렇듯 현재 문제에 집중하다 보면 결국 해결책이 나타나기 마련입니다.

애플이 모방한 소니의 성공 전략

소니가 원래 그런 회사가 아니었다는 게 더 안타깝습니다. 과거의 소니는 회사의 이익이 아닌, 소비자가 현재 무엇을 가장 즐겁게 여기는지에 더 집중하였습니다. 그렇게 태어난 대표적인 히트작이 바로 ‘워크맨’이지요. 비행기로 출장을 자주 다녔던 공동 창업자인 이부카 마사루는 1979년 오디오 개발 담당자에게 비행기에서 들을 수 있는 휴대용 고품질 플레이어를 만들어 오라고 지시하였습니다. 긴 시간의 비행은 언제나 지루했기 때문입니다. 기술팀은 곧바로 저널리스트들이 사용하는 작은 테이프 레코더를 개조하였습니다. 녹음 기능과 스피커를 없애고, 스테레오 앰프를 기기에 달았지요. 그렇게 완성된 기기에 헤드폰을 꽂자 고음질의 사운드가 흘러나왔습니다. 휴대용 고품질 플레이어인 워크맨이 탄생한 역사적인 순간이었지요.

출장을 마친 이부카는 다른 공동 창업자인 모리타 아키오에게 그 기기를 건넸습니다. 이후 모리타는 골프장에서 기기를 실험하였지요. 라운딩에 참여한 친구들에게 음악을 들려준 것입니다. 실험은 성공적이었습니다. 작은 플레이어에서 흘러나오는 음질은 그곳에 있는 모든 이들을 놀라게 하였습니다. 그리고 그 순간, 모리타는 '바로 이 제품'이라는 강한 확신이 생겼습니다. 그렇게 주말을 지내고 경영 회의에 들어간 모리타는 곧바로 이 휴대용 기기를 상품으로 만들라고 지시하였습니다. 하지만 당시에는 그런 개념의 음악 플레이어가 존재하지 않아서 다른 사람들은 반신반의하였지요. 녹음 기능도 없는 플레이어를 누가 사겠느냐고 의문을 제기하는 사람도 여럿 있었습니다. 하지만 모리타는 확신에 차 있었지요.

"나는 휴가철에 십대들이 항상 라디오를 가지고 다니는 것을 보았습니다. 바다를 가든 산을 가든 상관없이 그들은 음악을 들으려고 큰 라디오를 가지고 다닙니다. 이러한 현상은 일본이나 미국이나 모두 마찬가지예요. 젊은이들은 똑같습니다."

모리타는 운동하거나 놀거나 걸어 다닐 때 음악을 들을 수 있다는 사실에 젊은이들이 열광할 것이라고 생각하였습니다. 그래서 시장 테스트도 하지 않고 대량 생산을 지시하였지요. 물론 가격도 십대들이 살 수 있을 정도로 적당하게 측정하여 출시하였습니다.

모리타의 예상대로 제품이 나오자 유례없는 성공을 거두었습니다. 워크맨은 소니 역사상 가장 많이 팔린 제품이며, 소니의 이름을 전 세계에 알린 제품입니다. 이는 지금 당장 소비자들이 원하는 제품을 만들었기에 가능했던 결과였지요. 또한 이성으로 분석하기보다는 감수성으로 현재를 느낀 결과입니다. 이처럼 소니나 애플의 경우를 통해서 불확실성이 커질수록 미래보다는 현재에 초점을 맞추는 게 현명하다는 사실을 알 수 있습니다.

2010년 1월, 아이패드 발표 행사에서 잡스는 아이패드로 이메일을 보내고, 구글 지도를 켜보고, 사진과 비디오를 열어보고, 음악을 들어보는 등 여러 가지 시연을 한 이후, 다음의 문장으로 제품 발표를 마무리하였습니다.

"애플이 아이패드 같은 제품을 만들어 낼 수 있었던 이유는 늘 기술과 인문학의 교차점에 서려고 노력했기 때문입니다."

여기서 잡스가 말한 인문학이란 사람에 대한 관심을 말합니다. 사람들이 좀 더 사용하기 쉽고, 재미있어 하는 제품을 만들려고 노력한다는 말을 하고 있는 것이지요. 즉, 소비자가 자연스럽게 접근할 수 있는 제품을 만드는 게 애플이 하고 있는 일이라는 것을 말하고 있는 것입니다.

지금도 애플은 환경을 분석하거나 미래를 예측하지 않습니다. 오로지 소비자를 보고 움직이며, 소비자가 좋아하는 것을 직관적으로 해석하지요. 그러면서 소비자들이 좀 더 편리하게 제품을 즐길 수 있도록 만드는 데 온 힘을 다합니다. 바로 이 과정이 새로운 가치를 창출하는 데 지대한 영향을 주기 때문입니다. 한편, 빅데이터 시대인 요즘에는 이런 데이터들을 읽어 낼 수 있는 능력을 문해력이라고 부릅니다. 그렇기에 시간이 지날수록 문해력의 중요성이 강조되고 있는 것이지요.

데이터 문해력을 키워라

독서 능력 평가 도구 개발을 위해 노명완 전 고려대학교 국어 교육학과 교수님과 산학 협력 프로젝트를 진행할 때의 일입니다. 교수님께서는 회의 시간에 다음과 같은 말씀을 하셨습니다.

"자네는 우리나라 교육의 가장 큰 문제가 무엇이라고 생각하나?"

교수님의 질문에 저는 남과 북으로 갈라진 역사 탓에 과도한 국방비 지출로 인한 부족한 예산과 선진국을 따라잡으려는 성장 일변도 정책에서 파생된 주입식 교육 때문이라고 말씀드렸습니다. 그리고 잠시 뒤, 교수님은 고개를 가로 저으시면서 다시 입을 여셨습니다.

"아니. 우리의 진정한 문제는 다른 데 있네. 우리는 남들이 다 하고 남은 찌꺼기만 연구하고 있기 때문일세. 과학뿐만이 아니네. 철학, 역사, 사상도 모두 마찬가지이지. 새로운 질문보다는 남들이 이미 다 풀어본 교과서적 문제들, 그 누구도 보지 못한 새로운 시선에서 세상을 바라보기보다는 남들이 이미 다 보고 깔끔하게 정리한 액자나 다시 닦고 정리하는 그런 수준에 머물러 있기 때문이라고."

교수님의 말씀을 들으면서 왜 그럴까 생각해보았습니다. 진정한 과학과 철학, 사상과 종교 모두 작은 질문에서 시작되었습니다. 하지만 우리나라는 질문이 아니라 남이 만들어 놓은 대답을 토대로 근대화를 맞이하였습니다. 또 다른 나라들이 자국의 성장 방향에 대해 고민하고 계획할 때, 우리는 일본의 식민지였고, 갖은 고초를 겪다가 해방된 뒤에는 미국의 눈치만 보고 따라하였습니다. 공자의 나라인 중국조차 공자 대신 카를 마르크스(Karl Marx)를 사상의 중심으로 삼고, 그 마르크스 사상조차 중국의 농민들에 맞게 개량하여 통일 이념으로 활용했건만, 남한은 공자 보다 더 유교적이고, 북한은 마르크스보다 더 공산주의적인 믿음을 가지게 된 것이지요.

생각을 정리하고 다시 교수님을 쳐다보았습니다. 저와 눈이 마주친 교수님은 웃으시면서 노트를 펼치고, 다음과 같은 그림을 그리셨습니다.

"S는 자극(stimulus)이고 R(response)은 반응을 뜻하지. 가운데 네모가 사람일세. 선생님이 자극을 주면, 학생은 그걸 고스란히 받아서 답안지에 받아 적으면 되지. 비어 있는 네모는 선생님의 생각을 고스란히 답안지에 옮겨 적는 생각 없는 학생을 뜻하네. 지금까지의 우리나라 교육은 이런 그림으로 설명할 수 있지. 완벽한 주입식 교육 말일세."

문해력을 기르는 스키마의 힘

"그렇다면 우리나라의 교육이 어떻게 바뀌어야 한다고 생각하나?"

"주입식이 아닌 창의성을 키우는 교육이 필요하겠네요."

"그렇지. 창의성은 다음 단계로 넘어가기 위한 문지방이며, 미지의 세계로 진입하게 해주는 안내자와 같다네. 우리는 매순간 전혀 경험해 보지 못한 미지의 세계로 들어서고 있어. 창의성은 지금껏 매달려온 신념이나 편견을 넘어 낯선 시간과 장소에서 마주하는 진실한 자신을 찾기 위해 통과해야만 하는 문과 같은 것일세. 이 질문은 외부를 관찰하는 데에서 오기도 하고, 자기 자신을 바라보는 통찰에서 오기도 하지."

이어서 노명완 교수님께서는 뒷장에 다음과 같은 그림을 그리셨습니다. 이번에는 가운데 네모가 검은색으로 채워졌고, 반응을 나타내는 R이 세 가지로 분화되었습니다.

"인지심리학에서 '스키마(schema)'라고 부르는 것을 간단하게 나타낸 그림일세. 이 그림에서는 R을 R1, R2, R3 등 여러 가지로 표시하고 있지. 하나의 자극 R에 대한 반응이 사람에 따라, 더 구체적으로는 스키마에 따라 달리 나타날 수 있음을 나타내는 걸세. 이게 바로 문해

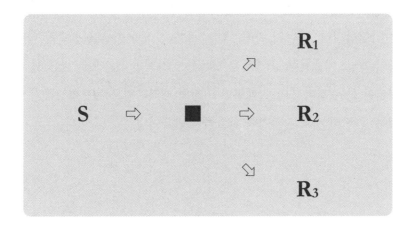

력 교육이 지향하는 바이지. 보다시피 사람을 나타내는 네모가 이번에는 검은색으로 채워져 있지? 머릿속이 지식으로 채워졌다는 것을 의미한다네."

스키마는 심리학에서 나온 용어로, 과거의 반응이나 경험에 의해 생성된 생물체의 반응 체계 혹은 지식을 말합니다. 환경에 적응하고 대처하는 역할을 담당하지요. 또 스키마는 낱낱의 개별적 정보가 아니라 체계적 구조를 갖춘 '지식의 단위'입니다. 비슷한 용어로 '프레임(Frame)'이 있습니다. 한마디로 말하면 사용자가 데이터 분석 과정에서 동원하는 배경지식이지요. 스키마 덕분에 생물체는 주변 환경에 체계적으로 대응할 수 있습니다.

교수님의 말씀에 따르면 21세기에 필요한 문해력은 이전의 지식과 기술을 버리고, 새로운 지식과 기술을 받아들일 수 있는 능력입니다. 『퀀텀 마케팅(Quantum Marketing)』의 저자 라자 라자만나르(Raja Rajamannar) 역시 새로운 시대에는 알려진 '기존의 한계'를 넘어서는 새로운 마케팅 방법이 필요하다고 말합니다. 그렇다면 어떻게 해야 비연속적이고 비약적인 방식으로 최고의 성과를 낼 수 있을까요? 정답은 간단합니다. 소니의 사례처럼 새로운 지식과 기술을 흡수만 하는 것이 아닌, 애플처럼 그 새로운 것들을 다각적인 관점으로 바라 볼 수 있어야 하는 것이지요. 그래야만 이전의 패러다임으로는 설명하기 어려운, 완전히 새로운 가치와 산출물을 만들어낼 수 있습니다.

문해력을 키우는 다섯 가지 방법

21세기에 필요한 문해력을 키우는 방법으로 다음의 다섯 가지를 들수 있습니다.

첫째는 '숙고'하는 것입니다. 숙고는 상상과는 다릅니다. 『삼국지』에서 작가 나관중은 독자들로 하여금 상상하게 만듭니다. 이 작품을 처음 읽을 때, 최종 승리자는 주인공 유비일 것이라고 생각했습니다. 그러나 여포, 조조, 주유 등 강력한 경쟁자들의 등장으로 승자는 소설의 마지막까지 알려지지 않지요. 게다가 후반부에 갈수록 세월은 흐르고 장비, 관우, 유비 등 한명씩 세상을 떠나고, 최고의 지략가인 제갈량마저 오장원에서 병사함과 동시에 주인공이 승리할 것이라는 상상도 사라집니다. 즉, 누가 승리자인지 알아내고 싶다는 독자의 욕망은 결국 일시적인 상상에 불과하게 되는 것이지요. 하지만 조셉 콘래드(Joseph Conrad)가 쓴 소설 『어둠의 심연(Heart of Darkness)』은 정해진 답이 없는 질문을 통해 독자들로 하여금 숙고하게 만듭니다. 책에는 영국 최고의 엘리트로서 아프리카 콩고 지역에 파견된 교역 책임자 '커츠'와 주인공인 '말로'가 등장합니다. 말로는 글과 소문을 통해 커츠가 훌륭한 사람이라 단정 짓고 그를 동경하게 됩니다. 그래서 커츠를 찾아 나서게 되지요. 기대에 부푼 마음으로 커츠를 찾아 나서던 말로는 이 과정에서 원주민들을 대상으로 하는 끔찍한 문명화 작업의 실태를 마주하며, 놀라게 됩니다. 그리고 독자들 역시 이러한 장면들을 통해 성실한 엘리트가 포악한 지배가로 군림하게 된 이유는 무엇인가? 아무도 지켜보지 않은 밀실 같은 외지에서 국가의 명예를 지키는 것은 가능한가? 등을 계속해서 숙고하게 됩니다. 게다가 마지막에 콩고 탈출을 거부하는 커츠에 행동에 대한 말로의 생각은 책을 덮은 이후에도 해소되지 않습니다. 우리나라에서 『어둠의 심연』의 인기는 『삼국지』에 비할 바가 못 되지만, 미국의 프랜시스 포드 코폴라(Francis Ford Coppola) 감독은 영화 《지옥의 묵시록》에서 커츠를 통해 갑작스럽게 권력을 가지게 된 독재자의 만행을 비난하여 세계인의 공감을 얻어냈습니다.

둘째는 '시도'입니다. 초등학생 딸아이와 청계산에 오를 때였습니다. 마지막 계단 앞에서 힘들다고 보채는 딸아이 때문에 아쉽게도 정상을 앞에 두고 돌아 내려와야 했습니다. 멋진 경치를 감상하고 싶었는데 말이지요. 하지만 정상에서 바라 본 전망이 아닌, 산을 오르는 시도만으로도 틈틈이 멋진 경치를 감상할 수 있어서 좋았습니다. 이와 마찬가지로 '창의성'이라는 열매 역시 정상에 도달해야만 얻을 수 있는 것이 아닙니다. 시도하려는 의지와 그 과정이 중요하지요. 올바른 이상 국가를 꿈꾸던 공자는 죽는 날까지 자신을 써줄 현명한 군주를 찾지 못했지만, 실망하지 않고 고향에서 제자 양성에 매진한 덕분에 지금까지도 전 세계에 그의 사상을 전파하고 있습니다. 또 빈센트 반 고흐(Vincent van Gogh)는 평단에서 인정조차 받지 못한 무명 화가로 사망했고, 물심양면으로 형을 뒷바라지 했던 친동생 테오 반 고흐(Theo van Gogh) 역시 얼마 후 세상을 떠났지만, 두 형제가 이룩한 예술 작품은 영원한 사랑을 받고 있습니다. 살아생전에 결실을 맺지 못했지만, 세상을 떠난 뒤에 많은 사람들에게 영향을 미치고 있는 것이지요.

셋째는 '연결'입니다. 연결을 통해서 새로운 것을 연상해내는 능력이 창의성입니다. 예전에 TV에서 개그맨 김형곤 씨가 아들에게 좋은 이름을 지어주는 콩트를 본 적이 있습니다. 역사적으로 오래 산 인물의 이름과 사연을 연결지어 어마어마하게 긴 이름을 만들었습니다. "김수한무 거북이와 두루미 삼천갑자 동방삭 치치카포 사리사리센터 워리워리 세브리깡 무두셀라 구름이 허리케인에 담벼락 담벼락에 서생원 서생원에 고양이 고양이엔 바둑이 바둑이는 돌돌이"가 바로 그 이름이었지요. 이는 연상 작용의 전형적인 예를 보여주는 이름입니다. 이런 연상 작용은 기억에서 기억으로 건너뛰는 작용을 합니다. 또한 연상 작용이 활발한 사람은 비슷한 유형의 사물들을 잘 연결합니다. 작가주의 감독은 영화의 작가로서 자신의 영화 세계를 대변해주는 특정 영화배우와 오랫동안 호흡을 맞추곤 합니다. 이런 배우를 '페르소나(persona)'라고 부르지요. 감독의 생각을 관객에게 전달하는 연결고리 역할을 하는 존재입니다. K- 콘텐츠의 위상을 세계에 알린 제75회 칸 영화제에서 박찬욱 감독은 《헤어질 결심》으로 감독상을 수상했고, 배우 송강호는 고레에다 히로카즈 감독의 《브로커》로 남우주연상을 수상했습니다. 박찬욱 감독은 배우 박해일이라는 연결고리를 통해, 고레에다 히로카즈 감독은 배우 송강호라는 연결고리를 통해 자신의 생각을 관객에게 표현한 것이지요.

넷째는 '직관'입니다. 직관은 어떤 일을 할 때 판단이나 추리와 같은 사유 작용을 거치지 않고서 대상을 직접 파악할 수 있는 능력을 말합니다. 직관에는 이성보다는 경험이 개입합니다. 서기 228년 봄, 겨우 2,500여 명의 병사로 기산 지역의 서성(西城)을 지키던 제갈량은 위나라의 사마의 장군이 15만 대군을 이끌고 진격해온다는 사실을 보고받습니다. 이에 도망가도 살 수 없음을 깨달은 제갈량은 의심 많은 사마의의 조심성을 역이용합니다. 성문을 활짝 열어두고 도포자락만 걸친 뒤 성문 위의 지휘소에 올라 향을 피우고 거문고를 뜯기 시작한 것이지요. 성문 앞에 도착한 사마의는 공격을 멈추고 제갈량을 올려다보았습니다. 일촉즉발의 위기 상황, 창검을 꼬나 쥔 사마의는 잠시 주저합니다.

"이상한데, 너무 거리낌이 없어. 뭔가 잘못되었구나. 만약 진입에 성공한다면 제갈량을 생포할 수 있지만, 잘못하다가는 훔치려던 닭은 못 훔치고 공연히 살만 축내는 꼴이 된다. 하지만 만약 성에 들어가지 않기로 결정했는데 매복이 없다면 황금 같은 기회를 놓치고 마는 것이 아니겠는가? 이는 마치 삶은 오리가 날개를 펴고 도망가는 꼴을 두고만 보는 격이다."

그렇게 한참을 고민한 뒤 사마의는 군사를 물려 퇴각을 명령합니다. 제갈량의 예상이 적중한 것이지요. 이런 게 바로 직관입니다. 노련한 사마의가 제갈량이 함정을 준비했으리라고 예상하는 것처럼, 직관이란 본능적으로 인식하는 것입니다. 즉, 그냥 번쩍하고 떠오르는 것이지요. 아들 사마소가 철수하는 사마의에게 그 이유를 묻습니다.

"제갈량은 평생 근신하고 모험을 한 적이 없다. 그런 자가 지금 성문을 활짝 열고 있으니 반드시 복병이 있을 것이다. 우리 병사가 들어간다면 그 계책에 당하는 것이다. 어린 네가 뭘 알겠느냐? 어서 병사나 물리거라."

다섯째는 '융합'입니다. 여기서 말하는 융합이란 정보와 정보를 하

나로 엮어내는, 내용과 내용을 한데 섞는 것을 의미합니다. 대표적으로 대한제분의 곰표 콜라보를 들 수 있습니다. 최근 곰표 콜라보에 흥행 성공으로 인해 말표, 천마표 등 다양한 콜라보가 이어졌습니다. 하지만 대한제분의 '곰표 콜라보'만이 대중들에게 유독 인기를 끌었지요. 이유는 간단합니다. 대한제분이 '밀가루'라는 업체 본연의 정체성을 살린 것이 주효했기 때문입니다. 곰표 맥주는 밀로 만들어졌고, 표문 막걸리에는 밀 누룩 효모가 들어갔습니다. 가정 간편식 전문몰 쿠캣마켓(Cookat Market)과 협업해 선보인 곰표 떡볶이의 떡은 곰표 밀가루로 만들었고, 뷰티 브랜드 스와니코코(Swanicoco)와 협업한 곰표 밀가루 쿠션은 밀가루의 특징인 '하얀색'을 내세워 피부를 밀가루처럼 곱게 만들 수 있다는 점을 강조하였습니다. 실제로 미백 기능성 성분도 추가하였고요. 또 LG생활건강과 협업한 곰표 주방 세제는 설거지할 때 기름기를 없애기 위해 밀가루를 사용한다는 점을 착안하여 출시하였습니다. 이처럼 성공한 곰표 콜라보 제품에는 모두 '곰표 밀가루'의 정체성이 반영된 것이지요.

거북이가 토끼를 이긴 진짜 이유

야후와 롯데, 네이버와 카카오, 그리고 애플과 소니의 사례를 정리하면서 고등학교 2학년 때 담임 선생님의 말씀이 떠올랐습니다. 이솝우화에 나오는 토끼와 거북이 이야기에 대한 새로운 해석이었지요.

"너희들 거북이가 토끼를 이긴 이유는 토끼가 건방지고 거북이가 우직했기 때문이라고 알고 있지? 그러나 본질은 다른 데 있어. 토끼는 거북이를 보고 달려서 여유를 부리다 뒤쳐졌지만, 거북이는 결승점을 보고 달렸기 때문에 목표에 똑바로 도달할 수 있었단다.”

　기업도 마찬가지입니다. 잘되는 기업은 경쟁사가 아니라, 항상 자신들이 정한 목표를 보고 달립니다. 하지만 오늘날의 많은 기업들은 경쟁사를 보고 달리지요. 특히 자신보다 매출이 낮거나 성장 가능성이 낮은 기업을 보고 방심합니다. 그러나 이렇게 되면 변화에 대응하는 능력은 점점 떨어지게 됩니다.

　변화에 대응하는 능력을 키우는 가장 적절한 방법은 상식적인 내용을 비틀어 보는 습관입니다. 그렇기에 비틀어 볼 때는 ‘반드시 내 생각을 만들어야 한다’는 목적의식을 가져야 합니다. 그래야 비틀기가 새로운 관점으로 발전할 수 있기 때문이지요. 또한 목적의식 못지않게 중요한 것이 ‘자유분방함’입니다. 진지하기보다는 자유분방할 때 더 좋은 아이디어가 나오는 경우도 있으니까요. 제 아내가 모 음료 회사에 다닐 때 일입니다. 당시 아내의 회사에서는 과즙의 함량이 10% 미만인 미과즙 음료 신제품을 출시하였고, 동시에 직원들로부터 제품명을 공모하였습니다. 그래서 아내를 포함한 모든 직원들이 퇴근 전까지 제품명을 제출해야 했지요. 많은 직원들이 다양한 제품명을 제출하였습니다. 하지만 마땅한 이름이 아닌, 과일 이름만 즐비하게 나왔지요. 당시 아내는 저와의 데이트 약속 때문에 대충 아무 이름이나 적고 퇴근을 하였습니다. 아내는 어떤 제품명을 제출하였을까요? 데이트가 끝나고 집에 데려다 주는 길에 뭐라고 썼는지 물어보았습니다. 아내는 말하기 쑥스러운지 머뭇머뭇 거리다 조심스럽게 입을 열었습니다.

"2% 부족할 때"

아내의 대답을 듣고, 저는 그게 뭐냐면서 한참을 웃었습니다. 그런데 이게 웬일입니까? 아내가 쓴 이름이 제품명으로 확정이 되어 버린 게 아니겠습니까? 어떻게 이런 일이 일어날 수 있었던 것일까요? 이 '2% 부족할 때'에 관한 이야기는 제7장에서 자세히 다루도록 하겠습니다.

⌐ 헤드라이트 ⌐

참여를 유도하라

CASE STUDY

여수세계박람회장 근처에 위치한 청담한옥리조트는 작은 섬이 여러 개 흩어진 곳에 위치하여 빼어난 경관을 자랑합니다. 그래서 인지 세계인들에게도 잘 알려져 있고, 인지도도 어느 정도 있는 관광지이지요. 그러나 박람회 이후 다른 지역의 관광 자원이 활발히 개발되면서 이곳을 찾는 관광객의 발길이 뜸해지고 있습니다.

수요를 창출하기 위해서는 국내뿐 아니라 해외 관광객도 유치해야 하는 것이 중요합니다. 그렇다면, 한정된 예산으로 전 세계 여행객에게 이곳의 매력을 알리려면 어떻게 해야 할까요?

'아무리 여수엑스포가 잘 알려져 있더라도, 이 예산으로는 중국이나 일본 관광객에게 광고하는 것은 무리다.'

이청담 대표는 처음부터 이렇게 생각하였습니다. 홍보를 위한 광고를 위해 지역을 특정 지역으로 한정하려고 했지만, 과연 어느 나라, 어느 지역으로 정해야 관광객이 증가할지 모를 일이었지요. 아무리 매력적이고 좋은 광고물을 만들더라도, 또 이를 중국어나 일본어로 완벽하게 번

역하여 광고를 하더라도 적은 노출량, 사람들의 주목 등을 얻지 못하면 아무런 소용이 없기 때문입니다. 그렇다면 다른 방법은 없을까요?

참여를 유도하는 콘텐츠의 힘

조선일보사의 김소엽 기자와 미팅할 때였습니다. 김소엽 기자가 작성한 기사를 중심으로 대화를 시작하였지요. 모 영어 학원의 초청으로 『생각의 탄생』의 공저자 루트 번스타인(Robert Root Bernstein)과 나눈 인터뷰에 대한 내용이었는데, 김소엽 기자의 대답이 저를 당황스럽게 하였습니다.

"그 기사, 사실 애드버토리얼(advertorial)이었어요."

애드버토리얼은 '유료 광고 기사'를 의미합니다. 영어 학원이 수강생 모집을 위해 건너 건너로 알게 된 저자를 초청해 여행도 시켜주고, 학원 행사에도 참석시켜 기사화한 것이지요. TV나 영화에서는 이를 '간접 광고(PPL)'라 부르고, 온라인상에서는 '네이티브 광고'라고 부릅니다. 주말 드라마의 여주인공이 사용하는 휴대폰에 삼성 마크가 선명하게 보인다거나, 영화 《아이언맨》의 주인공인 토니 스타크의 차로 아우디가 등장하는 경우를 들 수 있지요.

네이티브 광고에 대해서는 상반된 시각이 존재합니다. 한쪽에서는 네이티브 광고를 수익 창출에 어려움을 겪는 매체사의 어쩔 수 없는 선택이라는 시각으로 바라봅니다. 디지털 광고 가격이 하락하고, 디지털 디스플레이 또는 배너가 점점 무시당하는 환경에서 더 이상 거절하기 힘든 방식이라는 것이지요. 다른 쪽은 네이티브 광고를 고객에 대한 의도적인 속임수라는 시각으로 바라봅니다. 이들은 오래전부터 이어 온 언론의 독립성처럼 광고와 콘텐츠는 분리돼야 한다고 생각합니다. 이 원칙을 위태롭게 하면 언론의 중립성을 위험할 정도로 훼손한다는 것이지요. 이처럼 네이티브 광고를 둘러싼 논쟁 역시 제품 중심 관점과 사용자 중심 관점에 대한 문제라고 볼 수 있습니다.

대표적인 네이티브 광고 업체로는 버즈피드(BuzzFeed)가 있습니다. 버즈피드는 데이터 분석을 기반으로 리스티클(listicle)과 퀴즈 등 다양한 포맷을 활용하여 제작·유통하는 소셜 콘텐츠 사이트입니다. 여기서 리스티클이란 '목록(list)'과 '기사(article)'의 합성어로, 특정 주제에 대해 번호를 매겨 순서대로 나열하는 방식의 기사를 의미합니다. 일반적인 기사에 비해 재미있고 쉽게 읽히며, 간결하다는 장점이 있지요. 영화《스파이더맨: 파 프롬 홈》에서 주인공 피터 파커의 친구들이 스파이더맨의 소식을 제일 먼저 접하는 곳도 바로 이 버즈피드입니다.

네이티브 광고로 관광객을 끌어들이다

이청담 대표는 국가와 언어의 장벽을 초월해 관심을 끌 만한 방법만 있다면, 청담한옥리조트만의 매력적인 서비스로 찾아오는 모든 이들을 만족시킬 자신이 있었습니다. 그래서 파워 블로거에게 광고성 글을 써 달라고 의뢰하거나 SNS에 광고하는 것이 아닌, 진정성 있는 콘텐츠를 만들고 싶었지요. 고객이 고객에게 입소문을 내는 자발적인 마케팅을

하고 싶었던 것입니다. 그렇게 이런저런 고민을 하던 이 대표의 눈에 신문기사 하나가 들어왔습니다.

'베트남, 내년에 한국어 제1 외국어 정식 교과로 채택할 듯.'[24]

그리고 이 대표는 이 기사에서 좋은 아이디어를 얻게 됩니다.

"그래, 이걸 활용하자. 누구나 동경하는 리조트가 여기 있다는 말 대신 '한국어도 배우고, 돈도 벌 수 있는 일자리가 여기 있다'고 하면 베트남 사람들에게 순식간에 확산될 거야."

이 내용으로 광고를 만들면 바로 네이티브 광고가 됩니다. 이로 인해 입소문이 나면 베트남 사람들의 관광 명소로 자리를 잡을 수도 있지요. 생각이 여기까지 미치자 우선 콘텐츠를 만들어야 했습니다. 그러다가 문득 몇 년 전 베트남으로 이민을 간 조카가 떠올랐습니다. 이 대표는 곧바로 자신의 조카에게 두 가지 부탁을 하게 됩니다.

첫째, '한국어도 배우고, 돈도 벌 수 있는 일자리가 여기 있다'는 동영상을 베트남어로 만들어서 청담한옥리조트 유튜브에 올려줄 것.

둘째, 한국의 성장성에 대한 글을 베트남의 인기 포털 사이트인 '징(zing.vn)'과 인스타그램에 올려줄 것.

〈섬 관리인 구인 광고〉

아름다운 섬의 임대 별장에서 한 학기 정도 지내면서 바다 사진을 마음껏 찍고, 간단한 시설 유지·관리나 우편물 관리 일을 합니다. 그러면 6개월에 600만 원 정도 벌고, 한국어도 배울 수 있습니다. (이하 생략)

이후, 이 대표는 조카가 올린 글을 청담한옥리조트의 공식 페이스북과 인스타그램에 게시하고, 베트남 사람을 타깃으로 하는 광고를 집행하였습니다. 또 지원자가 자신의 유튜브 채널에 소개 영상을 올리고, 링크를 청담한옥리조트 웹 사이트에 등록하도록 하였으며, 청담한옥리조트가 원하는 인재의 열 가지 조건도 함께 공개하였습니다. 몇 가지를 소개하면 다음과 같습니다.

❶ 한국에 오고 싶은 가장 큰 이유 한 가지만 제시하시오.
❷ 우리 리조트에서의 경험이 당신의 삶에 어떤 역할을 한다고 생각하십니까?
❸ 주변인의 응원 댓글이 많이 달리면 가산점이 부과됩니다.

웹 사이트가 공개되고 광고가 진행되자 신청자가 서서히 생기더니, 신청자를 응원하는 댓글도 달렸습니다. 그렇게 약 한 달간의 모집 끝에 최종 선발 후보군 20명이 추려지자, 이 대표는 누나에게 베트남 지역 홍보 대행사를 소개받았습니다. 애드버토리얼로 베트남 시민들에게 정보를 제공하고 싶었던 것이지요. 홍보 대행사의 도움으로 최종 선발 후보군 20명의 정보와 함께 줌으로 인터뷰를 제공하겠다는 안내문을 베트남 언론에 발송하였습니다. 물론 이 과정도 페이스북과 인스타그램에 공개하였지요.

예상은 적중하였습니다. 당초 목표의 두 배에 달하는 지원자가 응모했고, 베트남 언론에서는 이 기상천외한 구인 공고를 다루었습니다. 무엇보다도 관광객이 엄청난 규모로 증가하였지요.

세계에서 가장 멋진 직업

사실 베트남어로 제작된 섬 관리인 구인 광고는 관광객 유치를 위한 일종의 시나리오(픽션)였습니다. 즉, 섬 관리인 공고가 목적이 아니라 많은 사람들에게 청담한옥리조트의 존재를 알리고, 관심을 갖도록 하는 게 목적이었던 것이지요. 이게 무슨 말인지 이해가 안가시나요? 그렇다면 실제 사례부터 살펴보겠습니다. 호주 퀸즐랜드 주 관광청은 2009년 세계 최대 산호초 지대인 그레이트 배리어 리프(Great Barrier Reef)의 해밀턴(Hamilton) 섬에서 6개월 계약으로 일할 '섬 관리인'을 채용한다는 공고를 냅니다. 기존 광고 방식이라면 아름다운 경관과 즐거운 체험 등

〈그림 6-1〉 세계에서 가장 멋진 직업 홈페이지 광고

을 어필하는 웹 사이트를 만들고, 각국의 여행 사이트에 광고함으로써 웹 사이트 방문자를 늘려 그곳의 매력을 알리는 전략을 활용하였을 것입니다. 그러나 담당자는 완전히 다른 방법을 생각하였습니다. 그는 광고 대신 '세계에서 가장 멋진 직업(The best job in the world)'이라는 타이틀을 내세우고 물고기 밥 주기, 수영장 청소, 우편물 관리 등의 일을 하면서 수영장이 있는 저택에서 살고, 6개월간 숙소와 총 10만 달러 상당의 급여를 제공한다는 조건의 구인 광고를 내세웠습니다. 지원자 모집을 위해 전 세계 8개국에 구인 광고를 내고, 60초 분량의 응모 영상을 웹사이트에 투고한 것이지요. 그리고 이 구인 광고는 엄청난 성과를 거두었습니다.

이 시기는 미국발 금융 위기의 영향으로 불경기와 실업이 세계적으로 확산되던 때였습니다. 그 때문인지 영국 경찰관, 세계적으로 유명한 배우의 아들, 북극해의 어부, 추운 날씨에 수영복 차림을 한 독일인 등 독특한 사람들의 영상 응모가 쇄도하였습니다. 당초 1만 4,000명을 목표로 했는데 2배가 훨씬 넘는 3만 5,000명이 응모했고, 당선자를 추려내는 과정도 흥미로워 각국의 많은 뉴스 플랫폼에 보도되기도 하였습니다. 또 가장 중요한 것은 비용 대비 광고 효과입니다. 퀸즐랜드 관광청이 이 캠페인에 투입한 예산은 미화 120만 달러였지만, 이 비용의 15배인 약 1억 8,000만 달러의 미디어 노출 효과를 얻었습니다.

웹 사이트에 올린 광고물과 동일하게 신문에도 구인 광고를 게재했는데, 품질이 딱히 좋은 편은 아니었습니다. 웹 사이트의 디자인도 전혀 훌륭하지 않았고요. 사실 이 광고의 포인트는 품질이 아니었습니다. 이 사례가 흥미로운 이유는 관광지에 대한 흥미를 높이고자 섬 관리인이라

는 일을 설정해두고, 그것을 중심으로 전체 시나리오를 그렸다는 것입니다. 최종적으로 선발된 사람은 당시 34세였던 벤 소샬(Ben Southall)이라는 영국인이었습니다.

아일랜드에서도 비슷한 마케팅 캠페인이 있었습니다. 아일랜드 끝자락에는 우리나라의 여수 아래에 위치한 돌산도와 크기가 비슷한 그레이트 블래스켓(Great Blasket)이라는 섬이 있습니다. 2019년 어느 날 그 섬에서 일할 섬 관리인 두 명을 채용한다는 공고가 페이스북에 올라왔습니다.

섬의 주인인 빌리 오코너(Billy O'Connor)는 두 아이의 교육 때문에 더 이상 섬에 머물 수 없어 섬 관리인을 모집하게 되었습니다. 업무는 작은

〈그림 6-2〉 그레이트 블래스켓 섬 관리인 채용 공지 (출처: 페이스북)

카페와 일곱 명까지 수용할 수 있는 숙박 시설 세 개를 관리하는 것이었지요. 광고가 올라오자 전 세계에서 2만 7,000명이 지원을 하였습니다. 작은 산과 모래 해변이 있고, 물개와 돌고래를 볼 수 있는, 사람의 손길이 전혀 닿지 않은 천혜의 자연에 둘러싸인 섬이었으니까요.

독일에서는 성이 많아 짧게는 몇 주부터 길게는 몇 년까지 '성 관리인'을 뽑는 경우가 제법 있다고 합니다. 가령 성에 머물며 한 달 동안 고양이를 돌보는 것과 같은 일자리지요.

어떤가요? 여행을 좋아한다면 한 번쯤 도전해볼 만하지 않을까요?

기획으로 성과를 올리는 4단계

효과적인 마케팅 기획은 다음과 같은 네 가지 단계로 만들어집니다.

1. 틀 밖에서 생각한다

이는 의외로 쉽지 않습니다, 광고 경험이 많으면 많은 대로, 경험이 적으면 적은 대로 어렵지요. 중요한 것은 틀 밖에서 생각하는 것입니다. 처음부터 광고 예산에 연연하지 않습니다. 기능을 강조할까, 브랜드를 강조할까 고민하지 않습니다. 또 어떤 광고물이 반응을 불러올지 생각하지 않습니다. 창의적 시나리오는 이런 상식을 벗어나는 것에서 시작됩니다. 사실 광고가 진행된 뒤에 다시 시나리오를 설계하는 것은 불가능에 가깝습니다. 이도 저도 안 되기 때문이지요.

2. 핵심 아이디어가 먼저다

광고 외의 것을 먼저 생각합니다. 이벤트도 좋고, 패키지 변경도 좋고, 재미있는 할인 행사도 좋습니다. 또는 앞의 사례처럼 사회적인 변화를 이벤트화하는 것도 좋습니다. 사람들이 관심을 두는 것에 자사 상품이나 서비스를 붙여보는 것입니다. 여기에 절대적인 성공의 법칙이 있는 것은 아니지만, 경직되지 않은 분위기에서 자유롭게 아이디어 회의를 하는 것이 필요합니다. 신선한 아이디어는 무겁고, 심각한 분위기에서는 좀처럼 나올 수 없으니까요.

3. 행사 전체의 흐름을 구상한다

아이디어가 정해지면, 그 아이디어를 골자로 어떤 전개가 가능할지 생각합니다. 사람을 모으는 이벤트라면 어떻게 모을지, 어떻게 응모하도록 할지, 또 그것을 어떻게 사람들과 공유할지, 언론이 뉴스로 다루게 하려면 어떤 요소를 넣는 것이 좋을지 등 전체 시나리오를 구상합니다.

4. 구체적인 실행에 집중한다

위의 세 가지가 정해졌다면, 항목별 표현 방식이나 내용 등 구체적인 실행에 집중해야 합니다. 판단 기준은 전체 시나리오에서 그 항목이 어떤 기능을 하는지 보고서 예산이나 수준을 결정하는 것입니다. 디자인이라면 디자이너에게 맡기고, 카피라면 카피라이터에게 맡기면 되겠지만, 캠페인 시나리오 구성에는 전문가가 따로 없습니다. 구성원 모두가 사례 등을 공유하고 논의하면서 구상해 나가는 것이 바람직합니다.

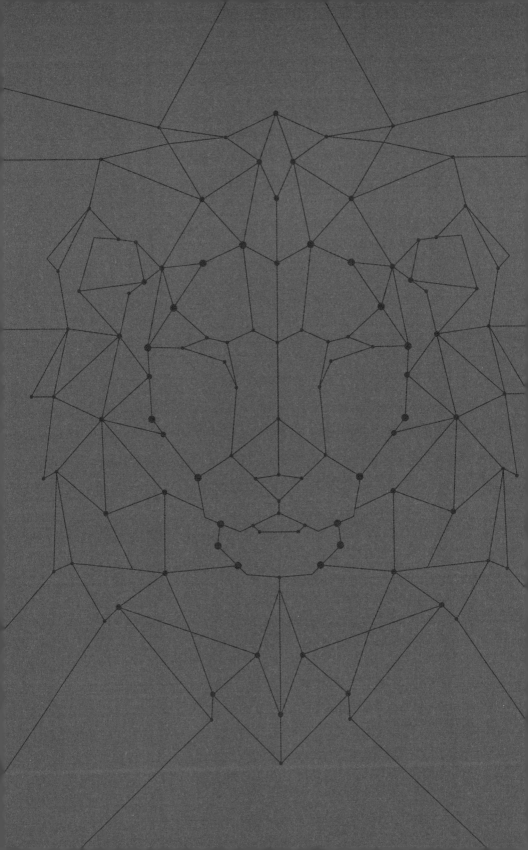

제3부.
소비자를 열광시켜라

"생존을 위한 열쇠는 자본을 갖추는 일이다. 물론 돈이 핵심적이지만, 나는 여기서 경제학자들이 흔히 '평판자본'이라고 부르는 것을 강조하고 싶다. 평판자본이라는 말은 됨됨이를 좀 있어 보이게 표현한 것이다. 평판에 투자하라. 평판이 구축되어 있으면 기회를 다시 얻을 수 있다. 문제는 신뢰를 쌓는 데는 시간이 걸린다는 점이다. 초창기에는 창업자, 경영진, 투자자들의 평판을 지렛대 삼을 수도 있지만, 결국 기업 스스로 평판자본을 쌓아야 한다. 흔히 은행은 햇살이 비칠 때만 우산을 빌려준다고 말한다. 하지만 우리는 이 말을 뭔가 필요한 일이 생길 때까지 기다려서는 안 된다는 뜻으로 해석한다. 평판을 활용하는 것도 이와 같다. 활용할 시점이 찾아오기 전에 쌓아올려야 한다."

– 배리 네일버프(Barry J. Nalebuff)[1]

제3부.
'소비자를 열광시켜라' 들어가기

세 번째 이야기는 '2% 부족할 때' 캠페인에 대한 실제 경험을 바탕으로 썼습니다. 이 캠페인을 준비하면서 상당히 많은 양의 독서를 했었지요. 브랜드 전략은 당시 데이비드 아커(David Aaker)의 『브랜드 경영』과 『브랜드 포트폴리오 전략』에서 많은 도움을 받았습니다. 또 플라톤(Plato)이 지은 『소크라테스의 변론』과 장 보드리야르(Jean Baudrillard)가 지은 『소비의 사회』도 캠페인을 고민하는 과정에서 읽었던 책들입니다. 제 중심으로 이야기를 풀어나가고는 있지만, 광고라는 것이 혼자 하는 작업은 아닙니다. 이 자리를 통해 함께 고민하고 도움을 주셨던 팀원들은 물론 CF를 제작하고 카피를 만들어준 대홍기획의 모든 동료들에게 감사의 말씀을 전합니다.

대홍기획 시절, 광고를 기획하면서 경영학의 구루인 피터 드러커(Peter Drucker)의 자서전과 그의 대표작인 『프로페셔널의 법칙』에서 많은 영감을 얻었습니다. 현직 마케터이거나 마케터 지망생이라면 꼭 한 번 읽어보시기 바랍니다.

7장.
2% 부족할 때를 살려라

저는 연주곡이라면 재즈건 클래식이건 가리지 않고 즐겨듣지만, 비 오는 날 듣는 레스터 영(Lester Young)의 연주를 특히나 좋아합니다. 그리고 한식조리사 자격증을 취득했을 정도로 요리에 일가견이 있고, 사진 예술에 관심이 많지요. 이처럼 이 모든 것이 모여 저라는 사람의 정체성(identity)을 이룹니다. 영어 단어인 아이덴티티(identity)는 '반복적으로(identidem)'와 '실재하다(essentitas)'라는 뜻의 라틴어로부터 나왔습니다. 즉, '반복된 실재'가 정체성을 형성하는 핵심인 것이지요. 정체성은 '나는 어떤 사람'이라는 믿음입니다.

제품이나 서비스도 나름의 정체성을 가지고 있으며, 이 정체성은 두 가지로 나누어집니다. 하나는 '브랜드 아이덴티티(Brand Identity)'이고, 다른 하나는 '브랜드 이미지(Brand Image)'이지요. 여기서 브랜드 아이덴티티는 '기업이 만든 정체성'을 의미하며, 브랜드 이미지는 '소비자가 느끼는' 정체성을 의미합니다. 일찍이 김춘수 시인은 '내가 그 이름을 불러주기 전에는 그는 다만 하나의 몸짓에 지나지 않았다'라고 하였습니다. 그런데 이는 사람에게만 국한되는 내용이 아닙니다. 제품 및 서비스도 해당되지요. 제품 역시 그 이름이 브랜드 아이덴티티이고, 몸짓이 브랜드 이미지입니다. 그렇기에 여러분이 그 몸짓에 공감하고 그 이름을 불러주었을 때, 비로소 그 물건은 여러분에게로 와서 꽃이 되는 것이지요.

```
                          ┌── 브랜드 아이덴티티
                          │
         브랜드의 정체성 ──┤
                          │
                          └── 브랜드 이미지
```

　　브랜드 아이덴티티는 제품이나 서비스를 알리려는 기업의 노력, 즉
‘몸짓’입니다. 그리고 이는 광고나 디자인의 콘셉트가 되고, 마케팅 전
략의 근거가 되지요. 브랜드 이미지는 소비자가 우리 브랜드를 다른
회사와 구분하여 붙인 저마다의 이름표입니다. 문제는 소비자들은 아
무에게나 이름표를 달아주지 않는다는 것입니다. 미국 사회학자 데이
비드 아커는 ‘브랜드 아이덴티티를 브랜드 이미지와 일치시키는 모든
커뮤니케이션 활동’이라고 말하며, 이를 마케팅이라고 정의합니다. 저
개인적으로는 마케팅에 관한 정의 중에서 가장 마음에 들지만, 실행에
옮기는 것은 가장 어렵습니다. 특히 유행에 민감한 신세대를 타깃으로
하는 제품이나 서비스의 경우 브랜드 아이덴티티와 브랜드 이미지를
일치시키는 일은 성공 가능성도 낮고, 부담스럽습니다. 하지만 때로는
원치 않는 캠페인도 성공시켜야 하는 것이 마케터의 숙명이지요. 제게
는 롯데칠성의 미과즙 음료인 ‘2% 부족할 때’가 그랬습니다. 정말 힘
들고 때로는 저를 지치게 만든 캠페인이었지요. 하지만 이때의 경험을
통해 위기 속에서도 길을 잃지 않고 나아가는 방법을 터득하는 등 한
단계 성장한 것만은 분명합니다.

절체절명의 위기에 빠진 '2% 부족할 때'

"형, 오후에 나랑 같이 칠성 들어가자. 광고주 호출이야."

아침부터 2년 후배 재욱이가 심란한 표정을 짓고서 광고주 방문을 요청합니다. 불길한 예감에 점심 식사를 마치고 편의점에 들러 로또 한 장을 구매하였습니다. 광고주의 다급한 호출을 받을 때마다 습관적으로 하는 일종의 리추얼(ritual)입니다. 험한 소리가 언제 쏟아질지 모를 광고주와의 미팅에 대비한 부적인 셈이지요.

뉴 미디어 광고를 담당하는 제가 TV 광고를 주로 집행하는 광고주를 만나는 일은 흔치 않지만, 요즘 들어 담당자들의 미팅 요청이 잦습니다. TV나 신문 매체를 중심으로 하는 전통적인 광고만으로 마케팅의 돌파구를 찾기 어렵다는 방증이겠지요.

롯데칠성 본사 회의실에 들어서자 마케팅팀 팀장님이 마른 입술을 뗍니다.

"'2% 부족할 때'의 매출 하락이 심상치 않습니다. 일본 사람들 입맛과 우리 입맛은 다른 걸까요? 젊은 사람들은 한 번 마셔보고 더는 마시지 않아요."

롯데칠성 광고 담당자인 재욱이가 저를 데려온 이유가 감지되자 귀가 빨갛게 달아올랐습니다. 민망함을 숨기기 위해 손을 얼굴에 대는 척하면서 가슴을 쓸어내렸습니다. 그러자 가슴 안쪽에 있던 로또 용지가 부스럭 소리를 냅니다. 그 소리 덕분인지 마음이 차분해지기 시작하면서 다시 마케팅팀 팀장님의 목소리가 뚜렷하게 들려옵니다.

"젊은 사람들의 입맛을 끌어들일 수 없다면 '2% 부족할 때'는 더 이상 마케팅을 하지 않겠습니다. 새로운 제품을 찾아보라는 상무님의 지시도 있고요."

테이블 위에는 신제품 '히야(hiya)'가 놓여 있었습니다. 며칠 전 본부장님실에서 임원분들과 함께 유명 배우가 등장하는 CF를 보면서 시사하였던 제품입니다. 해태의 '쥬디(Juidy)'와 코카콜라의 '쿠(Qoo)'에 대응하기 위한 롯데칠성의 신무기였지요. 하지만 왠지 '2% 부족할 때'를 인질로 삼고 있다는 생각이 들었습니다. 대한민국 대표 미과즙 음료 브랜드인 '2% 부족할 때'가 출시 2년 만에 역사 속으로 사라질 운명에 처한 상황이었기 때문이지요.

소비자들이 '2% 부족할 때'를 외면하는 이유

일본에서 미과즙 음료가 인기를 끌자 우리나라에서는 남양유업이 가장 먼저 '니어워터'라는 음료를 선보였습니다. 이에 롯데칠성은 '2% 부족할 때'로 응수합니다. 그리고 가수 이효리가 등장하는 TV 광고와 특유의 유통 파워로 '니어워터'를 제치고 단숨에 매출 1위를 차지하지요. 하지만 추락은 생각보다 빨랐습니다. 광고 중단 8개월 만에 매출에 빨간불이 켜진 것입니다. 사실 처음 출시 때부터 롯데칠성 마케팅팀의 반응은 기대 반 우려 반이었습니다. 탄산 없는 밋밋한 물맛을 사람들이 과연 좋아할지 확신이 없었기 때문이지요. '2% 부족할 때'는 일본에서 선풍적인 인기를 끌고 있었던 '시류'에 떠밀리듯 출시한 미과즙 음료였습니다. 경쟁사에서 모방 제품을 먼저 출시한 것도 서두르게 만든 원인

중 하나였지요. 출시 전 시나리오는 이랬습니다.

'광고를 통해 고객의 음용 경험을 촉진한다. 일단 먹어보면 그 맛을 선호하는 사람들에 의해 재구매가 이어진다. 그때쯤 광고를 내리면 제품은 입소문과 고객 경험에 의해 지속적인 판매로 이어질 것이다.'

이른바 '될 제품'의 일반적인 판매 사이클을 그대로 따라한 것입니다. 이후 마케팅팀의 우려가 현실로 나타난 것일까요. '2% 부족할 때'는 일반적인 판매 사이클보다 매출 하락이 훨씬 빨랐습니다.

롯데칠성 마케팅팀과의 만남을 마치고, 곧바로 사무실로 돌아와서 마케팅 연구소에 소비자 조사 자료를 요청하였습니다. 자료에 따르면 TV 광고의 효과는 굉장히 좋았습니다. 소비자들이 '아, 그 음료!' 하면서 떠올리는 지수를 보여주는 음료 브랜드 상기도 조사에서도 최초 상기도와 총 상기도 모두 칠성사이다를 제치고 코카콜라에 이어 2위를 차지하고 있었습니다. 매출이 떨어진 것과 달리 긍정적인 지수였지요. 또한 독특한 이름 탓인지 '2% 부족할 때'라는 제품의 브랜드 선호도에서는 무려 76%나 '마음에 든다'라고 답하였습니다. 즉, 광고에는 하자가 없었던 것이지요. 문제는 음용 빈도의 변화였습니다. 광고에 끌려 제품을 구매한 뒤, 다시 구매하는 비율은 36%에 불과하였습니다. 또 한 번 마시고 다시는 구매하지 않는 사람의 비율도 33%나 됐습니다.

종합해 보면 광고를 통해 브랜드에 대한 호감을 끌어올리는 데에는 성공하였지만, 한번 마셔보고 다시는 재구매하지 않는 사람들이 많다는 것을 알 수 있었습니다. 이유를 찾아야만 했습니다.

음료수의 소비자는 '라이트 유저(light user)'와 '미디엄 유저(medium user)', '헤비 유저(heavy user)'로 나뉩니다. 반복 구매 빈도에 따른 구분이지요. 주 1~2회 이상 구매하는 소비자는 헤비 유저, 월 1~2회 구매하는 소비자는 미디엄 유저, 3개월에 1~2회 구매하는 소비자는 라이트 유저로 구분합니다. 자료를 보니 헤비 유저는 증가하였지만, 미디엄 유저의 변화는 없었고, 라이트 유저는 감소하고 있다는 것을 알 수 있었습니다. 또 증가했다는 헤비 유저는 주로 어린이와 어르신이었고, 감소했다는 라이트 유저는 유행에 민감한 젊은 사람들이었습니다. 이른바 '힙'한 감성의 세대가 광고에 끌려 한 번 마셔보고는 다시는 마시지 않는다는 의미로 받아들일 수 있습니다.

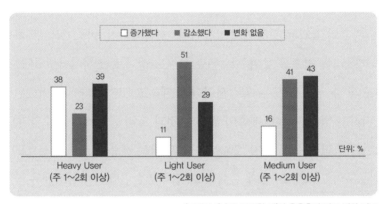

〈그림 7-1〉 '2% 부족할 때'의 음용층별 빈도 변화 비교

유행에 민감한 젊은 소비자들의 이탈

젊은 세대를 타깃으로 하는 제품은 일반적으로 TV 광고 마케팅만으로는 한계가 있습니다. 젊은이들은 TV 앞에 있기보다 외부 활동을 많이 하기 때문입니다. 그리고 만나는 사람이 많다 보니 제품과 서비

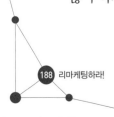

스를 구매할 때 TV 광고보다는 주변 사람의 영향을 많이 받습니다.

회사 내부에서는 마라톤 회의가 이어졌습니다. 머릿속에는 '젊. 은. 세. 대'라는 네 글자가 각인되었지요. 스티브 잡스는 스탠포드 대학교의 졸업 연설에서 다음과 같은 세대관을 펼친 바 있습니다.

"지금 이 순간, 여러분이 바로 새로운 세대입니다. 하지만 머지않아 여러분도 점차 기성세대가 될 것이고, 이 세상에서 사라질 것입니다. '너무 심한 말이 아닌가'라고 느꼈다면 미안하지만 이것은 엄연한 사실입니다."

예나 지금이나 '젊은이'들의 마음을 사로잡으려는 마케터들의 노력은 어쩌면 영원한 숙제 같은 것인지도 모르겠네요. 다음 날 아침 다시 회의가 이어졌습니다. 밤새 생각이 많으셨는지 푸석한 얼굴의 팀장님이 부르튼 입술을 떼며, 말합니다.

"메이블린 뉴욕 캠페인처럼 TV 광고를 본 사람들을 인터넷 카페로 끌어들여서 '2% 부족할 때'의 마니아로 만들면 어때?"

무엇이든지 말은 쉽습니다. 그래도 그렇지만 자동차나 화장품도 아닌 '음료수 마니아'가 웬 말인가요. 저는 무의식중에 뚱한 표정을 짓고서 다음과 같은 대답을 하였습니다.

"화장품 브랜드의 특성이 젊은 사람들과 잘 맞아서 그럴 수 있었지요. 사용 후기 만들기도 쉽고, 사용법도 알려줄 수 있잖아요. 하지만 음료수는 조금 성격이 다른 거 같아서 걱정입니다."

광고를 하다 보면 맡고 싶지 않은 광고주가 있습니다. 열심히 해도 잘 팔릴 거 같지 않은 제품을 팔아달라는 광고주입니다. '2% 부족할 때'가 딱 그랬습니다. 사람들을 찾아다니면서 마셔보라고 조르면 모를까, 광고로 음료수를 마셔보게 하기에는 무리가 있다고 생각하였습니다. 광고를 통해 음료의 맛까지 전달할 수 있는 것은 아니니까요.

젊은 세대의 세 가지 특징

다음 날, 소비자와 브랜드의 연관성을 생각해보기로 하였습니다. 공략해야 할 타깃은 20~30대, 즉 젊은 세대입니다. 이들의 특징은 새로운 매체를 활용하는 데 불편함이 없고, 많은 것에 다양한 의미를 부여하는 세대이며, '사랑'에 관심이 많습니다. 이런 젊은 세대의 특징 세 가지를 하나씩 살펴보겠습니다.

첫째, 새로운 매체를 활용하는 데 불편함이 없습니다. '신세대'라는 분류가 본격적으로 시작된 건 인터넷·모바일·정보 통신 기술의 발달이 있던 때부터입니다. 이 세대들은 엄청난 기술의 발달을 몸소 체험하였지요. 그렇기에 온라인을 통해 소통하는 게 자연스러운 세대입니다.

'W세대'라는 말이 잠깐 등장했다가 사라진 반면, 'X세대'라는 용어는 신인류의 대명사로 등장하였습니다. 워크맨과 아이와(Aiwa) 카세트를 사용해본 적이 있고, 삐삐 번호가 있었다면 X세대입니다. 이들이 대학생일 때 인터넷이 처음 등장했고, IMF 사태 때 사회에 진출했으며, 처음으로 사무실 책상에 컴퓨터가 놓이기 시작했습니다.

천년의 끝인 1999년대가 마무리되고, 새로운 2000년의 시대가 열리면서 이미 디지털화된 세상은 0부터 재설계해야 하는 위기에 봉착합니다. 소위 'Y2K' 혹은 '밀레니엄 버그(millennium bug)' 사태가

1999년 막바지에 벌어진 것이지요. 그제서야 인류는 컴퓨터 없이 살 수 없는 세상에 너무 많이 진입했음을 깨닫게 됩니다. '밀레니얼 세대'라는 용어는 그런 위기감이 반영된 단어입니다. X세대 다음이라는 의미로 'Y세대'라고도 불리지요. 이 Y세대들은 정보 통신 기술에 밝고, 현재의 행복을 가장 중시하는 소비 태도를 갖는 게 특징입니다. 그렇기에 '욜로(YOLO, You Only Live Once)족'이라는 용어가 이 세대를 대표하지요. 이들은 2008년 금융위기 때 사회에 진출했고, 아이폰이나 갤럭시S를 손에 쥐고 맛집을 검색했습니다.

더 나아가 태어나면서부터 스마트폰을 손에 쥐고, 늘 와이파이(Wi-fi)를 찾는 신세대를 'Z세대'라고 부릅니다. 스티브 잡스 사후에 태어나거나 스티브 잡스의 전설적인 맥월드 발표회를 기다리는 설렘을 단 한 번도 경험해보지 못한 이들은 오히려 에어팟과 애플워치를 다른 어느 세대보다도 잘 다룹니다. 실제로 삼성이라는 세계적인 스마트폰 제조 기업을 보유한 대한민국은 전 연령에 걸쳐 안드로이드폰 사용자가 강세인데, 유일하게 Z세대만 절반 이상이 아이폰을 사용합니다.[2]

코로나19 사태가 장기화되면서 'C세대'라는 용어도 등장했습니다. BOA(뱅크 오브 아메리카)가 2020년에 발간한 연구 보고서에서 2013년 이후 태어난 세대를 'C세대'라고 명명하지요. 교육, 영화, 음식, 취미, 소통, 여가 등 모든 활동이 온라인과 오프라인으로 가능한 세대라는 의미입니다.[3]

둘째, 의미를 부여하는 세대입니다. 티셔츠 한 벌을 입어도 자신만의 스타일이 있고, 들고 다니는 가방이나 신발에도 취향이 반영됩니다. 또한 '탄소 중립'이나 '지구온난화' 등 친환경 관련 이슈에 관심이 많은 이들은 구매 이상의 의미를 소비에서 찾습니다. 즉, 구매 과정에서 재미를 찾기 위해 독특한 상품을 구매한 뒤, 해당 제품을 자신의 SNS 게시물로 소개해 공유하는 것이지요. 이렇게 SNS에서 화제가 된 제품은 곧바로 유행하기 시작합니다.

소비를 통해 '재미'와 '인증'이라는 두 마리 토끼를 잡는 방식은 신세대의 대표적인 소비 습관으로, 펀슈머(Fun+Consumer)의 특성을 보입니다. 펀슈머는 '재미(fun)'와 '소비자(consumer)'의 합성어로, 구매와 함께 재미까지 소비하는 것을 의미합니다. 마음에 드는 물건이 생기면 이들은 온라인에서 다른 이들과 적극적으로 공유합니다. 입으로 내는 소문보다 온라인으로 내는 소문은 파급력이 훨씬 크지요. 누가 시키지 않아도 알아서 홍보해주는 격입니다. 기업 입장에서 신세대의 취향을 살펴야 하는 이유인 것이지요.

셋째, '사랑'에 관심이 많습니다. 가장 매력적인 시기이자 꾸미기를 좋아하는 나이대이니까요. 다행스럽게도 이에 관한 연구는 앞의 두 가지 특징보다 역사가 깊습니다. 그중 사랑에 대한 가장 오래되고 믿을 만한 담론은 플라톤의 『향연』에서 찾을 수 있습니다.

신세대가 사랑에 관심이 많은 이유

기원전 416년 아테네의 비극 작가인 아가톤(Agathon)이 비극 콘테스트에서 우승하자 그의 저택에서는 한바탕 잔치가 열립니다. 부유한 상인이나 인기 작가, 학자, 의사, 사제 등 아테네에서 내로라하는 유명

인사들이 모여들었지요. 사실 그들은 바로 전날에도 아가톤과 거나하게 술을 마셨습니다. 남은 아쉬움을 달래기 위해 연이틀 모이기는 했지만, 숙취가 심해 더 마실 마음이 있는 사람은 아무도 없었지요. 그래서 이날은 음주 대신 흥미로운 주제를 정해 대화를 나누는 특별한 방식으로 시간을 보내기로 합니다. 고민 끝에 결정된 주제는 '사랑'이었습니다. 그들은 자신이 생각하고 있는 사랑에 대한 견해를 늘어놓기 시작합니다.

먼저 철학자 파이드로스(Phaedrus)는 사랑이 탁월한 영감과 행복의 원천이라고 말하였습니다. 오직 사랑에 빠진 사람만이 다른 사람을 위해 목숨을 바칠 만큼 열정과 용기가 샘솟기 때문이라는 것이 그 이유였지요.

향연의 장소를 제공한 집주인이자 아가톤의 애인인 파우사니아스(Pausanias)는 모든 사랑이 가치 있는 것은 아니라고 말하였습니다. 육체의 아름다움은 지속 가능성이 떨어지며, 오로지 절제와 미덕을 동반하는 순종적인 사랑이 가치 있는 사랑이라고 정리하였지요. 세속적인 사랑이 아닌 천상적인 사랑이야말로 가장 귀하고 중요한 가치라고 주장하면서 말입니다.

의사인 에릭시마코스(Eryximachus)는 과학자의 시선으로 볼 때 인간의 육체는 이중의 사랑 구조를 갖고 있다고 말하였습니다. 건강한 육체에 깃든 사랑과 병든 육체에 깃든 사랑이 같지는 않다는 것이지요. 덧붙여 에릭시마코스는 이게 일반적인 사랑이라고 주장하면서 진정한 사랑이라면 이 두 가지를 조화시켜야 한다고 하였습니다. 신체 여러 부분의 조화인 의학, 화음과 리듬의 조화인 음악, 천체 움직임의 조화인 천문학처럼, 다양한 것들의 조화가 바로 사랑이라는 것이지요.

인기 작가 아리스토파네스(Aristophanes)는 그의 명성에 걸맞은 낭만적인 신화로 사랑을 소개하였습니다. 인간은 원래 머리가 둘이고, 팔다리가 각각 네 개인 존재였습니다. 유능한 인간은 힘이 점점 강해져 신의 지위를 위협하기에 이릅니다. 어느 날 신들의 왕인 제우스를 중심으로 신들이 대책 회의를 마련합니다. 토론 끝에 인간의 힘을 분산시키기 위해 둘로 쪼개기로 결정합니다. 그래서 인간은 늘 잃어버린 한쪽을 그리워할 수밖에 없고, 그 반쪽을 만났을 때 느끼는 강렬한 일체감이 곧 사랑이라고 설명하였습니다.

만찬을 개최한 저택의 주인 아가톤은 사랑을 부드러운 곳에서 뿌리를 내리는 민감한 존재라고 말하였습니다. 그러면서 젊고 민감하고 유연한 형태를 지녔기에 평화와 즐거움을 가져다주는 기쁨의 장본인이고, 질서의 원리이며, 세상을 완벽하고 훌륭하게 지휘하는 존재라고 주장하였지요.

하나하나 일리가 있는 말이고, 사랑에 대해 생각해 볼 만한 관점들입니다. 하지만 이 가운데 저의 마음에 쏙 드는 사랑에 대한 정의는 없습니다. 파이드로스나 파우사니아스, 아가톤의 견해에 수긍은 하지만, 이들 또한 '사랑은 좋은 것'이라는 유행가 가사와 다르지 않고, 정작 왜 그러한지에 대한 근거가 부실하기 때문이지요. 에릭시마코스의 주장은 시야를 확장시킬 정도로 신선하지만, 블록버스터 영화처럼 너무 억지스럽습니다. 또 아리스토파네스의 이야기는 대단히 흥미롭고 로맨틱하지만, 연애편지에 쓰는 용도가 아니라면 설득력이 떨어지는 주장입니다. 인간만 남·녀로 구분되어 있는 것은 아니니까요.

마지막 순서는 소크라테스(Socrates)였습니다. 소크라테스는 자신의 이야기를 시작하기에 앞서 아가톤에게 다음과 같은 질문을 던집니다.

"아가톤, 그대는 대상을 소유하고 있을 때 사랑하는가, 또는 소유하고 있지 않을 때 사랑하는가?"

"아마도 소유하고 있지 못할 때일 것입니다."

아가톤의 답변에 감사 인사를 한 후, 다시 소크라테스의 설명이 이어집니다.

"인간은 언젠가 죽습니다. 죽어가는 모든 존재는 자식을 소중히 여기는 본성을 갖고 있지요. 모두가 이 뜨거운 욕망과 사랑에 쫓기는 이유는 영원성을 확보하기 위해서입니다. 자식뿐만이 아닙니다. 명성이나 영광을 위해서라면 사람들은 자식을 위하는 것보다 더한 위험을 무릅쓰고, 그들의 재산을 허비하며, 어떤 어려움도 견디고, 심지어 생명까지도 희생합니다. 우리가 무언가를 사랑한다고 할 때, 그것은 '어떤 대상'을 사랑하기 때문입니다. 그 대상은 자신이 '좋아하는 것'이며, 그것을 좋아한다는 것은 예쁨, 잘생김, 자상함, 재미있음과 같은 대상이 가진 어떤 속성을 좋아하는 것입니다. 그리고 그 속성을 좋아하기 때문에 함께 있을 때 우리는 기쁨을 느낍니다. 이때 기쁨을 계속 맛보고 싶은 마음에 그 대상이 영원히 우리와 함께 머물기를 바라는데, 여기서 영원히 함께 머물기를 바라는 그 감정이 바로 사랑입니다. 요컨대 사랑이란 결국 좋은 것을 자기 자신 속에 영원히 간직하려는 '결핍'의 다른 이름입니다."

소크라테스의 설명을 듣고 저는 무릎을 '탁'하고 쳤습니다. '2% 부족할 때'와의 연결 고리가 떠올랐기 때문입니다. 사랑을 갈망하는 것이 인간의 본성이라면, 무언가를 마시려는 당위성은 '목마름'이라는 본성에서 찾을 수 있습니다. 음료수가 가진 장점을 느끼면서, 그것과 함께하고 싶은 마음이 들 때 '무언가를 사랑하고 있다'고 말할 수 있으니, 사랑이라는 단어를 사용할 수 있습니다(명쾌함). 자극적인 맛이나 탄산은 없지만, 몸 안의 수분 결핍을 이온음료처럼 기능적으로 해결해 줍니다(유용함). 제품과 사랑의 공통점인 목마름을 연결하여 그것을 내 안에 간직하는 식으로 커뮤니케이션할 수 있습니다(당위성). 사랑이 두려움과 좌절로부터 젊은 세대를 구원할 수 있는 이유는 '나에게 없는 것'을 자기 자신 속에 영원히 간직하려는 행위와 연결됩니다. 제품의 '부족할 때'라는 이름은 그런 면에서 최고의 마케팅 도구가 될 수 있습니다(적합성).

타깃 소비자가 주목하는 아이디어 찾기

이제 타깃의 세 가지 특징과 제품 간의 연관성을 구체화하는 작업이 필요합니다. 소비자와 브랜드 간의 연관성은 다음과 같은 두 가지 조건이 충족될 때 만들어집니다.[4]

❶ 우리 제품이 고객의 요구(needs)나 욕망(desire)을 충족시킬 수 있는 경우

❷ 고객이 구매를 고려하는 대상, 즉 구매 고려군 중에 우리 제품이 포함되는 경우

브랜드 연관성은 브랜드의 본질(Brand Essence)에서 시작하여 핵심 정체성(Core Identity), 확장 정체성(Extension Identity)으로 범위가 넓어집니다. 2% 부족할 때의 원래 의미는 '몸의 수분이 2% 부족할 때 갈증을 채워주는 물과 같은 음료'입니다. 즉 2% 부족할 때라는 브랜드의 본질은 '갈증 해소'인 셈이지요. '갈증'과 '해소' 중에 한 가지를 핵심 정체성(Core Identity)으로 가져올 필요가 있었습니다. 프랑스의 대표적인 사상가 장 보드리야르(Jean Baudrillard)는 소비를 '기호(記號)의 교환'이라고 말합니다. '나는 당신들과 다르다'라는 차이를 구체적으로 표현하기 위한 기호가 바로 소비라는 말이지요.[5]

마케팅 원론 시간에는 '소비의 목표는 기능에서 시작해 정서, 자아실현으로 점점 확대된다'라고 배웁니다. 시장이 성숙해 나가면서 소비의 목적은 앞에서 말한 기능적 편익에서 정서적 편익과 자아실현적 편익의 순서로 이동한다는 말이지요. 매일 손에 쥐고 사용하는 휴대전화를 생각해보겠습니다. 처음 휴대전화가 출시되었을 때는 사양이나 무게가 주요 선택 기준이었습니다. 하지만 요즘은 반으로 접히는 독특한 기능이나 색상 같은 정서적 요인이 더욱 중요해졌습니다. 소니(Sony)의 엑스페리아(Xperia)나 화웨이(Huawei) 같은 휴대전화는 명품 카메라 브랜드인 라이카(Leica)와 협업한 렌즈를 선보일 정도로 전화 통화 이외의 가치도 중요해진 것이지요. 기능적인 편익으로는 더 이상 소비자의 선택을 받기 어려우니까요. 이렇듯 기능적으로도 충분히 만족스러운 상품이 시장에 넘쳐나는 데도 생산이 증가하는 현상을 두고, 보드리야르는 다음과 같이 분석합니다.

"충족은 사용 가치로 계산하면 곧 포화 상태에 이릅니다. 그런데 지금 우리의 눈앞에는 명백히 그 반대 현상인 '소비의 증가'가 나타나고 있습니다. 소비에 따른 개인적인 사용 욕구가 사회적인 차별화 욕구를 충족시키기 때문입니다."

보드리야르가 제시한 키워드는 '사회적 차별화'입니다. 보드리야르는 욕구가 개인적이고 자발적으로 발생하는 것이 아니라 타인과의 관계성이나 사회적인 상황에서 만들어진다고 생각한 것이지요.

신세대의 소비는 기호의 교환이다

보드리야르의 말대로 욕구가 사회적이라면, 수요 창출이나 시장을 확대해야 하는 마케터 입장에서 가장 중요한 것은 '극단적인 차별화'입니다. 다만, 명품 가방이나 고급차 구입처럼 과시하기 위한 호화 소비를 말하는 것은 아닙니다. 재산을 과시하거나 사회적 지위를 드러내기 위해 페라리나 포르셰 등 고급차를 타거나 고급 주택지에 사는 것도 물론 '차이적 소비'의 한 형태입니다만, 그게 전부는 아닌 것이지요. 보드리야르가 말하는 차이적 소비는 아이폰을 고집한다거나 전원주택에서 사는 등 나만의 취향을 드러내는 것을 말합니다.

우리는 매 순간 선택하며 살아갑니다. 심각한 고민 없이 무의식적으로 선택하거나 어쩔 수 없는 선택을 하기도 하지요. 그 순간부터 '기호'가 생겨납니다. 서울을 연고로 하는 프로 야구팀인 두산과 LG 중 하나를 선택하는 것은 자유입니다. 감독 때문일 수도 있고, 스타플레이어 때문일 수도 있고, 성적이 좋아서 선택할 수도 있습니다. 그리고

이 두 프로 야구팀 중 하나를 선택하는 순간, 그 팀은 여러분의 기호가 됩니다.

영화 《분노의 질주: 더 세븐》에는 미스터 노바디(Mr. Nobody, 커트 러셀)가 도미닉(Dominic, 빈 디젤)에게 맥주를 권하는 장면이 등장합니다. 미스터 노바디는 도미닉에게 다음과 같이 말합니다.

"맥주는 벨기에 에일이 제일이지."

이에 도미닉은 자신의 취향을 끝까지 고집하지요.

"저는 코로나 스타일입니다."

비록 영화의 한 장면이지만, 실제 우리들도 이러한 상황과 비슷한 경험을 많이 겪고 있습니다. 이는 보드리야르의 말대로 우리 모두 '기호의 지옥'에서 살고 있기 때문에 벌어지는 현상이지요. 기호성을 갖지 않거나 갖더라도 차이점이 희박한 제품과 서비스는 시장에서 살아남기 어렵습니다.

시장 성장의 마지막 단계는 자아실현적 소비입니다. 이때의 자아실현적 소비 역시 개인의 의지가 아니라 '다른 사람과 다르기 위해' 이루어진다면, 제품이 뚜렷한 차별화를 이루어내지 않는 이상 시장에서 성공하기는 어렵습니다.

보드리야르의 '기호의 교환'이라는 개념은 '2% 부족할 때'의 캠페인에서 명확한 길잡이 역할을 해주었습니다. 마케팅에서 차별화를 찾는 방법은 두 가지입니다. 하나는 사용자의 문제점을 드러내는 것이고, 다른 하나는 제품을 통해 해결책을 제시하는 것입니다. 이를 '2% 부족할 때'에 대입시켜보겠습니다. 갈증이 문제점이라면, 갈증 해소는 해결책입니다.

앞서 고객의 연관성을 살펴보면서 20~30대의 문제점을 '사랑'이라고 정의하였습니다. 즉, X·Y·Z세대를 뛰어넘어 코로나19 사태 때문에 대학교에서 원격 수업만 받아본 C세대에 이르기까지 공통적으로 지니는 문제점은 '젊은 날의 사랑'입니다. 그렇게 하니 자연스럽게 '그리움', '연인'으로 '2% 부족할 때'의 정체성을 확장시킬 수 있었습니다.

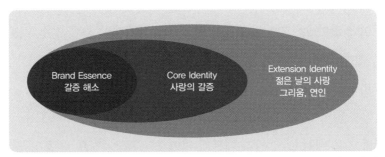

〈그림 7-2〉 브랜드 연관성의 확장

다음 날 카피라이터가 '사랑'과 '갈증 해소'를 묶을 수 있는 아이디어로 '사랑에 대한 갈증을 해소한다'라는 슬로건을 제안하였습니다. 세대를 초월하여 공감대를 형성할 수 있는 '사랑의 갈증'을 채우는 음료로 '2% 부족할 때'의 정체성을 몰아가는 것이지요. 슬로건을 살펴보던 채미희 차장이 질문을 던집니다.

"이온음료를 사랑에 대한 갈증 해소로 연결시킨다고?"

홍승규 부장이 거듭니다.

"비약이 너무 심한 거 아닐까?"

회의실이 웅성거리기 시작하였습니다. 다시 원점으로 돌아갈지도 모를 이 상황에서 저는 학창 시절에 실제로 겪었던 경험을 이야기하지 않을 수 없었습니다.

사랑은 언제나 목마르다

대학교 졸업을 앞두고 IMF 사태가 발생하였습니다. '대기업은 절대 도산하지 않는다'는 대마불사(大馬不死)를 외치던 대우 그룹조차 부도가 날만큼 많은 기업들과 국민들이 힘들었던 시기였지요. 저 역시 취업을 알아보고 있었지만, 전년도에 입사한 선배들이 정리해고되면서 인력 시장은 일대 혼란이 벌어졌습니다. 그래서 저를 포함한 그해 대졸자들은 인턴 자리나 겨우 알아볼 수밖에 없는 상황이었지요. 상황이 이렇게 되자 당시 롯데월드에서 직원 식당의 셰프로 일하면서 학교를 다니던 저는 교수님의 권유로 대학원 진학을 선택하였습니다. 반면, 취업을 선택한 동기들은 롯데월드에서 받는 제 연봉의 4분의 1 수준으로 대졸 인턴 신입 사원 생활을 해야 했습니다.

제 여자친구도 취업이 어렵기는 마찬가지였습니다. 그녀는 취업문이 막히자 캐나다 유학을 선택합니다. 그리고 오랜 고민 끝에 저 역시 여자친구를 따라 캐나다 유학을 가기로 결심하지요. 주변에서 유학을 떠나 헤어진 커플을 너무나도 많이 보았던 탓에 겁이 났기 때문입니다. 셰프를 하면서 저축한 돈으로 학비를 대고, 현지 식당에서 요리를 하면서 생활비를 벌 계획이었습니다. 그래서 한식요리사 자격증도 취득하게 되었지요. 캐나다에서 요리를 하려면 필요할 것 같았기 때문입니다. 그런데 유학을 준비하던 여자친구가 갑자기 취직을 해버렸습니다. 캐나다까지 따라가려고 했는데, 상황이 변해버린 것이지요. 더 이상 셰프의 자리에 머무를 필요가 없어진 것입니다. 사실 롯데월드 주방에는 요리를 잘하는 친구들이 많았습니다. 그러다 보니 대학생활과 병행하면서 시작한 요리는 하면 할수록 제 길이 아니라는 생각이 들었고, 요리를 배우기 위해 캐나다에 따라가는 것이 맞는지 많은 고민을 하였습니다. 하지만 대기업에 취업한 여자친구 덕분에 그 고민은 오래가지 않았습니다. 요리를 과감하게 그만둘 수 있게 된 것이지요. 이후 저 역시 대학원 생활에 전념하며, 입사 준비를 하기 시작합니다.

여자친구가 들어간 회사는 매일 회식이 있었습니다. 그래서 술 취한 여자친구를 데려다주는 게 일상이 되어 버렸지요. 그 와중에 여자친구의 직장 상사와 종종 신경전을 벌이기도 하였습니다. 이처럼 직장인과의 연애는 학생 입장에서 신분의 차이를 느끼게 만들었습니다. 마치 재수를 하던 시절, 대학생 친구들과 만나던 불편함처럼 말이지요. 그리고 그 결과, '여자친구와의 관계를 이대로 지속할 수 있을까?' 하는 두려움이 커져갔고, 신경 역시 날카로워졌습니다. 이해하고 넘어갈 수도 있는 일도 은근히 신경이 쓰였거든요.

세대를 막론하고 젊음은 사랑을 갈망합니다. 사랑이 행복을 줄 것이라는 보장이 없을 때에도 말이지요. 그래서 젊음은 사랑스러운 매력과 욕망을 가진 모순적인 존재입니다. 여기서 '갈등'은 시작됩니다. 그리고 이는 곧 '갈증'으로 번지며, 세대를 초월한 모든 젊은이들의 공통된 '불안'으로 바뀝니다. 국가 부도 위기인 IMF 사태 이후에는 미국발 금융 위기가 찾아왔습니다. 그 결과, 실업자가 늘고, 취업률이 현저하게 떨어지면서 많은 젊은이들이 불안에 휩싸였지요. 그럼에도 세월은 흘러갑니다. 하지만 세월이 흘러가고, 세대가 바뀌어도 달라지지 않는 것이 하나 있습니다. 바로 젊은 연인들의 풀리지 않는 사랑의 갈증입니다.

우리가 마케팅할 이 제품에는 목마름에 따른 갈증뿐 아니라 젊은이들의 진정한 사랑의 갈증을 풀어줄 수 있는 잠재력이 담겨 있습니다. 바로 '2%'라는 단어에 말입니다. '2% 부족할 때'가 목마름에 따른 갈증뿐만 아니라 모든 젊은이들에게 공통적으로 일어나는 사랑의 갈증을 채우는 음료가 되었으면 합니다.

제 말이 끝나자 모두 '브라보!'를 외쳤습니다.

위기관리

야구에서 투수에게 필요한 자질 가운데 하나는 위기관리 능력입니다. 이는 득점권에 주자가 있을 때 점수를 주지 않거나, 대량 실점의 위기를 최소한의 실점으로 막아내고 넘어가는 능력을 말합니다. 4년간 8,000만 달러(약 930억 원)를 받기로 하고서 LA다저스에서 토론토로 이적한 '괴물 투수' 류현진 선수는 에이스 치고는 많은 안타를 허용하는 편입니다. 2021년 시즌 류현진 선수의 피안타율은 0.254(2할 5푼 4리)로, 9이닝 동안 평균 8.2개의 안타를 맞았습니다. 이 부문 1위인 시카고 화이트삭스의 카를로스 안토니오 로돈(Carlos Antonio Rodón)이 5.3개의 안타를 맞았다는 점을 감안하면 확실히 그 차이가 크다는 것을 알 수 있지요.

원조 코리안 특급 박찬호 선수도 안타를 많이 허용하는 편이었습니다. 메이저리그 17년 통산 피안타율 0.249, 9이닝 평균 8.5개 안타를 기록하였지요. 류현진 선수와 큰 차이가 없는 것입니다. 그러나 박찬호 선수의 평균 자책점은 4.36이었고, 류현진 선수의 평균 자책점은 2.93입니다. 즉, 한 게임에서 박찬호 선수가 4점 이상 내준 반면, 류현진 선수는 2점대 이하로 막아냈다는 말이지요. 그 이유는 류현진 선수의 위기관리 능력이 박찬호 선수보다는 높았기 때문입니다.

위기관리는 야구에서만 중요한 것이 아닙니다. 같은 고비를 맞더라도 유달리 잘 극복해내는 사람이 있습니다. 코로나19 사태로 다들 힘들다고 해도 그런 사람은 금세 회복하고, 한계에 부딪힌 것 같았는데 다시 살아나며, 힘들다고는 해도 어찌어찌 잘 버티지요. 그런 사람들을 볼 때마다 '저력이 있구나', '뭘 해도 성공할 사람이다'라는 느낌이 절로 듭니다.

스티브 잡스가 애플에서 쫓겨났다가 1996년 복귀했을 때, 애플은 파산 직전이었습니다. 그러던 어느 날, 생산 중인 다양한 제품 라인업을 검토하던 잡스는 마커펜을 들고 화이트보드로 가서 2×2로 된 칸 네 개를 그립니다. X축에는 '일반인용'과 '전문가용'이라는 단어를, Y축에는 '데스크톱 컴퓨터'와 '휴대용 컴퓨터'라는 단어를 쓰고는 이렇게 말합니다.

"고객 입장에서는 오직 두 가지 질문만이 존재합니다. 첫째 '나는 일반 소비자인가, 전문가인가?', 둘째 '나에게는 데스크탑이 필요한가, 노트북이 필요한가?'. 그에 대한 애플의 답은 간단합니다. 일반 소비자용 데스크탑과 일반 소비자용 노트북, 그리고 전문가용 데스크탑과 전문가용 노트북입니다. 나머지는 필요 없습니다."

직원들은 모두 어안이 벙벙했지만, 잡스는 밀어붙였습니다. 그리고 그는 결국 애플이 만들었던 350가지의 제품을 10가지로 줄였습니다.

본질적인 가치를 제공하지 못하는 340가지 제품을 과감히 없애고, 핵심에 에너지를 집중했던 것입니다. 그 후, 애플은 아이팟과 아이폰, 아이패드를 줄줄이 내놓으며 최고의 자리에 오릅니다. 잡스의 고민은 언제나 '왜 우리가 이 제품을 만들게 되었는가?'에서 시작하였습니다. 즉, '무엇을 만들었는지', '어떻게 만들었는지'에서 시작하지 않은 것이지요. 사람들이 그 제품을 사는 이유가 가장 중요하다고 믿었기 때문입니다. 마케팅 전략을 수립할 때 '왜?'라는 질문은 목표를 향해 올바르게 나아갈 수 있도록 하는 길잡이가 되어주며, 동시에 '이 문제를 왜 해결해야 하는가?'를 정확하게 알도록, 또 잊지 않도록 도와줍니다.

이번 장을 시작하면서 우리는 '왜 젊은 사람들이 2% 부족할 때를 마셔야 하는가?'라는 질문을 던졌습니다. 마케팅이 화이트보드라면 '왜?'라는 질문은 핵심 가치를 명료하게 정리해주는 마커펜과 같습니다. 자, 이제 다음장에서 마커펜을 들고 '어떻게'를 정리해 볼 차례입니다.

8장.
소비자를 열광시켜라

'연인에 대한 사랑의 갈증'으로 콘셉트를 정했으니, 15초의 짧은 광고에서는 알콩달콩한 연인들의 모습이 아닌, 싸우는 모습이 효과적입니다. 보는 이들의 궁금증을 유발할 수 있기 때문이지요.

돈 없는 미취업생 남자는 지하철로 여자친구를 바래다줍니다. 싸움의 장소는 지하철역이 좋겠군요. 그동안 쌓인 게 많았는지 두 사람은 서로 자기가 하고 싶은 말만 내뱉습니다. 그때 감정이 격해진 남자가 여자에게 크게 호통을 칩니다. 마침내 여자의 눈에서 눈물이 흐르는군요. 결정적인 순간 '무슨 사연일까? 인터넷 주소창에 2%를 검색하세요'라는 문구가 나타납니다.

인터넷 주소창에 '2%'를 검색하면 '2% 카페'에 접속되도록 설정해 둡니다. 그리고 카페에 입장하기 전에 이 둘이 싸우게 된 원인을 내레이션과 함께 동영상으로 제공합니다. 영상에는 여자친구가 잘생긴 직장 상사와 함께 있는 모습이 나옵니다. 그리고 남자가 이를 목격하고, 여자친구와 마주치지요.

"바쁘다며? 연애질도 일이냐?"

드디어 광고에 등장하였던 그 지하철역이 등장합니다. 속이 좁아질 대로 좁아진 남자는 앞뒤 상황을 고려하지 않고 여자친구에게 화를 냅니다. '2% 부족할 때'를 살리기 위해 시작한 대장정의 지도가 서서히 윤곽을 드러내는 순간입니다. 최종 슬로건은 '사랑은 언제나 목마르

다. 2% 부족할 때'로 정하였습니다.

"메이블린 뉴욕처럼 온라인 카페 플랫폼을 활용하면 서버 걱정은 없을 거야. 문제는 TV 광고를 본 사람들을 인터넷 카페에 접속시키는 건데…."

팀장님이 문제를 제기하자 홍승규 부장이 입을 열었습니다.

"그건 어렵지 않아요. 지난번에 롯데닷컴이 한글 도메인을 구매해 달라고 해서 알아보니까, 어떤 단어든 신청 가능하답니다. 2%라는 이름의 한글 도메인으로 카페를 연결해두고, TV 광고로 유도하면 가능할 겁니다."

전체적인 순서가 정리되는 순간 채미희 차장이 동영상을 끊김 없이 송출할 수 있는 서버의 필요성을 지적합니다.

"3분짜리 동영상을 송출할 서버를 확보해야 해요. TV 광고를 하면 동시 접속자 수가 어마어마할 텐데, 우리 회사 홈페이지 서버로는 어림도 없어요."

당시에는 인터넷 회선에 동영상을 송출하려면 동영상 스트리밍 광고만 따로 해주는 업체가 있을 만큼 대규모 서버 시설이 필요했습니다. 수소문 끝에 '월트 디즈니(The Walt Disney Company)'의 영화 광고 동영상을 송출한 경험이 있던 '브에나비스타 코리아(Vuenavista International Kores)' 측 담당자의 도움으로 강남에 있는 IDC(Internet Data Center, 서버 관리 회사)를 찾았습니다. IDC 직원의 안내에 따라 동영상 동시 접속을 40회선으로 시작하기로 하였습니다. CF 제작과 매체 구매 등 지출이 많아서 한 푼이라도 아껴야 할 상황이었기에 최소한도로 잡은 것이지요. 접속자가 늘어나면 상황에 따라 회선을 추가하는 조건이었지만, 큰 기대는 하지 않았습니다. IDC를 나서면서 홍승규 부장이 이렇게 말하더군요.

"과연 TV 광고를 보고 인터넷에 접속하는 사람이 얼마나 될까?"

최초의 인터렉티브 광고

캠페인의 성공은 낙관할 수 없었습니다. TV에서 본 광고가 떠올라 인터넷에 접속하기란 쉽지 않은 일이라는 것을 잘 알고 있었기 때문입니다. 사무실에 돌아왔더니 롯데칠성 광고 담당자인 재욱이가 광고 콘티를 보여주었습니다.

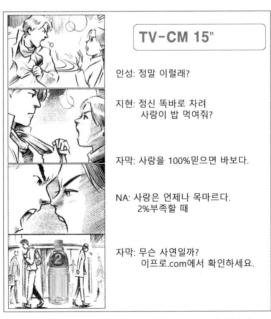

〈그림 8-1〉 TV-CM 스토리보드

"형이 말한 대로 만들었어. 이렇게 하면 되겠지?"

여자는 취업을 하였고, 남자는 미취업생입니다. 캠퍼스 커플이던 둘에게 신분의 차이가 생겨난 것이지요. 여자는 동료들과 식사를 해도 남자에게 미안하기만 합니다. 하지만 이런 사실을 모르고 있는 남자는 괜한 자격지심에 빠져 있습니다. 엎친 데 덮친 격, 때마침 여자친구가 잘생긴 직장 상사와 다정히 걸어가는 모습을 보게 됩니다. 이런 상황을 쿨하게 넘길 남자는 없지요. 여자친구와의 퇴근길, 지하철역 안에서 남자는 아까 그 상사의 이야기를 꺼냅니다. 여자는 남자의 좁은 속이 안타깝지만, 차분하게 설명을 시작합니다. 하지만 다짜고짜 화를 내는 남자 때문에 말싸움으로 번지고 말지요.

"정신 똑바로 차려! 사랑이 밥 먹여줘? 너는 멋진 차로 드라이브를 시켜줘 봤어? 근사한 레스토랑에서 스테이크 한 번 사줘 봤어?"

화난 남자가 여자에게 손찌검을 합니다. 그리고 그때 자막이 나옵니다.

〈그림 8-2〉 '2% 부족할 때'의 웹 사이트

'무슨 사연일까? 인터넷 주소창에 2%를 검색하세요.'

이후, 광고 촬영을 마치고 온라인 카페를 개설하였습니다. 접속의 안정성을 위해 당시 국내 접속자가 가장 많았던 다음 카페의 플랫폼을 활용하기로 하였지요. 그렇게 소비자들이 도달할 최종 목적지는 다음 카페이고, 3분짜리 동영상은 별도의 IDC 센터에서 불러오도록 준비하였습니다. 마침내 디데이(D-day)가 다가왔습니다. 어쩌면 마지막이 될지도 모를 '2% 부족할 때'의 운명을 건 광고 캠페인이 시작된 것이지요. 소리 지르는 두 남녀의 광고를 본 사람들은 너도나도 '이게 무슨 일이냐?'는 반응을 보였습니다. 사이트에 접속하지 않고는 못 배기는 캠페인이 되어 버린 것입니다. 그렇게 인터넷에 접속하면 사람들은 두 사람의 짧은 내레이션을 보게 됩니다. 먼저 여자가 말합니다.

Internet 동영상 3분

인성: 어디야?
지현: 어,회사...계속 야근이네.
인성: ...수고해.

인성: 일 많다며? 연애질도 일이니?
지현: 나가서 얘기해.
인성: 여태껏 바쁘다는 게 그 핑계였어?
지현: 나가자니까...
인성: 넌 사랑할 자격도 없는 인간이야.

인성/VO: 거짓말 하는 것들은 사랑할 자격도 없어.
지현/VO: 사랑만 갖고 사랑이 되니?

자막: 당신은 누구 편입니까?

NA: 사랑은 언제나 목마르다.
    2%부족할 때

〈그림 8–3〉 인터넷 동영상 스토리보드

"사랑에 관한 가장 잘못된 오해는 그 어떤 것도 극복할 수 있다는 믿음이다. 현실의 사랑은 취업의 차이 하나에도 휘청거리니까."

이어 남자가 말합니다.

"사랑에 관한 가장 잘못된 오해는 현실을 직시해야 한다는 믿음이다. 현실의 문제도 시간이 지나면 아주 작은 추억에 불과하니까."

내레이션이 끝나면 3분짜리 드라마로 연결됩니다. 조금 전에 TV 광고에서 두 남녀가 다툰 이유가 등장하지요. 동영상을 다 보고 나면, 남자의 생각에 공감하는지, 여자의 생각에 공감하는지 선택합니다. 그리고 선택과 동시에 남자와 여자의 생각에 대한 공감지수가 게이지처럼 공개되지요.

40회선으로 시작한 동영상에 버퍼가 걸리기까지는 하루가 채 걸리지 않았습니다. 부리나케 IDC로 달려가 동시 접속을 100회선으로 증설하였습니다. 그리고 다음 날 300회선으로, 그다음 날 500회선으로 증설하였지요. 처음 예상보다 많은 약 200만 명이 한 달간 '2% 카페'를 방문한 것입니다. 또 방문자 수보다 반가운 것은 예상보다 많은 카페의 가입자 수였습니다. 3개월간 약 5만여 명이 회원으로 등록을 하였고, 광고에 등장했던 이야기와 비슷한 '나만의 사연'을 약 15만 건 등록하며, 댓글을 달고 공감을 하였습니다. '2% 부족할 때'와 사랑을 연결시킨 다소 무모한 전략에 젊은 소비자들이 움직이기 시작한 것입니다.

오래가는 브랜드

고심해서 만든 제품이나 서비스를 고객들이 찾아줄 때와 그러한 행위가 지속적이고 반복적으로 이루어질 때 비로소 브랜드는 존재의 이유를 찾게 됩니다. 기업들이 최대한 많은 고객을 찾아내서 그 고객들에게 자신들의 제품이나 서비스를 선보이고, 그들과 원만한 관계를 오랫동안 유지해 나가기 위해 많은 노력을 기울이는 이유입니다. 이러한 과정을 일컬어 '고객 관계 관리' 혹은 CRM(Customer Relationship Management)이라고 부르지요. 말 그대로 기업과 고객과의 관계를 효과적으로 관리하는 기법입니다. 기업들은 고객 관계 관리를 보다 효과적이고, 효율적으로 하기 위해 많은 전략들을 세우고 노력하고 있습니다. 그중 대표적인 것이 '고객 획득 전략(Customer Acquisition Strategy)', '고객 확장 전략(Customer Extension Strategy)', '고객 유지 전략(Customer Retention Strategy)' 세 가지이지요.

'고객 획득 전략'은 관심이 있을 법한 가망 고객의 리스트를 확보하여, 그들이 관심을 가질 만한 제품이나 서비스에 대한 정보를 효과적으로 전달하기 위해 최적의 전략을 수립하는 것을 말합니다. 구글이나 페이스북 등의 외국계 디지털 미디어에서는 이를 리드(Lead)라는 용어로 부르는데, 이는 미국의 영업 사원들이 구매 가능한 고객을 선별하는 것에서 유래한 말입니다.

'고객 확장 전략'은 말 그대로 고객으로부터 얻는 이익을 극대화하기 위해 최적의 전략을 수립하는 것을 말합니다. 이때 이 전략은 기존 고객과 유사한 고객을 발굴하는 전략과 이미 확보된 고객에게 신제품

이나 다른 제품 등을 추가 구매하도록 유도하는 전략으로 구분됩니다. 전자의 예로는 CDMA(Code Division Multiple Access, 코드 분할 다중 접속) 휴대폰 시절, 다른 기업보다 우수한 반도체 칩을 바탕으로 국내 시장을 석권한 삼성전자가 해외에 지사를 설립하여 세계 시장을 공략한 것을 들 수 있습니다. 후자의 예로는 아이폰의 성공 이후 애플워치나 에어팟 등을 출시하여 소비자들의 추가 구매 욕구를 자극하는 애플의 전략을 들 수 있습니다.

'고객 유지 전략'은 고객의 요구 사항을 사전에 파악하여 경쟁사로의 이탈을 방지하는 전략을 말합니다. '고객 충성화 전략(Customer Loyalty Strategy)'과도 일맥상통하는 전략이지요. 꾸준한 업데이트를 통해서 고객의 만족도를 높이는 윈도우나 안드로이드, iOS 등의 운영체제가 대표적입니다.

이처럼 기업들은 여러 가지 전략을 써가며, 어떻게 해서든지 보다 많은 고객들을 발굴하여 그들을 붙잡아 두고, 오래도록 함께 가기 위해 상당한 자원과 노력을 쏟아붓고 있습니다. 그럼에도 불구하고 대다수의 브랜드가 실패하여 시장에서 사라지곤 하지요.

고객 관계 관리가 저절로 되는 기업

이러한 고객 관계 관리가 저절로 되는 기업이 있습니다. 물론, 아무런 활동도 하지 않았는데 절로 그렇게 되었다는 것은 아닙니다. 다만, 투자한 것에 비해 훨씬 더 잘되고 있다거나, 고객들의 자발적인 동참과 기여를 통해 점점 더 향상되는 기업들이 있다는 말입니다. 바로 인스타그램입니다.

인스타그램은 소비자와 소비자를 연결할 뿐, 무언가를 제공하지 않습니다. 넷플릭스처럼 《오징어 게임》이나 《수리남》와 같은 인기 오리지널에 137조 원이라는 어마어마한 자금을 투자하지도 않고, 조선일보나 jTBC 뉴스룸처럼 심도 있는 뉴스를 제공하지도 않습니다. 그저 수많은 사람들, 심지어 대다수는 이름 없는 일반인들이 자신이 먹고 마신 것, 방문한 곳 또는 그곳에서 한 일을 휴대폰으로 대충 찍어 올린 사진이 전부입니다. 또한 사진을 열심히 올린다고 해서 누가 원고료를 주거나 달린 글에 대한 인세를 주는 것도 아닙니다. 단순히 신기하거나 흥미로운 사진을 찍어 올리면 많은 사람들의 관심과 반응이 '좋아요'의 숫자로 나타날 뿐입니다.

그런데 사람들은 이 '좋아요'와 '댓글'을 받기 위해 틈이 날 때마다 사진과 글을 올렸고, 많은 사람들이 그 사진과 글을 보기 위해 인스타그램에 몰려들었습니다. 게다가 이미 트위터에 도입되었던 해시태그 (#, Hashtag) 기능을 가져와서 검색어 하나로 수십 장의 사진을 비교 할 수 있는 덕분에 사람들은 검색 엔진처럼 인스타그램을 사용하게 되었습니다. 맛집을 찾고 싶거나 분위기 좋은 여행지를 찾고 싶을 때 네이버나 구글에서 검색하는 것이 아닌, 인스타그램의 사진과 그 밑에 달린 간략한 글을 먼저 참조하게 된 것이지요. 이처럼 인스타그램은 아무런 홍보도 하지 않았음에도 전 세계 많은 사람들이 필수적으로 이용하는 어플이 되었습니다.

인스타그램의 성공 비결

미국 매사추세츠 출신의 케빈 시스트롬(Kevin Systrom)이라는 청년이 있었습니다. 그는 스탠포드 대학교에서 경영학을 전공했지만, 스스로 코딩 공부를 하는 등 프로그래밍에 대한 관심을 놓지 않았습니다. 그래서 자신의 전공과는 별다른 연관이 없는 트위터의 전신인 오데오(Odeo)에서 인턴으로 경험을 쌓은 뒤, 졸업과 동시에 구글에 입사하게 되지요. 시스트롬은 업무에서도 프로그래밍에 대한 두각을 드러냈고, 직장인으로서 승승장구할 일만 남은 것 같았습니다. 하지만 조직이라는 틀 속에서 몇 차례 좌절을 겪으며, 자신만의 회사를 창업하고 싶은 꿈을 꾸게 됩니다.

그렇게 2010년, 시스트롬은 회사를 그만두고 자신과 같은 대학에서 상징 신호 체계(Symbolic Systems)로 학위를 받은 2년 후배, 마이크 크리거(Mike Krieger)와 함께 버븐(Burbn)이라는 사진 공유 앱을 개발합니다. 또 스타트업이었지만 운 좋게 50만 달러(약 6억 5천만 원)의 펀딩에 성공함으로써 사업을 본격적으로 시작할 구색을 갖추게 됩니다. 한편, 그들이 개발한 버븐이라는 사진 공유 앱은 다른 경쟁 앱들과는 비교할 수 없을 정도로 뛰어났습니다. 하지만 문제는 사람들이 별로 참여하지 않았다는 것입니다. 도무지 인기가 없었던 것이지요. 홍보 이벤트를 하거나 블라인드 테스트를 하면 거의 모든 사람들이 버븐이 제공하는 사진 공유 서비스는 좋지만, 꾸준히 이용하고 싶지는 않다고 대답하였습니다.

고민에 빠진 시스트롬과 크리거는 앱이 아니라 자신들에게 문제가 있음을 깨닫게 됩니다. 두 사람은 버븐을 개발할 때, 자신들이 보유한 모든 기술을 담아 최고의 앱으로 만들겠다는 생각을 하였습니다. 그러나 고객이 원하는 것은 기술이 좋은 최고의 앱이 아닐 수도 있다는 것을, 최고의 기술을 담는 것은 자기만족에 지나지 않는다는 것을 이내 깨닫게 된 것이지요. 생각이 여기에 미치자 기술 중심주의적인 생각을 버리고, 철저하게 고객의 입장에서 다시 살펴보기로 하였습니다. 그러자 금방 알 수 있었습니다. 신기하고 탁월해 보이는 기능들이 고객들의 입장에서는 복잡하게 느껴질 수도 있다는 것을 말입니다. 그렇게 시스트롬과 크리거는 고객들이 별다른 매력을 느끼지 못하는 기능은 배제하고, 단순하면서도 직관적인 새로운 앱을 만들어 냅니다.

절치부심한 노력 끝에 아이폰 앱 스토어를 통해 2010년 10월 6일에 출시된 그들의 앱은 불과 3주 만에 30만 번이 넘게 다운로드되었고, 테일러 스위프트(Taylor Swift), 저스틴 비버(Justin Drew Bieber), 셀레나 고메즈(Selena Gomez) 등이 이 서비스를 이용한다는 것이 알려지면서 그 숫자는 기하급수적으로 늘어났습니다. 순식간에 수백만 번을 넘어서더니, 이내 4,000만 명이 넘는 사용자가 생겨나게 된 것이지요. 하지만 그때까지만 하더라도 그들의 회사는 단 한 푼의 수익도 거둬들이지 못하고 있었습니다. 그저 스타트업에 지나지 않는 회사였기 때문입니다.

그로부터 1년 반이 지난 어느 날, 시스트롬은 전화 한 통을 받고 깜짝 놀라게 됩니다. 그 이유는 수화기 건너편의 상대방 이름이 그 유명한 페이스북의 창업자이자 CEO였던 마크 저커버그(Mark Zuckerberg)였기 때문이었지요. 저커버그는 단도직입적으로 시스트롬과 크리거가 만든 회사를 사들이고 싶다고 말하였습니다. 그리고 그로부터 불과 48시간 만에 저커버그와 시스트롬은 계약서에 사인을 하게 됩니다.

당시 마크 저커버그가 이들의 앱을 인수한 금액은 무려 1억 달러(약 1조 2,000억 원)라는 엄청난 금액이었습니다. 그렇게 '즉각(Instant)' 게시할 수 있는 사진 '전보(Telegram)'를 뜻하는 '인스타그램(Instagram)'은 세계 최고의 SNS 기업이자 최대의 IT 기업 중 한 곳인 페이스북의 일원으로 세계 시장에 선보이게 됩니다.

이 소식은 빠른 속도로 대중들에게 전해졌습니다. 그리고 소식을 전해 들은 많은 사람들은 "페이스북의 인스타그램 인수는 IT 시장의 대표적인 거품이다.", "수익 모델이 전혀 없는 서비스를 거금을 주고 인수하는 것은 돈 많은 억만장자의 호기로운 인수이다."라는 이야기를 하였지요. 한편, 매출 0원의 인스타그램을 엄청난 거액을 주고 인수했다는 호사가들의 비난에도 저커버그는 아무런 수익 활동을 하지 않았습니다.[6] 수년간 페이스북을 통해 '압도적인 이용자 규모'가 승부처라는 것을 알았기에 오로지 이용자 규모를 늘리는 데에만 집중하고 있었던 것이지요. 그렇게 인스타그램의 이용자를 적극적으로 늘린 결과, 2016년 여름이 되자 무려 5억 명의 사용자를 확보하며 폭발적으로 성장하기 시작합니다. 이처럼 SNS 서비스의 성공 공식은 누가 얼마나 좋은 서비스를 선보이냐 보다, 얼마나 많은 사용자를 빠르게 확보하느냐에 달려 있습니다. 이후 인스타그램은 저커버그의 놀라운 혜안과 집중적인 투자에 힘입어 현재까지 전 세계적으로 그 사용자가 20억 명을 돌파하였고, 우리나라에서도 한때 사용자 수 1위를 기록할 정도로 상당한 인기를 끌고 있습니다.[7] 말 그대로 이미지 기반의 소셜 네트워크 서비스 시장을 평정한 것이지요. 물론 사용자만 늘어난 것이 아닙니다. 2011년 인수 당시, 단 한 푼의 돈도 벌어들이지 못하던 인스타그램은 페이스북과 동일한 광고 시스템을 적용한 첫해인 2015년에 44억 달러(약 57억 원)의 광고 매출을 기록했으며, 현재는 600억 달러(약 800억 원)가 넘어설 정도로 급속히 성장하였습니다. 사실 인스타그램이 단기간에 거둔 엄청난 성공의 이면에는 마크 저커버그의 사업 철학이 중요한 역할을 하였습니다. 앞서 언급하였지만, 저커버그는 인스타그램을 인수하고도 아무런 수익 활동을 하지 않았습니다. 즉, 회사에서 자체적으로 만든 게시물을 올려 사람들의 참여를 이끄는 등의 활동을 하지 않은 것이지요.

수많은 사람들이 인스타그램에 접속하는 이유는, 그들이 보고 싶어 하는 것들은 인스타그램이라는 회사가 자체적으로 만들어 내거나 제공하는 것이 아니기 때문입니다. 사람들은 인스타그램을 통해 자신이 아는 다른 사람들의 사진, 그리고 사진이 담아낸 일상과 특별한 사생활들을 보기 위해 접속합니다. 즉, 인스타그램의 놀라운 성공의 비결에는 회사에서 만들어 낸 앱과 서비스가 아닌, 스스로 내용을 채워나가면서 이야기를 만들고, 공유해 온 '소비자'들이 있었던 것이지요.

소비자를 열광하게 하라

남들은 고객에게 제공할 제품이나 서비스를 만들어내기 위해 안간힘을 다해 노력하는 가운데, 멍석만 깔아놓으면 고객들이 알아서 찾아

오고 열광하는, 또 제품이나 브랜드의 성장과 성공을 위해 알아서 기여하는 복에 겨운 기업은 비단 인스타그램만이 아닙니다.

전 세계인들의 마음을 사로잡고 있는 방탄소년단이나 블랙핑크같은 한류 스타들의 성공 스토리에서도 인스타그램의 성공 방식과 유사한 모습들을 발견할 수 있습니다. 팬들은 과거처럼 그저 자신이 좋아하는 연예인들을 따라다니며, 그들의 일거수일투족에 열광하던 모습을 넘어선지 오래입니다. 바이럴(Viral) 마케팅과 집단화 능력을 기획사에서 소속 연예인들의 데뷔를 준비하는 시기부터 적극적으로 제공하여 함께 스타를 만들어 나가고 있습니다. 즉, 기획사에서 제공하는 제품을 구입하여 즐기는 수동적인 모습을 넘어서서, 기획사와 함께 제품을 능동적으로 만들어 나가는 것이지요. 심지어 기획사의 역할과 자신들의 역할을 일정 부분에서 동일시하는 모습까지 보여주고 있습니다. 개인적으로 친분이 있는 한 문화평론가의 경우는 한류 열풍의 가장 큰 주역 중 하나로 기업과 소비자의 경계를 무너뜨린 우리나라의 적극적인 팬클럽 문화를 언급하기도 하였습니다. 이 경계에 관한 내용은 '14장 메타버스를 넘어 새로운 창조버스가 온다'에서 심도 있게 다룰 예정입니다.

이외에도 고객과 함께 성공을 만들어 가는 행복한 제품이나 서비스들은 더 있습니다. 제품명보다 '정(情)'이라는 슬로건이 더 유명해지는 바람에 경쟁사가 도무지 그 아성을 넘볼 수조차 없는 오리온의 초코파이, 그리고 수많은 크리에이터들에게 직업을 제공한 유튜브가 그렇습니다. 2%부족할 때 역시 소비자를 열광하게 만든 덕분에 지금까지도 꾸준한 사랑을 받고 있는 것이지요.

9장.
피벗을 세우라

농구 경기에는 '피벗 플레이(pivot play)'라는 것이 있습니다. 한쪽 발로 중심을 단단히 잡고서 몸을 틀어 상대 선수를 제치거나 패스할 곳을 찾는 기술이지요. 아들의 농구 경기를 우연히 본 적이 있습니다. 친구들에 비해 키는 작지만, 피벗 플레이에 탁월해서 볼을 능숙하게 컨트롤하더군요. 농구 경기를 하는 데 있어서 골대에 골을 넣는 솜씨도 중요하지만, 골밑까지 공을 이동시키기 위한 피벗 플레이는 무엇보다도 중요합니다.

브랜드 아이덴티티를 만드는 데에도 '피벗'이라는 개념이 등장합니다. 주로 '중심축을 잡고서 여러 관점으로 돌려보는 것'이라는 의미로 사용되지요. 핵심은 '중심축을 잡고서'에 있습니다. 중심축을 잡지 못한다면 다양한 관점을 적용하는 것이 큰 의미가 없기 때문입니다. 중심축은 브랜드 아이덴티티를 피벗으로 세우고서 다양한 방향성을 고민할 때, 엉뚱한 곳으로 향하지 않도록 잡아줍니다. 그렇기에 중심축, 즉 피벗을 세우지 않았거나 잘못 사용했을 때, 종종 엉뚱한 해결책이나 뜬구름 잡는 전략이 도출되기도 하는 것이지요. 그래서 '함정에 빠지지 않고 브랜드의 정체성을 명확하게 세웠다'는 건, 사실 '피벗을 정확한 위치에 놓았다'는 의미이기도 합니다. '2% 부족할 때'의 피벗은 '사랑'이었고, 오리온 초코파이의 피벗은 '정'이었습니다.

브랜드 아이덴티티에 필요한 세 가지 피벗

브랜드 아이덴티티를 만드는 과정에도 피벗이 중요합니다. 피벗에 대해 브랜드 이미지, 평판, 제품의 속성 등과 혼동하거나, 피벗을 너무 협소하게 정의해서 잘못 꽂는다면 브랜드 아이덴티티와는 점점 멀어지게 됩니다. 브랜드 이미지, 평판, 제품의 속성과 브랜드 아이덴티티는 구체적으로 다음과 같은 차이가 있습니다.

브랜드 이미지	우리 제품이나 서비스를 고객들은 어떻게 인식하는가?
브랜드 평판	우리 제품이나 서비스에 대해 시장은 뭐라고 평가하는가?
제품의 속성	우리 제품이나 서비스가 가진 가치, 범위, 특징, 용도는 무엇인가?
브랜드 아이덴티티	앞으로 우리 제품이나 서비스가 어떻게 인식되기를 바라는가?

앞장에서 우리는 브랜드 아이덴티티를 브랜드 이미지와 일치시키는 모든 커뮤니케이션 활동이라고 말하며, 이를 '마케팅'이라고 정의하였습니다. 그리고 이 과정은 생각보다 어렵다고도 말하였습니다. 마케터가 혼동하기 쉬운 세 가지 피벗 때문입니다.

첫째, '브랜드 평판'이라는 피벗입니다. 우리 제품이나 서비스에 대해 시장이 뭐라고 평가하는가에 관한 문제입니다.

둘째, '브랜드 이미지'라는 피벗입니다. 고객들이 우리 제품이나 서비스를 어떻게 인식하고 있는가에 관한 문제입니다.

셋째, '제품의 속성'에 관한 피벗입니다. 우리 제품이나 서비스가 가진 가치, 범위, 특징, 용도는 무엇인가에 관한 문제입니다.

이러한 문제에서 벗어나야 유연하고 효율적인 브랜드 아이덴티티를 만들 수 있습니다. 가령 제품을 리뉴얼하거나 연관 제품을 출시하는 경우에는 그동안 쌓아 온 평판에서 단서를 찾으려는 경우가 많습니다. 그런데 자칫하면 이 과정에서 제품이나 서비스에 대한 평판을 브랜드 아이덴티티 자체로 오해할 수도 있습니다. 더군다나 긍정적인 이미지를 어느 정도 쌓아왔다면, 그런 평판이 오히려 고객들에게 고정관념을 심어줄 수도 있지요.

'브랜드 평판'이라는 피벗

브랜드 평판 때문에 기업의 낡은 이름이나 브랜드의 로고를 바꾸지 못하는 경우가 생각보다 많습니다. 과거, 교육 회사에서 마케팅을 담당하던 시절, 브랜드 로고와 C.I.(Corporate Identity)를 대대적으로 교체했었습니다. 전혀 새로운 디자인을 채택하고, 브랜드 컬러도 기존의 파란색에서 오렌지색으로 바꾸었지요. 소식을 들은 프랜차이즈 가맹점들은 반발하였습니다. 소비자들이 우리 브랜드를 떠올릴 때 파란색을 기억한다는 것이 그들의 이유였지요. 새로운 오렌지색 로고와 C.I.로 바꾸기 위해 일일이 프랜차이즈 가맹점주들을 만나서 교체 이유를 설명하였습니다. 간판과 선팅을 모두 본사 비용으로 바꾸어준다는 약속을 한 뒤에야 설득할 수 있었지요. 하지만 적은 내부에도 있었습니다. 계열사 대표님께서 다음과 같이 반발을 하시더군요.

"우리 조직은 이 로고를 수십 년간 사용해왔습니다. 더군다나 이 점 잖지 못한 C.I.를 받아들일 수는 없습니다. 그쪽은 바꾸든지 말든지 알아서 하세요. 우리 조직은 원래 것을 그대로 사용하겠습니다."

평판에 파묻혀 더 큰 그림을 보지 못하는 경영자의 좁은 시야를 그대로 보여주는 태도였습니다. 아무리 좋은 로고를 만들어도 하나의 통일된 이미지를 줄 수 없다면 바꾸지 않는 것만 못하지요. 그런데 다른 정당한 이유도 아닌 '그동안 써왔다'는 이유로 로고나 C.I.조차 바꿀 수 없다면, 이 조직은 더 이상 발전할 수 없을 것 같다는 생각이 들었습니다. 그래서 더더욱 물러설 수 없었습니다.

"계열사만 따로 기존 로고를 사용하시겠다는 말씀은 대안이 될 수 없습니다. 대표님, 로고는 취향이 아닙니다. 기업의 비전과 목표를 드러내는 상징입니다. 새로운 로고는 뇌와 말풍선을 형상화하였습니다. 소비자의 인식의 가장 윗자리를 차지하기 위해 고민한 디자인과 색상입니다."

계열사 대표님은 자리를 박차고 나가셨고, 결국 회장님의 중재로 C.I. 교체가 최종 확정되었습니다. 우여곡절을 겪었지만 변경된 로고

〈그림 9-1〉 기존 로고(왼쪽)와 변경된 로고(오른쪽)

를 중심으로 광고 마케팅을 펼친 덕분에 현재 해당 시장에서 압도적인 우위를 점하고 있습니다.

만약 기존에 쌓아 둔 소비자의 이미지 때문에 색상을 파랑으로 유지한 채 나머지만 바꾸었다면 어땠을까요? 적당한 타협을 한다면 정체성 자체가 모호해질 수 있습니다. 브랜드 아이덴티티는 과거의 평판이 아닌, 기업이 추구하는 정신과 미래를 반영해야만 합니다.

'브랜드 이미지'라는 피벗

브랜드 이미지는 제품이나 서비스에 대해 소비자가 받아들이는 정체성을 말합니다. 그렇기에 브랜드 이미지는 기업이 만드는 것이 아니라 소비자가 만드는 것이지요. 하지만 많은 이들이 이를 혼동하여 전혀 다른 곳에 피벗을 꽂곤 합니다.

고통스러운 이미지로 동정심을 유발하는 모금 캠페인을 '빈곤 포르노(poverty porn)'라고 부릅니다. 자극적인 편집으로 감정을 유도하는 것이 포르노와 비슷하다고 해서 붙여진 이름이지요. 빈곤 포르노는 특정한 이미지를 지나치게 강조하여 극단적인 고통을 전달하는 대표적인 사례입니다. '기부를 통해 해결 가능한 고통'이라고 설득하는 식이지요. 하지만 아무리 모금을 해도 세상은 더 나아지지 않습니다. 오히려 복잡한 문제를 너무 간단한 방법으로 해결할 수 있다는 왜곡된 인식을 심어줌으로써 봉사가 행동이 아닌 기부에 머무르는, 즉 봉사의 본질적인 의미를 훼손시킨다는 우려의 목소리가 높습니다.

빈곤 포르노의 또 다른 문제점은 도움이 필요한 사람들을 수동적인 존재로만 묘사한다는 점입니다. 도움이 필요한 사람을 '함께 문제를 해결하는 협력자'가 아니라 '수혜자'로만 묘사함으로써 기부자-수혜자 관계가 모금을 위한 홍보 수단으로 전락하는 것이지요. 다음은 노르웨이의 유력 일간지 '아프텐포스텐(Aftenposten)'에 한 여학생이 기고한 글입니다. 빈곤한 아이들의 이미지가 유명인의 해외 봉사 장면과 함께 소셜 미디어에서도 공유되는 것을 목격하고 던진 질문이지요.

"길에서 아이들의 사진을 찍어 소셜 미디어에 공유하는 것이 옳은 행동인가요? 그렇지 않다면 왜 당신은 아프리카를 방문했을 때 그곳의 아이들과 함께 사진을 찍고, 그것을 공유하나요? 이런 방식으로 빈곤 문제를 알리는 것이 과연 옳은 방법인가요?"

브랜드 역시 소비자에게 특정한 이미지를 지나치게 강조해서 손해를 보는 경우가 있습니다. '배달의 민족'이 2021년에 진행한 '고마워요 키트' 이벤트가 대표적입니다. 간식을 넣을 수 있는 가방과 메시지 카드, 배달 음식을 올려놓는 매트로 구성된 고마워요 키트를 제공하여 소비자가 직접 배달원에게 감사를 표현할 수 있는 이벤트를 기획한 것입니다. 하지만 소비자들의 반응은 좋지 않았습니다.

"배달의 민족이 회삿돈으로 베풀면 더 훈훈하고 따뜻하지 않을까?"

"그걸 너희가 했으면 온정을 나누는 캠페인이지만, 소비자한테 시키면 마케팅이다."

이처럼 소비자들은 배달의 민족이 제공해야 할 보상을 소비자들에게 떠넘기며 강요했다고 비판하였습니다.[8]

피벗을 서비스에 연결한 페덱스와 마켓컬리

1965년 예일 대학교 경제학부에 다니던 프레드릭 스미스(Frederick Wallace Smith)는 화물 수송 시스템에 대한 보고서를 제출합니다. 제목은 '바퀴 중심(허브·hub)과 바퀴살(스포크·spoke) 원리를 이용한 익일 배송 시스템'이었습니다. 먼저 각 도시의 화물을 하나의 중심지로 모아서 배송해야 할 지역별로 분류합니다. 그다음에는 바퀴살이 중심에서 바깥으로 퍼지듯 항공기를 이용하여 화물을 밤새 목적지로 보낸 뒤, 다음 날 배달을 완료하면 끝입니다.

당시에는 우편배달을 하듯 두 지점을 최단 거리로 잇는 방식이 대세였습니다. 즉, 서울 강남에서 경남 밀양으로 화물을 보내려면 차로 336㎞만 이동하면 되었던 것이지요. 하지만 스미스의 방식을 따르면 서울에서 390㎞ 떨어진 부산 허브에 물건을 일단 쌓아 둔 뒤에야 배달할 수 있었습니다. 스미스의 보고서를 받은 교수는 '개념은 잘 구성했지만, 실행 가능성이 없다'는 평과 함께 C학점을 줬습니다.

베트남 전쟁에 참전했다가 돌아온 스미스는 1973년 자신이 쓴 보고서를 기반으로 페덱스(FedEx·Federal Express)를 설립하고, 화물 특송 사업에 뛰어듭니다. 스미스는 고객이 전국 어디에 있더라도, 바로 다음 날 고객과 약속한 시간에 물건을 배달해주는 '익일 특급 배송' 서비스를 선보였습니다. 고객들은 배송이 빠르고 정확하다면 돈을 더 낼 의사가 있었지요. 스미스는 이 점을 간파한 최초의 사업가였습니다. 페덱스의 대표 전략은 이동이 많지 않은 심야 시간을 활용하는 것입니다. 덕분에 익일 배송 원칙도 지켜나갈 수 있었지요. 이런 방식으로 페덱스는 고객의 신뢰를 얻었고, 소비자들에게 '신속히 배송한다'는 이미지를 자연스럽게 심어줄 수 있었습니다.

페덱스를 떠올리게 만드는 보라색 풀콜드 냉장차의 마법

마켓컬리(Maket Kurly)의 '샛별 배송'이 처음 등장했을 때, 보라색을 주색으로 사용하는 것과 새벽 배송 시스템을 보고 페덱스를 떠올렸습니다. 2015년에 등장한 마켓컬리는 파는 물건이 아니라 배송 방식으로 소비자들의 호감을 얻었습니다. 바로 '신선식품을 냉장차에 담아 배송한다'는 아이디어였지요.

마켓컬리는 '신선식품 샛별 배송'이라는 새 영역을 개척하며, 2014년 12월 혜성처럼 등장하였습니다. 그리고 사업 첫해인 2015년 29억 원이라는 매출을 기록하지요. 그로부터 5년이 지난 2020년 9,530억 원이라는 매출을 기록합니다. 불과 5년 만에 328배 성장한 것입니다.

많은 사람들이 마켓컬리하면 샛별 배송을 떠올리지만, 오히려 어디에서도 보기 힘든 상품(신선식품)들을 가정으로 배송한다는 점이 마켓컬리만의 특별함인 것 같습니다. 즉, 프리미엄 브랜드를 직접 찾아가지 않아도 만나볼 수 있다는 것이 다른 이커머스(E-commerce) 쇼핑몰과의 차별점인 것이지요. 그렇기에 초창기부터 '강남 엄마들의 필수 앱'이라는 별명으로 알려질 수 있었습니다.

인기 비결은 취급하는 상품이 달랐다는 점입니다. 신선식품 품목을 찾을 때 일반 유통사 MD(Merchandiser, 상품기획자)들은 주로 가락시장이나 공판장을 찾았던 반면, 마켓컬리의 MD들은 산지를 직접 돌았습니다. 한번은 마켓컬리의 MD가 '홍옥'이라는 좋은 사과 품종을 재배하는 곳이 있다고 해서 영주에 있는 농가를 찾아간 적이 있습니다. 미리 자료 조사까지 다 마친 상태였기에 납품 약속만 받아오면 되는 상황이었지요. 그런데 문제가 하나 발생합니다. 찾아간 농가에서 마켓 컬리의 소포장 방식에 난색을 표하며, 제안을 거절한 것입니다. 마켓 컬리는 고객이 한 번에 취식할 수 있는 용량으로 상품을 판매하기 위하여 가급적 소포장을 원칙으로 하고 있습니다. 대량으로 포장하는 농가의 방식과 달랐던 것이지요. 결국 마켓컬리가 포장을 직접 도맡기로 한 후에야 납품을 약속받을 수 있었습니다. 이처럼 이런 특별한 노력들이 마켓컬리를 다른 이커머스 쇼핑몰보다 특별하게 만들었습니다.

큐레이션으로 세심한 브랜드 이미지를 형성하다

마켓컬리의 또 다른 특별한 점은 '상품들이 왜 특별한지를 설명해준다'는 점입니다. 다양한 선택권은 소비자에게 즐거움을 주지만, 마켓컬리는 큐레이션으로 선택의 폭을 줄여줍니다.

사무실 근처에는 제가 자주 찾는 와인·주류 백화점이 있습니다. 전세계 와인이 가격대별로 다양하게 있는데, 제가 가는 코너는 항상 2만 원 내외의 와인을 파는 곳입니다. 어떤 차이가 있는지는 도무지 알 수가 없습니다. 선택을 도와줄 상품 간의 차이는 생산지와 라벨 디자인, 가격표의 숫자뿐입니다. 도움을 받기 위해 사장님께 여쭤보기라도 하면 여지없이 '와인에 대한 강의'가 이어집니다.

"와인을 잘 안다는 것은 술을 안다는 뜻 외에 문화적이고 풍성한 삶의 맛과 멋을 안다는 의미지요. 서로 다른 나라 사람들끼리 공용어인 영어로 의사소통을 하듯, 와인은 생면부지의 사람들끼리도 서로의 정서를 교감할 수 있게 해주니까요. 제가 프랑스에 있을 때…."

그런 사장님 앞에서 '값싸고 맛있는 와인을 달라'는 말이 차마 입에서 나오지 않았습니다. 와인만 그런 것이 아닙니다. 편의점에서 파는 수제 맥주도 비슷합니다. 처음에는 아는 맥주를 찾아 골라먹는 재미가 있었는데, 요즘에는 너무 많은 맥주들이 즐비해 있어서 무엇을 골라야 할지 한참을 고민하게 됩니다. 맥주의 맛은 다 거기서 거기인데 말이지요. 온라인 쇼핑몰에서도 크게 다르지 않습니다. 가짓수는 오프라인 매장에 비해 훨씬 많은데, 상품들의 차이를 알 수 없어서 결정을 내리기가 곤란합니다. 과일, 채소, 축산물은 물론, 수산물의 경우는 더욱 어렵습니다. 모두가 신선하고 최고의 등급이며, 맛이 좋다고 하니 설명은 읽으나 마나이지요. 관광지에 유명 음식을 먹으러 갔더니 가게들이 하나같이 '30년 전통', '원조'를 외치고 있는 것과 다름없는 상황입니다.

마켓컬리는 이러한 곤란을 해소해주었습니다. 제품군별 브랜드 수를 제한하여 선택지를 좁히고, 각 상품에 이야기를 담은 것입니다. 그래서 소비자가 상품을 골라 담는 과정이 덜 피곤합니다. 뭐가 뭔지도 모르는 상품 중에서 하나를 고르는 것과, 다른 이가 이미 골라놓은 제품 중 하나를 고르는 것은 큰 차이가 있습니다. 또 제품에 붙은 설명과 스토리는 선택을 좀 더 즐겁게 만드는 원천이기도 합니다.

제품의 속성을 하나로 고정시키는 피벗

제품이나 서비스의 속성을 고정시키는 것이 고객의 선택을 받아 경쟁에서 이길 수 있는 유일한 요소라고 생각하는 경우가 있습니다. 그런데 제품이나 서비스의 속성을 피벗으로 고정시켜 브랜드 아이덴티티를 수립하는 것은 다음과 같은 세 가지 한계를 가지고 있습니다.

첫째, 차별화하기 어렵습니다. 목이 마를 땐 톡 쏘는 콜라를 찾고, 여름휴가 땐 물가를 찾고, 겨울휴가 땐 따뜻한 온천을 찾듯 제품이나 서비스의 속성은 고객의 구매 욕구를 자극하는 가장 중요한 요소입니다. 다만 모든 제품이나 서비스가 이 기준에 합당하다면 그때는 속성만으로 해당 제품이나 서비스를 차별화시키기 어렵습니다. 예를 들어, 손목시계에서 정확도는 가장 중요한 속성이기에 정확도가 '스와치' 시계의 정체성이 되는 것은 적절합니다. 그러나 요즘에는 정확하지 않은 시계는 드물기에 이러한 속성으로는 차별성을 갖기 어렵지요. 그래서 마켓컬리 역시 사업 초기부터 풀콜드(full-cold) 냉장을 활용한 '새벽 배송' 서비스라는 차별화 요소를 앞세워 인기를 끌었습니다. 실제로 소비자를 대상으로 한 조사에서 가장 중요한 구매 요인으로 '배송 시간 지정을 통한 샛별 배송'이라는 응답이 가장 많았습니다.[9] 하지만 지금은 쿠팡의 로켓프레시, SSG닷컴의 쓱배송, GS리테일의 GS더프레시 등의 등장으로 모든 상품이 소비자들에게 빠르게 전달됩니다. 그렇기에 새벽 배송은 더 이상 차별화 요소가 될 수 없는 것이지요.[10]

둘째, 모방당하기 쉽습니다. 오랫동안 우위를 유지해온 제품이나 서비스는 아무리 품질이 향상해도 공격받기 마련입니다. 경쟁자에게는 우위를 차지해온 그 특징이 바로 따라잡아야 할 목표이기 때문이지요. 브랜드의 핵심이 제품이나 서비스의 속성에 맞춰진다면, 결국 시대에 뒤떨어진 제품이 되어 버립니다. 그리고 그 결과, 차별성을 잃거나 심지어 다른 브랜드에 쉽게 밀릴 수 있게 되지요. 마켓컬리는 설립 초기에 DSC인베스트먼트(DSC Investment)로부터 50억 원을 유치하였고, 유치하자마자 데일리쿨(Daily Cool)을 인수하여 냉장 차량을 80여 대나 운영하는 콜드 체인 물류 기업의 면모를 갖췄습니다.

한편, 인수와 동시에 마켓컬리에 합류한 데일리쿨의 이성일 대표는 마켓컬리 물류의 총책임자라는 중책을 맡아 성장시켰습니다. 하지만 2018년 마켓컬리를 떠나 팀프레시(Team fresh)를 창업하여 마켓컬리의 강력한 경쟁자가 되었습니다.[11]

셋째, 브랜드 확장에 제약을 받습니다. 제품이나 서비스에 대한 강력한 인지도는 잠재적으로 경쟁 우위이긴 하지만, 브랜드의 확장 전략을 제약하기도 합니다. 빠른 배송을 앞세운 쿠팡은 무엇이건 배송해도 어색하지 않지만, '샛별 배송'이라는 강점을 내세워 신선식품을 배달해온 마켓컬리에서 젤리나 기저귀를 파는 '확장'을 시도하는 것은 제약을 당할 수밖에 없습니다. 기업의 강력한 속성이 시장의 변화에 대한 대응 능력을 저하시키는 것이지요. 물론 제품의 속성을 한정시키지 않고 유연하게 시장에 대응해서 성공한 기업이 있습니다. 바로 '무신사(Musinsa)'라는 온라인 쇼핑몰이지요.

자생적으로 만들어진 무신사의 브랜드 아이덴티티

무신사는 국내에서 가장 인기 있고, 규모가 큰 패션 커머스 기업입니다. 2021년 기준으로 가입자 840만 명, 입점 브랜드 6,000개이며,

2020년 기준 판매 수수료 포함 매출액은 3,319억 원, 상품 거래 총액은 약 4,500억 원입니다. 2021년에는 거래액이 약 1조 7,000억 원을 넘어섰고요. 이는 마켓컬리의 두 배 가까운 실적입니다. 이처럼 코로나19 사태로 패션 업계가 침체기를 겪는 와중에도 무신사의 매출은 50% 이상 증가하였습니다. 이를 두고 무신사 조만호 대표는 다음과 같이 말하였습니다.

"비대면 소비 환경에 맞춰 공격적인 마케팅을 펼친 것과 TV 광고 캠페인을 효과적으로 진행한 것이 저희의 성공 비결입니다."

무신사는 조만호 대표가 고등학교 3학년이던 2001년에 포털 사이트인 '프리챌(Freechal)'에서 신발 관련 커뮤니티를 만든 것에서부터 시작되었습니다. 당시 커뮤니티 명칭은 '무지하게 신발 사진 많은 곳'이었지요. 그리고 무신사는 이름대로 신발 사진이 중심이었습니다. 10대 시절부터 나이키(Nike)와 아디다스(Adidas)의 스니커즈를 매우 좋아하여 꾸준히 수집해 왔던 조만호 대표의 취향 때문이지요. 무신사는 바로 그렇게 수집한 신발 사진을 올리고, 해외 웹 사이트에 게시된 한정판 신발 사진을 설명과 함께 올려두는 신발 사진 갤러리의 역할을 하였습니다.

또 조만호 대표는 신발에 관심이 많았던 만큼 그와 매치할 스트리트 패션에도 관심이 많았습니다. 이에 신발 사진과 함께 동대문 스트리트 패션 사진도 올렸고, 덕분에 무신사는 신발뿐만 아니라 다양한 패션을 아우르는 공간이 될 수 있었습니다.

'무지하게 신발 사진 많은 곳'에서 '무신사 닷컴'으로

2002년 10월에 프리챌은 서버 비용을 감당하기 어렵다는 이유로 사용료 월 3,000원을 내라고 가입자들에게 요구합니다. 그리고 그로 인해 '무지하게 신발 많은 곳'은 새로운 국면을 맞이하지요. 당시 잘 나가던 프리챌은 그야말로 난데없이 발표한 이 정책 때문에 초토화되고 맙니다. 사용자들이 대거 다음 카페, 네띠앙 커뮤니티, 싸이월드 클럽 등으로 이전해 버렸기 때문이지요. 싸이월드가 주목을 받은 것도 이 시기와 맞물립니다. 이때 무신사는 독립 사이트 형식으로 오픈을 진행합니다. 조만호 대표는 호스팅 비용을 충당하기 위해 1년 휴학을 하고, 대학교 등록금을 모두 무신사 닷컴에 쏟아 붓습니다.

당시 무신사 커뮤니티에는 상당히 많은 패션 관련 글들이 올라왔습니다. 그리고 이를 바탕으로 별도의 사이트로 독립한 무신사는 사용자들의 글을 편집하여 읽기 좋게 가공해 웹진 형태의 '매거진' 서비스를 오픈합니다. 다음 카페나 싸이월드 클럽 등의 포털 사이트에서는 구현할 수 없는 기능이었지요. 이로 인해 무신사는 스트리트 패션과 커버낫, 크리탁 등 국내에서 생산하고 국내에서만 판매하는 도메스틱 브랜드(Domestic Brand)에 대한 정보를 가장 핫하게 제공하는 공간이 되었습니다. 이후 사용자가 늘자 유명 스포츠 브랜드로부터 유료 홍보성 글을 받아서 올리는 서비스를 시작하였고, 2009년에는 이를 바탕으로 '무신사 스토어' 서비스를 시작합니다. 웹진으로 소개해오던 국내 브랜드들을 스토어를 통해 판매하면서 이른바 '편집숍' 형식의 스토어가 출범한 것이지요.

무신사 랭킹에 있는 아이템만 고르면 된다

무신사가 빛을 보기 시작한 것은 그동안 웹진에서 소개하고 평가하던 도메스틱 스트리트 브랜드들이 무신사 스토어를 통해 판매되면서부터입니다. 무신사는 3년 동안의 웹진 운영 콘텐츠를 바탕으로 큐레이션 서비스를 시작하였습니다. 이런 상황에서 2010년대에 스포츠웨어가 자연스럽게 패션의 중심으로 성장하지요. 이로 인해 스트리트 패션에 강점을 가졌던 무신사의 방문자가 폭증합니다. 무신사는 다른 어느 곳보다도 훌륭한 자원을 축적한 곳이었고, 분석 콘텐츠 분야에서는 경쟁자도 드물었습니다.

무신사로의 고객 유입이 본격화된 것은 2014년에 출시한 '실시간 베스트 랭킹' 서비스 덕분이었습니다. 강남역이나 홍대 같은 번화가에서는 무신사의 랭킹에 오른 옷과 아이템을 착용한 이들을 보는 것이 어렵지 않았습니다. '무신사 랭킹에 있는 아이템만 고르면 된다'라는 농담이 유행처럼 번지던 시기도 바로 이때입니다.

압도적 영업 이익률

무신사의 입점 수수료율은 30%입니다. 이는 백화점 입점 수수료율과 큰 차이가 없는 비율이지요. 그럼에도 많은 브랜드들이 무신사에 입점하기 위해 갖은 노력을 하고 있습니다. 즉, 상당한 수수료를 내고서라도 입점할 만한 가치가 있다는 의미입니다.

무신사는 높은 수수료율 덕분에 2020년 3,319억 원의 매출과 455억 원의 영업 이익을 기록하였습니다. 쿠팡이나 마켓컬리처럼 빠르게 성장하는 기업들조차 아직까지 무신사만큼의 이익을 낸 적이 없다

는 점에서 무신사의 성과는 확실히 눈에 띕니다. 쿠팡의 2020년도 매출액은 지난해보다 91% 증가한 13조 2,000억 원이었지만, 순손실은 5,504억 원으로 영업 이익율은 마이너스(-) 4.4%를 기록하였습니다. 게다가 2021년에는 덕평 물류센터 화재의 영향으로 2분기 손실 6,000억 원을 냄으로써 이미 지난 한 해의 손실을 넘어서 버렸지요. 마켓컬리 역시 2020년 매출액은 9,523억 원으로 전년도보다 125% 증가하였지만, 영업 손실은 1,162억 원으로 지난해보다 적자폭이 150억 원가량 확대되었습니다.

물론 무신사의 성장에는 패션 산업의 특성도 작용합니다. 패션 분야에서 소비자들은 같은 원단으로 만든 상품이어도 디자이너나 브랜드의 역할에 따라 완전히 다른 상품으로 인식하기 때문입니다. 다만, 이러한 특성은 무신사의 약점으로 작용할 여지도 있습니다. 수업 시간에 학생들에게 무신사에 대한 의견을 물어본 적이 있습니다. 이때 의외로 부정적인 대답을 하는 학생도 적지 않았습니다.

"비슷한 제품도 무신사를 거치면 가격이 비싸지는 거 같아서 자주 사용하지 않습니다."

"보세 제품의 가격이 무신사 때문에 너무 오른 거 같습니다."

서로 다른 방식으로 시장에 등장한 쿠팡과 마켓컬리 역시 앞으로는 적자폭을 줄이는 데 집중할 것으로 보입니다. 최근 쿠팡은 적자폭을 줄이기 위해 판매자 입점 방식의 오픈 마켓 서비스(wing.coupang.com)를 확대하였습니다. 비용 부담이 높고 수익성이 낮은 풀필먼트(Fulfill-ment) 서비스 대신 수수료에 기반을 두는 네이버 스마트스토어 방식을 강화하는 것이지요. 마켓컬리 역시 신선식품뿐만 아니라 일반 제품도 샛별 배송으로 받을 수 있는 틈새 배달 사업으로 수익성을 끌어올리는 데 집중하고 있습니다.

올바른 피벗과 잘못된 피벗

자율 주행차의 선두 주자로 꼽히는 구글의 웨이모(Waymo)와 테슬라(Tesla)의 성능을 비교하는 영상을 본 적이 있습니다. 해당 영상은 테슬라 오너가 직접 촬영했으며, '같은 지점에서 출발해 같은 목적지까지 운전자가 없는 상태'라는 전제 조건을 걸었습니다. 비교 대상은 웨이모가 미국에서 상업용 택시로 운행 중인 자율 주행차와 테슬라가 베타 테스트(Beta Test)를 하고 있는 FSD(Full Self-Driving) 8.2 버전을 탑재한 차입니다.

성능 비교 결과, 두 차종 모두 사고 없이 목적지에 안전하게 도착하였습니다. 여기서 눈여겨볼 점은 두 차종의 이동 방식입니다. 웨이모의 자율 주행차는 주택 단지 위주로 운행하였으며, 테슬라의 자율 주행차는 큰 도로를 이용하였습니다. 이로 인해 웨이모의 자율 주행차는 목적지로 가는 데 7분 54초가 걸렸지만, 테슬라의 자율 주행차는 5분 15초 만에 도착하였습니다. 테슬라의 자율 주행차가 웨이모의 자율 주행차보다 목적지까지 2분 30초가량 빠르게 도착한 것입니다. 단순 소요 시간으로 두 차종 간 정확한 자율 주행 성능을 평가할 수는 없지만, '목적지까지 안전하게 도달하는 것'이 피벗인 자율 주행과 '사용자가 원하는 방법으로 도달하는 것'이 피벗인 자율 주행의 차이를 명확하게 보여주는 사례라고 할 수 있습니다.

　전 세계 자율 주행 기술 부문에서 가장 앞서고 있는 곳은 구글입니다. 미국의 기술 조사 업체인 내비건트리서치(Navigant Research)에 따르면 구글의 웨이모는 자율 주행 기술 부문에서 2019년에 이어 2020년까지 2년 연속 1위를 차지하였습니다. 웨이모가 자율 주행 기술 개발을 시작한 지 10년이 지났습니다. 2009년부터 자율 주행 기술 개발을 시작한 구글은 2016년 자율 주행 부서를 웨이모로 분사하고 본격적인 사업화에 나섰습니다. 그리고 2017년 미국 애리조나 주 피닉스 지역에서 자율 주행 택시를 시범 운행하였고, 2018년에는 보조 운전자와 승객이 탑승하는 '웨이모 원(Waymo One)' 서비스를 진행하였습니다. 2020년부터는 대도시인 샌프란시스코에서 완전 자율 주행 택시를 시험 운영하는 단계에 진입하였고요. 웨이모가 자율 주행 택시 서비스를 상업화하면서 축적한 주행 데이터는 큰 자산으로 평가받습니다. 구글만의 인공 지능(AI) 시스템과 라이다(LIDAR·레이저 반사광 이용 거리 측정 센서) 등이 첨단 운전자 보조 시스템(ADAS, Advanced Driver Assistance System)에 맞물려 적용되었기 때문입니다.

　한편 테슬라는 구글에 비해 5년 늦은 2016년에야 본격적으로 자율 주행 기술을 연구하기 시작하였습니다. 하지만 전 세계에 있는 테슬라의 운전자 약 100만 명이 운전자 보조 기능인 '오토파일럿(Autopilot)'을 활용할 때 쌓인 데이터는 2020년까지 50억 마일(약 8억 킬로미터)을 넘었습니다. 이는 웨이모보다 2,550배 많은 수준입니다.

　사실 테슬라는 내비건트리서치의 조사에서 10위권에도 이름을 올리지 못했습니다. 이는 테슬라가 자율 주행 기술을 적용하는 방식 때문입니다. 테슬라는 카메라 8대로 주위 환경을 촬영해 수집한 도로 환경 영상 데이터를 차에 인식시키는 '시각 중심 방식'을 사용합니다. 반면 다른 업체는 라이다(lidar)를 이용하여 고정밀 지도(HD맵)를 구현하고, 미리 구축한 HD맵(고정밀 지도)과의 차이를 상황 인식에 활용하고 있습니다. 결국 테슬라의 경쟁력은 실제 주행 데이터에 있었지요. 시장을 선점할 핵심 기술은 무엇인지, 이러한 기술을 보유하기 위해 무엇을 중심축으로 삼아야 하는지를 정확하게 꿰뚫고 있었던 것입니다. 즉, 테슬라는 자율 주행 '기술'에 피벗을 세운 것이 아닌, 자율 주행 기술의 '사용자'에 피벗을 세운 것이었습니다.

교통사고 사망자 수를 줄이기 위한 피벗

자동차 이야기가 나온 김에 교통 정책도 한 번 살펴보겠습니다. 우리나라의 교통사고 사망자 수는 OECD 회원국 기준 인구 10만 명당 7.3명으로 세계 7위이고, 자동차 1만 대당 1.4명으로 3.6명인 칠레에 이어 세계 2위입니다.[60] 이에 따라 지난 수년간 정부 차원에서 다양한 교통사고 방지 정책이 마련되었습니다. 2021년 4월 17일부터는 '안전 속도 5030' 정책도 시행되고 있지요. 교통사고 및 부상자·사망자 수를 줄이기 위한 조치입니다. 이 정책으로 인해 전국의 도심 내에서 자동차를 몰 때 일반도로에서는 시속 50km, 주택가 등의 이면도로에서는 시속 30km를 넘지 못하게 되었습니다.

정부에서 이런 정책을 펼친 이유는 스웨덴, 네덜란드, 스위스, 호주 등에서 1960년대부터 '안전속도 5030' 정책 시행으로 교통사고 사망자가 10~25%까지 줄었다는 통계가 있었기 때문입니다. 스웨덴의 교통사고 사망자 수는 인구 10만 명당 3.2명으로 우리나라의 절반 이하고, 자동차 1만 대당 0.5명으로 우리나라의 3분의 1 수준입니다. 이를 근거로 정부는 도시 내 주행 속도를 낮추기로 한 것이지요. 즉, '안전속도 5030'의 피벗은 스웨덴 등 유럽 국가인 셈입니다.

교통량이 많은 서울 시내를 운전할 때마다 이게 과연 현실성이 있는 정책인지 의심스럽습니다. 안전 속도 5030과 관계없이 시속 50㎞ 이하로 달릴 수밖에 없는 도로가 많으니까요. 이미 도로가 수시로 막혀서 운전자들의 불만이 가득한데, 2021년의 기준으로 유럽의 1960년대 제한 속도를 도입하는 게 옳은 일일까요?

서울시에서 조사한 주요 일반도로의 평균 속도를 보면, 기존 제한 속도인 시속 60㎞를 넘기는 곳을 찾아보기 힘듭니다. 특히 코로나19 사태의 여파로 고강도 사회적 거리두기가 진행되어 교통량이 크게 줄어든 시점임을 감안하면, 규제와 현실 사이의 괴리감은 더 커집니다. 주요 일반도로 중 가장 빠른 구간인 영등포구 노들로에서 조차 기존 제한 속도보다 느린 시속 41.6㎞가 나오며, 서울 강남권의 양재대로·영동대로·반포대로 등에서는 시속 30㎞ 이하, 종로구 종로의 경우는 시속 19.9㎞로 매우 느린 수준입니다. 이러한 상황을 두고 서울 종로구에 사는 한 시민은 다음과 같이 말합니다.

"이미 막힐 때는 소달구지 타고 기어가는 수준인데, 그나마 정체가 풀려 있을 때도 시속 50㎞에 맞추라는 건 도로 여건을 전혀 고려 안 한 탁상공론 같다는 생각이 듭니다."

이로써 피벗을 잘못 꽂아도 한참 잘못 꽂았음을 확인할 수 있습니다. 문제를 인지하고 최적의 해결점에 도달하려면 올바른 중심축, 즉 피벗이 정확하게 잡혀 있어야 합니다.

피벗을 세우기 위해 필요한 세 가지 역량

"달을 향해 쏴라. 빗나간다면 별이라도 맞출 것이다."

미국의 작가 윌리엄 클레멘트 스톤(William Clement Stone)의 말입니다. 이와 비슷한 의미로 '문샷씽킹(moonshot thinking)'이라는 것이 있습니다. 이는 모두가 달을 좀 더 잘 관찰하기 위해 망원경의 성능을 개선하는 경쟁에 빠져 있는 동안, 차라리 탐사선을 만들어 직접 달에 가보는 혁신적인 방법을 생각해낸다는 의미이지요. 망원경에 들어가는 '광학' 기술과 탐사선에 투입되는 '제조' 기술은 전혀 다른 분야의 관점입니다. 즉, 문샷씽킹이란 자신의 분야를 바라보고 의심함으로써 새로운 창의성을 발휘한다는 의미로도 해석할 수 있습니다. 이는 브랜드의 함정에 빠지지 않으려면 전혀 다른 주제를 관찰하고, 통합해보면서 부족한 부분을 보완하는 작업이 필요하다는 사실을 보여줍니다.

20세기 초, 알베르트 아인슈타인(Albert Einstein)이 '상대성 이론'을 완성하던 때와 같은 시기에 파블로 피카소(Pablo Picasso)는 '아비뇽의 처녀들'이라는 그림을 완성합니다. 그리고 이 두 사람으로 인해 20세기는 이전 시대와는 완전히 다른 단계로 진입하지요. 이 두 사람의 시작은 '의심'에서 나왔습니다. 아인슈타인은 상대성 이론으로 '시·공간

이란 움직일 수 없는 진리'라는 믿음을 의심했으며, 피카소는 '입체주의'를 통해 원근법에 대한 막연한 통념을 의심하였습니다. 이들의 의심은 관련 주제에 대한 깊은 관심을 바탕으로 전혀 다른 주제들을 관찰하는 과정에서 만들어졌습니다.

아인슈타인의 상대성 이론은 과학 분야가 아닌 음악 분야에서 모티브를 얻었습니다. 아인슈타인은 평생 아프리카의 환자들을 돌본 '밀림의 성자' 알베르트 슈바이쳐(Albert Schweitzer) 박사처럼 파이프 오르간 연주자로까지 활동할 정도는 아니었지만, 음악에 상당한 조예가 있었습니다. 그는 요한 바흐(Johann Sebastian Bach)와 볼프강 모차르트(Wolfgang Amadeus Mozart)의 음악은 고도로 구조화되어 좋아했으며, 게오르그 헨델(George Frideric Handel)과 루트비히 반 베토벤(Ludwig van Beethoven)은 낭만주의 성향이라서 싫어하였지요. 이런 미학적 아름다움을 염두에 두고서 과학 실험을 관찰한 덕분에 '상대성 이론'이라는 남들과는 다른 결과를 얻을 수 있었던 것입니다.

피카소의 입체주의는 미술 분야가 아니라 과학에서 비롯되었습니다. '화가란 발명가와 같다'고 생각했던 피카소는 자신의 화실을 '실험실'이라고 부르기도 하였습니다. 아비뇽의 처녀들은 그런 피카소의 과학적 시각을 예술에 반영한 새로운 시도의 결과물이지요.

이처럼 피카소와 아인슈타인은 과학과 예술이라는 전혀 다른 분야의 관점으로 자신의 분야를 바라보았다는 공통점이 있습니다.[12] 즉, 이들의 창의성은 관심에서 시작된 것이지요. 관심은 관련 있는 주제에 대한 깊은 관찰과 관계를 바탕으로 삼아야 창의성과 연결됩니다. 때로는 전혀 다른 주제를 기웃거리다가 이것저것 통합해보는 과정에서 연결되기도 하지요. 올바른 피벗을 세우는 방법도 마찬가지입니다.

'2% 부족할 때'와 같이 성공했던 캠페인이나 프로젝트에서는 대개 관심과 관찰, 관계가 어느 정도 균형을 이룹니다. 저는 이것을 '기본기'라고 부르지요. 물론 기본기를 갖추더라도 모든 프로젝트가 성공하는 것은 아니지만, 성공한 프로젝트를 보면 반드시 기본기가 잘 갖춰져 있었습니다. 노래를 잘한다고 해서 오랫동안 사랑받는 가수가 되는 것은 아니지만, 오랫동안 사랑받는 가수는 대부분 노래를 잘하는 것과 같은 의미인 것이지요.

'관심'은 데이터를 넓고 깊게 보는 능력과 관련이 있고(유행에 민감한 젊은 소비자들이 '2% 부족할 때'를 더 이상 마시지 않는다), '관찰'은 데이터의 상관관계를 분석해서 최적의 해결 방법을 찾아내는 일과 관련이 있으며(젊은 소비자들은 새로운 매체를 활용하는 것을 불편해하지 않고, 그것에 의미를 부여하는 세대이며 '사랑'에 관심이 많다), '관계'는 해결 방법을 자신의 사업에 적용하여 구체적인 성과를 창출하는 일과 관련이 있습니다('사랑은 언제나 목마르다, 2% 부족할 때'라는 슬로건을 중심으로 상호작용이 가능한 캠페인을 진행한다). 이처럼 이 세 가지 역량은 서로 긴밀하게 연결되어 있습니다. 어느 한 가지만 뛰어나게 잘한다고 되는 것이 아닌 것이지요. 세 가지 역량이 적절하게 균형을 이루는 것이 중요합니다. 이 세 가지 역량은 제가 찾아낸 것이 아니라 이미 성공한 프로젝트에서 공통적으로 발견됩니다. 성과를 내는 사람들의 공통적인 자질이기도 하지요.

새로운 기회를 발견하기 위한 '관심'

새로운 기회를 발견하기 위한 '관심'에는 기존의 습관적 사고의 틀에서 벗어나 완전히 다른 관점으로 해결책을 찾으려는 유연함이 필요합니다. 2021년 한 해 동안 우리는 문샷씽킹을 하는 사람을 무려 세 명이나 동시에 목도하게 됩니다. 바로 업계의 관행을 깨고 새로운 혁신으로 산업 구조를 변화시켜온 버진 그룹(Virgin Group)의 리처드 브랜슨(Richard Charles Nicholas Branson), 이커머스의 기술력을 극강까지 끌어올린 아마존의 제프 베조스(Jeff Bezos), 전기 자동차라는 장르를 개척한 테슬라의 일론 머스크(Elon Musk)를 말이지요.

이들의 공통점은 달에 가는 것을 꿈꾸는 데 그치지 않고, 실제로 우주선을 쏘아 올렸다는 것입니다. 물론 이들의 행위가 어느 날 갑자기 등장한 것은 아닙니다. 먼저 우주여행을 시작하였던 선배들의 사례에 관심을 가졌지요. 2001년 5월에 미국의 기업가 데니스 티토(Dennis Anthony Tito)가 러시아 정부에 2,000만 달러(약 230억 원)를 지불하고 민간인으로서는 처음으로 러시아의 소유즈(Soyuz) 로켓을 타고 우주로 날아갔습니다. 에릭 앤더슨(Eric Anderson)이 세운 민간 우주 기업 스페이스 어드벤처스(Space Adventures)가 2001년부터 민간인의 우주정거장 관광 사업을 시작하였기 때문입니다.[13] 티토는 6일간 세계 유일의 다국적 우주정거장인 국제우주정거장(International Space Station, ISS)에 머물렀습니다. 이후 2002년에 남아프리카공화국의 사업가 마크 셔틀워스(Mark Richard Shuttleworth), 2005년에 미국의 사업가 그리그 올슨(Greg Olsen)등이 스페이스 어드벤쳐스를 통해 우주여행을 다녀왔습니다.[14] 하지만 스페이스 어드벤쳐스의 민간인 우주 관광은 2011년 미국 정부가 퇴역한 우주왕복선 대신에 소유즈 로켓을 사용하기로 계약하면서 중단됩니다.

주변 상황을 넓게 보는 '관찰'

'관심' 역량을 통해 문제 해결에 필요한 데이터를 잘 모았다면, 그 다음 단계는 '관찰'입니다. 우주 관광이 중단된 지 10여 년 만에 이번에는 민간 기업이 직접 만든 우주선이 우주여행에 성공합니다. 문샷씽킹의 문은 버진 그룹의 리처드 브랜슨이 열었습니다. 제프 베조스나 일론 머스크와 달리 리처드 브랜슨은 우리나라에서는 잘 알려져 있지 않지요. 어떤 인물인지 간단하게 살펴보겠습니다.

어릴 적에 난독증으로 고생한 브랜슨은 열일곱 살 때 학교를 중퇴하고, 중고 레코드 판매업에 뛰어들었습니다. 그리고 거기서 큰 성공을 거둔 뒤, 영국을 대표하는 음반사를 설립하며 기업가의 길을 걷게 되지요. 그는 직접 열기구를 타고 태평양을 횡단하거나, 최초의 민간 우주선을 쏘아 올리는 등 보통의 대기업 경영자와는 달리 파격적인 도전을 즐기는 모험가로도 유명합니다.

'독특한 발상'하면 둘째가라면 서러운 리처드 브랜슨이 항공 산업에 뛰어든 계기도 바로 문샷씽킹 때문입니다. 작은 섬에서 휴가를 마친 브랜슨이 업무 차 푸에르토리코에 가기 위해 공항에 도착했을 때의 일입니다. 한 대밖에 없던 항공 노선이 갑자기 취소되어 그날 예정된 사업 미팅이 모두 어그러질 판이었지요. 보통 사람 같으면 항공사에 항의하거나 미팅을 어떻게 연기할지 생각했겠지만, 브랜슨은 자신과 마찬가지로 취소된 항공편 때문에 곤란해 하는 많은 사람들을 관찰하고는 다른 생각을 합니다.

브랜슨은 비행기 한 대를 통째로 빌리는 데 2,000달러가 필요하다는 사실을 알아낸 다음, 노선 취소로 곤란에 빠진 사람의 수를 파악합니다. 그러고는 로비로 나가 '버진 항공, 푸에르토리코행, 39달러(약 4만 6,000원)'라고 쓴 칠판을 들고 표를 판매하지요. 표는 순식간에 다 팔렸고, 브랜슨은 무사히 비행기를 탈 수 있었습니다. 그리고 그 비행기 안에서 브랜슨은 싼값으로 승객을 태우는 항공사를 만들어볼 수도 있겠다는 생각을 하게 됩니다. 저가 항공사의 원조로 평가받는 '버진 애틀랜틱 항공(Vigin Atlantic Airways)'이 탄생하는 순간이었지요.

그로부터 38년이 흐른 2021년 7월 11일, '버진 갤럭틱(Virgin Galactic)'이 쏘아 올린 세계 최초의 민간 우주 관광 비행선 유니티(Unity)는 미국 뉴멕시코 주에서 지구 고도 85㎞까지 올라가 미세 중력을 체험하고 귀환하는 데 성공합니다. 이 여행에는 브랜슨을 포함해 총 6명이 함께하였습니다. 버진 갤럭틱에 따르면, 이미 약 600명이 25만 달러(약 3억 원)에 달하는 여행 티켓을 구매하였다고 합니다. 그러나 브랜슨의 여정이 순탄했던 것만은 아닙니다. 2004년 우주여행을 선언한 이후, 2014년 시험 비행 중에 조종사가 사망하는 등 기술적인 어려움도 겪었습니다. 다행히 이후 신청자가 몰리면서 다시 시작할 수 있었고, 결국 이날의 시범 여행까지 성공적으로 마칠 수 있게 된 것이지요. 브랜슨은 우주여행을 다녀오고 난 뒤, 우주여행에서 얻은 경험에 대해 기자 회견에서 다음과 같이 말하였습니다.

"어렸을 때부터 이 순간을 꿈꿔왔습니다. 솔직히 우주에서 지구를 내려다보는 일은 마법과 같았습니다. 우주에 가야만 직접 깨달을 수 있는 소소한 것들이 있었어요. 이번 비행은 내년에 판매 예정인 우주 관광 비행의 시험대입니다. 다음 사람이 우주에서 더 좋은 경험을 할 수 있도록 30~40가지를 노트에 메모해 왔습니다."

아마존의 최고 경영자인 제프 베조스 역시 같은 해인 2021년 7월 20일에 자신이 세운 우주 탐사 기업 '블루 오리진(Blue Origin)'의 첫 유인 우주 발사체인 '뉴 셰퍼드(New Shepard)'로 우주여행을 떠납니다. 동생인 마크 베조스(Mark Bezos)와 82세인 윌리 펑크(Wally Funk), 18세 청년 올리버 데이먼(Oliver Daemen)을 태운 채, 고도 107㎞에서 약 10분간의 비행을 한 뒤, 낙하산을 타고 귀환하였지요. 브랜슨보다 조금 더 올라갔지만, 미국 항공우주국(NASA)은 우주의 경계를 해발 고도 50마일(약 80㎞)로 인정하고 있으므로 큰 차이는 없습니다. 아울러 이는 최고령 우주여행사인 윌리 펑크가 베조스 덕분에 오랜 꿈을 이룬 사건으로도 잘 알려져 있습니다.[15]

두 달 뒤인 2021년 9월 16일에는 일론 머스크의 회사인 '스페이스 X(SpaceX)'에서 민간인만 태운 우주 관광용 우주선 '크루 드래곤(Crew Dragon)'을 발사합니다. 이 우주선에는 우주비행사나 우주탐사 기업 관계자를 제외한, '진짜' 일반 시민 네 명만 탑승하였습니다. 자동 조종 장치가 탑재되어 승객이 우주선을 직접 조종할 필요가 없었기 때문입니다. 이들은 420㎞ 상공에 있는 국제우주정거장과 540㎞ 상공에 있는 허블 우주망 원경보다 높은 360마일(약 580㎞) 지점에서 음속의

22배인 시속 2만 7359㎞로 3일간 지구 궤도를 선회한 뒤, 무사히 귀환하였습니다.[16)]

장기적인 성공을 위해 필요한 '관계'

리처드 브랜슨, 제프 베조스, 일론 머스크의 유인 우주선 전쟁에서 저의 관심을 끈 것이 있습니다. 바로 우주비행사들이 입은 우주복입니다. 사실 우리가 교과서에서 본 닐 암스트롱(Neil Alden Armstrong)의 우주복은 '세련되지 않은' 디자인이었습니다. 덕분에 '우주인'하면 성조기를 들고서 미쉐린(Michelin) 타이어맨처럼 부피가 크고, 커다란 우주복을 착용한 채, 뒤뚱뒤뚱 걷는 모습이 떠오릅니다. 하지만 버진 갤럭틱, 블루 오리진, 스페이스X가 선보인 우주복은 달라도 너무 달랐습니다.

근사한 헬멧과 일체형의 날렵한 전신 슈트, 그리고 세련된 검정색

〈그림 9-2〉 SF 영화의 등장인물들이 입을 듯한 디자인의 우주복들.
왼쪽부터 버진 갤럭틱, 블루 오리진, 스페이스X

부츠로 마치 우주 시대를 배경으로 한 유명 SF애니메이션《기동전사 건담》의 등장인물들이 입을 법한 디자인입니다. 버진 갤럭틱의 우주 복은 스포츠용품 업체 '언더아머(Under Armour)'가 제작하였습니다. 그래서《스타 트렉(STAR TREK)》에 등장할 듯한 날렵한 스타일을 자랑 하는 것이지요. 단기 우주 관광에 중점을 둔, 전문가가 아닌 여행자들 의 탑승복으로 개발한 것입니다. 버진 갤럭틱의 25만 달러(약 3억 원)짜 리 1인용 티켓 가격에는 우주복도 포함될 예정이라고 합니다.

유명 브랜드와 협업하지는 않았지만, 블루 오리진의 우주복 역시 교과서에서 봤던 디자인과는 확실히 다른, '멋지다!'는 생각이 듭니다. 스페이스X의 우주복은 한술 더 떠서 영화《배트맨(Batman)》과《어벤 져스(The Avengers)》에서 의상 디자인을 맡았던 호세 페르난데스(Jose Fernandez)가 디자인하였습니다. 어느 날, 호세 페르난데스에게 전화 한 통이 걸려옵니다.

"여긴 스페이스X인데요, 혹시 우주복 디자인해 주실 수 있나요?"

문제는 시간이 2주뿐이라는 점이었습니다. 그럼에도 페르난데스는 우주복 전체를 만들 시간은 없지만, 헬멧만이라도 한 번 만들어보겠다 고 답변합니다. 스페이스X는 페르난데스를 포함해서 총 여섯 명의 디 자이너로부터 시안을 받았습니다. 뚜껑을 열어 보니 머스크가 유일하 게 마음에 들었던 시안이 바로 페르난데스의 헬멧이었지요. 이후 페르 난데스는 머스크와 함께 6개월 동안 스페이스X의 우주인이 입을 우주 복을 디자인합니다. 다음은 페르난데스가 뉴욕타임즈와의 인터뷰에서 밝힌 내용입니다.

"머스크는 우주복이 실용적인 것도 중요하지만, 우선 멋져 보여야

한다고 강조했습니다. 턱시도 같은 디자인을 예로 들었어요. 누가 입어도 멋져 보이는 디자인을 만들어달라는 의미지요. 머스크는 스페이스X의 우주복을 입으면 누구나 히어로처럼 멋져 보였으면 좋겠다고 말했습니다."

그래서 페르난데스는 실용성보다는 '멋'스러움을 강조한 우주복을 디자인하게 됩니다. 헬멧은 건담 로봇의 조종사가 사용하는 것처럼 시야를 넓게 만들고, 옆에는 아래쪽까지 검은색 라인을 대어 몸매를 날씬해 보이게 하였지요. 또 쇄골에서 무릎까지는 《스타 트렉》을 연상시키는 얇은 선을 입혀 세련미를 더했으며, '캡틴 아메리카(Captain America)' 스타일의 부츠를 매치시켜 《어벤져스: 엔드게임(Avengers: Endgame)》의 타임머신 우주복을 연상하게 만들었습니다. 진짜 할리우드 SF 영화나 슈퍼히어로 영화에 나올 법한 우주복이었지요. 이후 엔지니어들의 수정을 거쳐 우주여행에 적합한 옷으로 탄생하였습니다. 물론 애초부터 '완전 군장'형 우주복이 아니라 로켓을 타고 우주정거장까지만 가는 데 사용될 우주복이었기에 더 멋지게 디자인할 수 있었던 것이지요. 그렇다면 이들이 우주복 디자인에 신경을 쓴 이유는 무엇일까요?

우주 프로그램이 정부 주도로 이뤄졌을 때는 우주복이 매력적일 필요가 없었습니다. 우주복은 그저 편하고 안전하면 그만이었지요. 하지만 민간 기업이 우주여행 사업에 뛰어든 다음에는 상황이 달라졌습니다. 이윤을 추구하는 이 기업가들의 시각에서는 우주여행에서 멋진 우주복은 또 하나의 마케팅 수단이었던 것입니다.

소비자의 데이터를 악용하는 순간, 그 기업은 건널 수 없는 강을 건너게 됩니다. 결국 단기적인 성과에 그치지 않고, 장기적인 성공을 거두려면 반드시 고려해야 하는 것이 '관계'인 것이지요. 그리고 만약 소비자들로부터 긍정적인 피드백이 없다면 다시 관찰하고 고찰해야 합니다. 관심, 관찰, 관계 이 세 가지가 '나침반'이라면, 기술은 '지도'라고 할 수 있습니다. 여러분이 목적지를 정확하게 짚어 낼 수만 있다면 나침반은 여러분에게 목적지로 가기 위한 올바른 방향을 제시해줄 것입니다.

⌐ 헤드라이트 ⌐

타깃별로 다르게 공략한다

CASE STUDY

이번에 '나나네 농장'에서 야심차게 내놓은 신제품은 건강한 두부의 식감을 얇은 면에 그대로 담은 면두부입니다. 얇은 면 타입 두부로 식감이 상당히 좋고, 부담 없이 먹을 수 있어 두부를 좋아하지 않는 사람도 두부의 영양소를 그대로 즐길 수 있지요. 이 제품은 '밀가루 대신 건강한 콩으로 만든 면은 왜 없느냐?'는 소비자 조사 결과를 바탕으로 개발되었습니다. 제품 출시를 앞두고 나나네 농장에서는 어떤 광고 전략을 세울지 고민하기 시작하였습니다.

나나네 농장의 박찬영 팀장은 여러 플랫폼에 동일한 이미지로 광고하는 것이 옛날 방식이라고 생각하였습니다. 동일한 비주얼과 슬로건으로 광고, 포스터, 모바일, 웹 사이트를 통일해도 소비자에게 관심을 받지 못하면 그것은 기업의 자기만족에 지나지 않는다고 생각한 것이지요.

광고는 광고로서의 효과적인 표현을 생각하고, 모바일 프로모션은 모바일에서 효과를 낼 수 있는 표현이 필요합니다. 그렇다면 메시지는 통일하되 가급적 다른 표현으로 연동시킬 방법은 없을까요?

소비자와의 접점에 따라 전달법을 바꾼다

신제품인 '면두부'의 광고 목표는 두부를 좋아하지 않는 남성 고객층을 유입하는 것입니다. 사실 기존의 광고 형식으로는 아무리 고소한 식감을 잘 전달해도 애초에 두부에 관심이 없는 남성은 눈길조차 주지 않을 것을 잘 알고 있었습니다. 그렇기에 어려운 과제였지요. 며칠이고 회의를 거듭한 끝에 한 직원이 다음과 같은 말을 하였습니다.

"혼자 사는 남자를 타깃으로 하면 어떨까요?"

〈그림 9-3〉 출처: 라라스팜(@rarasfarm_) 인스타그램

이에 박찬영 팀장이 다시 되물었습니다.

"혼자 사는 남자를 타깃으로 하려면 간단한 면 종류 음식이거나 여자 친구를 위한 스파게티 같은 음식을 만들 수 있다고 알리는 게 좋을것 같은데, 다들 어떻게 생각하세요?"

이후 구체적인 논의가 다시 시작되었고, 최종적으로 인스타그램에서 남성 대상 면 요리 콘테스트 이벤트를 중심으로 마케팅 커뮤니케이션을 조합하기로 결정하였습니다.

또 광고 대행사를 통해 TV 프로그램 《신상출시 편스토랑》에 면두부를 협찬하였습니다. 말랑말랑한 식감을 표현하기 위해 혼자 사는 남자 배우가 직접 면두부를 이용한 요리를 만드는 식이었지요. 방송이 나가자 인스타그램에 응모자의 수가 급격히 증가했고, 방송이 끝난 뒤에는 영상과 인스타그램 참여자들의 레시피를 쇼핑몰의 상세 페이지에 소개하였습니다.

이렇게 소비자와의 접점에 따라 표현을 다르게 하고, 그 접점 플랫폼

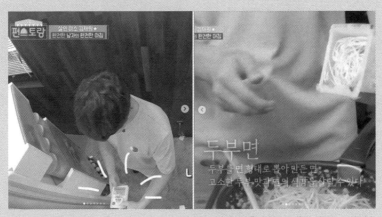

〈그림 9-4〉《신상출시 편스토랑》의 면두부 요리 방송

을 연동한 결과, 나나네 농장의 면두부는 두부 카테고리에서는 보기 드물게 히트 상품이 되었습니다.

소비자의 상황에 맞는 다양한 비주얼과 카피로 고객 접점 관리

광고의 효과는 플랫폼 활용 능력에 좌우됩니다. 따라서 플랫폼의 상황에 따라 광고 제작물을 유연하게 변화시켜야 하지요. 모바일(스마트폰, 태블릿PC)은 광고에서 세력을 서서히 확장해 2018년에는 대표적인 광고 매체인 TV의 광고비를 넘어 업계에 충격을 주기도 하였습니다.

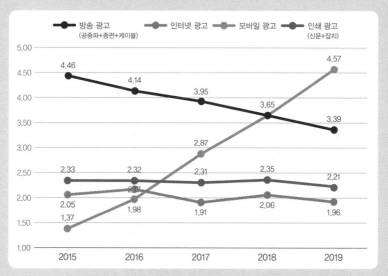

〈그림 9-5〉 플랫폼별 광고비

자사가 운영하는 SNS를 비롯한 모바일 광고는 기존 광고와는 다른 세 가지 특징이 있습니다.

첫째, 매스 미디어(Mass Media)처럼 사람들이 보고 싶어 하는 프로그램이나 기사가 존재하지 않기에 광고 자체로 흥미를 끌어야 합니다.

둘째, TV나 신문처럼 광고를 소비자에게 전달하는 플랫폼과 달리, 소비자가 관심을 가지고 있을 정보를 제공해 자사의 웹 사이트나 SNS에 찾아오도록 해야 합니다.

셋째, 소비자들이 찾아오는 콘텐츠를 만들었더라도 먼저 사람들에게 이를 알려야 합니다. 소비자가 그 콘텐츠를 자발적으로 확산시키는 것은 그다음 문제입니다. 이런 이유로 검색 엔진이나 소셜 미디어 등을 통한 참여 유도를 목적으로 여러 광고 매체를 활용하는 플랫폼 전략이 필요합니다.

소비자는 TV를 접촉할 때와
모바일을 접촉할 때의 태도가 다르다

이런 플랫폼 전략은 간단히 말해 IMC(Integrated Marketing Communi-cation, 통합 마케팅 커뮤니케이션)에 모바일을 추가한 것입니다. 최근 들어 모바일을 광고에 활용하면서 광고를 하나의 메시지와 목소리로 통일하는 전략은 장점을 잃어가고 있습니다. 모바일은 이전 광고 매체들과는 근본적으로 다른 특징을 지니고 있기 때문이지요.

소비자의 미디어 대응 방식도 TV와 모바일을 대할 때, 각각 다릅니

다. TV는 물리적으로 시청자와 떨어져 있고, 일방향(一方向)으로 전달되는 전자 기기입니다. 그렇기에 프로그램과 프로그램 사이의 광고를 보다가 마음에 드는 제품의 광고가 나오면 소비자는 그 광고를 기억해야만 합니다. 반면, 모바일 광고는 일반적으로 손안에 있는 태블릿PC나 스마트폰으로 보는 방식입니다. 입력하고 클릭하는 능동적인 행위를 하기가 매우 쉬운 구조인 것이지요.

뉴스 기사를 종이신문으로 읽을 때와 모바일로 볼 때는 느낌도, 행동 양식도, 상황도 모두 다릅니다. 모바일이 일상화된 지금 생각하면 초기 IMC에서 하나의 이미지와 목소리로 통일하는 것은 기업과 광고를 제작하는 광고 대행사 입장에서의 효율일 뿐, 소비자 입장에서는 의미 없는 일입니다. 이제는 소비자의 플랫폼 접촉 상황에 맞춘 최적의 비주얼과 카피를 고민해야 합니다.

통일에서 연동으로, '현대자동차 X 방탄소년단' 캠페인의 사례

최근 높은 성과를 올리는 마케팅 커뮤니케이션을 보면 '통일'보다 '연동'을 강하게 의식하는 것을 알 수 있습니다. 동일한 메시지나 주제를 중심으로 연동하되, 표현이나 스토리는 플랫폼에 맞춰 조정하는 방식이지요. 대표적 사례가 최근 유튜브 전용으로 선보인 현대자동차와 방탄소년단의 수소에 관한 짧은 다큐멘터리 광고입니다. 이 광고는 제품보다 잘 만들었다는 평가를 받기도 하였지요.

〈그림 9-6〉 '현대자동차 X 방탄소년단'의 수소에 관한 짧은 다큐멘터리

전 세계인의 인식 제고와 행동 촉진을 위해 UN이 제정한 '세계 환경의 날(6월 5일)'을 맞아 제작한 이 광고의 내용을 살펴보겠습니다. 2021년은 UN의 '생태계 복원 10년 계획(Decade on Ecosystem Restoration)'이 시작되는 첫해입니다. 이번 환경의 날 행사의 테마 또한 '생태계 복원'이지요. 세계 환경의 날은 미래 세대에게 전 세계의 다채로운 생태계를 물려주기 위해 차량, 선박, 트럭, 항공기 등에 사용할 새로운 연료를 고민하고 고안할 수 있는 기회입니다. 이러한 세계 환경의 날을 기념하고 알리기 위해 방탄소년단의 정국이 인터뷰를 준비합니다. 그리고 인터뷰의 주제가 정해지지요.

"수소?!"

수소에 대한 이야기를 한다는 말에 정국이 깜짝 놀라자 RM이 등장해서 다음과 같이 말합니다.

"For tomorrow, we won't wait"

이어서 RM은 전 세계 친환경 인플루언서들과 화상 회의를 시작합니다.

"우리는 지구를 지켜줄 영웅이 필요합니다. 영웅은 슈퍼히어로도, 대통령도, 환경운동가도 아닌 바로 우리 자신입니다. 수소와 관련된 기술, 인프라가 도입되면 우리 모두 영웅이 될 수 있습니다."

사실, 세계 곳곳에는 세상을 바꾸기 위해 앞장서서 행동하는 이들이 많습니다. 투옛 투투 디우(Tuyet Tutu Dieu)는 조깅을 하며 쓰레기를 줍는 플로깅(Plogging)을 즐기고, 레아 후퍼츠(Leah Huppertz)는 제로 웨이스트 샵(Zero Waste Shop)에서 쇼핑을 하고, 마히나 로젠펠트(Mahina Rosenfeldt)는 쓰레기를 줄이기 위해 다양한 노력을 하고 있지요.

RM과의 화상 회의에서 레아 후퍼츠는 지구온난화에 대해 이야기하고, 투옛 투투 디우는 주변에서 수소 충전소를 본 적이 별로 없다고 말합니다. 그리고 다른 사람들은 일상에서 수소를 어떻게 활용할 수 있는지 질문하지요. 이러한 질문에 RM은 수소가 환경 보호에 차츰 도움이 되고 있다는 사실을 이야기합니다. '수소 도시'들이 만들어지고, 세계 각국은 수소에 필요한 인프라를 짓는 등의 투자를 하고 있다고 말이지요.

현대자동차는 이번 광고를 통해 지구를 구해줄 누군가를 기다리지 않고 먼저 행동하고 있으며, 수소는 이러한 자신들의 노력에서 큰 부분을 차지하고 있음을 알리고자 하였습니다. 현재 이 영상은 누적 조회수가 3,113만 회를 넘어설 만큼 큰 인기를 끌고 있습니다. 수소에 대한 캠페인은 15초나 30초간 방송하는 TV 광고에서는 설명하기 어렵습니다. 설명할 수 있다고 해도 거기에 재미나 시선을 잡는 요소를 부여하기 어렵기에 아무도 주목하지 않을 것입니다.

'현대자동차 X 방탄소년단' 같은 콘텐츠 광고는 에피소드 형식으로 관심을 끌고, 관심을 갖게 된 시청자들이 좀 더 많은 정보를 얻기 위해 홈페이지를 찾게 만듭니다.

여기서 주목할 것은 '광고와 캠페인의 연동'입니다. 현대자동차는 광고에 이어 '탄소 중립(carbon neutrality)'의 중요성과 브랜드 메시지를 전파하기 위한 '익스펙팅젠원(#ExpectingGen1)'이라는 캠페인을 시작하였습니다. 익스펙팅젠원은 탄소 중립 실현에 따른 긍정적 변화를 느끼며 살아갈 첫 미래 세대인 '제네레이션 원(Generation 1)'을 기대한다는 의미로, 친환경 소비에 열정적인 MZ세대(1980~2000년대 출생)를 대상으로 탄소 중립의 개념을 쉽고 친근하게 전달하기 위해 기획되었습니다. 방탄소년단이 이벤트 영상에서 보여준 춤을 직접 콘텐츠로 제작해 틱톡 같은 플랫폼에 공유하면 캠페인 참여가 완료되지요.

이처럼 미디어 활용이 통일에서 연동으로 변화된 이유 중 하나는 최근 상품의 기능이 한마디로 설명할 수 없을 정도로 복잡하고 다양해졌기 때문입니다.

고객 접점을 세분화하는 4가지 포인트

고객이 특정 상품에 대한 정보를 입수하는 경로는 다양합니다. TV 광고나 신문 광고, 인터넷 광고 등 기업에서 직접 정보를 얻거나, 주변 사람이 그 상품을 사용하는 것을 보고 정보를 얻는 경우도 있습니다. 또한 매장 내에서의 다양한 자극이나 친구, 주변인과의 대화, 입소문, SNS 글, 기업 홈페이지, 방송이나 뉴스, 신문, 잡지 기사 등에도 정보가 있지요. 이런 다양한 경로 중 상품과 고객을 연결하는 유효한 접점이 바

로 '고객 접점'입니다. 그리고 이 같은 광고를 비롯해 다양한 고객 접점을 고려하고, 그것을 충분히 활용해 최적의 커뮤니케이션 전략을 세우는 것을 '고객 접점 관리'라고 합니다.

고객 접점 관리와 관련해서는 미국의 '오길비 앤드 매더(Ogilvy & Mather)'라는 광고 대행사에서 개발한 '360도 커뮤니케이션(360 degree communication)' 개념이 잘 알려져 있습니다. 우리나라에서는 LG그룹 계열 광고 대행사인 HS애드(HS Ad)에서 가장 먼저 사용하였으며, 현재 대부분의 광고 대행사에서 이 개념을 사용하고 있습니다.

360도 커뮤니케이션이란 TV 광고, 포스터, 웹 사이트 등은 물론, 직원의 유니폼이나 고객 응대 문구, 입소문 등 고객 주변의 다양한 접점을 고려해 과제나 예산, 상황에 맞는 접점을 추출하여 커뮤니케이션 경로로 활용하는 것을 말합니다. 이때 지금까지 인식하지 못한 새로운 고객 접점을 발견하면, 그 자체가 마케팅 커뮤니케이션의 아이디어가 되기도 합니다. 이와 관련해서는 11장에서 자세히 살펴보도록 하겠습니다.

다음은 마케팅 커뮤니케이션에서 고객 접점 관리를 유효하게 활용하기 위한 4가지 포인트입니다.

❶ 메시지나 콘셉트는 통일하고, 표현상의 통일은 의도적으로 하지 않는다.

❷ 사용자가 해당 플랫폼에 접촉하는 사정이나 상황에 맞춰 최적의 것을 만든다.

❸ 지금까지 고려하지 않았던 고객 접점을 360도로 검토한다.

❹ 여러 접점을 연동한다.

위의 4번에서 연동해야 하는 것은 앞에서 배운 대로 자신이 운영하는 모든 SNS, 인터넷 및 모바일 플랫폼 등입니다. 인쇄물을 만들 때도 자사 웹 사이트와의 연동을 고려하고, 옥외 광고에서도 그 광고를 본 소비자들이 자사 블로그에 들어오게끔 만들어야 하지요. 또 매장 판매원의 고객 응대 역시 인스타그램 이벤트와의 연동을 의식하고, 흥미를 끌 수 있는 동영상 콘텐츠를 유튜브에 게시하는 것이 좋습니다. 이렇듯 다양한 고객 접점을 고려한 새로운 타입의 마케팅 커뮤니케이션에 도전하는 것은 효과적인 광고를 만드는 데 필수 조건이라고 할 수 있습니다.

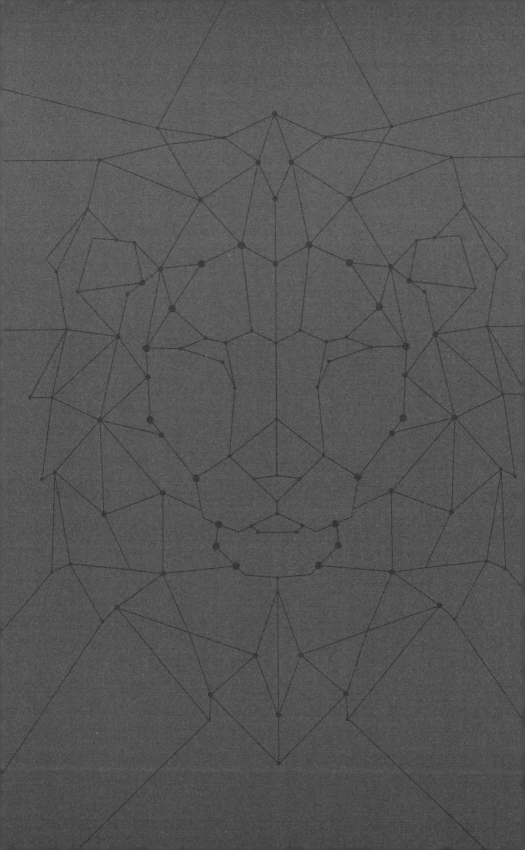

제4부.
인과관계의 오류

"인간은 누구나 인생의 고비를 맞습니다. 때로는 외나무다리에서 저글링을 하는 기분마저 들기도 합니다. 이때 성공과 실패의 결정적 차이를 만들어내는 것은 저글링 실력이 아닙니다. '어느 것이 고무공이고, 어느 것이 유리공인지'를 구분할 줄 아는 능력입니다. 제 경우에는 가장 조심스럽게 다루어야 할 공, 절대로 떨어뜨리지 말아야 할 공은 언제나 '사람'과 '시간'이었습니다."

– 필립 레이더(Philip Lader)[1]

제4부.
'인과관계의 오류' 들어가기

네 번째 이야기는 '학벌 사회를 극복하고자 하는 우리의 노력과 교육 제도의 변화는 과연 인과관계가 있는가'라는 주제에서 출발합니다. 지금껏 겪었던 가장 날벼락 같은 교육 제도는 이명박 정부의 '영어 몰입 교육'이었습니다. 당시 저는 ㈜한우리열린교육이라는 독서 교육 회사로 막 이직을 했던 상황입니다. 위기를 극복하기 위해 평소 존경하던 데이비드 오길비(David Ogivy)의 저서 『광고 불변의 법칙』의 내용을 실전에 활용하여 경쟁사를 따돌리고, 업계 1위를 달성하였습니다.

하지만 당시의 자료와 관련 문헌을 검토하는 과정에서 제가 그동안 오길비를 너무 미화하지 않았나 하는 반성을 하게 되었습니다. 제4부의 이야기를 풀어가는 과정에서 상관관계와 인과관계가 오해하여 발생하는 문제점이라는 것을 알게 되었거든요. 또 교육 제도와 학벌 사회에 대한 내용은 졸저 『대치동 독서법』의 공저자인 (주)씨앤에이논술 대치본원 여성오 원장의 도움을 받았습니다.

10장.
완장증후군

'만 5세 초등학교 입학' 방침으로 논란을 빚은 박순애 교육부 장관이 취임 34일 만에 물러났습니다. '취학 연령 하향'과 '외고 폐지'라는 민감한 주제를 단지 장관이라는 이유로 아무런 예고나 사전 조율 없이 발표했기 때문입니다. 정부의 국정 과제에도 없던 이 무모한 학제 개편으로 인해 윤석열 정부 1기 내각 중 첫 사임으로 기록되었습니다. 그렇다면 박순애 장관은 왜 그런 폭탄 발언으로 공공의 적이 되었을까요? 바로 '완장증후군' 때문입니다. 완장증후군이란 윤흥길의 소설 『완장』에서 유래된 용어로 직책을 맡으면 슈퍼히어로가 된 것으로 착각하고 만용을 부리는 행태를 꼬집는 말입니다.

『완장』에는 박순애 장관처럼 전문성도 없이 하루아침에 완장을 차게 된 종술이라는 인물이 등장합니다. 어느 날, 땅 투기로 성공한 사업가인 최 사장은 이곡리에 양어장을 만들고, 그 감시를 주인공 종술에게 맡기려고 합니다. 그러나 종술은 최 사장의 제안을 거절하지요. 종술이 자신의 제안을 거절하자 최 사장은 '완장을 차게 해 준다'며 설득에 나섰고, 결국 종술은 저수지 감시를 맡게 됩니다. 고향에 돌아와 낚시질이나 하며 한량으로 지내던 종술은 한순간에 47만 평이나 되는 양어장의 감시원이 되자 느닷없이 완장을 차고 권력을 휘두르기 시작합니다. 도시에서 놀러와 낚시질을 하던 남녀들에게 기합을 주기도 하고, 고기를 잡던 동창 부자를 폭행하기도 하지요. 완장 하나로 슈퍼 파워를 얻게 된 종술은 읍내에 나갈 때는 물론, 어디를 가던 자신이 마을의 주인인 것처럼 활보를 하고 다닙니다. 하지만 산이 높으면 골도 깊어지는 법일까요? 완장의 힘을 믿고 안하무인 사람들을 괴롭히던 종술은 자신을 고용한 최 사장의 일행에게까지 낚시를 금지하는 만행을 저지르고, 결국 괘씸죄에 걸려 감시원 자리에서 쫓겨나게 됩니다.

완장증후군이 가져온 절체절명의 위기

박순애 장관의 낙마에 대해 박남기 광주교대 교육학과 교수는 언론과의 인터뷰에서 다음과 같은 일침을 가합니다.

"교육부 장관도 경제나 외교 등 다른 부처처럼 전문성을 갖춰야 합니다. '아무나 할 수 있다'는 생각부터 버려야 해요."

전문성이 부족한 인물이 우리나라 교육을 뒤흔든 것은 이번이 처음은 아닙니다. 특히 이명박 정부 시절, 이주호 교육과학기술부 제1차관(현 교육부 장관)과 이경숙 대통령직 인수위원장이 함께 시행한 '영어 몰입 교육'은 교육 정책에 대한 불신을 심어준 대표적인 사례로 제 기억에 또렷하게 남아 있습니다. 광고 회사에서 이직한 곳이 하필이면 독서 교육 회사였는데, 영어 몰입 교육에 대응할 만한 뚜렷한 대안을 찾지 못하였기에 위기와 함께 매출이 급감하고 있었거든요.

당시 독서 교육 시장은 한솔 주니어 플라톤(이하 '한솔 교육')이 1위, 한우리 독서토론 논술(이하 '한우리')이 2위, 대교 솔루니(이하 '대교')가 3위였습니다. 다만 한우리의 경우 2위였지만, 하향세가 뚜렷하였지요.

독서 교육이라는 새로운 시장을 처음 열었기에 오랜 기간 1위를 고수했지만, 대형 자본과 유통망을 갖춘 한솔 교육이 시장에 뛰어들자 손쉽게 1위 자리를 내주었고, 대교의 등장으로 2위 자리마저 위태로웠기 때문입니다. 게다가 디지털 대성, 교원 빨간펜, 웅진 씽크빅 등도 독서 교육 시장에 뛰어들고 있던 상황이었지요.

영어 몰입 교육 정책이 발표되자 한우리는 절망에 빠졌습니다. 내부에서는 커다란 혼란이 발생하였고, 직원들이 서서히 회사를 떠나기 시작했습니다. 정부의 의욕적인 영어 중심 교육 정책이 난데없는 독서 교육 업체에게 핵폭탄처럼 다가온 것입니다. 변화의 길목에서는 뿌리를 깊게 박은 사람조차 빠져나가기 어려운 법입니다. 백년 기업 '코닥(KODAK)'이 파산하였고, '노키아(NOKIA)'도 사라진 것을 보면 알 수 있지요. 이렇듯 독서 교육이라는 한 우물만 파던 한우리는 창사 이후, 최대 위기에 빠지게 되었습니다.

패배자의 패턴에 익숙한 사람들

회사에는 비상 대책 회의가 소집되었습니다. 최종 결정권자인 회장님의 입술에 모든 사람의 시선이 집중되었습니다.

"우리는 웅진이나 대교, 한솔처럼 큰 회사가 아니어서 회원들이 지금처럼 빠져나가면 버틸 수가 없습니다. 구조 조정으로 겨우 살아남더라도 경쟁자들에게 밀려날 게 뻔해요. 이렇게 해도 죽고, 저렇게 해도 죽게 생겼습니다. 여러분, 좋은 방법이 없겠습니까?"

대다수가 머리를 숙인 채 묵묵부답으로 일관하였고, 한 임원의 입에서 광고비를 줄이고 구조 조정을 해서 버텨보자는 의견 정도가 나왔습니다. 그때 저는 '마음속에 패배자의 패턴이 있는 사람은 같은 상황을 마주하더라도 더 많이 두려워한다.'는 사실을 깨달았습니다. 그들은 부정적인 상상을 더 빨리하고, 그 상상을 뒷받침할 만한 이유를 더 잘 찾아냅니다. 그리고 그 결과, 두려움은 더욱더 증폭되지요. 만약 중요한 결정을 내리는 리더의 마음 상태가 이와 같다면, 위기가 닥쳤을 때 그의 결정을 믿고 따를 수 있을까요? 만약 자신의 마음 상태가 이와 같다면 선택의 순간에 스스로의 판단을 신뢰할 수 있을까요?

살다 보면 도저히 앞이 보이지 않는 상황에 맞닥뜨리곤 합니다. 그럴 때는 피해를 최소화하는 것이 급선무인데, 그 출발점은 다른 데 있지 않습니다. 두려움에서 벗어나 평소와 다름없는 침착한 태도를 회복하는 것이지요. 하지만 한우리의 상황은 더욱더 악화되었습니다. 업계 1위인 한솔 교육에서 마케팅 예산을 줄인다는 소식이 들려온 것이지요. 대교는 아예 독서 교육 사업에서 철수한다는 소문이 돌았습니다. 이런 상황에서 침착한 태도를 유지한다는 것은 생각조차 할 수 없는 일이었지요.

호랑이굴에 들어가도 정신만 똑바로 차리면 산다

두려움은 두려움의 원인을 제거하면 저절로 사라집니다. 로마 황제 마르쿠스 아우렐리우스(Marcus Aurelius)가 게르만족과 전쟁을 벌일 때

의 일입니다. 로마인들은 게르만족을 변방의 야만족이라 여기며 무시했지만, 게르만족의 힘은 생각보다 강했습니다. 고도로 훈련된 로마의 정규군으로도 고전을 면치 못하자 아우렐리우스는 기선을 제압할 묘안을 생각해 냈습니다. 바로 아프리카의 식민지에서 데려온 사자들을 게르만족과 싸우는 전장에 풀어놓은 것이지요.

사자라는 동물을 처음 본 게르만족은 눈앞에서 굶주려 날뛰는 커다란 짐승 앞에서 온몸이 얼어붙을 수밖에 없었습니다. 날카로운 이빨을 드러낸 채, 자신들을 향해 달려오는 짐승은 공포 그 자체였기 때문입니다. 그러나 얼어붙은 몸을 다시 한번 이끌고, 전장에 달려 나갈 수 있도록 상황을 역전 시킨 것은 게르만족을 이끄는 누군가의 한마디였습니다.

"걱정하지 마라! 저것은 개다. 로마의 개일 뿐이야!"

그 한마디에 모두의 두려움이 사라졌습니다. 여전히 크고 사납기는 했지만, 더 이상 미지의 짐승이 아니라 개라는 '앎'의 대상으로 바뀐 것이었습니다. 무지의 영역이 앎의 영역으로 바뀌자 게르만족은 상대를 향해 거침없이 돌진할 수 있었고, 아우렐리우스의 묘안을 수포로 되돌려 버렸습니다.

이처럼 막연한 두려움에 사로잡혀 있다면, 우선 그 두려움에 대해 더 많이 알아야 합니다. 즉, 두려움의 원인을 제거하는 가장 좋은 방법이 바로 '앎'인 것이지요. 또한 많이 알기 위해서는 관찰해도 좋고, 정보를 모아도 좋고, 테스트 삼아서 직접 체험을 해보아도 좋습니다. 아니면 게르만족의 리더처럼 대상에 대한 긍정적인 가설을 과감하게 내리는 것도 좋습니다. 무엇을 해도 좋으니 겁에 질려 움츠리는 대신, 두려움의 대상에 대해 더 많이 알아가야 합니다. 아는 것이 늘어날수록 두려움이 차지할 공간은 줄어듭니다.

임원들이 한 명씩 돌아가면서 이야기를 나누는 가운데 제 차례가 왔습니다. 저는 이야기하기에 앞서 미리 준비한 자료를 한 부씩 나누어드렸습니다. 광고계의 대부 데이비드 오길비(David Ogilvy)의 『광고 불변의 법칙』이라는 책에 등장하는 '광고는 판매 비용이 아닌 생산 비용으로 이해해야 한다.'는 내용이 담긴 자료였지요.

"이번 기회에 경쟁사들이 떨어져 나가면 주도권은 반드시 우리에게 옵니다. 제 주장을 뒷받침하기 위해 여러분께 보여드릴 표를 하나 가져왔습니다."

거기에는 1974년과 1975년 미국의 경기 후퇴기에 광고비를 줄인 기업과 줄이지 않은 기업의 매출이 1977년도에 어떻게 달라졌는지 소개되어 있었습니다.

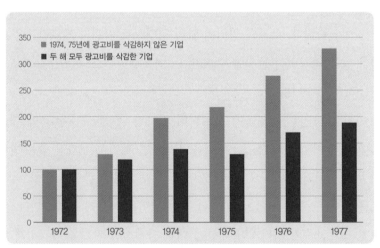

〈그림 10-1〉 경기 후퇴기에 광고비를 삭감한 기업과 삭감하지 않은 기업의 매출 격차
(자료: 아메리칸 비즈니스 프레스)

오길비는 과거 여섯 차례의 불경기에 대한 연구물들을 살펴본 결과, 광고 예산을 삭감하지 않은 회사들이 삭감했던 회사들보다 수익 증대 폭이 더 컸다는 사실을 알아냈습니다. 5년 동안 23개 산업 제품을 구매한 남녀 4만 명을 조사한 어느 조사 결과를 통해 광고가 지속되면 불경기에도 시장 점유율이 올라간다는 사실을 발견한 것이지요. 이를 바탕으로 오길비는 '광고는 제품의 일부다.'라고 주장하였습니다. '광고는 판매 비용이 아닌 생산 비용'이라는 말이 이런 의미였던 것이지요. 아무리 어려운 시기에도 제품에 꼭 들어가야 할 원재료를 아껴서는 안 됩니다. 마찬가지로 어떤 경우에도 광고비는 줄이면 안 됩니다. 이것이 오길비의 경험을 빌린 제 주장이었습니다. 그리고 저는 이어서 다음과 같은 말도 덧붙였습니다.

"정부의 영어 몰입 교육 정책은 하늘이 주신 기회입니다. 이번에야말로 업계 1위로 올라설 수 있을 것입니다."

'다들 이렇게 한다더라'의 함정

두려움에 사로잡히면 다수의 사람들은 생각을 멈춘 채 그저 남들이 하는 대로 합니다. '다들 이렇게 한다더라' 하며 조급하게 달려가지만, 그중 누구도 어디를 향해 가는지를 모르게 되는 것이지요. 그런 식으로 다 함께 직진한다면 언젠가 도달할 곳은 결국 절벽과 바다뿐입니다. 다행스러운 것은 어느 곳이든 그 흐름에 제동을 걸고 중심을 잡는 소수의 사람이 있다는 것입니다. 다들 두려움에 사로잡혀 올바른 판단을 하지 못할 때, 먼저 두려움에서 빠져나와 '괜찮다!'며 흔들리지 않는 모습을 보여주는 사람 말이지요. 영국의 탐험가 어니스트 섀클턴(Sir Ernest Henry Shackleton)은 '위대한 실패'의 대명사로 꼽히는 인물입니다. 그는 남극 횡단을 목표로 탐험을 떠났다가 조난을 당한 뒤, 무려 634일간 극지방을 헤맨 끝에 27명의 대원 모두를 데리고 살아 돌아왔습니다. 그들이 해낸 일 중에는 5개월 동안 얼음 위를 걷거나, 10m 크기의 돛단배로 태풍이 몰아치는 1,300km의 바다를 건너거나, 아무런 장비 없이 빙하로 뒤덮인 산맥을 넘은 일도 있습니다. 모두 얼음을 씹어 목을 축이고, 펭귄의 날고기를 삼키면서 해낸 일입니다.

그렇다면 섀클턴과 그의 대원들은 어떻게 두려움을 이겨냈을까요? 바로 자기 몸의 두려움을 먼저 극복한 섀클턴이 흔들리지 않는 정신으로 대원들을 이끈 덕분이었습니다. 그는 영하 30℃의 눈보라 속에서 꾸벅꾸벅 조는 대원들의 뺨을 때려가며 움직이라고 소리치거나, 자신에게 할당된 비스킷을 몰래 다른 대원에게 건네며 용기를 북돋기도 하였습니다. 조금도 두려워하지 않은 채 끊임없이 다독이는 섀클턴을 보며 다른 대원들도 두려움에 휩쓸리지 않을 수 있었던 것이지요. 이렇듯 위기에 처하면 두려움에서 벗어나 정상적인 판단이 가능한 상태로 돌아오는 것이 가장 먼저이며, 중요합니다.

'두려움에서 벗어나자'는 저의 발표가 끝나자 주변에서 웅성거리면서 비난의 소리가 조금씩 터져 나왔습니다. 심지어 어차피 상황이 어려워서 성과를 낼 방법은 없으니 돈이라도 쓰지 말자고 소리치는 사람도 있었습니다. 하지만 제 생각은 달랐습니다. 광고 대행사 시절 위기를 기회로 삼은 사례를 무수히 많이 봤기 때문이지요.

벼랑 끝 전술로 업계 1위에 오르다

마침내 소신껏 해보라는 승낙을 얻어냈습니다. 그리고 곧 회의의
주제는 광고를 한다면 얼마나 할 것인가로 옮겨 갔습니다. 이렇듯 어
렵게 허락을 받고 광고를 진행했으나 처음에는 회원이 계속해서 빠져
나갔습니다. 정부가 정한 영어 교육 강화 방침이 상상을 초월할 만큼
강력했기 때문입니다. 그럼에도 쉬지 않고 홍보에 열을 올렸습니다.
시간이 지나고, 어느 정도 발로 뛴 덕분에 회원은 더 이상 빠져나가지
않았습니다. 그렇다고 늘어나지도 않았지요.

〈그림 10-2〉 대통령직인수위원회에 호소하는 광고

이도 저도 아닌 답답한 상태로 한 해가 지나갔습니다. 어느새 주변에는 '비싼 광고비만 날렸다.'며 비난하는 사람들과 '덕분에 매출 감소는 멈췄다.'며 위로해 주는 사람들이 생겨났습니다. 어쨌거나 회사는 계속 위기 속에 있었기에 시간이 갈수록 초조했고, '비용을 줄이자는 의견에 묻어갈 걸' 하는 후회도 밀려왔습니다. 하지만 계속해서 밀어붙일 수밖에 없었습니다. 더 이상 물러날 곳이 없었기 때문이지요.

그렇게 1년 반 정도의 시간이 지나자 캠페인의 성과가 조금씩 나타나기 시작하였습니다. 코로나19 백신 추가 접종이 3·4차로 이어지면서 코로나19 위험에 둔감해지듯, 영어 교육에 대한 열기가 잠잠해지기 시작한 덕분이었지요. 즉, 국어와 수학도 소홀히 해서는 안 된다는 분위기가 형성되면서 독서 교육 문의가 서서히 늘어나기 시작한 것입니다. 이러한 반응은 교육열이 높은 대도시와 신도시를 중심으로 감지되었습니다. 막상 독서 교육 업체를 찾으려는 학부모들의 눈에 한솔교육, 웅진, 대교는 온데간데없었고, 꾸준히 광고·홍보·마케팅 활동을 한 덕분에 한우리는 학부모들에게 독서 교육 업체로서의 진정성 있는

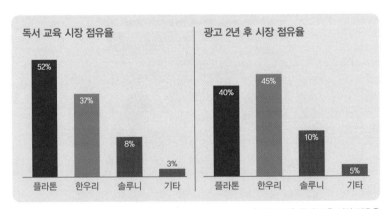

〈그림 10-3〉 독서 교육 시장 점유율

업체라는 인식을 심어준 것이지요. 결국 영어 몰입 교육이 발표된 지 2년 만에 한우리는 독서 교육 업계 1위로 올라설 수 있었고, 지금까지도 그 위치를 굳건히 유지하고 있습니다.

'공정한 교육 기회'라는 이데아

꽃을 볼 때 우리는 '꽃이다.'라고 생각하지만, 꽃은 저마다 생김새가 다릅니다. 아마 온 세상을 다 뒤져도 완전히 똑같은 꽃은 없을 것입니다. 그저 목단꽃, 장미, 들국화, 코스모스 등을 모두 '꽃'으로 인식할 뿐입니다. 이는 우리가 꽃의 '이데아(idea)'를 갖고 있기 때문입니다.

플라톤은 이데아가 현실 세계에는 존재하지 않고, 오직 이상 세계에만 있다고 믿었습니다. 현실 세계의 모든 것은 이 이상 세계에만 존재하는 이데아의 그림자일 뿐이라고 생각한 것이지요. 모두가 아는 이데아의 개념을 인공 지능 문제와 연관하여 생각해 보면 흥미롭습니다. 호랑이와 고양이의 사진을 보여주고 구별하라고 하면 어린아이도 쉽게 구별할 수 있지만, 인공 지능에게는 그다지 쉬운 일이 아닙니다. 어떤 조건에 해당하면 고양이로 분류하고, 또 어떤 조건에 해당하면 호랑이로 분류할지를 미리 정해두어야만 판단할 수 있기 때문이지요.

그렇다면 어떤 조건을 정하느냐가 문제인데, 바로 이 점이 어렵습니다. 우리가 예로부터 어떻게 고양이를 고양이라고 판단하고, 호랑이를 호랑이라고 판단하는지를 언어로 표현하는 것은 좀처럼 쉬운 일이 아니기 때문입니다. 결국 현재의 인공 지능 연구자들은 이 '조건에 의한 분류'라는 접근을 단념하고, 수많은 호랑이와 고양이의 사진이라는 빅데이터를 기억하게 해서 통계적으로 '이것은 호랑이', '이것은 고양이'라고 판단하게 하는 '기계 학습 접근법'을 채택하여 호랑이와 고양이를 분류하도록 만들고 있습니다. 우리가 자연스레 터득하여 판단하는 것과는 달리 수많은 데이터들을 주입하여 기억 및 판단하게 하는 것이지요. 플라톤은 우리가 호랑이를 호랑이라고, 고양이를 고양이라고 인식할 수 있는 이유를 두고 이것들에 대한 이데아를 가지고 있기 때문이라고 생각하였습니다. 만약 플라톤의 말처럼 인공 지능에게도 '호랑이의 이데아'나 '고양이의 이데아'를 심어놓을 수만 있다면, 빅데이터를 기억시키는 미련한 기계 학습은 더 이상 필요가 없을 것입니다.

플라톤의 이데아 사상을 비판한 대표적인 학자는 플라톤의 수제자인 아리스토텔레스(Aristotle)입니다. 그는 이상 세계를 현실 판단의 기준으로 삼는 것은 검증이 불가능하다는 이유를 들었지요. 즉, 알 수 없는 이상 세계가 아니라 우리가 어깨를 부딪치며 치열하게 살아가는 현실 세계를 올바르게 관찰해야 진실을 볼 수 있다고 반박한 것입니다. 그런데 우리는 때때로 이데아에 사로잡혀 우리가 처한 현실을 쉽게 변화시킬 수 있다고 생각합니다. 교육 정책과 입시 제도가 바로 전형적인 사례이지요. 결국 아리스토텔레스의 말대로라면 몇몇 정책과 제도만으로는 결코 공정한 교육 기회라는 이데아를 이룩할 수 없습니다. 사회적인 시스템 자체를 재설계해야 하는 것이지요. 재설계를 위한 대표적인 노력이 교육 과정 개편입니다.

사회 시스템 재설계의 기초, 교육 과정 개편

대한민국 사람이라면 누구나 한 번쯤 입시를 치른 경험이 있을 것입니다. 기억을 떠올려보기 위해 우리나라 대입 제도의 변화 과정을 한 번 살펴보겠습니다. 표로 정리 하면 다음과 같습니다.

시 기	개정 의도	내 용	문제점
1945~1953		대학별 입학 시험	무자격자 입학, 부정입학
1954	학사부조리 예방	대학입학연합고사 + 대학별 본고사	연합고사 결과 백지화
1955~1961	실패한 연합고자 시정, 대학 자율	대학별 본고사 + 내신(권장)	학사부조리, 대학간 격차, 입시 위주 교육
1962	학사부조리 예방, 교육의 효율성	대학입학자격 국가고사	성적우수자 탈락, 비인기대학 정원 미달
1963	학사부조리 예방, 교육의 효율성, 대학 자율	대학입학자격 국가고사 (입학 정원의 100%만 합격) + 대학별 본고사	대학(학과)간 극심한 학력차
1964~1968	실패한 국가고사 시정, 대학 자율	대학별 고사	학사부조리, 일류대 집중, 입시 위주 교육
1969~1972	교육의 효율성, 학사부조리 제거	대학입학예비고사(자격시험) + 대학별 본고사	입시의 이중 부담, 과열 과외
1973~1980	자격시험의 부작용 시정, 교육의 효율성	대학입학예비고사(합격선 상존) + 본고사 + 내신	입시의 이중 부담, 과열 과외
1981	과열 과외 해소, 교육의 효율성	대학입학예비고사(선시험) + 내신	대학의 선발 기능 약화
1982~1985	예비고사 개선(선발의 타당성 제고), 무의미한 합격선 폐지	대학입학학력고사 + 내신	입시 혼란, 적성 무시 지원
1986~1987	내신의 문제점 보완, 교육의 효율성	대학입학학력고사 + 내신 + 논술	대학의 선발 기능 약화, 편중 지원 및 미달, 논술 준비 미흡
1988~1993	선시험의 부작용 시정, 논술의 문제점 개선	대학 입학학력고사(선지원) + 내신 + 면접	대학의 선발 기능 미흡, 면접 기능 미흡
1994~1996	학력고사 개선, 대학 자율	대학수학능력시험 + 내신 + 본고사	과열 과외, 수능과 본고사 중복
1997~2001	대학의 학생 선발 자율권 확대	대학수학능력시험 + 학교생활기록부 + 논술	학생부 반영 비중 미흡, 사교육 과열
2002	대학의 학생 선발 자율권 확대	대학수학능력시험 + 학교생활기록부 + 논술 + 추천서 + 심층면접 등	학생부 반영 비중 미흡, 사교육 과열
2007	대학의 학생 선발 자율권 확대	수능등급제 첫 시행, 입학사정관제 실시	
2008	변별력 확보	수능등급제를 표준점수제로 전환, 내신과 수능 반영 비율 대학 자율화	1점 차이에 의한 등급 구분
2009	수능 등급제 보완	등급, 표준점수, 백분위 병기 수시 = 학교생활기록부 + 논술 정시 = 대학수학능력시험	입학사정관 전형 확대와 복잡해진 대입 제도

2012	수능 영향력 축소	수능 응시과목 최대 7개로 축소 수리영역의 출제범위 조정	수능 비선택과목에 대한 학교 수업 파행 운영
2015	대입 전형 간소화	수시 4개, 정시 2개 이내 지원 수능 최저학력기준 완화	학생부 종합 전형 비율의 급격 한 확대 따른 평가의 불공정성 문제 제기
2017	한국사교육 강화	한국사 절대 평가	
2018	사교육비 감소	수능영어 절대 평가	국어, 수학 사교육 심화
2019	자사고·외고·국제고 폐지	고등학교 서열화 해소	획일적인 평등이자 교육의 퇴행
2020	대입 공정성 확보	정시 비율 40% 이상 확대	수능 시험 난이도 향상

대입 제도 변천사 (자료: 한국 교육개발원, 〈미래지향적 대입 제도 개선방안 연구〉 일부 보완)

표를 살펴보면 학생들의 성적 평가 방법, 특히 성적 표기 방법이 집중되어 왔음을 한 눈에 알 수 있습니다. 전 국민적 관심 속에 치러지는 대학 입시에서 가장 중요한 과제는 '공정성'이었고, 공정성 획득을 위해 객관적인 계량 지표를 개발하는 것이 중요한 과제였기 때문입니다. 또 교육의 중심에는 항상 정부가 있었고, 대학교와 고등학교가 대학 입시라는 제도적 환경을 두고 주도권 경쟁을 펼치는 과정의 연속이었습니다.

한편 국민적 입시 과열 경쟁은 기형적인 사교육 시장을 낳았습니다. 정부가 어떤 입시 제도를 제시하더라도 자본과 기술을 활용해 사교육 시장 확대의 재료로 이용하면서 거대 산업으로 발전하였지요.

입시 제도 자체만 놓고 보면 지금까지 수십 차례 바뀌어 왔습니다. 해방 직후 대학교별 단독 고사제가 9년간 지속된 경우를 제외하고는 동일한 입시 제도가 5년 이상 지속된 경우는 없습니다. 정권 교체를 목적으로 여당의 정책을 비난하면서 다음 정책이 만들어졌기 때문입니다. 매번 새로 들어서는 대통령과 정부는 '공교육 정상화'와 '사교육비 경감'을 개혁 과제로 내세우면서 대입 제도에 변화를 가해왔습니다. 그러나 '학벌 사회 진입 창구'로 전락한 대입 제도의 근본적 문제는 그냥 둔 채 추진되었기에 당연히 대입 제도 변화는 매번 성공하지 못하였고, 그 결과 학교 현장과 학부모들에게 혼란과 좌절만을 안겨주었습니다.

물론 입시 제도를 변화시키기 위해 제도 운영에 참여하는 핵심 주체인 대학교와 고등학교, 학부모들이 다양한 논의를 펼칩니다. 표면적으로는 국민의 호응도 얻습니다. 하지만 제도 뒤에서 움직이는 학벌 문화와 대학교 서열화의 막대한 영향력을 차단하기에는 역부족이었습니다. 원인을 그대로 둔 채 결과만 조정하다 보니 입시 제도라는 원인이 공교육 정상화와 사교육비 경감이라는 결과에 영향을 미치는 인과관계가 성립되지 않는 것이지요.

정책이 전부가 아니다

역대 대통령들은 대통령 후보 시절부터, 나아가 대통령직인수위원회가 가동된 후부터 교육부를 통제합니다. 이들에게는 각자가 생각하는 '교육 정책의 이데아'가 심어져 있기 때문이지요. 그리고 그에 따라 '공정한 교육 기회'를 목표로 삼고, 제도를 설계합니다. 하지만 이들에게 심어진 교육 정책의 이데아는 그저 '이데아의 그림자'에 불과할 뿐이지요.

앞에서 언급했듯이 플라톤은 이데아를 '이상 세계의 이상형'이라고 설명하였습니다. 물론 바람직한 이상형을 목표로 삼는 일은 전략을 세우는 과정에서 중요한 출발점이지만, 지나치게 집착하면 불가능한 것을 무리하게 추구하는 함정에 빠질 수 있습니다. 플라톤은 자신의 저서인 『국가』에서 이데아를 잘 아는 철학자가 정치를 해야 한다는 '철인 정치'를 주장하였습니다. 현실은 어땠을까요? 실제로 플라톤은 제자 디온(Dion)의 부탁을 받아 시칠리아 섬으로 건너가 그 섬의 도시 국가인 시라쿠사의 왕 디오니시오스 2세(Dionysius II of Syracuse)를 교육시킬 기회를 얻습니다. 부푼 가슴을 안고 철인 정치를 펼치려는 찰나, 신하들과의 정쟁(政爭)에 휘말려 감금을 당하게 됩니다. 그리고 이후 간신히 아테네로 도망쳐오지요. 이처럼 플라톤의 이데아론은 박순애 장관처럼 보기 좋게 실패하였습니다.

11장.
광고로 위기를 극복했다는 착각

　광고 회사에서 일반 기업의 마케팅팀으로 옮기고 가장 당황스러운 일은 광고를 만만하게 보고 누구나 한마디씩 하는 것이었습니다. 회의를 하는 자리에서는 무조건 좋은 아이디어 없냐는 소리가 난무하였고, 광고는 무조건 색다르고 튀어야 한다는 단순한 생각만으로 이것저것 참견하였지요. 선무당이 사람 잡는다고 그렇게 몇 번을 거쳐 시행착오를 겪다 보면, 배가 산으로 가고 광고는 엉망이 됩니다.

　반면, 회계팀이나 연구소 사람들과의 회의인 경우에는 사정이 완전히 다릅니다. 숫자는 머리 아프다고 생각하고, 연구는 복잡하기 때문에 아무도 참견하지 않습니다. 광고를 만만하게 보지 않게 하려면 나름대로 '광고 공학(Advertising Engineering)'이 필요하고, 마케팅을 원하는 방향으로 이끌기 위해서는 '마케팅 공학(Marketing Engineering)'이 있어야 합니다. 기계 공학이 로봇을 만들고, 우주 공학이 로켓을 쏘아 올리는 것처럼 광고나 마케팅을 일종의 공학으로 보는 것이지요. '심리학과 행동과학'에 기초하여 제품을 사고 싶게 사람 마음을 움직이는 실용적인 공학 말입니다.

광고 공학

광고 대행사들은 나름대로의 '광고 공학'을 만들어 직원들을 무장시킵니다. 그리고 직원들은 이를 통해 광고주를 설득하지요. 광고 산업이 가장 먼저 발달한 곳이 미국인만큼 대홍기획이나 제일기획, HS애드, TBWA 등의 대형 광고 대행사는 초기에 미국의 유명 광고 회사를 통해 광고 이론을 습득하였습니다. 제가 입사했던 회사에서는 디디비 니드햄(DDB Needham) 사[9]의 광고 이론인 'ROI 스프링보드(ROI springboard)'라는 이론 채택했습니다. ROI는 투자 수익율(Return On Investment)를 말하는 것이니 'ROI 스프링보드'는 투자 수익율을 높이는 톡톡 튀는(springboard) 전략이라고 해석할 수 있겠네요.

광고 공학 분야에서는 오길비 앤 매더(Ogilvy & Mather) 사가 개발한 '360도 커뮤니케이션 전략(360 degree communication)'이 가장 널리 사용됩니다. 이 전략은 HS애드와 제일기획 등에서 채택한 이론입니다. 일반적인 통합 마케팅 커뮤니케이션 전략(IMC, Integrated Marketing Communication)은 브랜드의 핵심 아이디어를 어떻게 다양한 마케팅 채널을 통해 타깃 소비자에게 일관되게 전달하느냐가 그 전략의 주안점이 됩니다. 이때 마케팅 채널은 주로 TV로부터 시작되어 옥외·인터넷·모바일에 이르기까지 수직적으로 정렬되며, 성과는 어떻게 하면 커뮤니케이션 메시지의 통일성을 유지하느냐에 달려 있습니다.

반면 360도 커뮤니케이션 전략은 마케팅 커뮤니케이션 자체를 수직적으로 생각하지 않고 둥글게 생각하는 통합적인 사고를 내세웁니

다. 브랜드와 소비자가 만나는 모든 순간과 접점(contact point)에 어떻게 하면 브랜드에 대한 소비자의 경험을 최적화할 수 있는지에 대한 고민부터 시작하는 것이지요. 그러한 고민의 바탕에는 '소비자들에게 브랜드는 단지 광고 메시지로부터 전해지는 이미지로 고착되는 것이 아니라 하나의 브랜드 세계가 있을 뿐'이라는 인식이 깔려 있기 때문입니다. 즉 브랜딩은 4대 매체 또는 인터넷에서만 일어나는 것이 아니라 브랜드와 소비자가 접촉하는 모든 접점, 예를 들어 매장의 더러운 카펫, 제품 운송 트럭의 과속 운전, 소비자 불편 상담원의 고객 대응 방식, 심지어 매장 화장실에 있는 싸구려 화장지 등에 의해 브랜드 이미지가 결정될 수도 있다는 것입니다.

앞 장에서 저는 데이비드 오길비의 『광고 불변의 법칙』에서 힌트를 얻어 광고를 진행했다고 말씀드렸습니다. 이 사람이 바로 '360도 커뮤니케이션 전략'을 만든 오길비 앤 매더라는 광고 회사의 설립자입니다. 광고인이라면 한 번쯤 들어봤을 이름인 오길비는 "팔리지 않는 광고는 크리에이티브하지 않다."라는 말로 유명합니다. 『광고 불변의 법칙』에 등장하는 오길비 특유의 날카로운 분석은 어떤 광고가 효과 있는지 설명하기에 매우 적절하다는 평을 얻고 있습니다.

그런데 문제가 있었습니다. 대행사 시절에는 광고주에게 잘 먹히던 광고 공학이나 마케팅 공학도 막상 제가 광고주가 되어 모든 마케팅을 책임지려니 생각보다 쓸모가 없었던 것이지요. 이론이 항상 현실의 문제를 완벽하게 해결하지는 못했던 것입니다.

정말 광고 때문에 매출이 올랐을까?

그렇다면 질문을 하나 해보겠습니다. 오길비의 조언대로 한우리는 정말 광고 때문에 1위로 도약했을까요? 광고비와 회원 수의 변화를 한번 살펴보겠습니다. 대통령직인수위원회에서 영어 몰입 교육 이야기를 꺼낸 것은 2008년 1월이었습니다. 그리고 발표 직후인 2008년 상반기부터 회원이 계속 감소하였지요. 이듬해인 2009년 1월에는 탈퇴 회원이 상당히 많아서 전년 대비 약 2만 명 정도의 회원이 줄어들었습니다. 광고를 진행하기로 결정한 시기가 바로 이때입니다. 그다음 해인 2010년에는 회원 수를 완전히 회복해서 예전보다 약간 높은 수준을 유지하였습니다. 이 데이터를 보고 나니 궁금한 점이 두 가지 생겼습니다.

첫째, 회원 수가 감소한 것에 영어 몰입 교육의 여파가 분명히 있겠

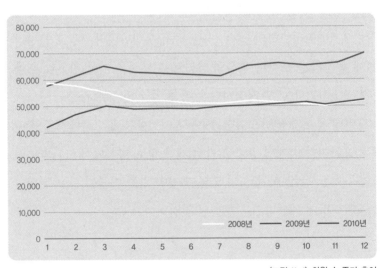

〈그림 11-1〉 회원 수 증가 추이

지만, 과연 그게 전부일까? 회원 수가 떨어진 것이 영어 몰입 교육 때문이었다면, 회원 수는 그래프보다 훨씬 더 많이 빠져야 정상입니다. '영어 외의 다른 과목들은 쳐다볼 필요도 없다.'는 분위기에 휩쓸려서 말이지요. 그럼에도 하락폭이 그다지 크지 않았습니다. 그렇다면 회원 수가 감소한 진짜 이유는 무엇이었을까요? 2008~2009년은 미국발 글로벌 금융 위기의 여파가 우리나라에도 미쳤던 시기입니다. 미국 '리먼 브라더스(Lehman Brothers)'의 파산 이후 우리나라의 금융 회사들도 자금 경색으로 큰 어려움을 겪고 있었지요. 즉, 2009년은 우리나라의 경제 성장률이 0.2%를 기록할 만큼 경기가 무척이나 어려운 시기였던 것이지요. 그래서 경제적으로 어려워진 사람들이 떠나간 수치도 고려해야 했습니다.

둘째, 한우리가 1위로 도약할 수 있었던 것은 과연 광고의 영향 때

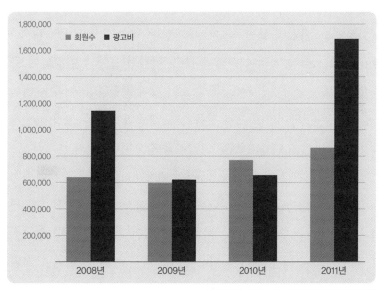

〈그림 11-2〉 회원 수와 광고비의 추이 (단위: 억 원)

문이었을까? 표를 보면 알겠지만, 영어 몰입 교육이 한창이던 2009년과 2010년의 광고비는 6억 원으로 비슷하였습니다. 정작 광고비를 공격적으로 지출한 것은 2011년에 들어서입니다. 영어 몰입 교육이 효과가 없다는 발표가 나면서 관련 정책을 정부가 철회한 시점이지요.

다른 요인이 영향을 미쳤을 가능성이 있다

2022년 9월 29일, 박순애 장관의 후임으로 지명된 이주호 신임 교육부 장관은 이명박 정부 시절 당시 영어 몰입 교육(원인)을 하면 영어 성적이 향상된다(결과)고 생각하였습니다. 한우리의 마케팅을 책임졌던 저는 광고(원인)가 회원 수 증가(결과)에 영향을 미쳤다고 판단하였고요. 하지만 이런 원인과 결과 사이에는 다양한 변수가 존재합니다.

일본에는 '바람이 불면 목수가 좋아한다.'라는 속담이 있습니다. 바람이 불면 모래가 일어나 장님이 늘고, 장님이 늘어나면 장님이 구걸을 할 때 쓰는 현악기인 샤미센(三味線)이 많이 팔립니다. 이때 샤미센의 울림통 등은 고양이 가죽으로 만듭니다. 그렇기에 많은 고양이가 필요하지요. 샤미센을 만들기 위해 고양이를 잡으면 그 수가 줄어들고, 고양이가 줄어들면 쥐가 늘어나 각 집의 기둥이나 나무통을 갉아먹습니다. 그리고 사람들은 목수를 부르지요. 즉, 일감이 많아진 목수가 돈을 벌어 좋아한다는 의미입니다. 이처럼 어떤 한 가지 일이 일어나면 돌고 돌아 뜻하지 않은 데에서 영향을 미치기도 합니다. 하지만 사람들은 하나의 결과에서 하나의 원인만을 찾으려는 경향이 있습니다.

영어 성적 향상이 집안의 환경이나 부모의 재력 등 다른 요인의 결과이듯, 회원 수 증가라는 결과는 광고 이외의 다른 요인이 원인일 수도 있습니다. 물론 광고 담당자는 광고라는 원인이 회원 수 증가라는 결과에 영향을 미쳤다고 주장하고 싶을 것입니다. 하지만 『광고 불변의 법칙』에서 오길비가 미처 말하지 않은 것이 있습니다. 바로 원인이 벌어진 것과 같은 시기에 다양한 일이 일어날 수 있다는 사실 말이지요.

오길비가 말했던 1974년의 경기 후퇴는 최악의 정치 스캔들인 '워터게이트 사건(Watergate Affair)'으로 급하게 물러난 미국의 제37대 대통령 리처드 닉슨(Richard Milhous Nixon)을 승계한 임시 대통령 제럴드 포드(Gerald Rudolph Ford Jr.)의 무능함 때문이었습니다. 부통령직을 맡은 지 8개월 만에 대통령이 된 포드는 베트남 전쟁에 대해 판단 착오를 했으며, 중동발 오일 쇼크에도 적절하게 대응하지 못하였지요. 즉, 1970년 미국의 경기 후퇴는 대통령의 리더십 부재로 생긴 일시적

〈그림 11-3〉 광화문에서 영어 몰입 교육 반대 시위를 벌이는 한우리의 직원들

위험이었던 것입니다. 이후 1976년 민주당의 지미 카터(Jimmy Carter)가 대통령으로 당선되면서 미국의 경기는 자연스럽게 회복의 길로 접어듭니다.

원인과 결과를 혼동하는 경우는 이밖에도 생각보다 많습니다. 가령 제가 취업 준비생이던 시절에는 '영어를 잘하면 대기업 입사에 유리하다.'는 이야기가 많았습니다. 실제로 저희 과에 가까스로 입학했던 상준이라는 친구는 영국으로 어학연수를 다녀온 지 9개월 만에 원하는 토익 점수를 만들어 대기업 입사에 성공하였습니다. 반면, 한길이라는 친구 역시 방학 때마다 수시로 어학연수를 다녀왔지만, 생각처럼 토익 점수가 잘 나오지 않았습니다. 대신 모 가전 회사의 광고 공모전에 응모하여 동상을 탄 덕분에 광고 대행사에 인턴으로 입사하게 되었지요.

기업에서 사람을 판단할 때, 액면 그대로 받아들이면 표면적으로는 어학연수를 다녀온 사람이 유리합니다. 하지만 기업에서는 토익 점수뿐만 아닌, 지원자의 다른 여러 가지 스펙을 비교하기도 합니다. 실제로 한길이는 광고 대행사에 인턴으로 입사하여 비정규직으로 일하다가 업무 능력을 인정받아 정규직으로 채용되었습니다. 이처럼 당시에는 업무 능력이 좋거나 다른 스펙이 있으면 영어 점수가 부족해도 입사하는 경우가 많았습니다. 어쩌면 영어 점수만으로 대기업에 들어간다는 말을 누군가가 과장해서 이야기한 것일 수도 있는 것이지요.

광고도 마찬가지입니다. 당시 한우리도 힘들어지자 영업팀에서는 광주 지사를 폐쇄하고 잔여 인원을 부산과 서울로 흡수하였습니다. 이런 집중화 전략이 영업력을 끌어올렸을 수도 있습니다. 혹은 가맹 학원들이 벼랑 끝에 몰린 비장함으로 죽을힘을 다해 현장에서 홍보한 덕

분일수도 있습니다. 실제로 한우리는 독서 프로그램밖에 없어서 다른 회사보다 절박했습니다. 오죽했으면 회원이 끝없이 줄어들던 2008년 12월에 전 직원을 이끌고 광화문으로 나가 영어 몰입 교육 반대 시위를 하였을까요.

상관관계와 인과관계의 오류

결과에 억지로 원인을 꿰맞추는 일도 있습니다. '영어 몰입 교육 선언'과 '한우리가 업계 1위가 된 시기' 사이에 2년이라는 긴 시간이 있었다는 사실에 주목해보지요.

한우리는 회원이 더 이상 빠지지 않고 유지되는 기간 동안 체력을 추스르고 광고를 제대로 준비할 여력을 갖추고 있던 것은 아닐까요? 실제로 2009년과 2010년에는 광고비의 증액은커녕 전년 대비 절반 수준으로 유지하였습니다. 광고를 했지만 강력한 메시지를 전달했다고 보기에는 무리가 있는 것이지요. 그러다가 때마침 영어 몰입 교육에 대한 사람들의 인식이 수그러들면서 한우리의 회원이 조금씩 늘자 매출액 상승분으로 광고를 시작했을 수도 있습니다. '원인⇒결과'의 인과관계가 아니라 '원인1, 원인2, 원인3⇒결과'와 같은 상관관계 말입니다. 실제로 당시에 했던 작은 행동들 모두 한우리의 매출 증대에 영향을 주었을 수도 있었습니다. 광고, 광주 지사 폐쇄, 광화문 홍보 등 어느 것 하나 회원을 늘리는 데 도움이 되지 않은 것이 없었던 것이지요. 그중 하나만 딱 집으면 정확한 인과관계를 밝혀내기 어렵습니다. 마케팅팀은 광고 덕분이라고 주장하고, 영업팀은 광주 지사 폐쇄 덕분이라고 주장할 테니까요.

　문제를 제대로 해결하려면 먼저 '정확한 이유'를 파악해야 합니다. 겉으로 드러난 현상만 훑어보고서 문제의 근원적인 이유를 파악하는 것은 궁예의 관심법으로나 가능할 일이지요. 궁예가 아닌 일반인이라면 몇 번이고 의심하고 다시 생각하면서 문제를 집요하게 파고드는 사고력과 인내심을 가져야 합니다. 그래야 수많은 정보와 데이터에서 핵심적인 인사이트(insight)를 도출해내고, 이를 해결책으로 정확하게 연결할 수 있습니다.

　사실 데이터가 있다면 상관관계를 계산하기는 쉽습니다. 이를테면 앞에서 살펴본 광고비와 회원 수의 관계처럼 그래프를 그려서 두 데이터의 관련성을 조사할 수도 있고, 경쟁사의 회원 수와 비교해서 광고의 효과성을 유추해 낼 수도 있지요. 문제는 두 가지 데이터 간의 상관관계가 밝혀져도 그것만으로는 인과관계가 있다고 말할 수 없다는 점입니다. 그럼 '상관관계와 인과관계가 다르다'는 말의 의미를 좀 더 살펴보겠습니다.

엉터리 분석이 넘쳐나는 이유

　윤석열 캠프의 고발 사주 의혹이나 오세훈 시장의 파이시티(π-city), 이재명 전 경기도지사의 대장동 의혹 같은 정치적 공방은 대게 아무 소득 없이 끝납니다. 사건의 당사자가 아니라면 인과관계를 입증하기

어렵기 때문이지요. 대선 후보 선호도 조사에서 간혹 전혀 다른 순위가 나타나는 경우 역시 상관관계와 인과관계를 혼동한 설문 내용 때문인 경우가 많습니다. 특히 '가짜 뉴스'에는 단순한 상관관계를 마치 인과관계처럼 포장하여 여론을 원하는 방향으로 유도하려는 의도가 담겨져 있습니다. 다음은 신문 기사에서 발췌한 몇 가지 사례들입니다.

김정일 북한 국방위원장의 장남 김정남이 일본 기자와 주고받은 이메일에서 '천안함 사건은 북한의 필요로 이뤄졌다.'고 밝혔다.[2]

⇒ 천안함 침몰을 북한의 소행으로 몰아가려는 정부에 잘 보이기 위해 보수 언론이 의도적으로 만들어낸 기사로 유명합니다.[3]

느리게 흐르던 삼성의 경영 시계가 이재용 부회장의 가석방 출소 후 빨라졌다. 삼성 그룹 차원의 투자, 인수·합병(M&A) 등을 실행하기 위한 의사 결정에 속도가 붙을 것이란 기대감이 크다.[4]

⇒ 이재용 부회장이 구속된 이후에도 삼성전자는 기대치를 넘는 실적 호조를 보이며 꾸준히 주가 상승세를 이어왔습니다. 오히려 출소 직후 연일 최저치를 기록한 바 있습니다.[5]

코로나19 사태에 대응해 정부와 지방자치단체가 지급한 대규모 재난지원금이 소비 지출을 약 10% 끌어올렸다고 추정한 조사 결과가 나왔다.[6]

⇒ 자영업자들은 한 푼이라도 더 벌려고 쉬지도 못한 채 가게 문을 열지만, 임대료는커녕 인건비조차 건지기 힘든 지경입니다. 많은 자영

업자들이 쓰러지기 일보 직전이라고 하소연하고 있지요. 그래서 자영업자들은 정부가 턱없이 적은 지원금 대신 실효성 있는 대책을 시급히 내놔야 한다고 호소합니다.[7]

담도암의 발병 원인은 아직까지 명확하게 밝혀진바 없지만 다양한 연구와 임상 결과에 따르면, '담석'과 '선천성 기형', '궤양성 대장염' 그리고 '민물고기를 통한 간디스토마(간흡충) 감염'이 담도암의 발병 원인으로 꼽힌다.[8]

⇒ 어머님이 담도암으로 돌아가셨는데, 민물고기를 드신 적이 단 한 번도 없습니다. 다른 문헌에서도 그러한 내용을 읽어본 적이 없고요. '다양하다'는 그 연구의 출처가 궁금합니다.

데이터 분석 결과 출퇴근 시간이 편도 한 시간 이상인 여성의 불임률이 높다는 사실이 밝혀졌다. 그러므로 아이를 낳고 싶은 여성은 직장과 가까운 지역으로 이사하는 것이 좋다.

⇒ 서울 인구가 늘면서 경기도에서의 장거리 출퇴근은 이제 일상이 되었습니다. 불임의 원인은 건강상의 문제와 더불어 육아에 대한 부담과 자녀 양육비 등 다양한 요인이 있을 수 있습니다. 따라서 출퇴근 시간이 긴 것이 진짜 불임의 원인인지는 분명하지 않습니다.

이런 기사를 얼핏 읽으면 인과관계가 있는 것처럼 보입니다. 같은 상황을 글쓴이의 시각에 따라 조정하기 때문이지요. 그런데 조금만 생각해보면 '정말 그런가?' 하는 의문이 듭니다. 이렇듯 신문이나 TV에

나오는 많은 주장이 상관관계를 인과관계처럼 포장하려는 경향이 있는 것을 보면 가짜 뉴스가 유튜브에만 있는 것은 아닌 듯합니다.

그렇다면 상관관계가 아니라 인과관계를 가려내는 것이 중요한 이유는 무엇일까요? 예를 들어 '광고를 강행하여 매출을 끌어올렸다.'는 평가를 하는 경우, 이를 바탕으로 '내년에도 광고를 하면 매출이 오를 것이다.'라는 결정이 내려졌다고 해보겠습니다. 앞서 설명했듯이 매출 상승이 광고의 영향이 아니라 정치적 문제나 경제 활동의 변화 때문이었다면 거액을 들여 광고를 하지 않아도 매출이 올랐을지는 모릅니다. 그렇다면 오길비의 주장과 달리 쓸모없는 데 지출한 걸까요?

인과관계가 명확한 요소를 파악하기 어렵다면, 인과관계인지 상관관계인지를 구분함으로써 할 수 있는 일과 할 수 없는 일을 구분하는 지혜도 필요합니다.

한우리가 업계 1위를 차지하게 된 진짜 이유

한우리는 높은 광고비 덕분에 시장 점유율 1위를 차지한 것일까요? 아니면 시장 점유율이 광고비를 증가시킨 것일까요? 상식적으로 전자의 질문이 맞다고 쉽게 판단할 수 있지만, 실제 사례에서는 후자의 질문이 맞는 경우도 많이 발생합니다. 일반적으로 기업들은 자신들이 감당할 수 있는 범위 내에서 광고비를 지출하기 때문이지요.

저는 대홍기획에서 진행했던 다른 광고주들의 사례를 통해 광고비와 시장 점유율의 관계를 조사하였습니다. 그랬더니 놀라운 사실을 알게 되었습니다. 바로 차별성이 없는 범용 제품의 경우에는 누적 광고비가 시장 점유율을 좌우한다는 사실 말이지요. 역시 오길비가 옳았던 것입니다. 꾸준하게 광고하는 기업이 결국 승리하는 것이지요.

광고비 수준에 예상되는 시장 점유율보다 두세 배 높은 시장 점유율을 보이는 환상적인 경우도 있었습니다. 이처럼 광고비에 비해 두세 배나 높은 시장 점유율을 달성하는 기업들은 마케팅 비용을 더 효과적으로, 또 더 효율적으로 쓰는 방법을 알고 있었습니다. 여기에 효과적이고 효율적으로 마케팅 비용을 쓰는 방법이라고 한다면 더 좋은 광고물이나 카피를 만드는 것 혹은 좋은 광고 매체를 선택하는 것 등을 생각할 수 있겠지만, 가장 중요한 것은 핵심 타깃에 집중하는 것입니다.

핵심 타깃은 마케팅에서 가장 중요한 요소입니다. 일종의 촉매이자 급소이지요. 흰 천을 찢는다고 생각해보겠습니다. 평평한 면은 잘 안 찢어집니다. 허술한 지점을 '탁' 하고 내리쳐서 흠집을 내야 나머지가 쉽게 찢기지요. 마케팅도 마찬가지입니다. 하나의 핵심 타깃만을 대상으로 높은 시장 점유율을 달성해 낼 수만 있다면, 전체 소비자들을 대상으로 하는 경우에도 시장 점유율을 끌어올릴 수 있는 것이지요.

가령 16~19세 정도의 면도를 시작하는 남학생들은 면도기 시장의 미래 시장 점유율을 좌우하는 핵심 타깃입니다. 첫 면도기로 질레트(Gillette)를 선택하는지 쉬크(Schick)를 선택하는지에 따라 관련 면도날을 지속적으로 소비하고, 관련 면도 용품의 선호도에서도 차이를 보이게 됩니다. 스마트폰의 경우에도 핵심 타깃이 있습니다. 제7장에서 Z세대들의 애플 아이폰 사용 비율이 높다고 말씀드렸지요. 이것이 중요한 이유는 애플의 에어팟과 애플워치를 사용하기 시작하면 고등학교를 졸업하고 대학교에 입학한 이후에도 계속 아이폰의 생태계에 남아 있을 가능성이 높기 때문입니다. 삼성 노트북이 신학기 때마다 '아카데미'라는 이름으로 대학생들에게 할인 혜택을 제공하는 것도 비슷한 이유지요. 따라서 핵심 타깃에게 쓰는 마케팅 비용 1만 원은 일반 고객들에게 쓰는 5만 원보다 훨씬 가치가 있습니다.

또 다른 예로 학습지 회사의 '한글 깨치기' 프로그램을 들 수 있습니다. 한솔 교육은 전통적으로 '신기한 한글나라'라는 한글 깨치기 프로그램으로 교육 시장에서 압도적인 점유율을 올렸습니다. 이후 '신기한 영어나라', 신기한 수학나라' 등을 통해 유아 시장의 저변을 넓혔으며, 초등 국어 프로그램을 기초로 필독서를 추가한 독서 프로그램 등을 만들어 초등학교 학습지 시장에서도 높은 점유율을 올렸습니다. 대교와 웅진 역시 비슷한 전략으로 독서 교육 시장에 진출합니다. 하지만 영어 몰입 교육이라는 이슈가 발생하여 한정된 예산을 모두 영어 과목에 투입하지요. 즉, 독서 프로그램은 버리다시피 한 것입니다. 덕분에 독서 프로그램만 있었던 한우리는 초등학교 고학년 자녀를 둔 학부모들의 선택을 받을 수 있었고, 적은 예산으로도 효과적인 마케팅이 가능하였던 것이지요.

12장.
공정한 교육 기회의 인과관계와 상관관계

윤석열 대통령이 임명한 박순애 장관의 '취학 연령을 만 5세로 앞당기는 방안'은 사실 김영삼 대통령 시절부터 추진되어 왔던 상당히 유서 깊은 정책입니다. 1997년, 교육부는 만 5세부터 의무 교육을 시행하는 「유아교육법」을 제정합니다. 법률의 취지는 '국가가 국민을 위해 10년 무상 교육의 시대를 열겠다'는 것이었습니다. 당시 교육부가 계획한 내용을 살펴보면, 시행 첫해에는 만 5세 자녀를 둔 저소득층에게 242억 원을, 그리고 만 3·4세 자녀를 둔 법정저소득층에게 77억 원을 지원하고, 1998년 농어촌지역, 2006년 중·소도시, 2007년 대도시로 만 5세의 무상 교육 대상을 확대하는 것이었습니다.

이후 꾸준한 관심을 받지 못하였다가 7년 만인 2004년 1월, 노무현 정부 시절에 국회 심의를 통과하면서 2007년부터 누구나 만 5세에도 입학을 할 수 있게 되었습니다. 당시 노무현 정부는 정책을 시행하기에 앞서 공청회를 열어 입학 연령을 만 5세로 낮추고, 9월 학기제로 개편하는 방안을 검토하였지만, 실효성이 적어서 무산됩니다.[10] 하지만 법률은 이미 만들어진 상태였기 때문에 학부모와 학생이 개별적으로 선택하여 입학할 수 있었지요. 그 결과, 당시 만 5세 아이의 초등학교 입학은 점점 늘어나더니 2009년 9천 700여 명으로 사상 최대치를 기록합니다. 이병박 정부 때도 역시나 모든 학생에게 만 5세 입학을 적용하는 것을 검토하였지만, 공청회 과정에서 대다수의 학부모와 교사들의 반발로 무산되었습니다. 이후 2021년에 입학한 만 5세 아이는 500명 정도로, 전체 입학 인원의 0.1%에 불과할 정도로 교육 관계자와 학부모들의 지지를 받지 못하고 있는 정책입니다. 이처럼 오랜 역사를 가진 만큼 그동안 이 정책과 관련된 논의도 활발하였습니다. 그리고 이러한 논의가 나올 때마다 가장 많이 언급되는 나라가 프랑스입니다. 프랑스의 의무 교육은 만 3세에 시작되기 때문입니다.

교육부가 저출산과 고령화에 대비해서 사회 진입을 1년 앞당긴다는 다소 어눌하고, 모호한 목적을 제시하여 공격을 받았지만, 애초에 이 정책의 취지는 조기에 '공정한 교육 기회를 주는 것'이었습니다. 영국과 아일랜드, 호주와 뉴질랜드 등 4개 나라의 경우도 취학 연령이 만 5세입니다. 하지만 OECD 회원국 38개 나라 중에 26개국의 입학 연령이 우리나라와 같이 만 6세이고, 만 7세인 나라도 8개국이나 있습니다. 또한 대부분의 나라에서는 초등학교 입학을 앞당기기보다는 의무 교육 기간을 앞당기고 있는 추세입니다.

100년 후 대한민국 인구의 75%가 사라진다

저출산·고령화로 인해 날이 갈수록 인구가 줄어들고 있습니다. 2018년 기준, 전국 합계 출산율은 0.98명입니다. 2021년 8월, 감사원의 '저출산 고령화 감사 결과 보고서'에 따르면 50년 뒤인 2067년 우리나라의 인구는 총 3,689만 명, 100년 뒤인 2117년에는 1,510만 명에 불과할 것이라는 예상이 나왔습니다.[11]

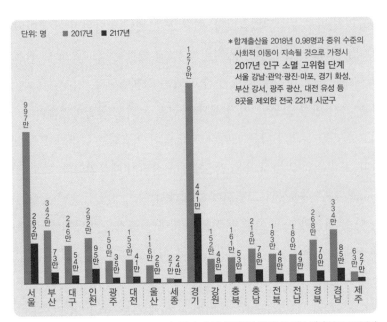

단위: 명　■ 2017년　■ 2117년

＊합계출산율 2018년 0.98명과 중위 수준의
사회적 이동이 지속될 것으로 가정시
2017년 인구 소멸 고위험 단계
서울 강남·관악·광진·마포, 경기 화성,
부산 강서, 광주 광산, 대전 유성 등
8곳을 제외한 전국 221개 시군구

〈그림 12-1〉 국내 지역별 100년 후 인구 전망 (출처: 중앙일보)

　　서울 인구만 하더라도 2017년 977만 명에서 50년 뒤에는 64% 수준인 629만 명, 100년 후에는 27% 수준인 262만 명으로 줄어들 것으로 예상하였습니다. 즉, 서울 인구 중 4분의 3이 사라질 것으로 예상하고 있는 것이지요. 지방의 인구 감소율은 더욱 가파릅니다. 또 학생의 수 역시 지속적으로 줄어들고 있습니다. 당장 2023학년도 수능을 치루는 응시 대상자의 수는 총 44만 7,233명으로 전년도보다 4,904명 줄어들었습니다. 이러한 상황을 두고 송근현 교육부 고등교육정책과장은 다음과 같이 말합니다.

　　"대학교 재정과 교육 여건, 소재 지역에 따른 대학교 경쟁력, 학령인구 감소 등 교육적 측면뿐 아니라 사회 전반의 문제가 맞물려 있어 더 많은 고민이 필요한 상황입니다. 새로운 대학교 평가 지표를 발굴하고, 대학교와 지역 사회가 함께 발전할 방안 등을 고민해야 할 시점입니다."

청년·교육·여성 정책은 새로운 정부가 들어서면 가장 먼저 손을 댈 정도로 그 중요도가 높습니다. 그중에서 양대 정당의 교육 정책을 한번 비교해볼까요? 여당은 공교육 혁신, 평생 교육 시스템 확충, 역량 강화 교육 등 미래형 인재 양성을 내세우고 있으며, 야당은 복잡한 대입 제도의 단순화와 사교육 의존도 낮추기에 초점을 두고 있습니다. 서로 다른 교육 정책이지만, 그중에서도 '공교육 혁신을 통한 사교육비 절감'이라는 공통점이 있습니다. 다만, 그동안 대부분의 정당에서 내세워왔던 그렇고 그런 공약이지요. 박순애 장관이 논란을 일으켰던 '취학 연령 하향'이나 '외고 폐지'처럼 개연성 없는, 또 말도 안 되는 정책을 펼친 뒤, 장관 사퇴로 마무리되는 경우는 그나마 다행입니다. '공교육 혁신을 통한 사교육비 절감'이라는 국민의 열망에 부합하는지 못하는지 교육 현장에서 판단하기 어려운 경우도 있기 때문입니다. 앞 장에서 살펴본 영어 몰입 교육이 바로 그런 경우에 해당됩니다.

정부 수립 이래 가장 황당한 교육 정책

노무현 대통령의 참여 정부는 공교육 정상화를 위해 사교육비를 줄이겠다며 '수능 등급제'를 도입합니다. 그러나 혼란만 키운 이 제도는 사교육 시장을 오히려 두 배 이상 키워 놓게 됩니다. 참여 정부 첫해인 2003년 사교육비는 17조 8,100원이었습니다. 그 후 사교육비는 해마다 10% 안팎 상승하여 2007년 3분기에는 23조 6,474억 원까지 늘어났지요. 그렇게 참여 정부 5년 동안 사교육비 총액은 105조 4,861억 원으로, 연평균 21조 원을 넘었습니다. 이 같은 사교육비는 국민의 정부 시절 51조 91억 원의 2배, 문민 정부 시절 35조 7,829억 원의 3배에 육박하는 규모이지요. 사교육을 엄격하게 금지했던 전두환 정부 때를 제외하곤 노태우 정부 때 13조 2,392억 원에서 문민 정부 35조 7,829억 원으로 2.7배 정도 늘어난 이후 최대 증가폭입니다. 액수로 치면 단연 최고 증가 규모입니다.[12]

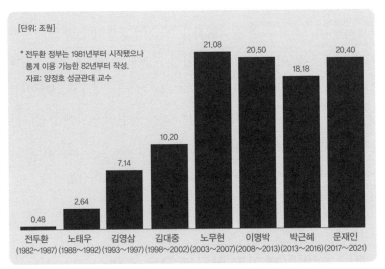

〈그림 12-2〉 각 정부별 연평균 사교육비 지출액 (출처: 통계청)

이명박 정부 시절, 이주호 장관이 공교육 정상화를 위해 도입한 영어 몰입 교육은 영어뿐만 아니라 일반 과목도 영어로 진행하는 수업 방식이었습니다. 당시 이를 두고 대통령직인수위원회의 위원장을 맡고 있던 이경숙 위원장은 다음과 같이 말합니다.

"'프레스 후렌들리(언론 친화)'하게 하겠다 했더니 모든 신문·방송에 '프레스 프렌들리' 이렇게 써놨거든요. 미국에서 '오렌지' 달라고 했더니 아무도 못 알아들어요. 그래서 '오륀지' 이러니까 '아, 오륀지' 이러면서 가져오더라고요."

즉, 공교육 정상화라는 우리나라의 밀린 숙제와 같은 목표(결과)를 영어 몰입 교육이라는 방법(원인)으로 해결하겠다는 선포였지요. 가뜩이나 영어 사교육이 극성을 부리고, 영어를 배우기 위해 외국으로 나가는 유학생이 많은 현실을 지적하면서 공교육에서도 영어 교육을 강화하자는 요구는 오래전부터 있어 왔습니다.

영어 몰입 교육은 캐나다, 핀란드, 싱가포르, 홍콩 등 세계 10여 개국에서 시행되고 있으며, 우리나라의 일부 외국어고등학교와 사립초등학교에서도 시행하고 있습니다. 물론 이주호 장관과 이경숙 전 위원장이 영어 몰입 교육을 주장한 이유는 공교육을 통한 사교육비 절감 효과를 기대하였기 때문입니다.

영어 몰입 교육을 찬성하는 입장

찬성하는 측의 의견은 이렇습니다. 영어가 국제 언어로서의 기능을 하고, 그 영향력도 시간이 갈수록 커지는 상황에서 영어 교육을 강화하는 것은 현실적 필요성과 시대적 당위성에 맞습니다. 또 연간 50억 달러 이상을 해외 유학비·연수비로 쓰고 있는 우리나라의 현실에서 공교육을 통해 실질적인 영어 능력을 신장시키고자 하는 노력은 절실하고도 타당합니다. 즉 대한민국의 미래와 다음 세대의 경쟁력 제고를 위한 영어 몰입 교육은 고려할 만합니다.

영어 교육을 강화하더라도 한국 문화가 쇠퇴하거나 사멸하는 것은 아닙니다. 오히려 민족 문화를 국제어인 영어로 구체적으로 표현하고 전달할 수 있으므로 더 많은 세계인이 우리 문화를 누릴 수 있고, 문화적 활력도 얻을 수 있습니다. 또한 이중 언어 사용자가 누릴 수 있는 기회는 전 세계에 엄청나게 많습니다.

영어 발음을 능숙하게 하기 위해서 어린아이의 혓바닥 아랫부분을 절개하는 수술이 있을 정도로 영어 교육 광풍이 몰아치는 우리 나라의 현실을 생각해보면, 영어 몰입 교육은 '사교육비' 문제와 '영어 격차' 문제를 해결하는 데 도움이 될 것이라는 기대를 갖게 합니다.

영어 몰입 교육을 반대하는 입장

반대 의견도 거셉니다. 영어 능력이 중요한 것은 사실이지만, 영어가 개인의 경쟁력과 국가의 경쟁력에 결정적인 역할을 하는 것은 아닙니다. 통합적 능력 없이 언어적 능력만 신장되었다고 해서 경쟁력이 생기는 것이 아니기 때문이지요. 언어는 도구일 뿐입니다. 즉, 도구를 활용할 수 있는 인간 자체의 자질이 관건이라는 말입니다.

영어 실력 향상을 위해 학교에서의 영어 교육을 강화하는 것에는 동의하지만, 성급한 제도 개선은 위험합니다. 새로운 제도를 성급하게 도입하는 과정에서 또 다른 문제가 발생할 수도 있기 때문입니다. 그래서 교육은 긴 호흡으로 접근하는 자세가 필요합니다. 초등학교에서부터 너무 일찍 영어 교육에 매진한다면 교육의 목표 자체가 실종될 위험이 있습니다. 보편적인 기초 소양 교육이 필요한 아이들에게까지 수준 높은 영어 구사 능력을 요구하는 교육은 너무 지나칩니다.

이렇듯 영어 몰입 교육에 대한 의견은 팽팽하였습니다. 한편, 저 역시 참여 정부의 정책을 볼 때와 마찬가지로 영어 몰입 교육을 보면서 '과연 공교육 정상화와 사교육비 절감 효과가 있을까?' 하는 의구심이 들었습니다. 물론 공교육의 질을 높이기 위한 노력이 필요 없다는 말은 아닙니다. 공교육의 절대적 품질 수준과 상관없이 학부모와 학생들이 경쟁자들에 대해 상대적 우위를 확보하려는 욕망에서 등장한 것이 사교육이라는 사실을 놓치고 있다는 생각이 들었기 때문입니다. 월드컵에서 좋은 성적을 내기 위한 축구 협회의 노력에 대해 전문가들은 기초적인 인프라에는 투자하지 않고 외국의 유명 감독만 데려오는 단기 처방을 지적합니다. 공교육 정상화도 마찬가지입니다. 정부의 숙원이지만, 정부의 통제로 사교육비를 줄일 수 있다는 접근은 너무나도 순진한 생각입니다. 제가 고등학교에 다니던 시절에는 과외와 학원이 금지였습니다. 또 국민의 정부 시절에는 본고사, 기여 입학제, 고등학교 등급제를 전면 금지하는 이른바 '3불 정책'을 시행하였습니다. 그런데 사교육비는 오히려 늘어났지요.

영어 몰입 교육으로 과연 세대 간의 빈부 격차의 대물림 현상까지 차단할 수 있을까요? 가정 경제력의 차이로 자녀 영어 실력의 차이가 발생하고, 자녀 세대가 가진 영어 구사 능력의 차이가 다시 다음 세대의 빈부 격차를 확대·재생산하는 현상을 '영어 격차'라고 부릅니다. 이 격차를 해소할 수 있다면 영어 몰입 교육과 공교육 정상화는 양립할 수 있지요. 그런데 다른 요소가 미치는 영향력이 영어 몰입 교육보다 크다면 영어 몰입 교육과 공교육 정상화는 양립할 수 없습니다. 지금부터 영어 몰입 교육과 공교육 정상화의 관계를 살펴보겠습니다.

영어 사교육의 전성시대

'국가가 영어를 책임지면 아이들의 교육도 평준화되겠지?', '이번 정부는 확실히 학벌 사회를 근절하겠구나.'

이처럼 찬반이 팽팽한 가운데 영어 몰입 교육은 학부모들의 기대를 한 몸에 받았습니다. 영어 관련 기업에는 투자가 줄을 이었고요. 당시 경기도 분당 지역을 중심으로 영어 학원 프랜차이즈를 운영하던 '토피아 에듀케이션'은 '칼라일 펀드'와 총 2년에 걸쳐 186억 원을 투자받았으며, '아발론 교육'은 코스닥에 상장되었을 뿐만 아니라 미국의 AIG로부터 600억 원의 투자금을 유치하였습니다.[13] 반면 수학 학원과 논술 학원은 줄줄이 도산하거나 폐업하였습니다. 이러한 불균형에 대해 교육계의 반발이 이어지자 이주호 장관과 이경숙 전 위원장은 영어 몰입 교육이 학생들의 학력을 증진시킬 것이라는 가설을 입증하기 위해 서울시 교육청에 연구를 의뢰합니다. 다음은 이경숙 전 위원장의 말입니다.

"영어로 사회 수업을 들으면 사회 성적은 떨어질지 모르나, 영어 실력 하나만큼은 늘어날 것입니다."

실제로 수학과 국어는 물론 독서·과학 관련 교육 회사들이 모두 긴장했던 이유도 바로 여기에 있었지요. 이경숙 전 위원장의 제안과 이주호 장관의 요청에 따라 서울시 교육청은 강유선 고려대학교 영어 교육학과 교수팀에게 정책 연구를 의뢰합니다.[14] 연구팀은 서울 광남초등학교 및 용화여자고등학교 학생들을 대상으로 영어 몰입 교육의 일종인 '내용언어통합학습'으로 효과를 검증하였습니다. 한 학기 동안

영어만으로 모든 수업을 진행한 뒤, 그 결과를 분석한 것이지요. 수업은 미국의 한 주립 대학교의 사범대학에서 교사 교육을 받은 원어민이 진행하였습니다.

영어 몰입 교육은 공교육 정상화에 어떤 효과가 있을까?

연구팀의 보고서에 따르면 영어 몰입 교육을 받기 전 광남초등학교 학생들의 영어 듣기 성적은 50점 만점에 평균 44.24점이었으나 수업을 들은 후에는 평균 46.36점으로 향상되었습니다. 숫자만 보면 영어 점수가 2.12점 향상된 것입니다. 물론 성적 향상에는 다양한 원인이 있을 수 있습니다. 경제적인 여유로 사교육을 잘 받아서 성적이 좋을 수도 있고, 머리가 똑똑해서 성적이 좋을 수도 있습니다. 또는 교사가 잘 가르치거나 다른 학생들에게 우습게 보이지 않으려고 혹은 부모님과 선생님께 칭찬을 받기 위해서 학생 스스로 열심히 공부에 매진했을 수도 있습니다. 다만 이 연구에서는 영어 이외의 이유로 점수가 오른 것은 중요하지 않았습니다. 영어 수업이 어떻게 영향을 미쳤는지가 더 중요하였지요.

연구팀은 영어 듣기 성적이 오른 원인을 규명하기 위해 상관관계와 인과관계를 살펴보았습니다. 그리고 놀라운 사실 하나를 발견합니다. 바로 어떤 요인도 영어 몰입 교육과 인과관계가 없었던 것입니다. 원래부터 영어를 잘 구사하거나 이해한 학생은 듣기 성적도 높지만, 몰입 교육을 받았다고 해서 성적이 좋아졌다는 구체적인 증거를 찾을 수 없었습니다. 다음은 당시 연구를 진행하였던 연구팀의 설명입니다.[15]

"초등학생들의 경우 내용언어통합학습 수업 이후 영어 성취도가 그 이전보다 높아진 것으로 나타났다. 하지만 영어 능력 향상이 내용언어통합학습의 영향이라고 결론지을 수 없다."

즉, 영어 성적은 올랐지만, 영어 몰입 교육 때문인지는 확신할 수 없다는 말입니다. 그렇다면 용화여자고등학교 학생들을 대상으로 한 시험은 어떠한 결과를 가지고 왔을까요?

용화여자고등학교 1~2학년 학생 430명은 영어 몰입 교육을 받기 전과 후의 영어 어휘력 시험 점수에서 어떠한 변화도 없었습니다. 또 영어 몰입 교육을 받지 않은 다른 학생과의 차이도 없었습니다. 다음은 당시 연구를 진행하였던 연구팀의 보고서 결론 부분입니다.

"고등학생들의 경우에는 내용언어통합학습 수업 전후의 영어 성취도의 차이가 없었을 뿐만 아니라, 내용언어통합학습에 참여하지 않은 비교 집단 학생들에 비해서도 향상된 영어 실력을 보이지 않았다. 내용언어통합학습 참여 자체만으로 단시간 내에 영어 실력을 증진시키기에는 무리가 있음을 보여주었다."

이에 따라 시험을 진행하였던 강유선 고려대학교 영어 교육학과 교수팀은 이주호 장관과 이경숙 전 위원장의 예측에서 상당히 벗어난 보고서를 청와대에 제출합니다.[16]

'영어 몰입 교육 효과 없음.'

사회 수업을 영어로 하면 어떻게 될까?

영어 몰입 교육을 했는데 영어 성적에 변화가 없다면, 영어로 사회 수업을 했을 경우, 사회 성적은 어떻게 나올까요? 당시 연구팀은 용화여자고등학교 학생들의 전국 모의고사 사회 영역 점수를 살펴보았습니다. 그리고 고등학교 1학년 253명의 평균은 2.04점 올랐지만, 고등학교 2학년 177명의 평균에는 아무런 변화가 없다는 것을 확인합니다. 게다가 고등학교 1학년의 점수 변화 역시 영어 몰입 교육과는 아무런 관련이 없다는 것을 밝혀냅니다. 다음은 당시 연구팀의 조사 결과입니다.

"반드시 짚고 넘어가야 할 점은 학생들의 내용언어통합학습에 대한 긍정적인 태도가 교과목 성취도에 부정적인 영향을 미쳤다는 사실이다. 다시 말해, 내용언어통합학습을 선호한 학생일수록 교과목 성취도는 낮아졌다. 내용언어통합학습의 한계를 넘기 위해 학생들이 다른 노력을 했을 가능성이 높아 보인다."

즉, 영어 몰입 교육과 사회 성적이 오히려 반비례 관계가 있다는 것입니다. 영어로 하는 사회 수업을 알아듣지 못할까 봐 집에서 따로 사회 과목을 보충했을 가능성을 배제할 수 없었기 때문이지요. 이 당혹스러운 보고서를 받아든 청와대는 공개하지 못하고 방치하다가 영어 학원들이 대규모 투자를 받고 상장을 끝마친 18개월 후에야 영어 몰입 교육 철회를 선언합니다.[17]

당연한 것에 의문을 던질 수 있는 용기

다음은 러시아가 낳은 세계적인 대문호 레프 톨스토이(Leo Tolstoy)의 말입니다.

"아무것도 모른다고 생각하는 사람에게는 어려운 내용도 쉽게 가르칠 수 있지만, 자신이 모든 것을 안다고 생각하는 사람에게는 아무리 쉬운 글도 납득시키기 어렵다."

『팩트풀니스(Factfulness)』라는 책에서 스웨덴의 의사이자 통계학자인 한스 로슬링(Hans Rosling)은 '단일 관점 본능(The Single Perspective Instinct)'을 경고합니다. 단일 관점에서 세상을 보면 그 관점에 맞지 않는 정보를 볼 수가 없기에 틀린 판단을 할 가능성이 높다는 것이지요. 그래서 똑똑하고 현명한 사람일수록 세상의 참모습을 정확하게 알지 못할 가능성이 큰 것입니다. 이주호 장관과 이경숙 전 위원장이 바로 그렇습니다. 당시 교육과학기술부는 대입 자율화 방안을 발표할 때 다음과 같은 말을 하였습니다.

"영어를 공용어로 쓰는 나라를 벤치마킹하면서 영어 문제 하나만은 제대로 해결해야 합니다."

'영어의 공용어화'를 선포하듯이 발표했던 것처럼 이번에도 공론화 과정을 거치지 않고서 선포하듯이 발표하는 이 말을 듣고 저는 '단일 관점 본능'의 의미를 비로소 깨달을 수 있었습니다. 주관적인 신념이나 착각에서 비롯되는 비합리적 본능은 누구에게나 있습니다. 권력을 가졌다면 아마 그 정도가 더 심하면 심했지 덜하진 않겠지요. 하지만 정책 입안자라면 철저하게 '사실'에 근거해서 세상을 바라봐야 합니다. 실제로 대부분의 사람이 '맞다'라고 생각하는 것도 알고 보면 틀린 경우가 많습니다.

눈앞의 현상이나 문제에 대해 깊이 고민하지 않으면 잘못된 판단을 하기 쉽습니다. 그러므로 세상을 바라보는 자신의 관점과 방식을 늘 의심하고 새롭게 해야 합니다. 특히 자신이 잘 안다고 자신하는 분야에서는 전문성의 한계를 의식하고 경계하는 태도를 견지해야 하지요.

누구나 틀릴 수 있다

EBS 다큐프라임의 《인간의 두 얼굴》이라는 방송을 본 적이 있습니다. 이 방송에서는 인간의 심리에 대한 여러 가지의 실험을 진행하였는데, 그중에서 '착각'에 대한 재미있는 실험이 인상 깊었습니다.

피실험자는 환자입니다. 환자가 진찰을 받고, 무언가를 기록하는 동안 외모가 전혀 다른 의사 세 명이 등장합니다. 의사는 실험을 위해 일부러 바닥에 볼펜을 떨어뜨립니다. 그리고 볼펜을 줍기 위해 책상 아래로 들어가지요. 이때 책상 아래에서 다른 의사가 등장합니다. 놀랍게도 의사가 바뀌었다는 사실을 알아차린 피실험자는 아무도 없었습니다.

다른 실험이 있습니다. 이번에 피실험자는 행인입니다. 한 남자가 길을 물어보기 위해 피실험자에게 대화를 겁니다. 피실험자는 친절하게 길을 안내해줍니다. 그때 피실험자와 남자 사이에 대형 간판이 지나가면서 길을 묻는 남자가 다른 남자로 바뀝니다. 그런데 아무도 이를 알아차리지 못합니다. 이번에는 길을 묻는 남자가 20대에서 40대로 바뀝니다. 여전히 알아차리는 사람은 없습니다. 마지막으로 길을 묻는 남자가 여자로 바뀝니다. 놀랍게도 피실험자의 80%가 전혀 알아차리지 못했습니다.

"세상에, 눈치 빠른 걸로는 둘째가라면 서러울 내가 속다니…."

피실험자들은 결과를 알고 나서 모두 망연자실한 모습을 보였습니다. 그리고 이 실험을 통해 사람은 보고 싶은 것만 본다는 것을 알 수 있었지요.

저는 수많은 캠페인을 성공시켜온 광고 대행사 '리앤디디비(Lee&DDB)'의 이용찬 전 대표를 좋아합니다. 대한민국 최고의 광고 전문가인 이용찬 전 대표는 오리온 초코파이 '정(情)' 시리즈부터 SK텔레콤의 '때와 장소를 가리지 않는 스피드 011·스피드 010', 'OK SK' 등 히트작을 잇달아 내놓으면서 대한민국 광고의 수준을 한 단계 끌어올려 놓았지요. 그에게는 재미있는 에피소드가 하나 존재합니다. 어느 날 프레젠테이션을 마친 이용찬 대표에게 광고주가 묻습니다.

"우리 회사 제품은 식품의약품안정청의 허가도 받았고, 국내 공장에서 만들어 품질도 믿을 만합니다. 또한 패키지는 여성들의 선호도를 반영해서 아담하고 볼륨감 있게 제작했어요. 가격도 경쟁 제품에 비해 저렴하고, 용량도 10% 더 많습니다. 그런데 왜 그런 모든 장점들은 다 무시하고 맛 하나만 강조하는 겁니까? 그렇게 해서야 어떻게 소비자의 마음을 사로잡을 수 있겠습니까?"

광고주의 질문에 회의장은 웅성웅성하기 시작하였고, 여기저기서 고개를 끄덕이는 사람들이 나타났습니다. 그리고 사람들의 시선은 모두 이용찬 대표의 입에 쏠렸습니다. 그는 마침 테이블에 놓여 있던 다과용 사과 두 개를 집어 들고 광고주에게 다음과 같이 말하였습니다.

"회장님, 좋은 지적이십니다. 그렇다면 제가 이 사과를 던져볼 테니 한 번 받아보시겠습니까?"

그러고는 정말로 광고주를 향해 사과 두 개를 동시에 집어 던집니다. 광고주는 둘 중 어느 것도 잡지 못하고 떨어뜨렸습니다. 장내는 더욱 술렁이기 시작합니다. 그때 이용찬 대표가 다시 말을 이어갑니다.

"짧은 시간 동안 소비자들에게 너무 많은 것을 전달하려고 하면, 지금 보신 바와 같이 하나도 잡아내지 못합니다. 만약 제가 사과를 한 개만 던졌다면 어떻게 되었을까요? 아마 충분히 받아내실 수 있으셨을 것입니다. 광고도 마찬가지입니다. 단 하나의 메시지로 승부를 걸어야 소비자들이 쉽고 정확하게 받아들일 수 있습니다."

저는 이 장면을 롯데월드의 야간 직원 식당에서 TV로 보았습니다. 방송 제목이 아마 MBC 다큐멘터리 《성공시대》였을 겁니다. 어찌나 강렬했던지 셰프 일을 그만두고 다시 대학교로 돌아가게 만든 큰 원인 중 하나가 되었지요. 이렇듯 타인의 마음을 움직이는 이용찬 대표조차 현업을 은퇴한 뒤 자신이 몸담았던 분야에 대한 이론적 배경이 부족하다고 고백합니다.

"광고, 마케팅…. 30여 년간 이 두 가지 이름을 붙들고 살아왔다. 그러나 여전히 이름만 얘기하고 있을 뿐, 그 본래의 의미를 아직도 나는 잘 모른다."[18]

벼농사를 지으면 수학 성적이 높다고?

앞서 '10장. 완장증후군' 편에서 살펴 본 박순애 교육부 장관은 유·초중등 및 고등 교육에 대한 경력이 전혀 없는 인물이었습니다. 그렇기에 공공기관을 혁신한 경험은 있지만, 사회 각 분야와 연계된 복잡성의 특성을 가진 교육계를 잘 이해할 수 있을지 걱정이라는 평가가 지배적이었지요. 반면, 윤석열 정부의 이주호 장관은 이명박 정부 시절에 교육 정책을 주도했고, 이경숙 전 위원장은 14년간 숙명여자대학교 총장을 지낸 교육자입니다. 교육에 관해서는 누구보다 전문가이지요. 그런 이들이 영어 몰입 교육이라는 어처구니없는 해프닝을 벌인 이유는 '잘 안다'는 착각 때문입니다. 오로지 자신의 경험과 판단만을 믿었던 것이지요. 문제를 해결하고 정책을 세우는 단계에서 경험의 한계를 의심하지 않고, 자신의 주관적인 잣대를 그대로 들이대는 건 위험합니다. 결론을 내리기 전까지 다양한 가능성을 열어두고 면밀하게 들여다봐야 하지요. 다양한 관점에서 상황을 분석해도 정확한 답을 도출해내기 어렵기 때문입니다. 즉, 자신의 경험만을 토대로 인과관계를 해석하고, 자신의 시각에서만 현상을 바라봐서는 안 되는 것이지요.

'영어를 잘하면 선진 국민'이라는 생각 못지않게 널리 알려진 편견이 하나 있습니다. 바로 '벼농사를 짓는 민족이 수학을 잘한다.'는 말입니다. 실제로 미국의 명문대학교에 진학한 학생들의 수기를 읽다 보면 '한국에서는 수학을 못했었는데, 미국에 가니 내가 수학을 제일 잘하더라'라는 내용을 종종 보게 됩니다. 이렇듯 한국인, 일본인, 중국인들이 전 세계에서 수학을 잘하는 편에 속한다는 것은 이제 정설이 되어가고 있습니다. 이러한 사실에 힘을 실어주는 근거 역시 다양한 곳에서 생기고 있지요. 세계적인 경영사상가 말콤 글래드웰(Malcolm Gladwell)은 자신의 저서 『아웃라이어』에서 국제 학업성취도 평가(PISA) 점수가 높은 나라의 학생들이 수학 성적도 높다고 주장합니다. 그가 내세운 근거는 '벼농사 짓는 나라 국민의 근면성'입니다.

국제 학업성취도 평가는 120개나 되는 문제에 전부 답해야 하는 시험입니다. 학생들 입장에서는 엄청난 분량이지요. 그래서 대부분 10~20개는 대답하지 않고 그냥 넘겨 버린다고 합니다. 답을 남긴 질문의 개수를 세어보면 나라별로 다양한 평균치가 나옵니다. 학생들이 문제를 몇 개나 풀지 않고 넘기는지 혹은 대답하는지에 따라 참가국의 순위를 매길 수 있을 정도라고 하네요.

읽기			수학			과학		
국가명	평균	순위	국가명	평균	순위	국가명	평균	순위
B-S-J-Z(중국)	555	1~2	B-S-J-Z(중국)	591	1	B-S-J-Z(중국)	590	1
싱가포르	549	1~2	싱가포르	569	2	싱가포르	551	2
마카오(중국)	525	3~5	마카오(중국)	558	3~4	마카오(중국)	544	3
홍콩(중국)	524	3~7	홍콩(중국)	551	3~4	베트남	543	–
에스토니아	523	3~7	대만	531	5~7	에스토니아	530	4~5
캐나다	520	4~8	일본	527	5~8	일본	529	4~6
핀란드	520	4~9	대한민국	526	5~9	핀란드	522	5~9
아일랜드	518	5~9	에스토니아	523	6~9	대한민국	519	6~10
대한민국	514	6~11	네덜란드	519	7~11	캐나다	518	6~10
폴란드	512	8~12	폴란드	516	9~13	홍콩(중국)	517	6~11
스웨덴	506	10~19	스위스	515	9~14	대만	516	6~11
뉴질랜드	506	10~17	캐나다	512	10~16	폴란드	511	9~14
미국	505	10~20	덴마크	509	11~16	뉴질랜드	508	10~15
베트남	505	–	슬로베니아	509	12~16	슬로베니아	507	11~16
영국	504	11~20	벨기에	508	12~18	영국	505	11~19
일본	504	11~20	핀란드	507	12~18	네덜란드	503	12~21
호주	503	12~19	스웨덴	502	15~24	독일	503	12~21
대만	503	11~20	영국	502	15~24	호주	503	13~20
덴마크	501	13~20	노르웨이	501	16~24	미국	502	12~23
노르웨이	499	14~22	독일	500	16~26	스웨덴	499	14~24
독일	498	14~24	아일랜드	500	17~26	벨기에	499	16~24

〈그림 12-3〉 국제 학업성취도 평가(PISA)의 국가별 순위 (출처: 한국교육과정평가원)

상위권인 한국, 중국, 대만, 홍콩, 일본, 싱가포르 등 여섯 나라는 공교롭게도 쌀농사를 지어왔던 나라들입니다. 노력과 끈기를 중요시하는 나라들이지요. 실제로 우리 민족은 수천 년간 벼농사를 지어왔습니다. 벼농사는 말 그대로 '짓는' 것이지 밀농사처럼 '가는' 것이 아닙니다. 밀을 재배하던 18세기 유럽 사람들은 1년에 대략 200일 정도 새벽에서 정오까지만 일했습니다. 물론 수확기나 파종기에는 일하는 시간이 조금 더 늘어났지만, 겨울에는 그 시간마저 훨씬 줄어들었지요. 반면 한국이나 중국, 일본 등 벼농사를 지었던 나라들의 지역에서는 옥수수밭이나 밀밭에서 일하는 것보다 10~20배 더 많은 노동력을 필요로 하였습니다. 그리고 이러한 벼농사에는 두 가지 두드러지는 점이 있습니다.

첫째, 노력과 결과 사이에 명확한 관계가 있습니다. 논에서는 열심히 일한 만큼 수확량이 늘어납니다.

둘째, 복잡합니다. 봄에 씨를 뿌린 다음 가을에 걷기만 하면 되는 일이 아닙니다. 가족의 노동력을 잘 조합해야 하고, 종자 선택을 통해 불확실한 위험을 회피해야 하며, 무엇보다 수로를 섬세하게 만들고 유지해야 합니다.

이렇듯 각 나라의 특성 때문에 '아시아인은 수학을 잘한다.'라는 인식이 생겨났습니다. 그러나 이것이야 말로 대표적인 상관관계를 인과관계로 착각하는 경우입니다. 각국에서 국제 학업성취도 평가 시험을 치르는 학생 중에 벼농사 경험이 있는 경우는 거의 없습니다. 사실 벼농사 지대와 밀농사 지대로 나누기에는 세계가 너무 가깝지요.

소프트뱅크의 창업자는 한국계 일본인 손정의 회장이고, 알리바바

(Alibababa)를 만든 사람은 중국인 마윈(Ma Yun)이며, 요즘 최고의 주가를 올리는 유튜브와 엔비디아를 만든 사람은 대만인 스티브 첸과 젠슨 황(Jensen Huang)입니다. 모두 자랑스러운 동양인이지요. 물론 동양인과 서양인 간에 차이가 전혀 없지는 않을 것입니다. 다만 이들이 벼농사를 지은 경험이나 습관을 바탕으로 수학에 능통했고, 덕분에 명문대에 진학할 수 있었으며, 그로 인해 세계적인 기업을 만들었다고 생각하는 사람은 거의 없을 것입니다.

인과관계로 착각하는 함정

앞에서 살펴본 영어 몰입 교육의 사례에서 영어 과목 점수나 사회 과목 점수의 변화는 데이터로 수집될 수 있습니다. 또 학생들이 시험 공부에 투자한 시간, 학생들의 두뇌 지수(IQ)나 다중 지능 지수(MI) 등 잠복 변수도 계속해서 등장합니다. 그중에는 데이터로 존재하지 않는 것도 많지요.

중학생이 된 아들에게 영어 성적이 오르면 아이폰을 사주겠다는 약속을 했다고 가정해보겠습니다. 아이폰을 얻고 싶은 욕심에 아들은 영어 과목에서 높은 점수를 받았습니다. 이때 선물(원인)과 점수(결과)의 인과관계를 점수로 환산하면 100%입니다. 이번에는 아이폰을 희망하는 아들의 친구 승주에게는 아이폰을 선물하고, 갤럭시 Z 폴드를 희망하는 재우에게는 갤럭시 Z 폴드를 선물한 뒤, 두 아이의 성적이 올랐는지 비교해보겠습니다. 아이폰을 희망한 승주는 성적을 올렸고, 갤럭시 Z 폴드를 희망한 재우는 성적을 올리지 못하였습니다. 이때 인과관계는 0%입니다. 이 실험 결과를 두고 '아이폰 선물은 학업 성적을 200% 향상시킨다.'는 결론을 내렸다고 해보지요.

이번에는 딸에게 수학 성적이 오르면 갤럭시 Z 폴드를 사주겠다고 약속합니다. 딸은 갤럭시 Z 폴드를 얻고 싶었지만, 실력 부족으로 수학 점수가 오르지 않았습니다. 선물(원인)과 점수(결과)의 인과관계를 점수로 환산하면 0%입니다. 이번에는 아이폰을 희망하는 딸의 친구 지연이에게는 아이폰을 선물하고, 갤럭시 Z 폴드를 희망하는 소희에게는 갤럭시 Z 폴드를 선물한 뒤, 두 아이의 성적이 올랐는지 파악하였습니다. 아이폰을 희망하는 지연이는 성적을 올리지 못하였고, 갤럭시 Z 폴드를 희망하는 소희는 성적을 올렸습니다. 이때 인과관계는 0%입니다. 이 실험 결과를 두고 '갤럭시 Z 폴드 선물은 학업 성적을 50% 향상시킨다.'는 결론을 내렸다고 해보겠습니다.

아들과 딸은 물론 친구들까지도 인과관계는 모두 0%입니다. 아들은 원해서 성공한 반면, 딸은 실패하였습니다. 딸의 경우 '성적이 오른 원인이 선물이 아니라 실력'이기 때문입니다. 친구들의 경우는 아예 성적과 선물이 아무런 관련이 없습니다. 결국 잘못된 분석 방법 탓에 한쪽은 200%, 다른 한쪽은 50%의 결과가 나온 것입니다. 이처럼 원하는 대로 분석하려는 경향을 '편향'이라 부릅니다. 이렇게 분석하는 사람의 의도에 따라 다르게 해석되기 때문에 여론 조사가 정치권에서 인기를 끄는지도 모르겠습니다.

상관관계와 인과관계를 구분하는 가장 좋은 방법은 조사에서 고려하지 못한 잠복 변수를 최대한 모은 다음, 통계 분석에 의해 해당 변수

를 배제하는 것입니다. 다만, 문제는 아무리 많은 잠복 변수를 모아도 다른 요인이 영향을 미쳤을 가능성을 완전히 배제하지는 못한다는 점입니다. 잠복 변수 중에는 도저히 데이터가 입수되지 않는 것도 있기 때문이지요.

광고 분야에서는 잠복 변수를 최대한 모으고, 그 영향을 배제하는 통계 분석 기법이 오랫동안 개발되어 왔습니다. 하지만 1980년 무렵부터 이런 기법도 한계에 봉착합니다. 지금도 잠복 변수 데이터를 되도록 많이 모으고는 있지만, 한계가 있다는 의견이 일반적이지요. 분석으로 얻은 추정치가 정확하지 않고 한쪽으로 치우칠 우려가 있기 때문입니다.

⌐ 헤드라이트 ¬

좋은 시간을 제공하면 매출은 따라온다

CASE STUDY

생면처럼 식감이 부드러운 '금강짬뽕라면'이 개발되었습니다. 흔한 라면이지만, 보리 함량을 25%까지 높여 속이 편안하고 액상 수프라 국물이 진하게 우러납니다. 라면이 먹고 싶지만 일반 라면은 먹지 못하는 60~70대 어르신이나 라면을 즐겨 먹는 어린이를 타깃으로 해서 온가족이 함께 먹을 수 있는 건강한 라면으로 판매할 예정입니다.

회사 설립 과정에서 하나로마트가 주주로 참여한 덕분에 매장에 진입하는 것은 어렵지 않았습니다. 이제는 시장을 넓히기 위해 공격적인 마케팅이 필요한 시점입니다. 하지만 예산이 적어서 광고를 해도 사람들이 잘 모를까봐 걱정입니다. 어떤 방법이 좋을까요?

광고 대행사는 타깃으로 삼은 어르신들의 가장 큰 관심사는 자녀를 비롯한 가족의 건강이라는 조사 결과를 제시하였습니다. 결과를 받아본 금강짬뽕라면의 마케팅 담당 구정희 이사는 평소 아버지의 건강을 챙기지 못하는 아들의 모습을 돌아보며, 금강짬뽕라면을 통해 세대의 마음을 이어주는 아이디어를 떠올렸습니다. 애초에 그런 용도로 식품영양학

과 교수에게 의뢰하여 만든 특허 상품이었기 때문입니다. 그런데 그대로 광고로 만들어지면 왠지 연출한 것처럼 보일 것 같았습니다. 그래서 구정희 이사는 광고 대행사에게 다음과 같이 요청하였습니다.

"단순한 호객 행위에 그치지 않는, 진심을 담은 광고를 만들어주십시오."

광고의 역할은 호객 행위인가, 정보 전달인가?

'광고가 호객 행위인가, 정보 전달인가?' 하는 물음에 대해서는 오랫동안 상당한 논의가 계속되어 왔습니다. 포털 사이트에 접속했는데 화면 오른쪽 상단에서 신형 SUV가 등장합니다. 그리고는 화면 중앙을 한 바퀴 돌면서 아름다운 디자인을 보여줍니다. 잠시 뒤, 제품명이 나타나고 신형 SUV가 화면 왼쪽으로 사라집니다. 만약 이러한 광고가 하루 1억 명이 방문하는 사이트에 노출된다면, 많은 사람들이 신형 SUV의 출시 소식을 알게 되고, 관심이 있는 사람들은 관련 정보를 찾기 위해 검색을 할 것입니다. 즉, 자동차에 관심이 있는 사람, 혹은 자동차를 바꿔야겠다고 생각하는 사람에게는 이 광고가 정보를 전달하는 획기적인 방법으로 다가옵니다. 그러나 자동차에 관심 없는 사람에게 이 광고는 분명 호객 행위입니다.

또 《어벤져스》 시리즈나 《스파이더맨》 시리즈처럼 마블 코믹스의 작품을 원작으로 한 영화를 기다리는 팬이 접속하는 사이트에 신작 《스파이더맨》 영화의 개봉 광고가 등장한다면 어떨까요? 이때 이러한 광고는 호객 행위가 아니라 필요한 정보를 제공하는 수단이 됩니다.

그렇다면 광고의 역할이 소비자를 방해하는 호객 행위인지, 아니면 정보 제공의 수단인지는 어떻게 구분하는 것일까요? 이를 구분하는 것은 생각보다 어렵습니다. 여기에는 두 가지 이유가 있습니다.

검색 광고는 효과가 있을까?

광고의 효과를 알기 어려운 첫 번째 이유는 '광고 때문에 구매했는지', '구매했기 때문에 광고가 보이는지'를 구분할 수가 없기 때문입니다. 실제로 광고에 관심을 보이는 사람은 제품을 구매하기로 마음먹은 경우가 많습니다. 혹시 여러분이 들어간 사이트 등에 '캐논(Canon)'의 신형 카메라 광고가 뜨나요? 애초에 카메라 관련 사이트에 들어가지 않았다면 카메라 광고를 볼 일이 없겠지요. 포털 사이트에 유튜브 제작 관련 정보를 찾아보았습니다. 그러자 『플랫폼을 넘어 크리에이터로 사는 법, 최강의 유튜브』라는 책 광고가 보입니다. 아이와 함께 애니메이션 채널을 선택해 시청하는데, 레고 광고가 나오는 것처럼 말이지요.

바꿔 말해 '제품을 구매한 사실'과 '그 광고에 노출되었다는 사실' 사이에는 아무런 인과관계가 없을지도 모릅니다. 애초에 그 제품을 선호하였기에 그 광고가 보인다는 말이지요. 즉, 특정 광고가 잘 보이는 것은 광고주가 적합한 타깃을 설정하고, 그 타깃이 발견할 확률이 높은 플랫폼을 선택했기 때문일 수도 있습니다. 그리고 이런 실증적 어려움을 해결하는 일은 마케팅의 핵심을 짚는 일이자, 광고비가 유익한 효과를

발휘하는지 파악하는 중요한 일입니다.

네이버는 검색 영역에 노출되는 검색 광고를 통해 1년에 2조 5,000억 원을 벌어들입니다. 어마어마한 금액이지요. 이처럼 검색 광고는 수익 창출에 어마어마한 기여를 합니다. 그렇다면 검색 광고의 효과가 큰 이유는 무엇일까요? 일반적으로 구매에 필요한 정보를 소비자에게 정확하게 제공하기 때문이라고 생각할 것입니다. 하지만 과연 그럴까요?

제가 회사에서 키워드 수백 개를 관리할 때의 일입니다. 당시 '한우리독서토론논술'이라는 유료 키워드에서 가장 많은 비용을 지불하였습니다. 그런데 결과를 보면서 의문이 들었습니다.

'해당 키워드를 입력하는 어차피 사람들은 우리 홈페이지에 들어오려는 사람들인데, 왜 여기에 돈을 내야 하지?'

사실 제가 키워드 광고를 하고 싶은 이유는 '독서 교육', '초등 독서' 같은 검색어를 입력했을 때 우리 브랜드가 가장 위에 노출되기를 바랐기 때문입니다. 하지만 그런 검색어를 입력하고 홈페이지에 들어오는 사람보다 '한우리독서토론논술'이라는 검색어를 입력하고 들어오는 사람들이 압도적으로 많았습니다. 만약 이런 식이라면 '키워드 광고 덕분에 구매 결정이 이루어진다.'는 말은 광고의 영향을 과장한 것이라는 뜻이 됩니다.

강제로 설득하느냐, 필요한 정보를 제공하느냐, 그것이 문제로다

광고의 효과를 알기 어려운 두 번째 이유는 호객 행위든, 정보 전달이든 광고를 하면 물건이 팔리기 때문입니다. 호객 행위 광고는 '소비자가 원하지 않을 수도 있는 제품'을 사도록 부추깁니다. 반면, 정보 전달 광고는 그 제품에 '딱 맞는' 소비자가 제품을 구매하도록 이끕니다. 하지만 두 경우 모두 결과는 동일합니다. 광고의 노출이 제품 구매라는 결과로 이어지는 것이지요. 광고의 성격에 대해서는 오래전부터 상반된 두 개의 견해가 존재해왔습니다.

첫째, '제품 중심적' 견해입니다. 허버트 크루그먼(Herbert Krugman)의 '3 히트 이론(3 Hit Theory)'이 대표적이지요. 이 이론은 광고가 효과를 내기 위해서는 최소 3회 정도 반복되어야 한다는 내용으로, 광고계의 전설처럼 인식되는 이론입니다. 그 바탕에는 소비자에게 필요 없는 물건을 강제로 노출한다는 전제가 깔려 있습니다. 크루그먼에 의하면 소비자는 광고를 처음 접하면 '저게 뭐지?' 하는 단순한 의문을 갖게 되고, 두 번째 접하면 '내게 필요한 건가?'라는 반응을 보이며, 세 번째 접하면 '살까 말까?'라며 광고와 브랜드를 연결시킨다고 합니다. 그리고 그 이후의 광고 노출에는 별다른 반응을 하지 않는다고 주장하였지요. 하지만 유효 횟수는 그리 간단한 문제가 아닙니다. 어떤 광고는 4~5번 보고도 반응이 없을 수도 있으며, 어떤 광고는 한 번만 보고도 호감을 느낄 수 있기 때문이지요.

둘째, '사용자 중심적' 접근 방식입니다. 소비자가 무언가를 필요로

할 때 정보를 제공함으로써 소비자의 선택에 대한 통제권을 인정하고, 심지어 그 통제권을 기꺼이 받아들인다는 시각입니다. 실제로 미국 시러큐스 대학교(Syracuse University)의 광고학과장 겸 교수이자 미국 광고 대행사 JWT에서 근무하였던 존 필립 존스(John Philip Jones)는 구매 횟수가 많은 일부 포장재는 TV 광고 1회만으로도 인지도나 선호도를 넘어 직접 구매에 영향을 미친다는 사실을 밝혀냈습니다. 일부 포장재가 정보를 전달하는 역할을 했기 때문이라는 사실을 발견한 것이지요. 이렇듯 제품 중심적 광고는 무언가가 필요하지 않을 때도 소비자를 설득해 구매하도록 만듭니다. 반면 고객 중심적 광고는 소비자가 원하는 제품과 만날 수 있도록 도와줍니다.

진정한 고객 중심적 마케팅이란

마케팅 활동은 여전히 제품 중심적입니다. 이는 마케팅에서 사용하는 측정 기준인 노출, 도달, 클릭, 구매 수치 등을 보면 알 수 있지요. 이 네 가지 모두 중요한 측정 기준이기는 하지만, 그 어떤 기준도 소비자가 구매한 제품에 만족하는지, 어떻게 구매에 이르렀는지는 판단하지 않습니다. 즉, 판매자와 구매자의 연결 고리가 단절된 것이지요.

마케팅 담당자는 광고가 소비자에게 어떤 도움을 주는지 등의 여부와 관계없이 소비자가 브랜드를 떠올리게 할 만한 캠페인을 만들고 싶어 합니다. 반면, 영업 담당자는 판매로 이어질 수 있는 직접적인 캠페인을 부탁합니다. 그리고 이 둘의 의견은 좁혀지지 않은 채 고스란히 광고 대행사에 전달되지요. 광고 대행사는 마케팅 부서와 영업 부서의 의견을 절충해 그럴싸한 제작물을 들고 나타납니다. 두 부서에서는 이런 제작물이라면 '소비자가 관심을 가질 것' 같다고 여깁니다. 하지만 여기에는 '우리 브랜드가 소비자의 마음을 어떻게 얻을지?'에 대한 고민은 전혀 없습니다.

'소비자가 관심을 가질 것 같다.'는 말에는 '고객을 유혹하고 제압한다.'는 암시가 담겨 있습니다. 이는 진정한 고객 중심적 태도가 아니지요. 고객 중심주의에 대해서는 13장에서 자세히 다룰 예정입니다.

아버지에 대해 얼마나 알고 계십니까?

2주 후 광고 대행사는 스토리를 중심으로 하는 네이티브(native)식 광고를 가져왔습니다. 광고 내용은 이러했습니다. 몰래카메라를 설치한 뒤, 60대 이상 어르신 중 건강상의 이유로 라면을 드시지 못하는 분들을 모읍니다. 그리고 출가한 자녀에 대한 질문지를 나눠드리고, 작성하도록 합니다. 어르신들은 의외의 질문에 당황하기도 하고 재미있어하기도 합니다. 질문지를 거의 작성했을 무렵, 방 안에 있던 TV에서 아들과 딸의 영상이 방영됩니다. 가정을 꾸리기도 힘들 텐데 자녀는 시종일관 부모님 걱정뿐입니다. 자녀의 메시지에 눈물이 납니다. 바로 그때 문이 열리면서 자녀들이 금강짬뽕라면을 들고 등장합니다. 부모와 자녀는 라면을 먹으며 오랜 시간 담소를 나눕니다. 그때 자막이 등장합니다.

'아버지를 위한 소중한 한 그릇'

처음에는 동영상으로 아버지와 아들의 사랑을 전할 수 있을지 의아했지만, 구정희 이사는 곧바로 그 의도를 이해했습니다. 이 동영상 자체가 금강짬뽕라면이 되는 것입니다.

녹화가 끝나고 광고 제작에 들어갔습니다. 영상의 전체 길이는 3분이고, TV 광고에서는 15초간 아들과 아버지가 부둥켜안고 우는 장면과 '아버지를 위한 소중한 한 그릇, 지금 유튜브에 금강짬뽕라면을 검색하세요.'라는 메시지로 마무리해 궁금증을 유발하도록 했습니다.

광고가 나가자마자 이 영상은 엄청난 화제를 불러 모았습니다. 몇 주 지나지 않아 조회수는 100만을 넘었고, 많은 언론에서도 이 광고를 다루었습니다. 무엇보다 출하량이 평소보다 몇 배나 늘어나 영업팀은 행복한 비명을 질렀습니다. 이 광고는 상품의 장점을 전달하려고 애쓰는 것이 아니라, 상품과 깊은 관계를 형성하는 시간의 제공에 집중한 것이 성공 비결이었습니다.[19]

〈그림 12-4〉 KB금융그룹의 '하늘 같은 든든함, 아버지(몰래카메라)' 기업 PR 캠페인

관계 구축이 먼저다

좋은 시간을 제공하는 것이 브랜드의 목적이라면, 마케팅도 그래야합니다. 농심과 삼양 등 대기업이 장악한 라면 시장에서 인지도 없는 브랜드가 갑자기 '이런 점이 좋습니다. 이렇게 맛있습니다.'라고 주장하면 소비자에게는 잘 들리지 않습니다. 더군다나 첫 대면에서 자기 자랑만 늘어놓는 것은 첫 데이트 자리에서 자기 말만 하는 눈치 없는 사람이나 하는 짓이지요. 광고는 좋은 시간을 함께 보내는 데서 시작해야 합니다.

"아버지 생각나네. 요즘 식사는 잘하고 계시나?"

"그 회사 광고를 보면 왠지 내 이야기 같아."

"저런 제품이면 아버지께 좋을 거 같다."

이런 생각을 할 시간을 제공한 제품이 소비자의 마음에 자리를 잡도록 하는 것입니다. 이것이야말로 현시대의 마케팅 커뮤니케이션의 출발점이자 지향점이지요. 이러한 생각을 기반으로 한 선구적 사례는 AIA생명의 《세상에서 가장 따뜻한 밥상: 엄마의 밥》이라는 영상입니다. 영상에는 해외에서 혼자 공부하거나 일하는 젊은이들이 등장합니다. 어려

〈그림 12-5〉 AIA생명의 '세상에서 가장 따뜻한 밥상: 엄마의 밥'

운 점은 없는지, 가족이 보고 싶지는 않은지 인터뷰를 한 뒤, 혼자 쓸쓸히 밥을 먹는 모습을 보여줍니다. 그러다 갑자기 엄마가 요리를 들고 등장합니다. 마치 한 편의 영상 메시지 같습니다. 너무나도 갑작스러운 어머니의 등장과 부드러운 음악으로 소비자는 마음이 편안해집니다. 소비자는 이런 느낌을 가진 후 '평범한 일상이야말로 가장 소중한 순간일 수 있습니다.'라는 메시지를 보며 'AIA생명이었구나'라는 식으로 자연스럽게 브랜드에 관심을 가질 것입니다.

성공적인 관계 구축 마케팅를 위한 세 가지 전략

마케팅에서 소비자와 좋은 시간을 보내는 것을 인게이지먼트(engagement)라고 합니다. 최종적으로 상품 구입을 유도하려면 이러한 소비자와의 관계 구축 노력이 필수입니다. 다만, 소비자와의 관계 구축을 지향하는 마케팅을 고려할 때는 세 가지의 요소를 주의해야 합니다. 그 세 가지 요소는 다음과 같습니다.

1. 상품 소개는 최대한 자제하라

이 점에 대해서는 '생각의 전환' 또는 '상당히 강한 자제심'이 필요합니다. 일단 자신이 갖고 있는 기존 상식, 즉 상품의 특·장점을 전달해야 한다는 생각을 내려놓을 필요가 있습니다. 물론 자사 SNS에서 상품의 특·장점을 어필하는 것은 필요합니다. 기업 SNS에는 상품에 대해 흥미를 갖고 더 알고 싶어 하는 사람이 찾아오기 때문이지요. 상품에 대한 정보는 그런 곳에 게시하면 충분합니다.

광고는 상품에 흥미가 없는 사람이 보는 것이라고 여겨야 합니다. 상품에 흥미가 없는 사람에게 '이 상품은 이렇게 좋습니다.'라고 아무리 강조해도 통하지 않습니다. 그러므로 상품의 특·장점을 말하는 데는 될 수 있으면 소극적이어야 합니다.

2. 소비자 입장에서 커뮤니케이션하라

소비자와의 관계를 구축하려면 광고가 소비자에게 도움을 줄 필요가 있습니다. 사람들은 광고를 접할 때 얼마나 뛰어난 광고인지를 보는 것이 아니라 '나에게 어떤 의미가 있는가?'라는 관점에서 접합니다. 따라서 '놀라움을 준다.', '기분 좋게 해준다.', '새로운 생각을 제시해준다.', '생각을 진전시키는 계기를 준다.', '웃게 만든다.', '친구와 대화할 주제가 된다.', '진한 감동이 밀려온다.', '지금껏 본 적 없는 영상이다.', '도움이 되는 정보를 준다.' 같은 이유로 광고에 호의적인 인상을 받도록 하는 것이 중요합니다.

3. 상품과 자연스럽게 연결하라

아무리 소비자를 위한다고 해도 광고의 목적은 '판매'입니다. 그렇기에 상품의 메시지와 연결되는 무언가를 모티브로 마케팅 커뮤니케이션을 설계하고, 상품의 존재와 자연스럽게 연관시킬 필요가 있습니다. '그 어떤 순간에도 가장 소중한 것을 포기하지 않도록 AIA생명이 지켜드리겠습니다.'라거나, 'KB는 아버지 그 이름의 든든함을 배웁니다.' 같은 메시지를 적절하게 녹여야 하는 것이지요.

이 세 가지를 바탕으로 마케팅 커뮤니케이션을 기획하면, 처음에는 무슨 광고인지 잘 모르겠다는 반응이 나올 수도 있습니다. 광고주 입장에서는 상품 출현을 극도로 자제한 듯 느껴져 조금 불편하겠지요. 그래도 우선 이 새로운 광고 방식에 도전해보길 바랍니다.

기존의 사고방식 안에서 꾸미고 다듬은 광고는 안도감을 줄지는 몰라도 큰 효과를 기대하기는 어렵습니다. 미디어 환경이 변하고 있기 때문입니다.

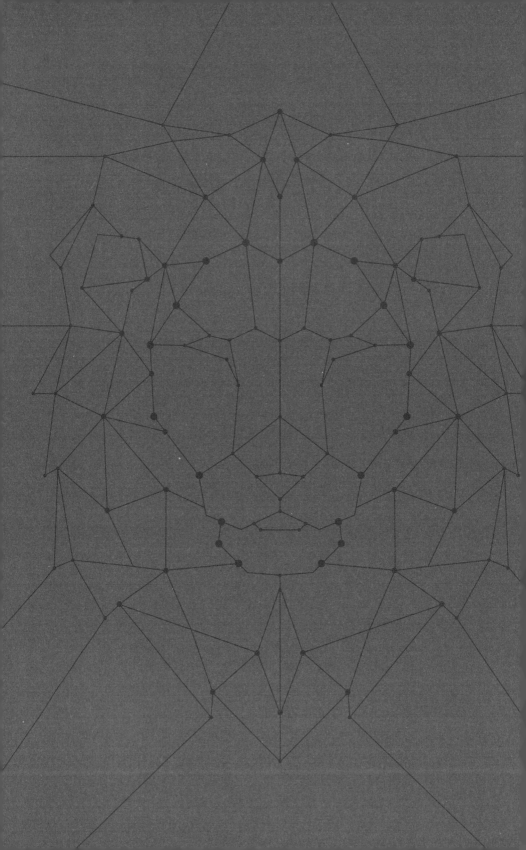

제5부.
뛰는 자(者) 위의
나는 자(者)

"모든 콘텐츠는 일종의 발언입니다. 중요한 것은, '그 발언이 얼마나 보편적이고 동시대적인 울림을 가졌는가.'입니다. '아, 이건 내 이야기구나. 우리 시대, 우리 세대에 대한 이야기구나.'하는 생각이 들 때 비로소 우리는 자신을 돌아보게 됩니다. 하나의 콘텐츠가 '좋은 콘텐츠'가 되는 건 바로 이 순간입니다. 하나의 특수가 보편으로 변화하며 누군가의 영혼을 울리는 순간이지요. 이처럼 현대의 '좋은 콘텐츠'란 모두가 자신의 이야기라고 공감할 만한 보편적인 발언이자, 동시에 취향 공동체의 열광을 이끌어 낼 수 있는, 특수한 형태의 발언이기도 해야 합니다."

– 방시혁[1]

제5부.
'뛰는 자(者) 위의 나는 자(者)' 들어가기

다섯 번째 이야기는 고객 중심주의, 메타버스, D2C 마케팅, 디지털 전환 등 최근 이슈가 되는 주제를 담았습니다. 베인앤컴퍼니(Bain & Company)의 중역인 프레드 라이켈트(Fred Reicheld)와 롭 마키(Rob Markey)가 공동으로 집필한 『고객이 열광하는 회사의 비밀』은 새로운 트렌드를 다루는 다섯 번째 이야기 전체의 로드 맵이 되었습니다. 베인앤컴퍼니는 마켓컬리의 김슬아 대표와 와이즐리의 김동욱 대표가 다녔던 세계적인 컨설팅 회사로, '순추천고객지수(NPS)'를 개발한 곳이지요. 또 크리스 앤더슨(Chris Anderson)의 『프리』, 『메이커스』, 『롱테일 경제학』과 피터 틸(Peter Thiel)의 『제로투원』, 그리고 제이 바니(Jay B. Barney)의 『전략 경영과 경쟁 우위』에서 얻은 통찰력은 트렌드 속에서 변하지 않는 본질을 파악하는 기준을 만들어주었습니다.

아마존과 관련한 내용은 졸저 『최강의 쇼핑몰 네이버 스마트스토어를 넘어』와 연결되는 부분도 있어서 방대한 자료를 살피고 원고도 여러 차례에 걸쳐 수정해야 했습니다. 브래드 스톤(Brad Stone)의 『아마존, 세상의 모든 것을 팝니다』와 스티브 앤더슨(Steve Anderson)의 『베조스 레터』, 브라이언 두메인(Brian Dumaine)의 『베조노믹스』, 시로타 마코토의 『데스 바이 아마존』 등을 중심으로 아마존과 관련된 다양한 도서를 참고했습니다.

13장.
진정한 고객 중심주의

수년간의 연구·개발 끝에 혁신적인 스마트폰을 공개하였습니다. 아이폰과 갤럭시의 아성을 뛰어넘을 완전히 새로운 제품입니다. 기업은 수백만 대를 생산해 전 세계 매장에 보내고, 사상 최대의 광고·마케팅 비용을 투입합니다. TV·유튜브 광고는 물론, 모든 소셜 미디어에서 이벤트를 진행하였지요. 그런데 주변에서 그 스마트폰을 샀다고 하는 사람을 한 명도 보지 못하였습니다. 첨단 기술을 너무 많이 활용한 터라 고객들이 장점을 파악하지 못해서 일까요? 아니면 기존에 나온 제품들보다 뭐가 좋은지 모르는 무지한 고객들이 많기 때문일까요?

그렇지 않습니다. 자유 경쟁 시장에서 고객은 항상 옳습니다. 고객이 원하지 않으면, 아무리 그 스마트폰이 최첨단 기술을 가지고 있어도 쓸모가 없습니다. 이는 인기 유튜버와 파워블로거가 멋진 스마트폰이라고 수십, 수백 번 설명해도 절대로 달라지지 않습니다. 고객이 구매하지 않으면 그것은 나쁜 스마트폰입니다. 고객에게 틀렸다고 말할 권한은 아무에게도 없습니다. 정부가 국민들에게 특정 스마트폰을 사라고 억지로 강요하는 일도 있을 수 없습니다. 그래서 LG전자는 26년간 공들여 왔던 휴대폰 사업에서 철수합니다.

다른 제품의 경우도 상황은 다르지 않습니다. 제가 다니던 교육 회사의 사장님은 늘 입버릇처럼 우문현답('우'리의 '문'제는 '현'장에 '답'이 있다)을 강조하시며, 다음과 같이 말씀하시곤 하였습니다.

"모든 것은 고객이 우리 제품이나 서비스에 얼마를 지불할 의향이 있는가의 문제예요. 가격이든 디자인이든, 자신들에게 가장 중요한 게 무엇인지는 고객들이 결정합니다."

스티브 잡스가 들었다면 무덤에서 벌떡 일어날 말이지만, 대부분의 기업은 이처럼 소비자의 눈치를 볼 수밖에 없습니다. 또 누군가가 '고객들이 잘못된 선택을 할 수도 있다.'라고 이의를 제기한다면, 포털사이트의 검색 결과를 보여주면 그만입니다. 첫 페이지의 결과물은 '고객이 항상 옳다.'고 말하고 있기 때문이지요. 수백만 명이 그 회사의 제품을 선택하는데, 여러분이 뭐라고 그들에게 틀렸다고 말할 수 있겠습니까?

고객은 왕이라고? 고객은 돈이다

2021년 온라인 쇼핑 거래액이 사상 최대치인 190조 원을 넘어섰습니다. 이는 전체 쇼핑 거래액의 37%에 해당하는 수치입니다. 오프라인 점포에서 구하기 힘든 물품 등을 구매하던 기존 쇼핑 추세가 코로나19 사태로 식음료품, 생필품, 가전제품 등의 영역까지 광범위하게 일상화된 덕분입니다. 하지만 온라인 쇼핑 플랫폼이 모두 성과를 내는 것은 아닙니다. 많은 온라인 쇼핑 플랫폼이 있지만, 그중 네이버, 쿠팡, SSG의 3강 구도가 더욱 공고해졌습니다. 고객을 끌어들이는 것은 결국 새로운 고객 경험인데, 경쟁이 치열해지면서 입점 브랜드의 마케팅만큼이나 플랫폼이 제공하는 멤버십, 배송 혜택 등이 중요한 차별화 요소로

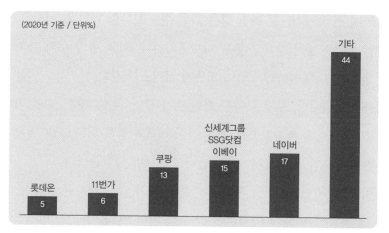

(2020년 기준 / 단위%)

〈그림 13-1〉 국내 이커머스 기업별 점유율

떠오르고 있기 때문입니다. 그래서 쏠림 현상이 두드러진 것이지요. 흥미로운 것은 이 세 회사의 전략이 모두 각양각색이라는 점입니다.

네이버는 엄청난 방문자를 대상으로 다양한 혜택을 제공하는 네이버 플러스 멤버십으로 많은 이용자를 끌어들이고 있습니다. 스마트스토어를 중심으로 하는 네이버 쇼핑·예약·웹툰 등에서 네이버 페이로 결제하면 결제 금액의 최대 5%를 포인트로 돌려주기 때문입니다. 이 같은 높은 포인트 적립률은 '검색, 쇼핑, 결제'로 이어지는 네이버 쇼핑 생태계의 핵심입니다. 덕분에 '쿠팡 와우' 서비스로 가장 먼저 맴버십 서비스를 시작한 쿠팡의 1,000만 회원을 단기간에 따라잡을 수 있었지요. 이러한 유료 회원제 방식을 도입해서 성공한 곳은 전 세계에 진출한 창고형 대형 판매장인 '코스트코(costco)'입니다. 코스트코 매장에 들어가기 위해서는 누구나 연회비를 내야합니다. 1993년 회원제 비즈니스를 시작한 코스트코의 회원 수는 전 세계적으로 현재 9천만 명이 넘습니다.

제5부. 뛰는 자(者) 위의 나는 자(者) 341

현재 전 세계적으로 가장 많은 회원 수를 보유한 기업은 '아마존 프라임 서비스'를 시행하고 있는 아마존입니다. 회원 수가 무려 1억 명에 달하지요. 네이버와 쿠팡이 회원제 서비스를 강화하는 것도 이들의 성공 때문입니다. 쿠팡은 와우 회원 추가 할인, 무료 배송, 30일 이내 반품, 직구 상품 배송료 0원 등 네 가지 혜택과 함께 최근 OTT 열풍이 불면서 구축한 쿠팡 플레이까지 멤버십 혜택에 넣었습니다.

창사 이래 단 한 번도 흑자를 기록한 적이 없는 쿠팡은 수많은 치킨 게임(chicken game)에서 다양한 소셜 커머스들을 물리친 입지전적인 기업입니다. 영화에서 한 번쯤 보셨을 치킨 게임은 두 명의 운전자가 각각 마주보고 서로를 향해 돌진하면서 '계속 돌진할 것인가' 아니면 '핸들을 돌릴 것인가'를 결정하는 게임입니다. 상대방이 돌진할 것에 겁을 먹고 핸들을 돌리면 게임에서 지게 되고, 겁쟁이 또는 비겁자가 되는 것이지요. 이를 기업에 비추어 보면, 기업은 '적자'라는 치킨 게임에서 오랫동안 버티지 못하면 패배자가 되고 맙니다. 하지만 쿠팡은 보란 듯이 나스닥 상장에 성공하여 경쟁사들을 망연자실하게 만들었지요. 11년 연속 적자를 기록하고 있는 '티몬(TMON)'과 '위매프(WEMAKEPRICE)'는 모두가 성장했다는 코로나19 시기에도 각각 760억 원과 338억 원의 적자를 기록하였습니다. 또 아마존과 함께 글로벌 쇼핑을 추진한 덕분에 매출이 3% 성장한 11번가 역시 694억 원의 적자를 기록하였지요. 대한민국의 유명 쇼핑 플랫폼 모두가 적자를 기록하고 있는 상황입니다.

한편, 이러한 상황에서 2,177억 원이라는 막대한 적자를 투자금으로 보전하는 방식으로 사업을 키워 온 마켓컬리 역시 코스닥 상장에

성공한다면, 적자를 버티지 못하는 기업들은 더욱더 살아남기 어려울 것입니다. 단, 상장했다고 안전한 것도 아닙니다. '쿠팡 이츠'와 '쿠팡 플레이' 등으로 배송과 OTT[2] 서비스에서까지 치킨 게임을 시도하고 있는 쿠팡의 혁신 없는 사업 전략은 전 세계 투자자들에게 논쟁의 대상이 되고 있습니다.[3] 하지만 미래를 누가 알겠습니까.

그동안 신세계백화점과 이마트의 오프라인 상품을 전담해서 판매하였던 SSG닷컴은 최근 이베이 코리아(ebay Korea)가 운영하는 옥션과 지마켓을 인수하면서 오프라인과 온라인을 결합한 크로스오버 플랫폼으로 거듭났습니다. 그리고 다양한 멤버십 혜택을 적용하기 시작하였지요. 유료 멤버십은 백화점·이마트·스타벅스는 물론, 야구단에까지 혜택을 접목하였고, SSG의 VIP등급 회원에게는 신세계백화점 상품 할인과 무료 주차 등 백화점 VIP에 준하는 혜택을 제공합니다.

모두가 외치는 고객 중심주의

잘나가는 기업들과 인터뷰를 해보면 고객 중심주의를 표방하지 않는 회사는 찾아보기 어렵습니다. 모바일이 발전하면서 시장의 주도권이 기업에서 고객으로 옮겨가고 있기 때문입니다. 이와 관련하여 우리나라의 대표 기업들은 고객 중심주의를 어떻게 생각하고 있을까요? 차례대로 살펴보도록 하겠습니다. 먼저 쿠팡의 김범석 의장이 뉴욕 나스닥에 직상장한 직후, 언론과의 인터뷰에서 했던 말입니다.

"회사 창업 후 약 10년 동안 고객만 보고 달려왔고, 고객의 불편함을 해결하려고 때로는 무모한 도전에 나서기도 했습니다. 또 막대한 자금을 동원해 물류망을 구축하는 등 남들이 회피하려는 걸 피하지 않고 정면으로 맞서는 DNA를 갖게 됐습니다."[4]

이번에는 창업자 신격호 회장이 서거한 이후, 최대의 인력 감축이라는 수모를 겪어야 했던 전통의 유통 명가 롯데의 입장을 살펴보도록 하겠습니다.[5] 다음은 롯데 쇼핑의 김상현 총괄대표의 말입니다.

"선진국에서든 이머징 마켓에서든 가장 중요한 것은 고객을 중심으로 생각하는 것입니다. 고객이 무엇을 원하는지, 무엇을 필요로 하는지 먼저 파악하고 답을 찾는 것이 중요하지요."

마지막으로 11번가의 이상호 대표 역시 고객 중심주의를 외치고 있음을 확인할 수 있습니다.

"11번가는 고객이 가장 원하는 서비스 제공을 목표로 치열한 고민과 진정성 있는 노력들을 매년 이어왔습니다. 올해 역시 고객 만족을 실현하는 다양한 사업 활동을 추진할 예정입니다."[6]

한편, 창사 이래 꾸준히 흑자를 기록하고, 최근에는 SSG에게 팔린 지마켓과 옥션을 운영하고 있는 이베이 코리아의 상황도 마찬가지입니다. 최초로 1조 원의 매출을 올린 직후, 언론과의 인터뷰에서 이베이 코리아 관계자는 다음과 같이 말합니다.

"이베이 코리아는 고객 중심 서비스를 펼쳐 충성 고객을 확보한 것이 성장세를 유지하는 데 효과가 컸습니다. 최근 5년간의 안정적인 성장 요인은 '스마일 서비스'이며 고객에게 차별화된 쇼핑 경험을 제공하고 오픈 마켓으로서 구매 회원-판매 회원들의 니즈에 맞는 서비스를 선보인 것이 주효했다고 생각합니다."[7]

이렇듯 모두가 고객 중심주의를 외치고 있는 상황을 보면서 문득 두 가지의 궁금증이 생겼습니다. 첫째, 모두가 고객을 중심에 두는 데 왜 누구는 성공하고 누구는 실패하는 것일까요? 둘째, 미국 이베이 본사는 왜 고객 중심주의를 바탕으로 건실하게 흑자를 내고 있는 지마켓과 옥션을 운영하는 이베이 코리아를 팔았을까요?

진짜 고객 중심주의와 가짜 고객 중심주의

KB금융지주 윤종규 회장은 2022년 신년사에서 '월마트(Walmart)' 같은 회사가 되어야 한다고 강조하였습니다. 오프라인 매장과 디지털 기술을 결합한 월마트의 '커브사이드 픽업(Curbside Pickup) 서비스', '인홈 딜리버리(InHome Delivery) 서비스'처럼 KB금융그룹도 '디지털을 통한 최고의 고객 경험'을 제공해야 한다는 것이지요.[8] 여기서 월마트가 선보이는 커브사이드 픽업은 고객이 주문을 받기 위해 매장에 직접 가지 않고도 제품을 미리 구매할 수 있는 서비스이고, 인홈 딜리버리는 얼마간의 비용을 추가하면 식료품을 집 안 냉장고에 채워주는 서비스를 말합니다.

사실 윤 회장은 1년 전인 2021년 신년사에서도 아마존과 같은 회사가 되어야 한다고 강조하였습니다. 그는 아마존의 성공 비결은 '고객 중심'을 넘어선 '고객 집착'에 있었다며, 전 직원에게 '밥 지을 솥을 깨뜨리고 돌아갈 때 타고 갈 배를 가라앉힌다.'는 파부침주(破釜沈舟)의 마인드를 강조하였지요. 기존의 익숙한 것이나 관습과 타성에서 벗어

나서 필요하다면 기득권까지도 포기하는 결연한 의지의 자세를 가져야 한다는 것입니다.

윤 회장이 고객 중심주의를 강조하면서 아마존과 월마트를 예로 든 이유는 혁신에 실패한 이베이의 뚜렷한 하향세 때문입니다. 처음 윤 회장이 아마존을 예로 들었던 2021년에 이미 1위 아마존과 2위 이베이의 매출 규모는 수십 배의 차이로 벌어져 있었습니다. 또 월마트를 예로 들던 이듬해에는 2위 자리마저 월마트에게까지 내줄 만큼 추락하였지요. 주목할 점은 두 회사 모두 고객 중심주의를 외치던 기업이라는 것입니다. 이베이는 1995년 문을 연 세계 최초의 전자상거래 회사입니다. 아마존은 그보다 1년 후에 생겼고요. 판매하는 제품이나 서비스의 차이도 크게 다르지 않습니다. 그렇다면 아마존은 어떻게 이베이를 이렇게까지 멀찌감치 따돌릴 수 있었던 것일까요? 정답은 바로 진짜 고객 중심주의와 가짜 고객 중심주의의 차이 때문입니다.

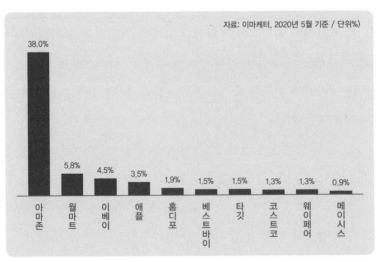

〈그림 13-2〉 소매 전자상거래 점유율 상위 10개 기업

아마존의 성공 비결

많은 사람들이 아마존의 성공 비결을 이야기하면서 빼놓지 않는 것이 바로 고객 중심주의입니다. 하지만 구체적으로 그것을 어떻게 매출로 연결시켰는지는 대부분이 잘 모르는 것 같더군요. 아마존의 고객 집착은 크게 두 가지의 전략으로 나눌 수 있습니다. 하나는 크게 버는 돈을 모두 재투자하는 전략이고, 다른 하나는 방문자를 꾸준히 끌어모으는 전략입니다.

여기서 아마존이 재투자하는 전략을 플라이휠(Flywheel)이라고 부릅니다. 플라이휠은 현존하는 최고의 경영사상가이자 작가인 짐 콜린스(Jim Collins)가 자신의 저서 『좋은 기업을 넘어 위대한 기업으로』에서 소개한 개념으로, 서서히 축적된 성과가 누적되어 다음 단계 도약의 동력이 되는 선순환의 고리를 말합니다.

2001년 9.11 테러 직후 닷컴 버블로 미래가 불투명하던 시절, 아마존의 CEO인 제프 베조스는 시애틀 본사에 짐 콜린스를 초대하여 관리자들을 대상으로 강의를 진행합니다. 그리고 여기서 플라이휠의 개념을 다시 한번 익힌 뒤, 아마존을 움직이는 개념상의 엔진으로 한 단계 더 발전시켰습니다.[9]

콜린스는 플라이휠을 구동시키는 방식으로 성공한 대표적인 기업으로 철강 회사인 누코(Nucor)를 꼽습니다. 1965년 파산 직전에 놓여 있었던 누코의 CEO인 켄 아이버슨(Ken Iverson)은 철광석과 연료탄을 이용하여 용광로에서 쇳물을 뽑아내는 방법보다 미니밀(mini-mill, 고철을 녹여 쇳물을 만드는 제철 설비)이라는 새로운 기술 공정 방법이 철강은 생산하는데 훨씬 저렴하며, 강점이 있다는 것을 깨닫습니다. 그래서 미니밀 1호기를 가지고 다시 새 출발을 시작하지요. 그 결과, 매출이 증가했고, 더 많은 고객을 유치할 수 있었습니다. 이후 누코는 벌어들인 돈으로 비용 효율성이 높은 미니밀을 추가로 도입하였고, 더 많은 고객을 유치하며 미국에서 가장 규모가 큰 철강 기업으로 성장하게 됩니다.

청출어람이라고 했던가요. 짐 콜린스의 플라이휠은 그저 단 한 번세게 미는 재투자 방식이었다면, 제프 베조스는 결코 한 바퀴에 그치지 않았습니다. 제프 베조스의 플라이휠은 단 한 번의 행위 혹은 의사 결정이 아닌, 일관된 개념을 가지고 훌륭한 의사 결정을 지속적으로 하는 것을 말합니다. 이것이 바로 아마존이 진정으로 고객을 중심에 둔다는 것을 증명하는 것이지요. 아마존의 플라이휠은 누코보다 훨씬 더 강력한 장치로 진화하였습니다. 베조스는 플라이휠의 개념을 새로운 수준으로 끌어올려 사업을 하는 방식에 일대 변혁을 일으켰고, 이는 그 누구도 넘볼 수 없는 아마존만의 경쟁 우위의 핵심 가치가 되었습니다. 지금도 그는 인공지능, 머신러닝, 빅데이터 등을 능수능란하게 사용하여 플라이휠의 회전 속도를 높이고 있습니다. 덕분에 아마존은 컴퓨터 기술을 적용하는 데 뛰어난 강점을 가지게 되었고, 스스로 배우면서 더욱 똑똑해지고 있는 것이지요.

수많은 CED들이 입으로만 인공 지능을 떠들며, 이 기술을 자신들의 사업 모델에 적용하려고 소수의 데이터 과학자들을 데려옵니다. 하지만 아마존은 인공 지능 음성 소프트웨어로 작동하는 알렉사(Alexa)를 개발하고 업그레이드하기 위해 약 1만 명에 달하는 데이터 과학자,

엔지니어, 프로그래머 등을 고용하였습니다. 소수의 데이터 과학자, 엔지니어, 프로그래머 등으로는 어림도 없는 것이지요. 이처럼 지금까지 그 어떤 기업도 이러한 점에서 아마존만큼 성공하지 못한 것을 보면, 베조스의 플라이휠 구동 능력은 가히 대단하다고 밖에 표현할 방법이 없는 것 같습니다.

한편, 플라이휠은 새로운 기업을 인수 합병하는 데에도 유리하게 작용합니다. 아마존은 라이브 스트리밍에서 독보적인 사용자 수를 자랑하는 트위치(twitch)를 유튜브에 흡수 병합시키려는 구글을 물리치고, 보다 적은 돈을 제시하여 인수하였습니다.[10] 또한 세계에서 가장 사용자가 많은 클라우드 서비스 역시 아마존 웹 서비스(AWS)입니다. 이처럼 베조스는 기존 서비스가 수용 한도(Carrying capacity)에 다다르기 전에 새로운 서비스를 발굴하는 플라이휠 전략을 사용하고 있습니다. 전혀 새로운 분야인 워싱턴포스트(the washington post)를 인수한 것도 같은 이유입니다. 이에 대해서는 뒤에서 자세히 다루도록 하겠습니다.

쇼핑의 핵심은 좋은 목

고객 중심주의를 살펴보기 위해 우리가 관심을 가져야 할 부분은 바로 방문자를 끌어모으기 위한 아마존만의 전략입니다. 쇼핑몰은 차별화가 극히 어려운 사업 분야입니다. 더군다나 온라인이라면 입지도 크게 작용하지 않고, 클릭 한 번으로 다른 사이트로 넘어갈 수 있기 때문에 고객을 붙잡아 두는 데에 상당한 어려움을 겪을 수밖에 없습니다. 그렇기에 다른 쇼핑몰과는 다른 자신만의 차별화 전략이 필요한 것이지요. 그렇다면 어떤 식으로 차별화 전략을 펼칠 수 있을까요? 가장 먼저 시장에서 물건을 구매하는 과정을 생각해보겠습니다.

과일을 사려면 시장 입구에 위치한 과일 가게부터 그 안쪽으로 무수하게 늘어선 과일 가게를 지나가게 되어 있습니다. 이때 판매자 입장에서는 입구에 가까운 곳에 가게를 열고 싶을 것입니다. 유동 인구가 많아야 판매될 가능성도 높아지니까요. 장사하는 사람들은 이런 것을 '목'이라고 부릅니다. 그리고 이때 좋은 '목'은 권리금 또한 높은 것이 일반적입니다. 백화점은 어떨까요? 백화점 1층에는 유명 브랜드나 명품 숍이 즐비합니다. 사람들이 많이 지나다니고, 이동이 편리하기 때문이지요. 제가 자주 가는 남성복 코너는 주로 4층이나 5층에 위치하고 있습니다. 쾌적한 쇼핑 공간은 객단가가 높은 여성들이 차지하고 있기 때문에 애매한 위치에 남성복 코너가 자리 잡고 있는 것입니다.

한편, 백화점 같은 1층 입구에서 가장 먼저 보이는 목을 차지하기 위해 공을 들이는 브랜드도 많습니다. 이해를 돕기 위해 여러분이 만든 신규 브랜드를 1층에 입점시킨다고 가정해보겠습니다. 먼저 백화점 매장을 관리하는 직원에게 문의합니다.

"문 앞에 있는 샤넬(Chanel) 대신 우리가 들어가겠습니다."

여러분의 문의를 들은 직원은 가장 먼저 샤넬 측에 문의하겠다고 답변할 것입니다. 그리고 샤넬 측에 이와 같은 상황을 전달하겠지요. 그렇다면 샤넬은 순순히 그 자리를 내어줄까요? 아마 권리금을 더 올려줄 테니 그 자리에 있겠다고 말할 것입니다. 따라서 여러분이 샤넬

이 위치한 자리에 입점하기 위해서는 샤넬보다 더 높은 권리금을 다시 제시해야 하는 것이지요. 이것이 장사의 기본입니다. 이는 온라인 쇼핑몰도 마찬가지입니다.

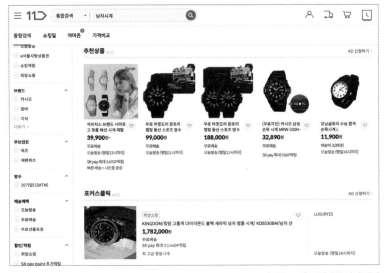

〈그림 13-3〉 11번가의 검색 결과

이베이를 포함해서 지마켓이나 11번가 등 거의 모든 쇼핑몰은 검색을 하면 상단에 광고 상품이 먼저 등장합니다. 'AD 광고 신청하기', '스폰서 광고' 등이 이에 해당하지요. 어떠한 제품이든 광고를 하지 않으면 소비자에게 노출되기가 어렵습니다. 그렇기에 판매자는 제품의 품질 못지않게 키워드 광고 등에도 적지 않은 예산을 지출해야 하는 것이지요. 이것이 온라인에서 말하는 '목'의 존재입니다. 장사란 온라인이나 오프라인이나 비슷하니까요.

아마존의 고객 중심주의

앞서 KB금융그룹의 윤종규 회장이 말한 '파부침주'라는 고사성어를 떠올려보겠습니다. 아마존은 경쟁사와의 격차를 벌리기 위해 솥을 깨뜨리고 배를 가라앉히듯, 쇼핑몰의 상식적인 관행을 깨뜨리기로 하였습니다. 그리고 마침내 1998년 7월, 가격 비교 사이트인 정글리(Junglee)를 인수하면서 이를 실행에 옮기게 됩니다. 정글리는 특정 상품을 검색하면 해당 상품을 판매하는 다른 사이트들을 찾은 후, 각각의 사이트에서 판매되는 가격을 보여주는 서비스였습니다. 다음은 가격 비교 사이트인 정글리를 인수한 당시, 베조스가 했던 말입니다.

"정글리는 뛰어난 실력을 갖춘 팀을 보유하고 있습니다. 정글리와 아마존의 능력을 합치면 고객이 원하는 상품을 정확하게 찾도록 도울 수 있을 것입니다."

즉, 베조스는 고객을 위한 최고의 서비스를 제공하는 것이 판매량을 늘리는 거보다 훨씬 더 중요하다고 생각했던 것입니다. 많은 물건을 자신의 창고에서 배송하는 일보다 다른 온라인 공간에서 판매되고 있는 상품을 소비자들이 쉽게 찾도록 도와주는 것이 더 중요하다는 생각은 앞서 4장에서 살펴본 것처럼 검색 공룡 구글이 야후를 무너뜨리고 나자 비로소 옳았음이 증명되었습니다.

하지만 베조스가 이런 사업 전략을 펼친 데에는 다른 동기가 숨어 있었습니다. 바로 아마존 마켓플레이스(Amazon Marketplace)의 존재입니다. 마켓플레이스는 다양한 종류의 상품을 가진 개인 및 소매상인들이 자신의 상품을 아마존을 통해 판매할 수 있도록 하는 시스템이었

습니다. 이 시스템 덕분에 판매자들은 아마존의 구매 소프트웨어에 의존할 수 있었고, 구매자들은 정확하게 상품을 배송 받을 수 있다는 믿음을 가질 수 있었지요. 그리고 이때 아마존은 상품 판매가의 5~25%를 수수료로 받았습니다.

한편, 이런 아마존의 행태를 보고 경쟁사인 이베이는 정신 나간 아이디어라고 비웃었습니다. 뭐 하러 경쟁자에 해당하는 소매상인이 아마존에 들어와서 판매할 수 있게 한단 말입니까? 그들이 판매하는 상품 역시 아마존에서 버젓이 판매하고 있는 상품이고, 그렇다면 서로 경쟁 관계일 뿐인데 말입니다. 그러나 베조스의 생각은 달랐습니다. 인터넷 세상에서 소비자는 언제든지 쉽게 가격 비교를 할 수 있습니다. 그렇기에 개인 및 소매상인들이 아마존을 통해 판매를 하면, 아마존은 소비자가 어떤 상품이든 찾을 수 있는 웹 사이트가 될 것이라고 생각하였던 것이지요.

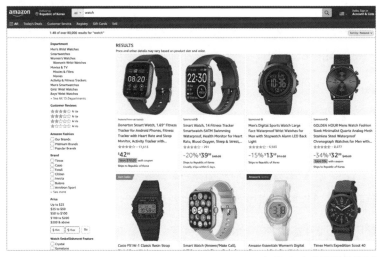

〈그림 13-4〉 아마존의 검색결과

이를 위해 아마존은 첫 페이지에서 광고를 받는 제품을 최소화하고 나머지 공간에 잘 팔리는 상품을 노출시키는 전략을 취하기로 하였습니다. 아마존에 들어가면 판매자가 팔고 싶은 물건이 아닌, 사람들이 지금 막 구매하고 있는 제품을 노출시키는 것이지요. 또한 신상품이 등록되면 한동안 첫 페이지에 노출시켜주어 구매자에게 평가받을 수 있는 기회를 제공하는 '자연 노출(Organic Rank)' 방식을 사용하였습니다. 아마존의 자연 노출 방식은 그 역사가 매우 긴 덕분에 검색 엔진 수준으로 제품의 특징을 사용자의 검색어에 최적화시킬 수가 있었지요. 그리고 이때 노출 기준은 적합성과 인기도, 신뢰도를 기반으로 평가됩니다.

적합성은 클릭량을 기준으로 하며, 검색 후 클릭을 많이 받을수록 상위 노출에 유리합니다. 인기도는 아마존의 BSR(Best Selling Rank)를 기준으로 평가합니다. BSR이 높다는 것은 현재 검색한 키워드로 판매될 가능성이 높다는 것을 의미하지요. 신뢰도는 리뷰와 배송, 주문 취소 등을 기준으로 합니다. 이때 리뷰는 개수가 아닌 품질을 더 중요하게 판단하며, 이를 위해 아마존의 검색 엔진이 리뷰를 일일이 읽고 분석하지요. 이러한 방식 덕분일까요? 포레스터 리서치의 추산에 따르면, 2021년 4/4분기에 아마존 매출의 35%가 마켓플레이스에서 나왔습니다.

윤종규 회장이 말한 아마존의 고객 집착은 바로 이런 고객 중심주의를 두고 하는 말입니다. 이러한 고객 중심주의 덕분에 아마존은 경쟁자인 이베이를 10배 이상의 큰 격차로 따돌리는 데 성공할 수 있었지요. 반면, 기존 관행에 매몰된 채 경쟁사의 전략을 눈치채지 못하여 경쟁에서 밀린 미국 이베이는 흑자를 내고 있는 이베이 코리아를 매물로 내놓을 수밖에 없는 상황까지 가고 말았습니다.[11]

네이버와 쿠팡의 원조, 아마존

이번에는 별다른 고객 중심주의를 표방하고 있지 않던 네이버가 기라성(綺羅星) 같은 쇼핑몰의 강자들을 제치고 이커머스 시장 점유율 1위를 차지할 수 있었던 이유를 살펴볼 차례입니다. 네이버 쇼핑은 광고를 해야만 상단에 노출되는 다른 쇼핑몰과는 달리, 다섯 개 이상의 광고를 쇼핑몰에 노출시키지 않습니다. 나머지 순위는 네이버 상품 검색 알고리즘에 따라 자연적으로 노출되는 구조이기 때문입니다. 그리고 이때 네이버 역시 상품의 노출 기준을 적합도, 인기도, 신뢰도에 따라 제시하고 있습니다.[12] 아마존에서 살펴본 것과 동일하지요.

한국의 아마존을 자칭하는 쿠팡 역시, 한국의 마켓플레이스라는 네

〈그림 13-5〉 네이버 쇼핑 검색 랭킹 구성 요소

이버와 유사한 서비스를 운영하고 있습니다. 쿠팡에는 '아이템 위너 (item winner)'라는 서비스가 있습니다. 이 서비스는 아마존의 '셀 유어 (sell your)' 시스템과 동일합니다. 차이가 있다면 아마존은 가전제품이나 브랜드 제품 등 정확하게 상품 번호가 있는 제품에게만 이 시스템을 적용하여 판매하는 반면, 쿠팡은 소매업자가 판매하는 모든 제품에 이 시스템을 적용하여 판매한다는 것이지요. 쿠팡의 아이템 위너는 최저가를 내놓은 판매자가 같은 상품에 대한 다른 판매자의 상품 사진과 후기를 몽땅 가져갈 수 있게 만드는 '승자독식제도'입니다. 가령 서로 다른 쇼핑몰에서 판매하는 동일한 제품이 있다면, 구매 예정자들은 각 쇼핑몰의 가격 및 후기 등을 보고 제품을 파악한 뒤 구매합니다. 하지만 쿠팡은 하나의 제품 안에 다양한 판매자를 나열하고 최저가를 제시하는 판매자가 맨 위에 노출되도록 하여 구매 예정자들의 선택을 받게 하지요. 그렇기에 신규로 들어오거나 후기가 없어도 최저가로 제시하기만 하면 판매가 가능합니다. 그것도 맨 위에 노출되면서 말이지요. 덕분에 쿠팡의 아이템 위너 제도는 판매자들 사이에서 악명이 높습니다. 다음은 쿠팡에서 생활용품을 판매하는 라이프 트렌드 편용범 대표의 말입니다.

"제품에 홍보 마케팅도 하고 리뷰를 쌓기 위한 사은품도 제공 했는데, 다른 판매자가 조금이라도 낮은 가격으로 제품을 내놓는 순간, 제가 쌓아온 제품의 이미지나 평판은 모두 그 판매자가 가져가 버립니다. 말도 안 되는 정책이지요. 그런데 쿠팡은 이걸 신규 판매자들이 경쟁력을 갖추도록 하는 혁신이라는 말도 안 되는 소리를 합니다."

또한 판매자의 동의 없이 구매자의 반품 요청을 일방적으로 승인하

는 쿠팡의 '직권 환불' 정책에 대한 불만도 날이 갈수록 증가하고 있습니다. 다음은 여성 액세서리를 판매하는 '우아여우(wooayeou)' 김아름 대표의 말입니다.

"소비자보호원이 있는 것처럼 판매자들도 보호받을 수 있는 정책이 필요하다고 생각합니다."

대형 플랫폼에 의해 생계를 위협당하는 소상공인들

KB금융그룹의 윤종규 회장이 강조한 또 하나의 기업인 월마트의 고객 중심주의를 이해하기 위해서는 먼저 마크 로어(Marc Eric Lore)라는 인물을 살펴봐야 합니다. 1부에서 살펴본 별마당 도서관과 영풍문고의 관계처럼 아마존은 수많은 판매자들의 협력자이도 하지만 경쟁자이기도 합니다. 소상공인들에게 판매의 장만을 열어주고 수수료를 받는 네이버 쇼핑보다는 자체적으로 물류 창고에 물건을 들여놓고 판매하는 쿠팡에 더 가깝기 때문입니다. 그래서 때로는 아마존에 의해 시장에서 퇴출되는 불미스러운 사건이 발생하기도 합니다.

2005년에 로어는 비닛 바라라(Vinit Bharara)와 함께 뉴저지에서 퀴드시(Quidsi)라는 온라인 소매 업체를 설립합니다. 그리고 다이어퍼스닷컴(dia-pers.com)이라는 사이트를 통해 밤에 곤란한 일을 겪은 부모들을 위해 기저귀와 그 밖의 유아용품을 무료 배송하는 서비스를 시작하지요. 덕분에 새롭게 부모가 된 사람들은 다이어퍼스닷컴을 즐겨 찾았고, 2008년 퀴드시의 연간 매출은 3억 달러(약 4천억 원)까지 증가하게 됩니다. 승승장구할 일만 남은 것 같았지요. 하지만 이런 퀴드시의 앞에 베조스가 등장합니다. 쿠팡 이츠가 단건 배달이나 라이더에게 후한 배송비를 지급하여 경쟁자를 몰아치듯, 아마존은 다이어퍼스닷컴을 무력화하기 위해 기저귀 가격을 급격하게 인하하기 시작하였습니다. 당연히 값싼 가격으로 인해 대중들은 다이어퍼스닷컴이 아닌, 아마존에서 기저귀를 구매하였고, 존폐의 위기에 몰린 로어와 바라라는 월마트와 아마존을 상대로 회사를 매각하고 싶다는 의사를 전달합니다. 하지만 당시 다이어퍼스닷컴은 아마존보다 월마트를 더 선호하였고, 이 사실을 알게 된 베조스는 임원들을 모아놓고 다음과 같이 말하였습니다.

"만약 퀴드시가 월마트에 팔리도록 내버려 둔다면 기저귀 가격을 제로까지 인하하는 한이 있어도 무너트리겠다."

그렇게 2010년, 결국 로어와 바라라는 항복을 선언하였고, 퀴드시를 5억 5,000만 달러(약 7천억 원)에 아마존에 넘기게 됩니다. 이후 다이어퍼스닷컴은 영원히 사라지고 말았지요.[13]

아마존의 유일한 대항마 월마트

월마트가 온라인 판매를 시작한 것은 아마존보다 불과 3년밖에 뒤지지 않는 1999년부터입니다. 당시 월마트가 온라인 판매를 시작한 이유는 고객들에게 하이브리드 쇼핑의 경험을 제공하기 위해서였지요. 2011년 월마트닷컴의 CEO 조엘 앤더(Jeoel Anderson)은 애널리

스트와의 대화에서 이 전략을 통해 '다양한 경로를 활용한 접근 방식을 구축하게 될 것'이라고 설명하였습니다. 그리고 실제 이 전략에 따라 월마트는 제품의 범위를 확대하고, 온라인 쇼핑객에게 매장에서 보유한 제품 품목에 대해 익일 배송을 제공하였으며, 세 가지의 무료 배송 옵션을 제공하기 위해 웹을 이용하기 시작했습니다. 하지만 월마트닷컴에는 아마존닷컴이 제공하는 다양한 선택권과 직관적 편의성, 고객 친화적인 요소가 없었으며, 회원들에게 영화, 텔레비전, 책, 음악, 이틀 이내의 무료 배송이라는 혜택을 제공하는 아마존 프라임과 같은 회원 프로그램도 없었습니다. 즉, 인터넷이 월마트를 전형적인 혁신자의 딜레마에 빠뜨린 셈입니다. 또한 그렇다고 전자상거래 부문에 대규모 투자를 하기도 어려웠습니다. 그렇게 할 경우 이미 성공한 전통 소매업이 붕괴될 수밖에 없는 상황이었기 때문입니다.

2015년, 앞에서 아마존에게 회사를 매각한 마크 로어는 전자상거래 스타트업인 '제트닷컴(jet.com)'을 설립합니다. 제트닷컴은 '예스 투 그레이프 프루트 페이스 마스크(Yes to Grape Fruit Face Mask)', '핏빗 아이오닉 스마트 워치(Fitbit Ionic Smart Watch)'와 같이 상류층을 대상으로 하는 최신 유행 제품을 밀레니엄 세대에 판매하였습니다. 그리고 그 결과, 설립 1년 만에 총매출이 10억 달러(약 1조 3천억 원)가 될 정도로 빠르게 성장하였지요. 이처럼 이미 상당한 성과를 냈지만, 로어는 소매 업체들의 게임은 고객에게 경계가 없는 경험을 제공하는 방향으로 변하고 있다는 것을 알고 있었습니다. 즉, 오프라인에서 매장을 운영하거나 온라인으로 주문을 받는 것만으로는 더 이상 충분하지 않다는 것을 깨달은 것이지요. 그렇기에 고객이 선호하는 물건을 매장에 구비하거나 온라인으로 주문하고 매장에 와서 직접 가져가게 하는 방법, 또는 온라인으로 주문한 제품을 며칠 또는 몇 시간 이내에 배송하게 하는 방법 등 다양한 고객 중심주의를 고민해야 했습니다.

사실 누구나 아는 이런 하이브리드한 서비스를 실행에 옮긴다는 것은 매우 어렵고, 전혀 다른 이야기입니다. 로어는 하이브리드한 고객 경험을 제공하려면, 회사의 규모를 키워야 한다고 생각하였습니다. 하지만 엄청난 자본이 뒷받침되어야 하였지요. 많은 고민을 하던 로어는 결국 아마존의 경쟁사인 월마트를 찾아갑니다.

월마트의 고객 중심주의

그해 가을, 월마트는 로어와 함께 제트닷컴을 약 33억 달러(4조 5천억 원)에 인수하였습니다. 당시 애널리스트들은 제트닷컴의 가치를 10억 달러(1조 3천억 원) 정도로 평가하였는데, 월마트는 로어를 데리고 오기 위해 20억 달러(2조 6천억 원)를 추가적으로 더 지출하였습니다. 그만큼 아마존과의 경쟁이 치열했던 것이지요. 2018년, 아마존은 미국 온라인 판매의 40%를 차지하고 있었습니다. 월마트의 온라인 매출과 10배 정도의 차이가 나는 규모였지요. 로어는 아마존을 따라잡기 위해서는 월마트의 규모와 자본이 필요하다고 생각하였습니다.

당시 월마트는 아칸소주 벤턴빌에 본사가 있었으며, 약 4,700개에 달하는 매장을 가지고 있었습니다. 또한 미국 국민의 90%가 월마트 매장에서 약 16km 이내에 거주하고 있었지요. 즉, 당일 배송을 위한 최적

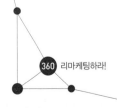

의 조건을 가지고 있었습니다. 이러한 상황을 파악한 월마트는 아마존이 프라임 회원에게 제공하는 무료 배송 프로그램과 경쟁하기 위해 35달러(약 4만원) 이상 주문하는 고객에게 당일 무료 배송을 시작하였습니다. 미국 곳곳에 존재하는 월마트 매장의 장점을 활용하는 전략이었지요. 다음은 로어가 당일 배송 서비스를 시작하면서 했던 말입니다.

"우리는 미국 전역에 이와 같은 직업을 할 수 있는 120만 명의 매장 직원들이 있습니다. 바로 이 때문에 신선한 식품과 냉동 식품, 일반 식품을 두 시간 이내 혹은 늦어도 당일에 어느 누구보다도 저렴한 가격으로 배송할 수 있습니다."

이후 월마트 고객들은 온라인으로 식료품을 주문하고 자동차로 가까운 곳에 있는 슈퍼스토어(Superstore)에 가서 주문한 것을 실어올 수 있었습니다. 그들이 월마트의 슈퍼스토어로 가기만 하면, 월마트 직원이 주문한 제품을 자동차 트렁크에 실어주는 것이지요. 미국의 다국적 독립 투자 은행 및 금융 서비스 회사인 코웬(Cowen)에 따르면, 월마트 고객의 약 11%가 자신이 주문한 제품을 길가에서 실어간다고 합니다. 그리고 이것이 바로 KB금융그룹의 윤종규 회장이 말한 '커브사이드 픽업 서비스' 이지요.

2018년 당시, 월마트의 매출은 5,000억 달러(약 687조)로, 세계에서 가장 큰 소매 업체일 뿐만 아니라 세계에서 가장 큰 기업이었습니다. 4,700개에 달하는 미국 매장을 가진 월마트는 매장이 550개에 불과한 아마존을 작아 보이게 만들었지요. 또한 비록 우리나라에서는 철수하였지만, 해외에도 6,000개에 달하는 매장을 가지고 있어서 몇 안 되는 매장을 가진 아마존을 더욱더 작아 보이게 만듭니다. 그렇다면 이런 질문을 해 볼 수 있겠습니다. '과연 월마트는 아마존을 따돌리고 하이브리드 소매 업체로 변신할 수 있을까?' 아마존과 경쟁할 수 있는 유일한 기업이 월마트라는 점에 이견은 없지만, 월스트리트의 예상은 쉽지 않으리라는 판단입니다. 월마트의 주식 가치가 아마존의 절반에 불과하기 때문이지요.

아마존은 여러 해에 걸쳐서 아마존 사이트에서 쇼핑을 하는 수억 명의 쇼핑 습관에 관한 데이터를 축적해 놓았습니다. 반면, 전자상거래에 뒤늦게 뛰어든 월마트와 같은 전통 소매 업체는 그만한 데이터를 가지고 있지 않았지요. 그렇기에 월마트는 현재 뉴욕에서 추진 중인 제트 블랙(Jet Black)이라는 예비 프로젝트를 통해 이 문제를 개선하려고 합니다. 제트 블랙 회원들은 매년 600달러(약 78만 원)의 연회비를 납부하면, 제품 추천 및 신속한 배송 서비스와 함께 월마트 제품이나 구찌(Gucci) 제품, 티파니(Tiffany) 제품, 룰루레몬(Lululemon) 제품 등을 당일 배송 서비스로 받아볼 수 있습니다.

2019년, 월마트는 고객이 온라인으로 주문한 식료품을 매장 직원이 직접 고객의 냉장고에 넣어주는 서비스를 시작하였습니다. 카메라를 휴대한 배달 직원이 고객 집의 현관에 설치된 스마트 도어락에 1회용 암호를 입력하고 집으로 들어가서 우유, 아이스크림, 야채와 같은 상하기 쉬운 식료품을 냉장고에 채워 넣는 서비스이지요. 물론 고객은 스마트폰 앱을 활용하여 절도나 기물 파손을 방지하기 위해 배달 직원이 집에 들어가서 식료품을 놓고 가는 과정을 실시간, 혹은 녹화 시차를 두고 확인할 수 있습니다. 처음 이 서비스를 시작할 때에는 많은 이들이 낯선 사람이 자신의 집에 들어가는 것을 꺼려했습니다. 하지만 많은 사람들이 에어비앤비(Airbnb)로 낯선 사람이 자신의 아파트에 들어오는 것에 익숙해지듯이, 월마트의 이 프로그램 역시 서서히 사람들에게 익숙해지게 되었지요. 이것이 바로 윤종규 회장이 말한 '인홈 딜리버리 서비스'입니다.

월마트는 주로 오후 4시부터 8시까지의 배송 시간대에 병목 현상이 일어납니다. 대부분의 사람들이 이 시간대에 일을 마치고 집으로 돌아와 식료품이 도착하기를 기다리기 때문이지요. 이러한 현상을 해결하기 위해 월마트는 고객이 집에 없을 때에 제품을 배송하는 새로운 시스템을 도입하였습니다. 그리고 이를 통해 이동 횟수를 줄이고, 비용을 절감함으로써 바람직한 방식으로 배송을 일괄 처리할 수 있게 되었지요. 다음은 제트닷컴의 DNA를 월마트에 인식시킨 로어가 물러나면서 했던 말입니다.

"우리는 원대한 계획을 가지고 있습니다. 여기에 우리의 미래가 달려 있습니다. 우리는 먼저 얼리어답터(최첨단 제품을 먼저 구입해 사용하는 사람들)들을 끌어들이고, 그다음에 규모를 키워갈 것입니다."

KB금융그룹이 아마존과 월마트를 예로 든 이유

포스트 코로나를 맞이하면서 전통적인 오프라인 기업들이 온라인 기업과의 전쟁을 선포하고 있습니다. 대표적인 업종이 카카오뱅크와 토스뱅크와 같은 핀테크 기업의 공격을 받고 있는 금융 기관입니다. 2022년 3월 말을 기준으로 우리나라의 5대 시중 은행인 국민·신한·

우리·하나·농협의 가계 대출 잔액은 석 달 사이 5조 8592억 원 감소하였습니다. 대출 금리가 뛰고 총부채원리금상환비율(DSR) 규제 등이 강화되며, 고신용자의 대출 수요가 줄었다는 게 시중 은행의 공통된 설명입니다.

반면, 인터넷 은행은 대출 시장을 공격적으로 넓혀가고 있습니다. 현재 사업자대출과 주택담보대출 시장에도 진출하며, 그 세력을 점점 더 넓혀가고 있는 중이지요. 2022년 7월, 처음으로 주택담보대출 상품을 선보인 카카오뱅크는 시중 은행보다 낮은 연 3%대 금리와 중도상환 수수료 면제 등의 조건을 내걸었습니다. 토스뱅크 역시 비대면 개인사업자 대출인 '토스뱅크 사장님 대출'을 출시한지 한 달 만에 대출 규모 1,167억 원을 넘어섰지요. 문제는 이들이 편의성을 내세워 신용이 좋은 고객들을 전부 끌어간다는 점입니다. 마치 온라인 쇼핑몰에 잠식당한 오프라인 백화점과 마트의 모습을 떠오르게 합니다. 그렇다면 이러한 상황 속에서 전통의 오프라인 기반 기업들은 어떤 전략이 필요할까요?

앞으로 올 시대를 읽지 못하면, 어느 기업이든 공룡처럼 멸망합니다. 윤종규 회장이 예로 든 아마존의 제프 베조스, 월마트의 샘 월튼(Sam walton)이 출현하기 전에 소매업의 최강자는 리차드 시어스(Richard Warren Sears)와 알바 로벅(Alvah Curtis Roebuck)이 설립한 '시어스(Sears)'였습니다. 이 회사는 20세기 초에 유통업을 장악하며, 세계에서 첫 손에 꼽히는 기업의 영광을 누릴 만큼 엄청난 회사였습니다. 우리가 일본의 식민지였던 1900년대 초반, 미국의 시골은 도시화된 나머지 지역에 비해 크게 낙후되어 있었습니다. 하지만 시어스와 로벅이 판매와 마케팅 분야에서 역사상 가장 위대한 아이디어 중 하나인 '통신 판매 카탈로그'를 생각해 내면서 일대 변화하기 시작하였지요. 이는 당시의 유통 방식이나 경영 등에 있어서 더 이상 바랄 것이 없는 완벽한 효율성을 갖추고 있는 카탈로그였습니다. 하지만 상황이 바뀌어 유통의 패러다임이 바뀌고 있는데도, 그들은 옛날과 다름없이 통신 판매 카탈로그에만 매달려 있었습니다. 변화를 따라가지 못한 것이지요. 결국 그들은 자신들이 고집하였던 카탈로그와 함께 휴지통에 버려지는 신세가 되고 맙니다.

아무리 열심히 일을 하고, 아무리 좋은 제품을 만들어도 그것이 겨울의 에어컨이나 여름의 핫팩이 되어서는 아무런 쓸모가 없습니다. 에어컨을 잘 만드는 것은 효율성의 문제이지만, 그것이 지금의 계절과 맞느냐 그렇지 않느냐는 유효성의 문제입니다. 즉, 아무리 효율성이 높은 에어컨을 만들어도 겨울철에는 '유효성'이 없기 때문에 그 가치를 잃고 마는 것이지요. 이렇듯 효율성은 제품 자체의 기술력에 기인하는 것이지만, 유효성은 제품이 처한 환경에 영향을 받습니다. 그렇기에 효율성이 같은 제품을 홍보하더라도 카탈로그에서 인터넷으로 환경이 변하면 그 유효성이 달라지는 것이지요. 현재에도 스마트폰이나 모바일 디바이스의 도전으로 제품의 유효성은 계속해서 달라지고 있습니다.

시대에 따라 수시로 변해가는 그 유효성에는 하나의 리듬과 순환성이 숨어 있습니다. 그렇기에 IT 기술의 석양 속에 내일의 아침 햇살이 숨어있다는 것을 잊어서는 안 되는 것이지요. 인터넷이 발달되면서 음악을 불법으로 다운받던 시대가 있었습니다. 이때 디지털 음원 파일인 MP3가 음원의 주역이 되자 파일을 긁어모아 광고를 받고 무료로 들려주는 서비스가 생겨나기도 했지요. 뮤지션에게 지불해야 할 저작권료를 중간에서 편취하는 제3의 기업들이 생긴 것입니다. 미국의 웹스터(webster)와 우리나라의 벅스뮤직(BugsMusic)이 대표적이었습니다. 이로 인해 음악을 사랑하는 일반 시민들이 음악 산업 위기의 주역일 뿐 아니라 음반 회사의 원흉으로 취급받게 됩니다. 그리고 이러한 이유 때문에 음지를 통해 MP3를 유통하는 것에 대한 반성이 일어났고, 이 시기에 애플은 아이튠즈를 통해 이러한 거래를 양지로 끌어올렸습니다. 이후 음악 산업은 스마트폰을 통한 스트리밍 서비스로 재편되었고, 소비자들은 적정한 구독료를 지불하고 음악을 소비할 수 있게 되었습니다. 또한 애플뮤직(AppleMusic), 스포티파이(Spotify), 멜론(Melon) 등의 기업은 아티스트에게 합리적인 저작권료를 지불할 수 있게 되었습니다.

음원 파일에 대한 이야기를 하자는 것이 아닙니다. 시대의 변천을 가장 민감하게 드러내는 음악 산업의 예를 보더라도 자연의 계절처럼 인간의 문명에도 새잎이 떨어져 나갔다가 다시 새싹이 피어나는 사계의 순환성이 있다는 사실입니다. 그리고 미래를 읽는 방법은 효율성만이 아니라 유효성을 따져봐야 하고, 그 유효성을 알기 위해서는 오동잎 하나 지는 모습과 귀뚜라미 한 마리 우는 소리로 가을을 알아내는 뮤지션의 상상력이 필요하다는 점입니다.

어느 기업도 막을 수 없는 무서운 성장세를 자랑하던 미국 최대의 기업 시어스는 2018년까지 10년 동안 한해도 거르지 않고 적자를 기록해 100억 달러(약 130억 원) 이상의 손해를 입었습니다. 고객은 변하는데, 시어스는 변하지 못하였기 때문입니다. 과거에는 고객이 무엇을 사고 싶어 해야 하는지, 어떻게 제품을 사야 하는 지를 소매 기업이 결정하였습니다. 하지만 오늘날에는 고객이 구매 경험을 정의합니다. 시어스는 이렇게 변화하는 시장 맥락에 신속하게 반응하지 못하였습니다.

기존 고객에서부터 시작하라

KB금융그룹 연수원에서 수업을 하는 과정에서 온라인 전문 은행과 비교할 때 자사의 장점과 단점을 토론하는 시간이 있었습니다. 이 토론에서 국민은행 앱 이용자 증가에 대한 의견이 활발하게 나왔지요.

"어플이 너무 많고 복잡합니다. 카카오처럼 방문자를 늘리기 위해서는 하나의 앱에서 모두 처리 가능한 올인원 어플을 개발하여 한달 방문자를 2천만 명 이상으로 늘려야 한다고 생각합니다.", "KB국민은행 고객이 아니어도 접속 가능한 플랫폼을 만들어야 합니다.", "청소년을 위한 리브 넥스트(Liiv next)라는 앱이 있는데, 사용자가 적습니다. 또래끼리의 사용 경험을 늘려야 합니다.", "통합 포인트를 사용할 수 있는 제휴처를 확보해야 한다고 생각합니다."

그런데 대부분의 직원들이 온라인이나 모바일에 관해서만 이야기를 하고 있었습니다. 오프라인에 관한 내용이 전혀 없는 것에 의아했던 저는 직원들에게 되물었습니다.

"은행에 갈 때마다 오래 기다리는 게 싫던데, 점포를 방문하는 고객에 대한 이야기는 없군요. 국민은행도 스타벅스의 사이렌 오더 같은 서비스가 필요하지는 않을까요?"

그때 지점에서 상담 업무를 담당하신다는 김영훈 차장님이 다음과 같은 말씀을 하시더군요.

"사실 국민은행 앱에는 사전 예약 기능이 있습니다. 많은 분들이 잘 모르실 뿐이죠. 지적하신 것처럼 인터넷 은행을 경계하는 사이에 내점 고객의 불만은 꾸준히 늘어나고 있습니다. 고객 유형은 다양한데도 불구하고 점포 형태를 획일화하고 있기 때문이죠. 인터넷 은행을 따라가는 것도 중요하지만 우리의 특성을 십분 활용하여 보다 많은 고객들이 쾌적하게 업무를 볼 수 있도록 거점 점포를 양성하는 것도 필요합니다. 저희 은행에는 한 해 600명이 은퇴를 합니다. 이분들을 활용하여 지금의 은행 업무 시간을 늘리는 것은 물론, 은행을 내방하시는 분들의 대기 시간을 줄이기 위해 앱을 통한 사전 예약 서비스 등을 강화해야 한다고 생각합니다."

그분의 말씀에 직원들 모두가 호응을 하였고, 그렇게 해서 만들어진 것이 국민은행의 '나인투식스(9to6) 은행'과 신한은행의 '주말 업무 서비스'입니다.

영원한 승자가 없듯이 영원한 패자도 없습니다. 가위바위보 게임에서 가위는 보자기를 이기고, 주먹은 가위를 이깁니다. 그러나 그 주먹은 거꾸로 가위에게 패배한 보자기에게는 지고 말지요. 가위바위보는 순환성이 있을 뿐 절대 지배하는 것이 없습니다. 이처럼 오는 계절을 미리 알고 노래한 뮤지션의 상상력을 기르면, 우리는 진정한 고객 중심주의 전략을 추진할 수 있을 것입니다.

진정한 고객 중심주의

고객 중심주의 전략을 추진할 때에는 순서가 중요합니다. 현재 소비자들이 타사의 제품보다 자사의 제품을 더 많이 구매하는 경향을 보이더라도 판매를 최적화하지 못하고, 마케팅과 판매 노력을 더욱 효과적으로 수행하지 못하면 역풍을 맞게 될 가능성이 높기 때문입니다. 고객 중심주의에서 성공하려면 새로운 시장과 경쟁사의 활동을 충분히 파악하는 것이 중요합니다. 하지만 그것만으로는 부족하지요. 여기에 시장에서 성공할 수 있는 제품을 갖추고 있어야 합니다. 무엇보다 신규 고객은 물론, 기존 고객에게 자사의 기업 브랜드를 머릿속에 가장 먼저 떠올리게 하는 것이 중요합니다.

기업은 현재의 고객뿐 아니라 경쟁사의 고객에게도 정기적으로 메시지를 전달해야 합니다. 빅데이터 분석을 활용하면 고객의 태도와 행동, 관심사를 상세하게 파악할 수 있을 뿐 아니라 그 과정에서 고객의 소리를 좀 더 또렷하게 들을 수 있습니다. 그리고 이런 시스템이 제대로 작동하기만 한다면, 기업은 고객과 자사 제품의 관계에 대해 고객보다 더 많이 알고 있을 가능성이 높습니다. 또한 이로 인해 가격 책정 전략과 마케팅 전략을 유연하게 바꿀 수 있을 뿐만 아니라 고객이 다음에 무엇을 원할지 예측할 수 있게 됩니다.

그렇다면 고객 중심주의는 어떤 기업에게 유리할까요? 여전히 성장하고 있는 시장에 참여하거나 비슷한 유형의 고객을 더 많이 찾아낼 수만 있다면, 또 기존 고객층에게 판매할 새로운 제품을 꾸준히 만들어 낼 수만 있다면, 고객 중심주의를 달성할 가능성이 매우 높습니다.

하지만 시장이 쇠퇴기에 있거나 자사의 제품이나 서비스를 이미 잠재적 사용자의 80% 이상이 사용하는 시장이라면, 아무리 고객 중심주의를 강조해도 성공할 가능성은 지극히 낮습니다. 이와 관련된 도입기, 성장기, 성숙기, 쇠퇴기에 대한 내용이 궁금하신 분은 이어지는 '비상 깜박이' 코너를 참고하시기 바랍니다.

⊏ 비상깜박이 ⊐

자신의 스타일에 맞는 마케팅 방법을 찾아라

"선생님, 저는 마케팅의 4가지 핵심 요소를 배웠습니다. 하지만 실제로 적용하기에는 너무 이론적이라는 생각이 들었어요."

경제통상진흥원에서 컨설팅을 할 때, 창업자인 주상현 씨가 제게 던진 질문입니다. 대학교를 갓 졸업한 그녀는 '과일을 활용한 저당 젤리' 관련 사업을 준비하고 있었습니다. 확실히 창업 단계에서 마케팅의 4가지 핵심 요소인 제품(Product), 가격(Price), 유통(Place), 판촉(Promotion)을 고려하기란 쉽지 않습니다. 개념이 덜 잡힌 상태에서 억지로 틀에 끼워 넣으려고 하기 때문이지요. 하지만 궤도에 성공적으로 올라간 사업은 대부분이 마케팅의 4가지 요소를 적절하게 고려한 경우가 많습니다. 그리고 초반에 방향을 잡아두면, 사업을 진행하면서 문제가 생길 경우 수정하기가 훨씬 쉬워집니다.

다시 한번 강조하는데, 마케팅의 4가지 요소는 제품, 가격, 유통, 판촉입니다. 이에 대한 검토를 통해 자신에게 주어진 상황에 맞는 마케팅 전략을 만들어야 하는 것이지요. 이번 시간에는 제품, 가격, 유통, 판촉이 마케팅에 미치는 영향에 대해 살펴보겠습니다.

1. 제품(Product)
마케팅의 목표를 '제품 자체의 경쟁력을 키우는 것'에 두는 경우입니

다. 제품이 처한 상황과 특성에 따라 기업의 광고 목표, 전략, 전술 등이 달라지는 것이지요. 흔히들 '마케팅'이라고 하면 만들어진 상품을 잘 판매하는 것이라고 생각합니다. 그런데 마케팅은 상품의 기획 단계부터 함께해야 효과적입니다. 팔리지 않는 제품을 만드는 것은 회사 전체에 손해를 입히기 때문이지요.

만약 제품의 제작 단계에 참여하지 못했다면, 소비자의 반응을 통해서 받은 피드백을 정리한 뒤, 개선 방향을 제안할 수도 있습니다. 소비자의 불편했던 경험을 확인하고, 데이터를 들여다보면서 개선점을 발견하는 것이지요.

애플의 창업자 스티브 잡스는 소비자 조사를 하지 않았던 것으로 유명합니다. 그런데 저는 이제껏 스티브 잡스와 비슷한 말을 하는 CEO나 광고주를 단 한 번도 본 적이 없습니다. 즉, 잡스의 경우는 혁신적인 카테고리에서 사업하는 기업의 예외적이거나 결과론적인 이야기일 가능성이 높지요.

광고 목표는 대개 ❶ 제품의 수명 주기(Product Life Cycle, PLC), ❷ 제품의 특성, ❸ 제품의 재구매 주기로 좌우됩니다. 마케팅은 확률 싸움이니, 성공 확률을 조금 더 높이려면, 이 ❶, ❷, ❸을 살펴보아야 합니다.

❶ 제품의 수명 주기

▶ 도입기

제품이 도입기에 있을 때는 소비자가 제품에 대해 잘 알지 못하기 때문에 강력하고 활발한 마케팅이 필요합니다. 중소기업이나 소상공인에게는 부담스러운 일이겠지요. 또한 대기업이라고 해서 무조건 성공적인

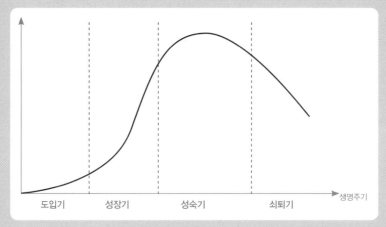

도입기　　성장기　　　성숙기　　　　쇠퇴기　→생명주기

〈그림 13-6〉제품의 수명 주기

마케팅을 펼치는 것은 아닙니다.

　초기 런칭에 실패한 화장품 브랜드인 '메이블린 뉴욕'을 예로 들어 설명해보겠습니다. 메이블린 뉴욕이 국내에 처음 선보일 당시, 당대의 아이콘을 모델로 삼아 매장 구매 시점(Point of Purchase, POP) 광고와 포스터를 예쁘게 만드는 소극적인 마케팅을 펼쳤습니다. 당시 모기업이던 로레알 그룹은 명품 브랜드인 랑콤의 마케팅에 총력을 기울이고 있던 터라 매스 마켓 브랜드인 메이블린 뉴욕의 마케팅에 많은 비용을 투입할 수가 없었습니다. 하지만 'TV 광고에 나오는 업체'라는 타이틀을 얻고 싶은 욕심에 가격이 저렴한 심야 시간대 위주로 광고를 편성했지요. 그러나 대중들에게 거의 노출되지 않아서 결국 광고 예산만 낭비하는 꼴이 되어 버렸습니다.

　브랜드가 소비자의 관심을 끌지 못한 채 도입기를 어중간하게 보내게 되면, 경쟁사에 우선권을 빼앗길 수 있습니다. 메이블린 뉴욕 역시 발빠른 업체들의 미투(me too) 브랜드에 밀리기 시작했는데, 이때 생겨난

미투 브랜드가 바로 '미샤(Missha)'입니다.

당시 로레알 그룹은 매스 마켓 브랜드인 메이블린 뉴욕을 위한 별도의 샵을 열지 않고, 백화점의 고급 브랜드가 있는 매장의 한쪽 구석에서 함께 팔았습니다. 그러다 보니 20대 여성들에게는 접근성이 떨어졌지요. 이때 뷰티넷(www.beautynet.co.kr)이라는 여성 대상 포털 사이트를 운영하던 에이블씨엔씨(ABLE C&C)는 이런 메이블린 뉴욕의 약점을 간파하고, 돌연 미샤라는 브랜드를 런칭합니다. 그리고 이대 앞에 일곱 평짜리 테스트 매장을 오픈하지요. 이는 메이블린 뉴욕이 1920년대 시카고 매장을 연 방식을 그대로 답습한 것입니다. 로레알이 메이블린 뉴욕의 마케팅에 올인을 할 수 없다는 사정을 이용하여 메이블린 뉴욕과 비슷한 품질의 제품을 훨씬 더 친숙한 방법으로 20대에게 선보인 것이지요. 이로써 미샤는 국내 화장품 업계의 판도를 바꿔놓았습니다.

▶ 성장기

제품이 성장기에 접어들면 시장 자체가 커지므로 초기 런칭에 실패했더라도 매출을 확보할 수 있습니다. 그래서 경쟁사의 마케팅 활동에 대응하기보다는 도입기에 이루어놓은 우리 브랜드의 자산 가치를 더욱 공고히 하는 것이 중요합니다. 인지도가 낮은 중소기업이나 소상공인이라면 단순한 차별화만으로도 성과를 낼 수 있는 단계이지요.

▶ 성숙기

성장기의 후반부에서 성숙기에 접어드는 시기는 경쟁이 점차 치열해지는 시기입니다. 시장의 성장은 점차 둔화되는 가운데 경쟁사가 속속 시장에 진입하기 때문이지요. 게다가 소비자들은 이미 브랜드에 대해 충분히 파악하고 있어, 더 이상 새로움을 전달하기는 어렵습니다. 또한 이 시기에는 제품군 전체의 매출이 더 이상 늘어나지 않기에 경쟁사의 시장 점유율을 빼앗거나 자사의 시장 점유율을 지켜야지만 매출을 유지할 수 있습니다. 즉, 소비자들이 브랜드를 잊지 않도록 지속적으로 상기시킴으로써 점유율을 지키거나, 경쟁사보다 더 많은 광고비 혹은 더 나은 플랫폼 전략으로 경쟁사의 점유율을 빼앗아야 하는 것이지요.

앞에서 언급한 것처럼 미샤에게 일격을 당한 메이블린 뉴욕은 뒤늦게 유명 아이돌 가수와 모델 계약을 하는 등 초강수를 띄웠으며, 백화점 내에 메이블린 뉴욕을 위한 별도의 매스 마켓 매장을 오픈합니다. 하지만 곧이어 LG생활건강이 '더페이스샵'을 인수하고, 아모레퍼시픽도 '이니스프리' 등 저가 화장품 브랜드를 속속 내놓으면서 시장은 과열 양상을 띠게 됩니다.

▶ 쇠퇴기

제품이 쇠퇴기에 접어들면 제품의 생명력을 되살리기 위한 리뉴얼 마케팅을 생각해볼 필요가 있습니다. 10년 가까이 국내 화장품 시장을 이끌어온 미샤는 최근 LG생활건강의 더페이스샵에게 1위 자리를 빼앗겼습니다. 리뉴얼 마케팅이 필요하게 된 것이지요. 하지만 리뉴얼 마케팅 전략 역시 미투 브랜드였다는 한계가 있었습니다.

앞서 말한 대로 미샤는 태생적으로 메이블린 뉴욕의 미투 브랜드입니다. '모방은 성공의 어머니'라는 말이 있듯, 이때까지 미샤는 미투 브랜드였어도 메이블린 뉴욕을 능가하는 브랜드 파워를 키워가면서 시장을

주도해왔습니다.

사실 미투 전략으로 성공한 사례는 굉장히 많습니다. 문제는 성공한 이후입니다. 마스카라로 시작해 아이섀도를 빅히트시킨 메이블린 뉴욕과 달리, 미샤는 그동안 '미샤데이'라는 할인 마케팅으로 시장을 장악하였습니다. 그러다 보니 제품 개발·연구에 대한 투자를 소홀히 할 수밖에 없었고, 점차 시장 지배력을 잃게 된 것이지요.

❷ 제품의 특성

제품의 수명 주기와 더불어 제품의 특성도 광고 전략에 영향을 미칩니다. 스킨케어 제품은 일반 검색 광고보다는 쇼핑 검색 광고에서 더 매력적인 제품입니다. 상세 페이지에서 제품의 특성을 설명할 수 있기 때문이지요. 이렇듯 제품을 입체적·시각적으로 표현해서 소비자의 구매 욕구를 자극해야 합니다. 또한 제품의 특성은 전술적인 면에서의 광고 매체 선정에도 영향을 미칩니다. 예를 들어, 화장품 광고는 유튜브나 블로그를 통한 브랜딩이 필요하지요.

❸ 제품의 재구매 주기

제품의 특성과 함께 제품의 재구매 주기도 플랫폼 선정에 영향을 미칩니다. '재구매 주기'란 소비자가 제품을 구매한 후, 다음에 다시 구매할 때까지의 평균 기간을 의미합니다. 그렇기에 마케팅 메시지가 전달되어야 할 적기가 바로 제품을 구매하고자 하는 시점이 되어야 하는 것이지요. 라면 광고나 과자 광고가 많은 이유는 재구매 주기가 짧기 때문입니다.

2. 가격(Price)

가격 정책이 마케팅 계획에 미치는 영향도 무시할 수 없습니다. 가격이 낮으면 많은 사람이 혹하겠지만, 자칫하면 싸구려라는 인식이 생겨서 브랜드가 묻혀버릴 가능성도 있기 때문입니다. 일반적으로 여러 제품 중에 하나를 구매하게 되면, 소비자의 입장에서는 브랜드는 사라지고 가격만 남게 됩니다. 그래서 저렴하게 가격을 책정하는 것도 중요한 것이지요. 그렇다고 너무 저렴하게 판매하면, 몇 푼 남지도 않는 제품에 주문이 폭주하여 점원들이 폭발해 버릴 수도 있습니다. 따라서 감당할 수 있는 만큼의 일을 만드는 것이 중요한 것이지요.

반대로 너무 비싸면 그것을 구매하는 고객들의 기대치를 충족시켜야 한다는 부담에 시달립니다. 제가 학습지 프랜차이즈에 있을 때 물가 상승률을 반영한다는 핑계로 가격을 30%가량 인상한 적이 있었습니다. 이에 학습지 프랜차이즈 가맹 사업자들은 가격이 오른 만큼 학습지도 좋아졌다는 사실을 증명하라며 따졌습니다. 물론 학습지 회원 수는 그대로인데 가맹 사업자들의 매출이 늘었으니 틀린 선택은 아니었습니다. 다만 영업 사원들은 가격이 오른 이유를 설명하느라 곤혹을 치렀지요.

가격을 결정하는 것은 대부분 회장님이나 임원들의 몫이지만, 실무자라면 가격에 따라 달라지는 다양한 상황 정도는 이해할 필요가 있습니다. 관련 서적을 살펴보는 것도 좋겠지만, 비슷한 물건을 파는 경쟁 업체들의 가격 정책을 분석하는 것도 제법 도움이 될 것입니다. 이때 그들이 그런 가격을 책정하는 이유까지 발견한다면 금상첨화겠지요. 경쟁 업체들의 가격 정책을 비교할 때 다음과 같은 두 가지 요소를 고려하면 더욱 제대로 된 분석을 할 수 있습니다.

첫째, 마케팅 예산은 생산 비용이므로 제품 가격에 반영됩니다. 또 제품 가격에 반영되는 마케팅 예산에 따라 마케팅 매체와 제작물의 수준이 모두 달라집니다.

둘째, 유통 채널 내에서 중간상인 도·소매업자에게 더 많은 이윤을 보장한다면, 도·소매업자의 판촉 지원을 받을 수 있으므로 광고주의 마케팅 비용 지출은 감소할 수 있습니다. 도·소매업자도 자신의 손에 남는 이윤이 많으면 판촉(마케팅)에 더 많은 노력을 기울일 테니까요.

실제로 제가 학습지 프랜차이즈에 있을 때, 신학기에는 매스 미디어(Mass Media) 광고에 집중하고, 2학기에는 지역 가맹 학원의 비용으로 집행할 수 있는 마케팅을 지원하였습니다. 블로그나 SNS 마케팅이 대표적이었고, 마을버스나 아파트 엘리베이터 광고도 활용하였지요.

3. 유통(Place)

유통력도 플랫폼 효과에 영향을 미칠 수 있는 중요한 요소입니다. 작은 기업이나 소상공인이라면 오히려 마케팅보다 이 유통 분야에 더 큰 비중을 둘지도 모르겠네요. '상품을 어디서 볼 수 있느냐?'는 대단히 많은 상황을 바꿀 수 있으니까요. 특히 광고에 대한 매출 반응(ROAS, Return On AD Spend)은 유통을 어떻게 하느냐에 따라 다르게 나타납니다. 여기서 광고에 대한 매출 반응이란 '광고비 100원을 지출하면, 100원 이상을 벌어들일 가능성'을 의미합니다. 소비자가 광고에서 본 제품을 매장에서 보게 된다면, 구매할 가능성이 아무래도 높아지겠지요. 그리고 사람들을 이것을 '유통 파워'라고 부릅니다. 이때 파워라고 과장해서 부르는 이유는 고객이 상품에 대해 정확히 알고서 구매하는 경우는 거의 없기 때문입니다. 알고서 구매하는 경우는 대부분 대기업 제품이지요.

가령 라면 시장에서 신라면은 다른 중소기업들의 라면에 비해 수백 배에 달하는 유통력을 확보하고 있습니다. 신라면의 경우 대부분의 마트나 편의점에서 쉽게 구매할 수 있지만, 중소기업의 라면은 구매 가능 점포가 한정적인 것을 보면 알 수 있지요. 그래서 같은 광고비를 투입해도 매출의 반응이 크게 다른 것입니다. 이처럼 제품의 특성을 소비자에게 알리는 것도 중요하지만, 구매를 원하는 소비자가 마트나 편의점에서 그 제품을 볼 수 없다면, 광고의 효과도 없는 셈이 되는 것입니다.

4. 판촉(Promotion)

판촉은 제품이나 서비스를 소비자에게 판매하고, 또 소비자들의 소비 활동을 위한 모든 활동을 말합니다. 광고, 홍보, 세일즈 프로모션, 그리고 앞에서 자세히 다룬 블로그, 인스타그램, 유튜브 등을 활용하는 SNS 마케팅이 그것입니다. 이때 활동을 선택하는 기준은 마케팅의 목표입니다.

전통적인 광고에서는 목표를 '인지', '태도', '행동'으로 구분하는데, 온라인 광고는 이를 바탕으로 '인지도', '관심 유도', '전환' 등으로 세분화할 수 있습니다.

캠페인의 목표가 우리 제품의 인지도와 친근감을 높이는 것이라면, 유튜브 동영상 광고가 효과적일 것입니다. 이 경우 기능한 많은 사람들에게 광고를 도달시키는 데 중점을 두어야 합니다. 반대로 제품의 인지도를 높이기보다는 판매가 더 우선적인 목표라면, 유튜브 동영상 광고

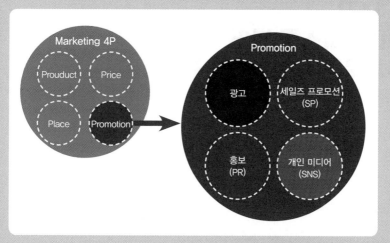

〈그림 13-7〉 마케팅과 광고

보다는 매장의 구매 시점(POP) 광고나 할인 쿠폰을 담은 카카오톡 메시지가 효과적일 것입니다. 그리고 이외 제품 관련 정보 전달이 목적이라면, 인스타그램·페이스북 광고가 적합할 것입니다.

14장.
메타버스를 넘어
새로운 창조버스가 온다

"학교도 못 가고 친구들이랑 놀지도 못하는데, '배틀그라운드(온라인게임)'에서라도 친구들과 좀 놀면 안 돼요?"

게임을 오래한다고 혼내는 엄마에게 중학생 아들이 하는 말입니다. 아들에게 게임은 단순한 오락거리가 아니라 친구들과 소통하는 또 하나의 놀이터입니다. 하지만 게임에만 빠져 있는 아이들을 보면 부모는 속이 타들어갑니다. 그런 속을 아는지 모르는지 각종 뉴스 매체에서는 마치 미래를 책임질 먹거리인 양 온통 메타버스 관련 용어로 도배되어 있습니다. 하지만 저는 이 말을 들을 때마다 어색하고 불편합니다. 빛 좋은 개살구라는 말이 떠오르기 때문입니다.

살구 중에서 맛이 시고 떫은 것을 개살구라고 부릅니다. 빛 좋은 개살구는 겉보기에는 같은 살구지만 맛이 영 딴판입니다. 그래서 사람들은 참살구를 찾습니다. 살구만이 아닙니다. 우리 주변에는 '개'와 '참'이 붙어 구별되는 말들이 상당히 많습니다. '참'은 진짜를, '개'는 사이비(似而非)를 나타내는 접두어의 구실을 합니다. 사이버(cyber)나 메타버스(metaverse) 모두 진짜가 아닌 온라인 속에 있는 세상을 말하니 참보다는 개를 뜻하는 사이비에 가까운 개념입니다. 메타버스를 가장 잘 묘사했다는 평가를 받는 스티븐 스필버그 감독의 영화 《레디 플레이어 원》을 봐도 그렇습니다. 주인공은 지겨운 현실을 도피하기 위해 가

짜 세상에 로그인 할 뿐입니다. 그가 메타버스 속에서 하는 일은 시간 때우는 것 이상도 이하도 아닙니다.

무분별하게 쏟아지는 메타버스 관련 뉴스

"서울시향 조회수 12만 회... 1만 5,000명 몰린 서울 메타버스 축제"[14]

요즘 신문에 거의 매일 등장하는 유형의 헤드라인입니다. 기사에는 연극, 연주회, 전시회 등을 360도로 돌려볼 수 있는 영상 같은 것들도 소개되어 있지요. 2021년 용산구 노들섬에서 진행하였던 〈2021 '서울은 미술관' 공공미술축제-'노들, 바람보다'〉 전시회는 어디에서든 감상할 수 있도록 모바일 증강 현실 페이지를 선보였습니다. 실제로 들어가서 보신 분이 얼마나 계실지는 모르겠지만, 들어가신 분들이라면 아마 많이 놀라셨을 겁니다. 너무 조잡스러웠기 때문이지요.

기사에 소개되어 있는 360도 영상은 카메라맨이 멋지게 잡아주는 영상보다 질이 떨어지고, 집중하기 어렵습니다. 또 〈2021 '서울은 미술관' 공공미술축제-'노들, 바람보다'〉 전시회는 그저 스마트폰에서 3D로 그린 에펠탑을 바라보는 느낌입니다. 전시회에 와서 실물을 구경하라는 의도로 만들었기 때문이지요.

'메타버스'하면 많은 사람들이 이런 VR(Virtual Reality) 중심의 가상 현실과 AR(Augmented Reality) 중심의 증강 현실을 떠올립니다. 그렇다면 메타버스가 'VR/AR 기술'로 인식되는 이유는 무엇일까요?

바로 미국의 그래픽 처리 장치(GPU, graphics processing unit) 개발 업체 '엔비디아 (nVidia)'의 CEO 젠슨 황(Jensen Huang)의 기조연설 때문입니다. 젠슨 황은 2020년 10월 GPU 기술 컨퍼런스의 기조연설에서 향후 20년을 이끌어 갈 화두로 '옴니버스(Omniverse)'를 소개합니다. 여기서 말하는 옴니버스란 실시간 가상 협업과 디지털 트윈(Digital Twin),[15] 미디어·엔터테인먼트·건설·제조 등의 영상 구현이 필요한 기술에 사용되는 엔비디아의 플랫폼 브랜드입니다. 다음은 젠슨 황이 기조연설 당시 한 말 입니다. 이 한마디로 메타버스가 세상에 모습을 드러내게 된 것이지요.

"만약 지난 20년이 놀라웠다면, 다음 20년은 메타버스가 오고 있는 공상 과학 소설처럼 보일 것입니다. '메타버스'는 1992년 닐 스티븐슨(neil stephenson)의 공상 과학 소설『스노우 크래시(Snow clash)』에서 처음 등장한 단어로, 가상과 현실이 상호작용하며, 그 속에서 다양한 사회 활동이 이루어지며 가치를 창출하는 세상을 의미합니다."

젠슨 황은 미국 반도체 제조 회사인 AMD의 엔지니어 출신으로, 1993년 엔비디아를 창업하였습니다. 엔비디아는 컴퓨터의 그래픽 카드 부품을 만드는 회사로 출발하였습니다. 이후 독자적으로 개발한 GPU가 '테슬라'나 '닌텐도 스위치' 등에 적용되면서 가능성을 인정받았습니다. 2019년 3월에는 '멜라녹스 테크놀로지(Mellanox Technologies)'를 70억 달러에 인수하면서 서버 및 데이터 센터 시장의 강자로 등장합니다. 자율 주행차나 인공 지능 관련 산업의 발전으로 GPU의 쓰임새가 늘어나면서 최근에는 반도체 기업 중, 유일하게 시가 총액 1위에 오르기도 하였습니다.[16]

메타버스 시대가 오면 거의 모든 데이터가 클라우드(cloud)를 통해 이동 및 축적되고 계산되어야 합니다. 그렇기에 미국 기업 '오큘러스(Oculus)'에서 제작하는 VR 관련 가상 현실이나 증강 현실 디바이스가 확산·보급될 가능성이 높습니다. 사실 가상 공간에서 아바타끼리 반응하려면 모든 곳에서 인공 지능과 기계 학습이 가능해야 합니다. 또 메타버스 내의 생태계와 경제가 지속적으로 작동하려면 가상 경제와 블록체인 기술이 필요합니다. 그리고 이 모든 기술에 엔비디아의 GPU가 들어갑니다. 젠슨 황이 '메타버스가 오고 있다!'고 외친 이유지요.

이때부터 우리나라 신문과 뉴스에서는 그래픽이나 3D 모델링을 바탕으로 하는 가상 현실·증강 현실 기술이 소개되고, 메타버스 관련 책도 출간되기 시작합니다. 젠슨 황의 말이 실현되기 시작한 것이지요.

방향성 없는 메타버스 관련 정책들

2021년 11월, 서울시는 전국 지자체 최초로 메타버스 플랫폼을 자체적으로 구축한다고 발표합니다. 2022년부터 3단계에 걸쳐 경제·문화·관광·교육·민원 등 시정 전 분야 행정 서비스에 메타버스 생태계를 구현하는 것을 목표로 하는 대형 프로젝트이지요. 서울시는 1단계 사업으로 자체 플랫폼인 '메타버스 서울(가칭)'을 2022년 말까지 구축 완료할 예정입니다. 이후 2023~2024년 확장, 2025~2026년 정착 등 총 3단계에 걸쳐 구현할 예정이지요.

〈그림 14-1〉 메타버스 서울 (출처: 서울시)

확장기인 2023년에 생길 주목할 만한 메타버스 서비스는 가상의 종합 민원실인 '메타버스120센터'입니다. 이는 시청 민원실을 찾아가야만 처리할 수 있었던 민원·상담을 메타버스 속의 아바타 공무원을 통해 편리하게 처리할 수 있도록 하는 서비스이지요. 민원·상담, 공공시설 예약 등 시민들이 많이 이용하는 공공 서비스를 메타버스를 통해 제공하여 더욱 편리하게 이용할 수 있도록 하겠다는 취지입니다.

서울시의 발표가 있고 난 뒤, 세종시 창업진흥원 본사에서 마케팅 대행사업체 선정 심사에 참여하게 되었습니다. 프레젠테이션을 마치고 마무리하는 단계에서 한 참여 업체가 다음과 같은 제안을 하더군요.

"기업 육성을 위한 디지털 콘텐츠 제작 교육과 스타트업들의 네트워킹을 위한 '메타버스 플레이 그라운드'를 만들겠습니다. 또한 외국인 투자 유치를 위한 '메타버스 인베스트'를 오픈하여 오프라인으로 이루어졌던 기업 지원 서비스와 해외 투자 유치가 모두 이 메타버스 공간 에서 이루어지도록 구성하겠습니다."

최근 기술력을 강조하거나 트렌드에 민감하다는 것을 과시하기 위해 부쩍 많이 사용하는 용어가 '메타버스'입니다. 언론과 마찬가지로 기업도 열 개 중 두서너 곳이 '메타버스'를 언급하고 있지요. 심사위원들 모두 흥미로워하면서 귀를 기울여 듣고 있는 조용한 분위기에서 함께 심사를 맡은 세종시 문화재단의 김혜옥 본부장이 모두가 하고 싶지만, 망설이던 질문으로 정적을 깹니다.

"창업진흥원만을 위한 메타버스를 만들어주시겠다는 말씀이시네요. 좋습니다. 그런데 사람들이 그곳에 자발적으로 참여할 수 있는 방법에 대한 고민은 안보이네요. 어떻게 그곳에 들어오게 만드실 건가요? 혹시 구축 비용보다 홍보 예산이 더 많이 필요한 일회성 제안은 아니겠죠?"

메타버스의 정확한 의미

2006년 미국의 기술 연구 단체인 '미래가속화연구재단(Accelera-tion Studies Foundation, ASF)'이 3차원 가상공간이라는 사이버 세상에 '현실'을 추가하는 로드맵을 발표하면서 메타버스는 구체적으로 연구되기 시작합니다. 기존의 사이버 세상이 가상 세계(Virtual Worlds)와 증강 현실(Augmented Reality)에 한정된 개념이라면, '거울 세계(Mirror Worlds)'와 '라이프로깅(Lifelogging)'처럼 현실에 기반한 디지털 활동이 추가되어 '메타버스'로 불리게 된 것입니다.

우리나라 언론에서 그 개념을 소개하며 우왕좌왕하던 2021년 10월, 소셜 미디어 기업 '페이스북(Facebook)'은 회사 이름을 '메타(Meta)'로 변경하겠다고 발표합니다. 당시 온라인으로 열린 '커넥트 콘퍼런스'의 기조연설에서 페이스북 CEO 마크 저커버그는 다음과 같이 발표합니다.

"지금부터는 페이스북이 아니라 메타버스가 최우선 사업입니다. 메타버스는 새로운 미래가 될 것입니다."

이날 저커버그는 메타버스에서 따온 새로운 사명 '메타'와 함께 로고도 공개하였습니다.

'이 무슨 생뚱맞은 발표인가?'라고 생각하시는 분은 저커버그가 그간 공들여왔던 노력을 한 번 살펴볼 필요가 있습니다.

〈그림 14-2〉 사명을 '메타(Meta)'로 변경한다고 선포하는 마크 저커버그 (출처: 씨넷)

'메타버스'라는 이름을 들춰낸 사람이 젠슨 황이라면 '메타버스'의

실질적 기획자는 저커버그입니다. 라이프로깅의 시대를 일찌감치 예견한 저커버그는 2012년 10억 달러(약 1조 원)를 투자하여 인스타그램을 인수합니다. 스마트폰 기반의 사진을 매개체로 일상을 공유하는 소셜 네트워크인 인스타그램은 인맥 중심인 페이스북의 한계를 보완할 시너지가 되리라 판단했기 때문입니다. 또 모바일 메시징(mobile messaging)이 급성장하던 2014년에는 4억 5,000만 명이 사용하는 왓츠앱(Whatsapp)을 220억 달러(약 25조 원)라는 엄청난 금액으로 인수합니다. 그런데 당시 페이스북에는 이미 페이스북 메신저 서비스가 있었습니다. 이로 미루어보았을 때, 왓츠앱이 거대 사용자를 기반으로 추후 소셜 네트워크 서비스로 확장되어 페이스북의 강력한 경쟁자가 될 가능성을 원천 차단하기 위한 선제 대응이었던 것으로 보입니다.

이후 저커버그는 왓츠앱을 페이스북 메신저와는 전혀 다르게 포지셔닝(positioning)해 사용자 15억 명을 확보합니다. 전략은 페이스북 메신저와 왓츠앱의 차별화였습니다. 왓츠앱은 전화번호가 있어야 가입이 가능하지만, 페이스북 메신저는 전화번호가 없어도 가입할 수 있게 한 것이지요. 그래서 페이스북 메신저는 컴퓨터든 스마트폰이든 가리지 않고 어디에서든 동시 사용이 가능하여 10대들에게 인기를 끌었습니다. 덕분에 페이스북 전체 가입자 중 20%에 불과한 10대 사용자들의 페이스북 메신저 사용률은 전체 사용자 수의 60%가 넘었지요.

소셜 네트워크의 설계자이자 지배자인 저커버그가 오래전부터 투자해왔던 또 하나의 기술이 있습니다. VR 디바이스를 바탕으로 한 새로운 하드웨어 플랫폼이 바로 그것이지요. 저커버그는 소셜 네트워크의 미래에 대해 다음과 같이 말하였습니다.

"모바일은 오늘의 플랫폼입니다. 이제는 내일의 플랫폼을 준비할 때가 됐다고 생각합니다."

이후 저커버그는 가상 현실이라는 새로운 컴퓨팅 환경을 만들 수 있는 하드웨어 플랫폼인 VR 디바이스를 구축하기 위해 2014년 오큘러스를 23억 달러(약 2조 7천억 원)에 인수합니다.

저커버그의 예상은 적중했습니다. 2022년 기준, VR 기기의 60% 이상이 오큘러스의 제품이며, VR 기기의 출하량과 AR 기기의 출하량을 합친 양에서도 75%의 점유율을 차지하게 되었지요. 인스타그램이 소셜 네트워크의 확장이고, 왓츠앱이 메시징 서비스의 확장이라면, 오큘러스 인수는 확장이 아니라 페이스북 창립 이후 실로 오랜만의 개척입니다.

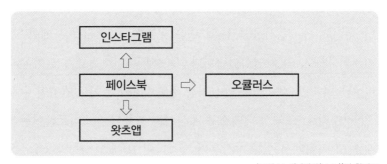

〈그림 14-3〉 '메타(Meta)'의 확장도

'스마트폰'이라는 세상이 처음 열리면서 페이스북은 스마트폰이라는 플랫폼을 사실상 지배하였습니다. 소비자들은 페이스북을 사용하기 위해서 스마트폰을 사용했으며, 페이스북이 없는 스마트폰은 상상조차 할 수 없었기에 제조업체들도 앞 다퉈 페이스북에 최적화된 시스템을 개발하였지요. 그런 페이스북이 이번에는 스마트폰이 아닌, 다른 디바이스를 통해 새로운 세상을 열어갈 준비를 하고 있습니다. 제조업체의 플랫폼인 스마트폰 위에 구현되어 온 페이스북이 스스로 제조한 디바이스에서 운영 체제, 앱스토어, 애플리케이션 등 모두를 제어하고 만들 수 있는 환경을 처음으로 구축한 것입니다. 이를 위해 페이스북은 AR/VR 통합 연구 개발 부서인 FRL(Facebook Reality Lab)을 설립하고, 인간의 뇌를 이용해 컴퓨터를 조종하는 기술과 제품을 개발하는 스타트업 콘트롤랩스(Ctrl-labs) 인수에 10억 달러(약 1조 원)를 투입하는 등 엄청난 노력을 기울이고 있습니다.[17]

저커버그에게 오큘러스는 컴퓨터와 스마트폰을 잇는 다음 세대의 디바이스입니다. 실제로 오큘러스는 IFA(독일 베를린 국제 가전 박람회) 2014에서 갤럭시 노트4와 함께 기어VR을 공개하면서 전 세계의 관심을 모았습니다. 이후 페이스북과 삼성전자는 협력을 이어갔지만, 2019년에 개발을 중단합니다. 삼성전자가 스마트폰에 장착해서 사용하는 모바일 VR이 갤럭시 스마트폰 고객들에게 큰 가치를 제공하지 못한다고 판단해서였지요.

이후 페이스북은 중국의 샤오미를 통해 저렴한 단독 VR 헤드셋인 '오큘러스 고(Oculus Go)'를 199달러(약 25만 원)에 출시합니다. 오큘러스 고는 저렴한 가격과 컴퓨터 없이 작동한다는 장점 덕분에 선풍적인 인기를 누립니다. 2019년에는 그동안 축적한 하드웨어 경험과 제조 노하우를 총동원해 개발한 고성능 PC용 VR 디바이스인 '오큘러스 리프트 에스(Rift S)'를 399달러(약 50만 원)에, '오큘러스 퀘스트(Oculus Quest)'를 470달러(약 59만 원)라는 파격적인 가격에 판매합니다. 그리고 이때부터 오큘러스 퀘스트에서 동작하는 애플리케이션과 게임들을 개발하는 스튜디오들이 급증하지요. 출시 1년 만에 오큘러스 퀘스트 앱스토어에 등록된 앱은 170여 개를 넘습니다.

VR도 컴퓨터와 마찬가지로 시작은 게임이 견인하였습니다. 등록된 게임 앱 110개 중에서 35개가 100만 달러(약 12억 7,000만 원) 이상의 판매액을 기록하였지요. 이후 2020년 10월에 출시한 오큘러스 퀘스트2는 출시한 지 3개월 만에 100만 대가 넘게 팔립니다.[18] 오큘러스 퀘스트2가 우리나라에서도 큰 인기를 끄는 이유는 높은 가성비와 접근성 때문이었습니다. 우리나라에서 오큘러스 퀘스트2의 판매 가격은 41만 4,000원으로 100만 원대에 육박하는 경쟁 VR 제품들 대비 절반 수준입니다. 이렇듯 저렴하게 판매할 수 있는 이유는 사용자들이 앱스토어에서 유료로 소프트웨어를 구매하면, 그중 일부 수익이 라이선스 비용으로 페이스북에 돌아오기 때문입니다. 실제로 2021년 2월까지 100만 달러가 넘는 수익을 올린 애플리케이션이 60여 개로 늘었으며, 그중 여섯 개 타이틀은 1,000만 달러가 넘는 수익을 올리기까지 하였습니다.[19]

메타버스 시대가 본격화되면 페이스북의 오큘러스 인수 효과는 구글의 유튜브 인수 효과보다 더 클 가능성이 있습니다. 오큘러스가 메타버스로 들어가기 위한 포탈(portal)이니까요. 다음은 저커버그의 말입니다.

"코딩을 시작했던 중학생 때부터 아이디어를 떠올렸습니다. 그때 하고 싶었던 것 중 하나가 바로 그 환경에 있으면서 다른 장소로 순간 이동하여 친구와 함께 있을 수 있는 것이었지요. 메타버스는 공공장소 같은 온라인 공간입니다. 사람들이 공동으로 상호작용하는 모든 것이

메타버스라고 볼 수 있지요."

요즘 그가 인수하고 싶어 하는 플랫폼은 네이버의 '제페토(ZEPE-TO)'라고 합니다. 네이버가 쉽게 팔 것 같진 않으니 인수가 어렵다면 직접 만들 수도 있겠지요. 이처럼 그의 일거수일투족이 메타버스의 미래인 셈 입니다.

생활 속에 다가온 메타버스 커뮤니티

제가 가르치는 학생들과 메타버스의 대표적인 서비스인 제페토에 대해 이야기를 나눈 적이 있었습니다. 남학생들의 대부분은 모르거나 관심이 없는 반면, 여학생인 노지희 학생은 제페토를 활용하여 수익까지 올리고 있었지요. 집 밖으로 나가지 않으면서 스마트폰 속 메타버스에서 보내는 시간이 길어진 결과였습니다. 노지희 학생은 제페토에서 물건을 팔아본 경험을 이야기해주었습니다.

"디자인은 잘 모르지만, 컴퓨터로 '제페토 스튜디오(studio.zepeto.me)'에 접속하면 누구나 원하는 물건을 만들 수 있어요. 저는 방학을 이용해서 제페토에서 옷을 만들어 팔았습니다."

김성부 학생이 곧장 되묻습니다.

"제페토 안에 쇼핑몰을 만들어서 손님들이 들어온 건가요?"

"아니요. 쇼핑몰을 만들려면 절차가 까다로워서 저는 물건만 올려 팔았습니다. 온라인 쇼핑하듯 원하는 품목을 찾아서 구입할 수 있는 시스템이 있거든요. 카카오톡에서 이모티콘을 구입하는 방식처럼요."

그 말을 듣고 있던 김병현 학생이 말합니다.

"아, 게임만 할 게 아니라 무언가를 만들 수도 있겠네요."

"네, 맞아요. 제페토에서는 1원을 1잼이라고 부릅니다. 특정 금액 이상이 되면 현금으로 바꿔주지요. 저는 아직 현금으로 바꿀 만큼의 판매는 하지 못했습니다."

투자와 관련된 이야기가 나오자 모의 주식 투자 스터디에서 활동한다는 조유진 학생이 대화에 끼여듭니다.

"판매가 잘되면 재테크 수단으로도 가능하겠네요. 그런데 판매가 쉽지는 않은가 봐요?"

"하루에도 옷이 수십 개나 올라오기에 제가 만든 제품은 금방 다음 페이지로 밀리더라고요. 하지만 베스트셀러가 되면 상당히 오랫동안 상위에 올라갈 수 있어요."

다시 김병현 학생이 질문을 이어갑니다.

"와, 대단하네요. 혹시 옷 말고 다른 것도 만들 수 있나요?"

"네, 건물이나 새로운 도시를 구현할 수도 있어요. 명품 브랜드인 '구찌(Gucci)'는 제페토 안에서 테니스 대회를 개최하기도 해요. 이처럼 제페토 스튜디오에서는 누구나 쉽게 무엇이든 만들 수 있어요."

실제로 제페토는 글로벌 패션 브랜드가 패션 아이템을 소개하는 장소로도 활용됩니다. 명품 브랜드 구찌와의 제휴가 대표적이지요. 구찌가 가상 컬렉션 일부를 공개하자, 제페토 사용자들은 제페토 스튜디오로 구찌의 디자인을 활용한 2차 제작물을 40만 개 이상 만들었습니다. 컬렉션 발표회의 조회수 역시 300만 회를 넘겼고요. 다음은 제페토 관계자의 말입니다.

"제페토에서는 다양한 콘텐츠를 활용해서 협업해왔고, 구찌와의 협업 같은 콜라보는 앞으로도 지속될 예정입니다. 마케팅을 위한 기업들의 공간 사용, 공공기관의 홍보 목적 공간 창출 등 이슈가 늘어났습니다."

현실 세계는 가상 세계로 이어지고, 가상 세계는 다시 현실 세계로 이어집니다. 팬덤 비즈니스를 가상 세계까지 확장하면, 다시 가상 세계의 팬덤 비즈니스는 현실 세계에서 매출을 늘립니다. 라이브 방송이나 온라인 콘서트의 주도권은 뮤지션을 보유한 엔터테인먼트 회사가 쥐고 있다면, 가상 현실에 대한 주도권은 기술을 보유한 기업이 가져갈 수 있습니다.

이렇듯 제페토를 무기로 네이버가 10대와 20대의 커뮤니티를 장악하면, 이번에는 엔터테인먼트 회사들이 이 플랫폼으로 들어올 수밖에 없을 것입니다.

'진짜'를 가상세계로 옮기는 자, 메타버스를 점령하리라

마크 저커버그의 메타와 제페토의 메타버스 세상은 현실을 바탕으로 합니다. 게임에 들어가서 콘텐츠를 소비하고 즐기는 수준을 넘어 현실과 비현실, 오프라인과 온라인을 연결하고 활용하는 것이지요. 즉, 사이비를 통해 진짜를 투영한다는 말입니다.

앞에서 살펴본 바와 같이 사이버 시대의 '사이비'를 뜻하던 개는 한

자의 '가(假)'에서 파생된 말입니다. 반면 '참'은 순수한 우리나라 말이지요. 한자로는 '진(眞)'이 되어 때로는 참맛이 찐맛으로 불리기도 합니다. 미스터트롯 출신 영탁의 노래 '찐이야'의 찐도 바로 이 참이라는 뜻이지요. 이처럼 진짜를 나타낼 때에는 순수한 우리말의 '참'자를 붙이고, 가짜나 사이비에는 한자에서 온 '가'를 쓰는 걸 보면, 역시 좋은 것을 나타낼 때에는 우리말을 써야 하나 봅니다.

오이도 맛이 좋은 것은 따로 '참'자를 붙여 참오이, 줄여서 참외라고 이름을 짓고, 나무도 쓰임새가 많아 버릴 데가 없는 나무를 따로 참나무라고 칭합니다. 또한 계란후라이를 할 때는 식용유가 필수이지만, 밥에 비벼 입맛을 돋우는 기름은 따로 참기름이라고 부르지요. 이러한 말의 어원은 일상생활에서도 찾아볼 수 있습니다. 인기 유튜버가 큰 실수를 하면 '개망신'을 당했다고 말하고, 그 잘못을 잡으려는 다른 사람들의 지적을 '참교육'이라고 부릅니다. 또 공을 이상한 곳으로 차는 사람을 두고 우리는 '개발'이라고 부릅니다. 그래서 개발로 슈팅한 공은 쓸모없는 사이비가 되고 마는 것이지요.

문학 작품이나 영화에서도 이와 비슷한 경우를 찾아볼 수 있습니다. 서머싯 몸(William Somerset Maugham)의 소설 『달과 6펜스』의 주인공 스트릭랜드는 증권 거래인이라는 무료한 삶을 벗어 던지고 화가로 살아가기 위해 프랑스 파리로 떠납니다. 이때 이 소설의 제목인 '달'은 주인공이 원하는 이상적인 삶을 뜻하고, '6펜스'는 초라한 동전처럼 인정하기 싫은 현실을 말합니다. 그렇기에 평범한 우리들에게는 6펜스가 진짜 현실이지요. 물론 꿈은 클수록 좋고 욕심이 성공의 필수 요소라지만, 이 작품을 리메이크한 더글라스 케네디(Douglas Kennedy)

는 달은 메타버스처럼 허상에 가깝다고 단정합니다. 그의 소설 『빅 픽처』에서 증권가의 변호사인 주인공 벤은 살인을 저지른 뒤에야 신분을 감추고 어린 시절 꿈꾸던 사진작가로서 새로운 인생을 살 수 있었으니까요.

한편, 아놀드 슈와제네거(Arnold Schwarzenegger)가 출연한 영화 《트루라이즈(True Lies)》에서는 남편이 평범한 세일즈맨인 줄로만 아는 아내가 등장합니다. 하지만 아내의 생각과 달리 남편의 진짜 직업은 스파이이지요. 일상적으로 부대끼는 삶이 지루하던 그녀는 우연한 기회에 남편과 함께 적의 포로가 됩니다. 그리고 그곳에서 남편의 정체를 알게 되고, 탈출을 도우면서 잠재된 스파이로서의 재능을 발견하지요. 그렇게 탈출하게 된 이후, 그녀는 남편과 함께 보리스와 도리스란 이름의 부부 스파이로 원하던 삶을 살게 됩니다. 하지만 평범한 사람들에게 스파이라는 직업은 아파트 담벼락에 관상용으로 피는 '개나리꽃'처럼 무언가 짜여진 듯 가짜 같습니다. 산에서 피는 '진달래꽃'처럼 불안한 미래에 부대끼며 사는 것이 진짜 현실이기 때문입니다.

이렇듯 사람들은 이전부터 가짜와 사이비를 구별하기 위해 매사에 참과 개를 붙여 사물을 구별하는 어법을 써왔는지 모릅니다. '참살구'냐, '개살구'냐 엇비슷하면서도 서로 다른 것처럼 말입니다. 어디서나 가짜에 속지 않으려면 무던히도 애를 써야 합니다. 얼마나 가짜가 우글거리는 세상인지, 모 맥주 회사는 자신의 광고에서 '탄산 100%'라는 말로도 모자라 '리얼(real) 탄산 100%'라고 외치기도 합니다.

따라서 메타버스가 변화시킬 미래는 사이버 세상에 국한되어서는 안 됩니다. 일단 이 책을 읽고 있는 여러분들이라면, 앞에서 서울시가 발표한 '메타버스 서울(가칭)'을 보고 '아, 대단하구나!'라는 단순한 반응을 보이는데 그치지는 않았겠지요. 서울시가 서울 시민들에게만, 부산시가 부산 시민들에게만 메타버스 서비스를 시행하는 것은 장점이 많지 않으니까요. 오히려 '전 국민을 대상으로 하면 활용도가 더 높아지지 않을까?' 하고 생각할 것입니다.

메타버스를 넘어 새로운 '창조버스'의 시대가 온다

얼마 전, 울산중구청이 주관하는 마을기업 컨설팅을 진행하면서 한국산업인력공단 기획조정실의 양종문 부장, 길경덕 과장과 식사를 한 적이 있습니다. 서울 마포에 있던 한국산업인력공단의 본사가 울산으로 이전했다는 소식을 그때 처음 들었지요. 또 네이버와 카카오 앱을 통해 서비스되고 있는 모바일 자격증이 한국산업인력공단의 작품이라는 귀띔도 해주더군요. 그 말을 듣고 얼마 전 카카오톡에서 한식조리사 자격증을 확인했던 사실이 떠올랐습니다.

기존에는 자격 증명 서비스를 받으려면 방문을 하든 우편을 보내든 여러 기관에 서류를 요청하거나 제출해야 하였습니다. 이에 한국산업인력공단은 2021년 1월부터 네이버 '자격증'과 카카오톡 '나의 디지털 ID'라는 메뉴를 통해서 스마트폰 발급 서비스를 시행하고 있습니다. 그리고 현재 이 모바일 국가기술자격증의 이용 건수는 122만 건에 달할 정도로 호평을 받고 있지요.

당시 양종문 부장에 따르면 한국산업인력공단은 종이 서류 없이

개인이 보유한 역량을 증명하는 기관 간 자격 및 학력 정보 공유·활용 시스템인 '초연결 플랫폼'을 구축 중이라고 하였습니다. 초연결 플랫폼은 현재 인사혁신처 등 네 개의 정부 기관과 구인·구직 사이트인 '사람인' 등 민간 기업과의 자격 정보 연계로 공공·민간의 채용·인사 과정에서의 자격증 증명 절차를 간소화하는 작업을 말합니다. 초연결 플랫폼이 구축되면 구직자는 편리하고 정확하게 자격 정보를 활용할 수 있고, 기업은 지원자의 자격 확인을 간편하게 할 수 있지요. 또한 자격증 발급 비용 약 93억 6천만 원과 자격 취득 진위 확인 절차 이용 비 6,000만 원 등의 비용 절감 효과도 발생합니다.

이번에는 길경덕 과장의 말을 살펴보도록 하겠습니다. 당시 길경덕 과장에 따르면 수원에 디지털 시험 센터를 설립하여 대규모 CBT(Computer Based Test) 필기시험, 멀티미디어·디지털 기반 실기시험을 볼 수 있도록 만들 계획이라고 하였습니다. CBT는 수험자가 시험 문제 확인 및 답안 제출을 컴퓨터로 하는 방식을 말합니다. 즉, 문제은행 시스템을 구축하여 종목별 출제 범위, 난이도, 문제 행태 등을 자동으로 결정해서 출제하는 방식인 것이지요. 컴퓨터로 시험을 보면 즉시 채점이 가능해 수험자는 합격 여부를 바로 알 수 있습니다. 합격자 발표까지 한 달이 소요되던 기간을 대폭 단축시킨 것이지요. 또한 수험자가 일정을 자유롭게 선택할 수 있으며, 하루 두 종목 이상 응시가 가능해졌습니다.

기존의 종이 기반 시험(PBT)은 공단에서 지정한 날에 한 과목만 응시할 수 있었습니다. 이 때문에 그동안 일정·인원 밀집도가 높았지요. 그러나 CBT는 일정과 인원이 분산돼 보다 안전한 시험 환경을 제공할 수 있습니다. 공단은 2020년 일부 종목에 CBT 시험 시스템을 시범 도입한 이후, 시스템을 개선해 CBT 시험을 단계적으로 확대하고 있습니다. 그리고 이에 대한 수험생들의 만족도 역시 높게 나타나고 있지요. 2020년에 산업기사 시험 CBT 시범 전환 만족도를 조사했더니 응시자의 91.7%가 CBT로의 전환에 만족한다고 답하였습니다. 이에 따라 2026년까지 전국 29곳에 '디지털 국가 자격 시험 센터'를 단계적으로 구축할 예정입니다.

PBT로 시험을 진행할 때에는 문제 출제, 시험지 인쇄·운송, 시험장 대여, 답안 카드 판독, 합격자 관리 등 모든 업무 프로세스별 행정력 낭비가 발생하였습니다. 하지만 CBT는 시험지·답안지를 인쇄하지 않게 해줌으로써 종이 848만 장을 절약하게 해주었고, 이 덕분에 탄소 발생량도 줄어들어 온실가스 감축에도 기여합니다. 이 시대에 맞는 친환경 방식인 것이지요. 다음은 길경덕 과장의 말입니다.

"2022년부터는 공단 시행 종목 가운데 93.8%에 달하는 390개의 종목을 CBT로 전환할 계획입니다. 나아가 인터넷 기반 시험(IBT), 증강 현실(AR), 가상 현실(VR) 등 스마트 시험도 도입할 계획입니다."

전국 6개 지역 본부에 23개 지사를 거느리고, 조직원도 1,812명이나 되는 한국산업인력공단의 대규모 초연결 플랫폼은 미국 사람들이 말하는 메타버스의 개념을 뛰어넘습니다. 앞서 메타버스는 현실을 기반으로 하는 비현실이라고 말씀드렸습니다. 그런데 이런 사고방식은 다분히 서양식 관점입니다. 한국산업인력공단의 초연결 플랫폼은 현실과 비현실 사이에서 '시험 인증' 혹은 '자격 증명'이라는 새로운 부가 가치를 창출합니다. 다음의 보로메오의 매듭 그림에서 두 매듭 사

이에는 아무런 연결고리가 없지만 나머지 매듭이 두 매듭을 연결하는 구조로 되어 있습니다. 쉽게 말해 메타버스가 뫼비우스의 띠라면 초연결 플랫폼은 보로메오의 매듭과 같은 개념이라고 할 수 있습니다.

〈그림 14-4〉 뫼비우스의 띠(왼쪽)와 보로메오의 매듭(오른쪽)

고대 그리스의 소크라테스 때부터 서양 사람들의 사고법은 동전 던지기와 같은 것이었습니다. 안과 밖, 육체와 정신, 선과 악, 아름다움과 추함, 그리고 진실과 거짓이 동전의 앞과 뒤로 엎어지듯 갈라집니다. 이것 아니면 저것으로 끝나는 것이지요.

반면 우리나라의 가위바위보는 다릅니다. 주먹과 보자기 사이에 반은 펴지고 반은 닫힌 가위가 있습니다. 보로메오의 매듭처럼 대립되어 있지만, 또 하나의 다른 원이 그 둘을 잡아주고 있는 것이지요, 즉, 가위가 있기 때문에 전체가 물리고 무는 관계가 만들어집니다. 보로메오의 매듭처럼 '가위→바위→보→가위'의 순환 관계가 성립되는 것이지요. 그러고 보니 무엇을 결정할 때 서양 사람들은 동전 던지기를 하고 동양 사람들은 가위바위보로 정합니다. 그렇기에 앞뒤 동전만 가지고 승부를 겨루던 서양 사람의 사고는 메타버스까지밖에 이르지 못하지만, 세 살만 지나도 가위바위보 놀이를 해오던 우리 동양 사람의 사고는 보로메오의 매듭으로 확장이 가능한 것입니다.

보로메오 매듭은 이탈리아 밀라노 보로메오 가문의 세 집안이 연합한 것을 상징하는 소위 '가문의 문장'입니다. 세 개의 원은 서로 엇갈려 있어 분리될 수 없지만, 어느 한 쪽만 끊어져도 전체의 균형이 무너지는 것이 특징입니다. 보통 이런 형태의 고리들은 어느 한 쪽이 끊어져도 나머지 두 개는 연결을 유지하기 마련인데, 세 원을 한꺼번에 연결하고 개별적으로는 연결하지 않아 그런 특성을 갖게 된 것이지요. 이런 보로메오의 매듭과 가위바위보는 원래 동양의 전통에서 나온 것입니다. 민달팽이(지네)에게는 뱀의 독이 들지 않고 점액으로 뱀을 쫓아낸다는 속설이 동양에 오랫동안 전해져 내려왔습니다. 그래서 뱀이 두꺼비(개구리)를 잡아먹고, 두꺼비가 민달팽이를 잡아먹고, 민달팽이가 뱀을 쫓아낸다는 가위바위보 구조가 성립한 것이지요. 서로 물고 물리는 관계에서 최고의 강자란 없습니다. 이는 설화가 아니라 우리나라의 정치 현실을 봐도 그렇습니다. 장관은 정치가에게 약합니다. 국회에 불려 다니며 진땀을 흘립니다. 그러나 장관들은 기업인에게는 큰소리칩니다. 규제라는 무기가 있기 때문입니다. 그렇다면 정치가는 어떤가요? 정치가들은 기업인에게 약합니다. 정치 자금의 후원자가 필요하기 때문입니다.

대립의 서양 사상에서 평등이라고 하면 '동시적인 한 공간에서 일어나는 일'을 말합니다. 하지만 동양 사상에서의 평등은 '쨍하고 해 뜰 날'이니 '쥐구멍에도 볕들 날 있다'느니 하는 기회의 시간과 균형의 순환 속에서의 평등입니다. 새로운 미래는 서양의 메타버스와 같은 디지털과 현실의 대립 개념에서 벗어나 디지털과 현실, 그리고 그것이 만들어내는 가치가 가위바위보처럼 순환하는 데서 시작되어야 합니다.

메타버스가 아닌 창조버스의 시대

한국산업인력공단의 양종문 부장에게 초연결 플랫폼을 부르는 별도의 명칭이 있느냐고 물었습니다.

"저희 공단에서는 K-디지털 플랫폼이라고 부릅니다."

서양식 사고방식에서 진일보한 창의적인 플랫폼에 겨우 K-만 붙인 이름이 너무 창의적이지 않아서 저는 이렇게 말씀드렸습니다.

"부장님 말씀을 듣고 보니 공단에서 만드는 세상은 온라인과 오프라인, 디지털과 아날로그가 만나서 새로운 세상을 만드는 '창조적인 유니버스(creative universe)'같은데요."

제 말이 끝나자 길경덕 과장이 다음과 같이 맞장구를 치더군요.

"온라인과 오프라인 세상(verse)이 연결되어 새로운 부가 가치를 창조해 낸다는 의미로 줄여서 '창조버스(creativerse)'라고 부르면 어떻겠습니까?"

그리고는 셋이 함께 웃었습니다. 한국산업인력공단에는 이 책의 출간으로 허락을 대신 구하기로 하고, 여기서는 그때의 추억을 되짚어 창조버스라는 용어를 사용하겠습니다.

한국산업인력공단의 창조버스는 종이로 하던 시험을 인터넷으로 확장하고, 문서로 배부하던 자격증을 스마트폰으로 옮기는 다양한 플랫폼의 순환 전략입니다. 다음 장에서 살펴볼 배달의 민족이나 카카오 택시, KB월렛과 같은 전자 지갑 앱 역시 초연결 플랫폼과 마찬가지로 방대한 정보를 한 자리에 모아 새로운 시너지를 창출하는 창조버스에 해당됩니다. 대표적인 창조버스로는 팬덤 유니버스와 콘서트로 대표되는 음악 산업을 꼽을 수 있습니다. 사용자(팬덤)와 생산자(뮤지션), 그리고 정보 통신 기술이 보로메오의 매듭처럼 순환하기 때문이지요.

창조버스로 재편되는 팬덤 유니버스

창조버스는 메타버스와 달리 AR·VR처럼 눈에 잘 띄는 기술이 전부가 아닙니다. 누가, 왜, 그것을 어떻게 하느냐에 달려 있지요. 즉, 창조버스 안에서 활동하는 사람들의 문제입니다. 최근 음악계의 움직임을 들여다보면 이를 이해하기가 쉽습니다.

2021년 1월 27일 네이버의 라이브 플랫폼인 '브이 라이브(V-live)'와 방탄소년단(BTS)의 소속사인 하이브 엔터테인먼트(HYBE)의 팬 커뮤니티 플랫폼인 '위버스(weverse, we+universe의 합성어)'가 통합을 발표합니다. 네이버의 브이 라이브는 SM, JYP, YG 등 유명 소속사의 가수들이 채널을 개설하여 팬들과 소통하는 서비스입니다. 기본적인 방식은 유튜브와 같지만, 뮤지션이나 연예인만 참여할 수 있다는 점과 라이브 방송 중심이라는 점에서는 라이브 스트리밍 플랫폼인 '트위치(Twitch)'와 더 닮았습니다.

일방향 방송이다 보니 뮤지션을 데려오기 위해 네이버는 해당 소속

사에 각각 1,000억 원을 투자합니다. 어마어마한 금액이지요. 하지만 이런 네이버도 데려오지 못한 그룹이 바로 위버스에서 활동하고 있던 방탄소년단이었습니다. 네이버는 방탄소년단이 브이 라이브에 들어오면 동영상 서비스의 최강자 유튜브와의 정면 승부도 해볼 만하다는 생각이 들었습니다. 하지만 방탄소년단은 요지부동이었지요. 퍼즐의 마지막 조각을 남겨두고 네이버는 좌절합니다.

결국 네이버는 다른 기획사에 투자한 금액의 4배가 넘는 4,100억 원을 하이브에 투자하기로 결정합니다. 조건은 네이버 브이 라이브의 운영권을 하이브의 위버스가 가져가는 것이었고요. '빌보드 핫 100(Bill-boaed Hot 100)' 1위를 13년 만에 이루기 위해 한국말 가사와 세계관을 받아들이기로 한 콜드플레이(Cold-Play)처럼, 네이버도 K팝의 바람을 타고 유튜브의 아성에 도전하기 위해 창과 방패는 물론 갑옷까지 모두 하이브에 넘겨준 것이지요.

하이브는 오래전부터 독립적 플랫폼인 위버스로 팬 커뮤니티를 운영해왔습니다. 그리고 방탄소년단이 세계적인 뮤지션 반열에 오르면서 방탄소년단의 플랫폼인 위버스의 가치 역시 다른 플랫폼과는 비교할 수 없을 정도로 성장했지요. '아미(Army)'로 대변되는 방탄소년단의 팬 커뮤니티가 다른 팬 커뮤니티들과는 차원이 다르다는 것을 네이버가 실감하게 된 사건이기도 합니다. 같은 날 하이브는 네이버의 음악 플랫폼인 '바이브(VIBE)'의 운영을 대행하는 YG플러스(YG PLUS)에 700억 원을 투자하면서 모든 가수들의 음반·음원 유통도 연결시킵니다. 그리고 얼마 후 YG의 대표적인 뮤지션인 '블랙핑크(BLACKPINK)'는 브이 라이브와 위버스의 통합 창조버스에 합류합니다. 블랙핑크는 유튜브 구독자가 전 세계 아티스트 중 두 번째로 많은 6,300여만 명에 달하고, 세계 최대 음원 플랫폼인 '스포티파이(Spotify)'에서도 2,280만 명의 팔로워를 보유하고 있는 대형 뮤지션입니다. 그렇게 브이 라이브와 위버스는 2022년에 새로운 이름으로 재탄생합니다. 방탄소년단의 하이브가 전 세계의 뮤직 창조버스를 점령하는 순간이었지요.

방탄소년단은 2020년 10월 10~11일에 서울 올림픽공원 체조경기장에서 개최한 콘서트 '맵 오브 더 솔 원(BTS MAP OF THE SOUL ON: E)'을 위버스 샵(Weverse Shop)으로 실시간 라이브 중계하였습니다. 그리고 이 콘서트는 전 세계 191개 국가에서 99만 3,000명이 관람하였지요. 관람권의 평균가를 5만 4,500원으로 계산하면, 하루에 무려 약 541억 원을 벌어들인 것입니다. 이틀간 150분씩 300분간 진행했으니, 1분에 1억 8,000만 원씩 벌어들인 것이지요. 이는 2019년 10월에 방탄소년단이 오프라인으로만 개최한 월드투어 '러브 유어셀프: 스피크 유어셀프 [더 파이널](LOVE YOURSELF: SPEAK YOURSELF [THE FI- NAL)' 공연의 티켓 수익 132억 원과 비교하면 4배 더 벌어들인 어마어마한 금액입니다.

아울러 전 세계 유튜브 구독자 2위인 블랙핑크도 2021년 1월 31일에 처음으로 온라인 콘서트 '더 쇼(YG PALM STAGE - 2021 BLACK-PINK: THE SHOW)'를 개최하였습니다. 그리고 이 콘서트에는 전 세계의 28만 명이 참석하여 90분간 시청하였지요. 온라인 티켓 평균 가격이 4만 2,000원이었으니, 단순히 계산해도 약 117억 6,000만 원을 벌어들인 것입니다. 이는 잠실 주경기장에서 마이클 잭슨(Michael Jacson)이 5만 명의 관객들을 앞에 두고 어마어마한 규모의 콘서트를 5회 진행한 것과 같은 결과인 것이지요.

SM엔터테인먼트가 2022년 새해 첫 날 선보인 온라인 공연 'SM타운 라이브 2022: SMCU 익스프레스@광야(SMTOWN LIVE 2022: SMCU EXPRESS@KWANGYA)'는 한국 온라인 콘서트 사상 최다 시청 기록을 다시 한 번 경신하기도 하였습니다. 유튜브 및 비욘드 라이브(Beyond LIVE) 전용 글로벌 플랫폼 등을 통해 무료 온라인 중계를 진행한 이 콘서트는, 전 세계 161개 지역(비욘드 라이브 접속 기준) 약 5,100만 스트리밍을 기록하였습니다. 이는 2021년 1월 선보인 'SM타운 라이브(SMTOWN LIVE)'의 스트리밍 수치(3,583만 스트리밍)를 넘어선 기록입니다.[20] 당시 오프닝 스피치에서 이수만 총괄 프로듀서는 SMCU에 대해 다음과 같이 말하였습니다.

"SMCU는 가상과 현실을 넘나들며 각 아티스트들의 공유한 스토리, 즉 세계관을 아우르는 개념으로, 각 팀의 아이덴티티가 담긴 유니버스(세계)와 이를 초월하여 경계 없이 공존하는 새로운 세상을 의미하는 것이 바로 광야입니다"

온라인 콘서트가 가장 중요한 창조버스로 꼽히는 이유는 방탄소년단과 블랙핑크, SM타운 등이 전 세계적으로 '팔리는 세계관과 스토리'를 가지고 있기 때문입니다.

월트 디즈니가 자사의 OTT 플랫폼인 디즈니 플러스를 전 세계로 확장시키며 뻗어나갈 수 있는 것은 《어벤져스》, 《겨울왕국(Frozen)》, 《미키 마우스(Mickey Mouse)》 등 디즈니만이 보유한 고유의 콘텐츠 IP(Intellectual Property, 지식 재산)가 있기 때문입니다. 1889년 화투 제작 업체로 시작해 100년 넘게 게임 산업을 주도하는 닌텐도의 인기 비결도 《슈퍼마리오(Super Mario)》와 《젤다의 전설(The Legend Zelda)》 등 고유의 콘텐츠 IP를 계속 업그레이드하기 때문이지요. 이렇듯 콘텐츠 IP는 단순히 원천 스토리 이상의 의미가 있습니다. 하나의 콘텐츠 IP를 통해서 스토리텔링이 이뤄지고, 각 아이돌 그룹의 세계관이 형성되기 때문이지요. 예를 들어, 방탄소년단을 통해서 방탄소년단만의 세계가 펼쳐지고, '아미'를 비롯한 방탄소년단의 팬들은 스토리텔링으로 만들어진 방탄소년단만의 세계를 즐깁니다. 다음은 방시혁 하이브 대표의 말입니다.

"음악 산업으로 한정되지 않고 라이선스, 캐릭터, 게임, 출판, 팝업 스토어 등으로 확장해 팬들과 만날 기회를 이어갈 것입니다. 특히 카테고리별 대표 브랜드와의 라이선스 콜라보를 통해 럭셔리부터 대중적 제품까지 다양한 상품을 생산해 누구나 원한다면 모든 종류의 라이프 스타일 제품을 즐길 수 있도록 할 것입니다."

이 말은 즉 '콘텐츠 IP야말로 창조버스를 구성하는 중심축'이라는 뜻입니다.

방탄소년단의 세계관, 창조버스를 정복하다

다음은 우리나라의 방탄소년단과 영국 록밴드 콜드플레이가 함께 부른 노래 〈마이 유니버스(My Universe)〉 뮤직비디오의 오프닝에 등장하는 문구입니다.

"지금으로부터 오랜 시간이 흐른 어느 때, 음악은 전 행성에 걸쳐

금지됐다. 세 개 행성의 세 개 밴드들은 이 금지령에 저항한다. DJ 라프리크(Lafrique)는 자신의 외계 라디오 우주선에서 홀로밴드를 통해 이들을 불러 모은다. 그들이 사일런서들로부터 쫓기는 동안 계속….”

〈그림 14-5〉 마이 유니버스의 한 장면 (출처: 유튜브)

이 노래와 함께 뮤직비디오를 보신 분들이 많을 것입니다. 〈다이너마이트〉, 〈버터(Butter)〉, 〈퍼미션 투 댄스(Permission to Dance)〉 등 자신들의 노래도 영어로 부르는 방탄소년단이 이 곡은 한국어로 부르는 것이 무척이나 신선하더군요. 오프닝에는 방탄소년단 특유의 세계관(BTS Universe)도 집어넣었습니다. 그래서 이 곡이 콜드플레이의 신곡인지, 방탄소년단의 신곡인지 혼란스럽기도 하였지요. 세계관 이야기는 잠시 후에 하고, 우선 콜드플레이를 좀 살펴보겠습니다.

콜드플레이는 영국을 대표하는 세계 정상급 뮤지션입니다. 그들의 눈에 방탄소년단은 어떻게 보였을까요? 그들의 생각을 이해할 수 있게 해주는 사례는 있습니다. 2021년 3월 방탄소년단은 미국 인기 음악 방송인 'MTV 언플러그드(Unplugged)'에 온라인으로 출연해 콜드플 레이의 〈픽스 유(Fix You)〉를 부릅니다. 그런데 독일 라디오 채널 '바이에른3(Bayern3)'의 진행자 마티우스 마투쉬케(Matthias Matus-chik)는 이 장면을 보고 신성 모독이라며 비난하였습니다.

"보이 밴드가 언플러그드에 출연한 것 자체가 신성 모독이다. 방탄 소년단은 북한으로 20년쯤 휴가를 가야 한다. BTS는 코로나19와 같 은 줄임말이며, 백신을 맞아야 할 바이러스다."

이 발언으로 인종 차별 논란이 불거져 나왔고, 논란이 커졌습니다. 논란이 지속되자 마투쉬케는 자신이 높게 평가하는 콜드플레이의 곡 을 커버했다는 것이 화가 나서 그랬다며, 인종 차별적 발언에 대해 사 과하였습니다. 하지만 썩 진정성 있는 사과는 아니었지요.

이 사건은 '뫼비우스의 띠'라는 시야에 갇힌 서양인이 바라보는 '보 로메오의 매듭'에 대한 시각을 잘 보여주는 사례가 아닐까 생각합니 다.[21] 사실 팝 음악의 본고장인 선진국에서 보기에 동양에서 온 방탄 소년단은 대단한 뮤지션이 아닐 수도 있습니다. 오히려 잠깐 등장했다 가 사라지는 코흘리개쯤으로 보는 시각도 없지 않을 것입니다. 실제로 방탄소년단의 막내 정국은 콜드플레이가 데뷔할 때쯤 태어났습니다. 하지만 세상은 선진국과 후진국의 메타버스식 이분법으로 구분할 수 없습니다. 변하고 순환하고 발전하고 진화하는 창조버스식 보로메오 의 매듭에 가깝습니다.

서양인들이 높게 평가한다는 그 콜드플레이가 〈마이 유니버스〉를 발표하기 5개월 전, 〈하이어 파워(Higher Power)〉라는 신곡에서 〈범 내려온다〉로 유명한 우리나라의 혼성 밴드 그룹인 '이날치(LEENAL-

CHI)'와 협업을 진행합니다. 이전에 유튜브에서 이날치의 영상을 본 프로듀서가 콜드 플레이의 리더 크리스 마틴(Chris Martin)에게 소개하면서 두 팀의 만남이 성사된 것이지요. 다음은 당시 이날치의 소속사 앰비규어스댄스 컴퍼니(Ambiguous Dance Company)의 김보람 감독의 말입니다.[22]

"작년(2020년) 말부터 여기저기 수소문하면서 저희를 찾았나 봐요. 줌으로 미팅을 했는데, 〈하이어 파워〉 미완성본을 보내주면서 같이 작업해보자고 하더라고요. 하지만 백댄서처럼 보일까봐 고민했습니다. 다행히 '우리가 너희 영상에 출연한 것처럼 보였으면 좋겠다'며 춤에 대한 신뢰를 보여줘서 용기를 낼 수 있었습니다."

하지만 〈하이어 파워〉에서 이날치는 김보람 감독의 우려대로 백댄서처럼 등장하고 말았습니다. 데뷔 20년차 정상급 밴드인 콜드플레이는 이날치의 신기한 춤을 뮤직비디오에 담아 이슈 몰이를 하고 싶었던 것일 뿐이지요. 이런 콜드플레이가 이날치에 이어 방탄소년단을 찾아가 협업을 제안한 이유가 무엇일까요?

일단 〈마이 유니버스〉는 누가 봐도 방탄소년단의 뮤직비디오였습니다. 그리고 〈마이 유니버스〉로 콜드플레이는 '빌보드 핫 100(Billboard Hot 100)'에서 1위에 올랐습니다. 2008년 〈비바 라비다(Viva la Vida)〉 이후 무려 13년 만의 일이지요. 아울러 콜드플레이 최초이자 영국 밴드 최초로 빌보드 싱글 차트 '핫샷 데뷔'에 성공한 곡이기도 합니다. 핫샷 데뷔란 차트 진입과 동시에 1위를 차지하는 것을 말합니다. 반면, 방탄소년단에게 〈마이 유니버스〉는 '빌보드 핫 100' 1위 자리에 올라가게 해준 6번째 곡입니다. 그리고 이로 인해 영국을 대표하는 세계적인 밴드 비틀즈(Beatles)가 1964년에서 1966년까지 3년 동안 세운 기록을 방탄소년단은 단 1년 만에 세우게 되었지요. 더군다나 아리아나 그란데(Ariana Grande-Butera) 및 드레이크(Drake)보다도 1년 안에 더 많은 곡을 빌보드 차트(Billboard Chart) 1위에 입성시킨 가수가 되었습니다.

콜드플레이의 프로듀서 맥스 마틴(Max Martin)에게는 무려 25번째 빌보드 1위곡이 된 〈마이 유니버스〉는 콜드플레이의 정규 앨범이지만, 이는 방탄소년단에게 모든 것을 넘겨주었기에 가능하였습니다. 방탄소년단이 고집스레 요구했을 한국어 가사 녹음과 BU(BTS Universe, 방탄소년단의 세계관)의 삽입 말이지요. 물론 맥스 마틴이 이를 받아들인 이유는 주류에서 벗어나지 않으면서도 트렌드를 잡아내는, 타의 추종을 불허하는 능력을 갖췄기 때문입니다.

음악 산업은 그 흐름을 따라가기가 쉽지 않은 정글 같은 세계입니다. 그중에서도 미국 팝 음악계는 규모가 가장 크면서 동시에 경쟁도 가장 심합니다. 맥스 마틴이 콜드플레이의 신규 앨범을 기획할 때 그의 레이더에 들어온 두 가수는 단연 이날치와 방탄소년단이었습니다. 그리고 맥스 마틴의 승부수는 적중했지요. 이날치가 등장하는 〈하이어 파워〉는 세계의 이목을 집중시켰고, 이어서 발표한 〈마이 유니버스〉는 오로지 방탄소년단의 막강한 세일즈 화력에 의존한 채 '빌보드 싱글 차트(Billboard Single chart)' 1위에 오릅니다.

방탄소년단은 '위버스'라는 플랫폼을 통해서 자신들의 팬클럽을 독특한 세계관으로 연결하는 그룹입니다. 그래서 그냥 한 편의 뮤직비디오에 출연하는 것에는 동의하지 않습니다. 그리고 유튜브는 콜드플레이에게 MTV와 같은 뮤직비디오에 불과하지만, 방탄소년단에게는 창조버스입니다. 즉, 가수들이 전혀 다른 새로운 캐릭터를 연기하는 식으로 이루어진 방탄소년단의 뮤직비디오를 팬들은 BU(BTS Universe)라고 부르는 것이지요.

콜드플레이도 모르는 방탄소년단의 창조버스 활용법

우리는 창조버스를 통해 온라인 콘서트의 주도권을 쥐려던 네이버가 하이브에 모든 권한을 넘긴 것에 주목할 필요가 있습니다.

온라인 콘서트의 틀은 오롯이 K팝을 중심으로 한 한국의 엔터테인먼트 기업들에 의해 잡혀가고 있습니다. 유튜브 역시 온라인 콘서트 시장 진입을 위해 노크하고 있지만, 별다른 성과는 없습니다. K팝 기업들이 플랫폼을 주도하면 해외 유명 레이블이 우리의 글로벌 플랫폼으로 유입될 수도 있습니다. 실제로 2021년 2월 우리나라의 엔터테인먼트 기업인 YG와 미국의 '유니버셜뮤직그룹(UMG)'은 하이브와 미국 라이브 스트리밍 솔루션 기업 '키스위(Kiswe)'가 공동 설립한 합작 법인 'KBYK 라이브(KBYK Live)'에 공동 투자를 결정합니다. 키스위는 라이브 스트리밍 원천 기술과 클라우드 서버를 기반으로 한 멀티채널 융합 기술을 보유한 회사입니다. 창업자는 한국인 김종훈 박사입니다.

이후 KBYK 라이브는 라이브 스트리밍 플랫폼 '베뉴 라이브(Venew Live)'를 선보였고, 방탄소년단은 이 플랫폼으로 2020년 6월과 10월 두 차례 온라인 콘서트를 진행하였습니다. 그리고 키스위의 멀티뷰 라이브 스트리밍 원천 기술 덕분에 방탄소년단은 온라인 콘서트에서 멀티뷰 기술을 선보일 수 있었지요. 여기서 말하는 멀티뷰 기술이란 6개 앵글을 한 스크린에 제공하여 원하는 화면을 선택할 수 있도록 하는 기술입니다. 생동감을 높이는 기술이지요.

하이브와 YG, 그리고 미국의 유니버셜뮤직그룹과 키스위까지 4개의 회사가 힘을 합친 대형 디지털 라이브 스트리밍 플랫폼은 브이 라이브와 위버스의 통합 플랫폼에 탑재될 예정입니다. 그래서 앞으로는 유니버셜뮤직그룹 소속인 테일러 스위프트(Taylor Alison Swift), 리 한나(Rihanna), 제이지(JAY-Z), 머라이어 캐리(Mariah Carey) 등 초특급 가수들의 온라인 콘서트를 이 플랫폼에서 볼 수 있을 것입니다. 아참, 콜드플레이도 등장할지 모르겠네요.

K-팝이 이끄는 창조버스의 세계

방탄소년단은 이미 '21세기의 팝 아이콘'입니다. 앞서 소개한 콜드플레이와 함께 부른 〈마이 유니버스〉의 뮤직비디오는 공개 21시간 만에 유튜브 조회수 2,400만 뷰를 돌파하였지요. 이보다 몇 개월 앞서 발표한 〈버터〉의 뮤직비디오는 공개된 지 21시간 만에 조회수 1억 뷰를 돌파하며 전 세계 최단 기록을 달성하였습니다. 또 뮤직비디오 공개를 라이브로 지켜본 동시 접속자의 수는 390만 명으로 집계되었습니다. 종전 최고 기록은 자신들의 곡인 〈다이너마이트〉의 300만 명이었고요.

오로지 락 음악으로 승부했던 콜드플레이와 달리, 방탄소년단은 단순히 음악의 힘에만 의존하지 않았습니다. 데뷔 초부터 그룹 자체에 초점을 맞춰 홍보하는 기존 엔터테인먼트 기업과는 다른 전략을 취했지요. 단순히 유튜브를 잘 활용한 것만도 아닙니다. 아울러 방탄소년단이 유튜브로 팬들과 적극 소통해온 것은 사실이지만, 이런 활동의 원조는 YG엔터테인먼트입니다. 싸이(PSY)의 〈강남스타일〉이 대표적이지요. YG는 최고의 무대를 보여줄 수 있는 곳으로 위축되어가는 TV 쇼 프로그램 대신 유튜브를 선택하였습니다. 뮤지션이 활개 칠 새로운 무대로 유튜브를 선택한 것이지요. 다음은 YG 관계자의 말입니다.

"열심히 노래하는 가수를 빛내줄 수 있는 것은 훌륭한 조명 설비, 감각적 연출, 다양한 각도의 카메라 워크입니다. 이런 세 가지 요소들이 전혀 뒷받침되지 않는 무대에 YG의 가수를 출연시키고 싶지 않은 것이 솔직한 심정입니다. 나가 봤자 팬들을 만족시키기는커녕 가수들이 평가 절하될 수 있기 때문입니다. 그래서 가요 시상식에도 잘 안 내보낸지 꽤 됐습니다. YG가 지금이야 외부에서 힘이 있는 기획사라고 인정받지만, 사세가 지금 같지 않았던 초창기에도 시상식 출연은 가급적 사양했습니다. 국내 가요 시상식들을 보면 주최 측의 전문 분야가 아니라서 그런지 무대가 엉망이기 때문입니다. 창피해서 못 볼 수준인 곳들도 있습니다. 주최 측이 무서워서 거기 보내느니, 차라리 언론사와 사이가 안 좋더라도 퀄리티로 승부하고 싶습니다. YG의 아티스트를 아껴주고 싶은 마음뿐이고요. 그래서 좋은 무대를 만드는 것이 제작자로서의 첫 번째 의무라고 생각합니다."

SM, YG, JYP 등 대형 기획사 중심의 진입 장벽이 높은 엔터테인먼트 산업의 현실에서 작은 기획사였던 하이브 엔터테인먼트의 전략은 달랐습니다. 방탄소년단에게 유튜브는 팬들과 상호작용하는 채널 중 하나에 불과하였지요. 즉, 생산자-소비자라는 일방적 관계가 아니라 방탄소년단과 팬클럽 사이에 끈끈한 집합적 정체성을 콘텐츠로 연결한 것입니다. 다음은 미국의 컨설팅 회사 PwC의 글로벌 엔터테인먼트 & 미디어 부문 수장인 데보라 보선(Deborah Bothun)의 말입니다.

"미디어와 엔터테인먼트의 차이를 만드는 다음 시대는 실시간으로 몰입감 넘치는 경험을 공유하고 싶어 하는 고객들에 의해서 결정될 것입니다."

지금의 고객들은 온·오프라인의 경계를 넘어 더 가까워지고 싶어하고, 더 많이 참여하면서 그들이 좋아하는 스토리에 연결되는 것을 원하고 있습니다. 방탄소년단처럼 다양한 매체를 활용하여 자신들의 세계관에서 팬(소비자)과 상호작용하는 전략을 '트랜스미디어 스토리텔링(Transmedia storytelling)'이라고 부릅니다. 이와 관련된 내용은 이책의 범위를 넘어서므로 자세히 다루지 않겠습니다. 마지막으로 부산 벡스코에서 개막한 한·아세안 특별정상회의에서 방시혁 대표가 했던 말을 끝으로 창조버스에 대한 이야기를 마무리하도록 하겠습니다.[23]

"사실 모든 콘텐츠는 일종의 발언입니다. 중요한 것은, '그 발언이 얼마나 보편적이고 동시대적인 울림을 가졌는가'입니다. '아, 이건 내 이야기구나. 우리 시대, 우리 세대에 대한 이야기구나.' 하는 생각이 들 때 비로소 우리는 자신을 돌아보게 됩니다. 하나의 콘텐츠가 좋은 콘텐츠가 되는 건 바로 이 순간입니다. 하나의 특수가 보편으로 변화하며 누군가의 영혼을 울리는 순간이지요. 그런데 여기에 더해, 한 가지 더 중요한 점이 있습니다. 그 발언은 보편성을 띠는 동시에 특수한 취향 공동체의 열광 또한 이끌어 낼 수 있어야 한다는 점이지요."

15장.
디지털 전환에 내몰린 사람들

다음은 컨설팅 과정에서 매출을 끌어올릴 방법을 묻는 올인원뉴트리션의 손학진 대표에게 해준 조언입니다.

"로켓 배송으로 판매량은 늘었지만, 장기적으로는 회사가 어려워질 수 있어요. 쿠팡에 납품하는 물건들을 모두 빼고 자사 쇼핑몰 판매에 집중하십시오. 납품 단가가 너무 낮아 마진을 남길 수 없는 구조입니다."

올인원뉴트리션은 헬스 보충제와 다이어트 쉐이크를 제조·판매하는 강소기업입니다. 온라인 쇼핑몰의 상승세에 힘입어 매년 꾸준히 성장했지만, 최근 온라인 시장에서 경쟁자들에게 밀리면서 매출이 반토막 났지요. 지푸라기라도 잡고 싶은 심정으로 선택한 것이 쿠팡이었습니다. 마진은 적지만 물건을 매달 수억 원어치씩 구매해주는 덕분에 공장 운영을 위한 최소한의 자금 회전이 가능했으니까요. 그러나 쿠팡은 늪과 같아서 도무지 빠져나올 수가 없었습니다. 사실 대한민국 쇼핑 앱 다운로드 1위인 쿠팡의 도움 없이 작은 쇼핑몰이 과연 생존할 수 있을까요? 그럼에도 불구하고 위에서 언급한 제 조언처럼 수익률을 끌어올리려면 쿠팡의 손아귀에서 벗어나야 했습니다.

플랫폼이라는 늪

　아마존, 이베이, 쿠팡, 마켓컬리, 네이버 쇼핑, 오픈 마켓 등은 승객이 원하는 버스를 골라 탈 수 있는 정거장처럼 고객과 판매자가 만날 장소를 제공한다는 의미에서 '플랫폼(platform)'이라고 불립니다. 이 플랫폼은 총판이나 도·소매점 등의 역할을 하거나, 심지어 이 두 역할을 함께하기도 하지요. 플랫폼의 역할에는 긍정적인 측면과 부정적인 측면 모두가 존재합니다.

　긍정적인 측면은 다양한 제조사의 물건 가격이 공개되어 있어 비교가 쉽다는 점입니다. 이로 인해 소비자는 물건의 적절한 가격을 파악할 수 있어 시세보다 비싼 가격으로 물건을 구매하지 않게 되었지요. 덕분에 가격 비교는 이제 일상화되었습니다.

　부정적인 측면은 제조사에 가격을 과도하게 낮추라고 요구할 가능성이 있다는 점입니다. 이 경우 심한 경쟁 상태에 직면한 기업이라면 생산 원가를 낮추지 못해 역마진이 발생할 가능성이 있습니다. 또 검색 결과에 반영되기 위해 광고를 무리하게 집행해야 하는 경우도 있고요. 쉽게 말해 마진폭 이상의 광고비를 집행하자니 수익이 줄고, 광고를 내리는 순간 거래가 발생하지 않는, 말 그대로 사면초가에 몰리게 되는 것입니다.

　이처럼 플랫폼을 만들더라도 무조건 수익이 나는 것은 아닙니다. 코로나19 사태로 비대면 거래가 늘고 온라인 커머스가 증가했다지만, 11번가는 오히려 적자폭이 늘었습니다. 다른 기업들도 상황은 비슷합니다. 기업 가치가 2조 원 이상이라는 평가를 받는 마켓컬리가 창업

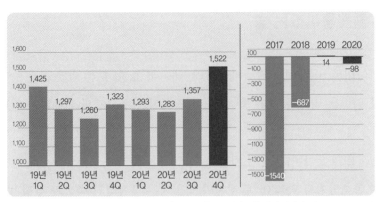

〈그림 15-1〉 11번가의 매출액과 영업 손익 (출처: 머니투데이)

이후 단 한 차례도 수익을 내지 못하고 있는 것은 이미 잘 알려진 사실이지요. 시장 지배력이 우월하다는 쿠팡 역시 마찬가지이며, 그 외 나머지 플랫폼은 그야말로 생사를 오가고 있습니다.

이렇듯 기존의 총판과 도·소매점으로 나뉘던 유통 단계가 플랫폼으로 좁혀지면서 특정한 상위 업체가 시장의 파이를 전부 가져가는 현상이 가속화되고 있습니다. 최근 네이버는 쇼핑 검색 순위 조작으로, 쿠팡은 갑질로 공정위로부터 과징금을 부과받기도 하였지요.[24] 그럼 공정위로부터 받은 제재로 시장에서 우위에 있는 사업자가 위축될까요? 꼭 그렇지만은 않습니다. 소상공인이나 제조사 입장에서 '갑질' 하는 플랫폼보다 더 싫은 것이 '내 물건을 못 팔아주는' 플랫폼이기 때문입니다. 올인원뉴트리션의 손학진 대표의 고민은 바로 이 지점에서 시작합니다. 지금 유통은 새로운 시대를 향해 나가고 있습니다.

지역 상권을 위협하는 플랫폼

플랫폼이 온라인 판매자에게만 위협이 되는 것은 아닙니다. 지역 상권 역시 플랫폼 때문에 몸살을 앓고 있습니다. 배달의 민족이나 카카오택시, 야놀자와 같은 플랫폼이 대표적입니다.

오프라인 배달 전단지를 스마트폰에 옮겨 성공한 서비스가 배달의 민족이며, 오프라인 택시 예약을 스마트폰에 옮겨 성공한 서비스가 카카오택시입니다. 이들이 지역 상권과 택시 기사를 위협할 수 있는 가장 큰 이유는 소비자에게 게임처럼 참여하는 재미를 주기 때문입니다. 일단 배달의 민족과 카카오택시의 '게임판'은 지도 앱입니다. 음식을 주문하거나 택시를 타고 싶은 게임 참여자는 앱을 다운받아서 원하는 목적지를 표시합니다. 이후 주인공의 위치에서 가장 가까운 음식점들과 택시들이 게임판에 등장하고, 주인공이 자신에게 서비스를 제공할 식당이나 택시를 선택하면 게임은 시작됩니다.

주인공이 식당과 만나면 알람이 뜨고, 택시와 만나면 카카오내비가 켜집니다. 목적지가 어디인지 굳이 얘기할 필요도 없습니다. 라이더(배달원)와 택시 기사는 게임을 하듯 내비만 따라가면 되기 때문이지요. 또 게임에 참여하면서 신용 카드로 본인 인증도 하고 결제도 완료하였으므로 카드를 꺼낼 필요도 없습니다. 소비자와 공급자 사이의 권력을 제3자인 배달의 민족과 카카오가 가져가는 순간입니다. 카카오는 바둑판을 내려다보듯 절대적인 위치에서 승객과 운전기사를 내려다보고 있습니다. 콜택시의 '안심콜' 같은 시장을 위협하고, 수수료로 기사들을 끌어들이지요. 그리고 그 결과, 소비자들의 불만은 날이 갈수록 커지고 있습니다. 기본 콜택시 서비스로는 택시가 잡히지 않아 어쩔 수 없이 비싼 단계의 서비스로 연결해야 하기 때문입니다. 게다가 선결제로 개인의 카드 선택권을 빼앗긴 승객은 빨리 도착해도 요금이 줄지 않습니다.

최근 카카오택시는 '카카오 T 블루' 서비스를 시작하였습니다. '월급제'를 적용받는 기사로 이루어진 택시 서비스이지요. 택시 기사들은 월 226시간 근무 기준으로 260만 원 남짓한 급여를 기본으로 받을 수도 있고, 월 운송 수입금이 500만 원을 넘기면 해당 수입의 절반을 성과급 형태로 받을 수도 있습니다. 하지만 이 역시 택시 업계로부터 강한 반발에 부딪치고 있습니다.[25] 물론 새로운 것은 없습니다. 택시가 늘어난 것도 아니고, 승객이 증가한 것도 아니지요. 그저 앱을 통한 멀티버스가 사용자와 택시 기사 사이에 끼어들어 게임의 룰을 변화시켰을 뿐입니다.

여기서 게임의 룰을 이해하려면 앞에서 살펴본 '갑질하는 플랫폼보다 더 싫은 것은 내 물건을 못 팔아주는 플랫폼'이라는 문장을 떠올릴 필요가 있습니다. 택시가 손님보다 많으면 택시 기사가 내야 하는 수수료가 없고, 택시가 손님보다 부족할 때만 택시 기사에게 수수료가 부과됩니다. 이때 카카오 T 블루 서비스를 통해 카카오가 가져가는 수수료는 대략 2.7~5.6% 내외입니다. 이 합리적인 기준이 바로 창조버스를 지배하는 카카오의 룰입니다.

'창조적 파괴'와 '파괴적 혁신'의 차이점

애플은 아이폰이라는 제품을 만들어 스마트폰이라는 생태계를 '창조'하였습니다. 이에 기존의 휴대폰 강자였던 모토로라(Motorola)와 노키아는 전화기의 본질에 집중하며 반격하였지요. 그러나 시장은 애플의 손을 들어줬습니다. 모든 소비자가 스마트폰을 사용하기 시작한 것이지요.

당시 잠재력을 가졌으나 아직은 글로벌 강자가 아니었던 삼성은 구글의 도움으로 최초의 안드로이드 스마트폰인 갤럭시S를 출시합니다. 그렇게 애플이 창조한 스마트폰 생태계에 올라탄 덕분에 삼성은 소니를 넘어 최고의 제조업체로 등극할 수 있었지요. 애플과 겨룰 수 있는 유일한 제조업체가 된 것입니다. 이때부터였습니다. '창조'가 곧 지상 명령인 세상에서 살게 된 것이 말이지요. 서서히 우리나라에도 '미래창조과학부', '창조기획혁신센터' 같은 '창조'라는 이름이 각 부처에 등장합니다.

경영자들, 창업가들, 정부 관료들과 대화하면 일관된 패턴 하나를 관찰할 수 있습니다. 바로 시장 창출을 '파괴'라는 개념과 연관시켜 생각한다는 것이지요. 이른바 '창조적 파괴'입니다. 창조적 파괴는 오스트리아계 미국인 경제학자 조지프 슘페터(Joseph Alois Schumpeter)가 만들어 널리 알려진 용어입니다. 슘페터는 기존 시장에서의 경쟁이 좋은 것이기는 하지만, 구매자의 요구가 충족되고 경쟁으로 이윤이 감소되면, 결국 수확 체감이 시작된다는 사실을 발견합니다. 그래서 경제 성장을 위한 진정한 동력은 새로운 시장을 창출하는 데 있다고 보았지요.

슘페터의 견해에 따르면 창조는 파괴에 의존합니다. 혁신이 이전까지의 기술 혹은 이미 존재하는 제품·서비스를 대체할 때 파괴가 일어난다는 것이지요. 여기서 '대체'라는 단어에 주목해보시기 바랍니다. 대체 없는 창조적 파괴가 일어나지 않습니다. 슘페터는 이 창조적 파괴가 경제 이론이 아니라 정치적 의지에 달려있다고 확신했습니다. 자유주의 사회가 거기에 필요한 정치적 결단을 내릴 능력이 있을까 하는 문제에 대해서는 회의적인 시각을 갖고 있었기 때문입니다. 실제로 제1차 세계 대전에서 패망한 오스트리아의 재건을 위해 재무부 장관에 취임한 그는 심각한 인플레이션 문제를 해결하지 못하고 1년 만에 장관직에서 물러납니다. 반면, 슘페터의 뒤를 이어 취임한 사제 겸 정치인인 몬시뇨르 이그나츠 자이펠(Mosognor Ignaz Seipel)은 뛰어난 정치적 수환으로 인플레이션을 억제하지요. 그런 슘페터의 시선에서 보자면 박정희 전 대통령의 새마을 운동이야말로 창조적 파괴의 성공적인 모델인 셈입니다.

슘페터가 태어나던 해인 1883년에 사망한 마르크스는 이런 식의 번영을 수탈과 착취의 시선으로 바라보았습니다. 최초의 노동자들은 땅을 경작하던 농노들이 도시로 쫓겨나면서 생겨났습니다. 산업의 부침과 연동하여 이 노동자들도 해고와 실업의 과정을 반복했다는 것이 마르크스의 생각인 것이지요. 즉, 혁신으로 산업이 되살아날 수 있었다는 사실의 이면에는 노동자의 희생이 있었다는 것입니다. 그래서 마르크스의 관점에서 '창조'는 인간의 평온한 일상을 '파괴'하면서 증식하는 괴물과 같습니다. 마치 일본 애니메이션《센과 치히로의 행방불

명》에 등장하는 정체불명의 요괴 '가오나시'처럼 말이지요.

혁신과 파괴를 연결한 연구도 있습니다. 하버드 대학교 경영대학원의 석좌 교수인 클레이튼 크리스텐슨(Clayton Christensen)이 발표한 '파괴적 혁신'이 그것입니다. 창조적 파괴는 우월한 기술, 제품, 서비스가 등장하여 새것이 옛것을 파괴할 때 일어납니다. 반면 파괴적 혁신은 열등한 기술이 등장해 우열의 경계를 뛰어넘어 시장 선도자를 대체할 때 시작됩니다. 크리스텐슨은 간단한 기술과 열등한 성능으로 시장에 진입한 파괴자에 의해 허를 찔린 디스크 드라이브(disk drive) 선도 기업이 파괴되고, 궁극적으로 대체되는 것을 파괴적 혁신의 대표적인 사례로 꼽습니다. 여기서도 '대체'라는 단어가 등장하지만, 뉘앙스에 조금 차이가 있습니다.

크리스텐슨의 파괴적 혁신이 슘페터의 창조적 파괴와 다른 점은 어떤 산업에 대담하게 진입하는 기술이 슘페터의 의견처럼 우월할 필요가 없다는 점입니다. 또 마르크스의 우려처럼 인간의 평온한 일상이 파괴되지도 않습니다. 그저 열등하다는 이유로 주류 시장을 위협하지 않을 것으로 여겨지는 기술이 조금씩 저변을 넓혀갈 뿐이지요. 그리고 이에 대응하지 못하던 기존의 기업들은 이를 너무 늦게 깨닫고 주류 시장까지 내어주게 되는 것입니다. 이는 남을 파괴한 대가로 증식하는 괴물과는 거리가 있습니다. 공통점은 '대체'되었다는 사실 뿐이지요. 비즈니스의 역사에는 이 두 가지 형태의 대체를 보여주는 수많은 사례가 존재합니다.

거대한 플랫폼이 가져온 혁신의 이중성

2021년 8월에 우리나라 국회는 세계 최초로 「구글갑질방지법(구글 인앱결제 방지법)」을 통과시켰습니다.[26] 독점적 지위를 이용하여 건전한 스마트폰 생태계를 억압하려는 의도라는 판단에서였지요. 2019년 미국의 구글 반독점 위반 혐의 재판에서 공개된 바에 따르면, '구글 플레이 스토어(Google play Store)'의 매출은 112억 달러(약 13조 435억 원)였고, 영업 이익만 70억 달러로 영업 이익률은 무려 62%에 달하였습니다. 이에 우리나라 국회는 '자유에는 그만큼의 책임도 따라야 한다.'고 보고 「구글갑질방지법」을 만든 것입니다.

이 조치로 미국과 유럽 등 해외 국가에서도 앱 마켓(App Market)에 대한 반독점 규제가 힘을 받고 있습니다. 구글이 만들었다는 스마트폰 생태계는 사실 수많은 기업들과 앱 개발자들이 함께 만들어낸 것입니다. 그렇기에 구글이 장(場)을 열었다는 이유로 그 모든 것을 독차지할 수는 없는 것이지요. 결국 「구글갑질방지법」은 4차 산업 혁명 시대를 앞두고 플랫폼 기업들에 대한 국민들의 관심을 국회가 여실히 반영한 결과입니다.

2021년 국정 감사에서 카카오는 금융, 택시, 웹툰, 메신저 등 다양한 시장에 대한 전방위적 사업 확장과 독점 시장에서의 수수료 인상, 골목 상권 침해 등 플랫폼 독과점 이슈 전반에 대해 질타를 받았습니다.[27] 특히 카카오모빌리티는 '카카오 T 블루'에 가맹한 택시에만 콜을 몰아줬다는 의혹을 받아 집중적으로 추궁 당하였지요. 이에 카카오의 김범수 의장은 모든 조건을 수용한다며, 골목 상권을 침해하는 사

*2021년 9월 27일 기준

상임위	증인신청 대상기업
정무위(확정)	카카오(김범수), 양놀자(배보찬), 넥슨(김정주), 쿠팡(강한승)
주요 현안	플렛폼의 불공정거래 및 골목상권 위협, 계열사 신고누락 등
과방위(확정)	당근마켓(김재현), 카카오모빌리티(류긍선), 우아한형제들(김범준), 쿠팡(박대준), 야놀자(배보찬), 구글(김경훈), 애플(윤구), 페이스북(정기현), 넷플릭스(연주환) *네이버(이해진), 카카오(김범수)는 계속 협의중
주요 현안	포털 AI알고리즘 검증 중소콘텐트 업체 상생 및 과다 수수료
한노위(확정)	네이버(한성숙)
주요 현안	직장 내 갑질, 플랫폼 노동자 안전 문제
농해수위	네이버, 카카오
주요 현안	동물용 의약품 불법 거래
산자위	네이버, 카카오, 쿠팡, 우아한형제들, 야놀자
주요 현안	플랫폼 불공정거래 및 과다한 수수료
행안위	네이버, 카카오, 쿠팡
주요 현안	물류센터 안전 문제
국토위	카카오, 쿠카카오모빌리티
주요 현안	가맹택시 수수료 논란, 대리운전 사업 진출에 대한 업계 반발
문체위(확정)	네이버웹툰(김준구), 카카오엔터테인먼트(이진수)
주요 현안	작가와 불공정 계약 및 과다 수수료

*각 상임위별 여야 논의에 따라 채택 여부는 유동적

〈그림 15-2〉 2021년 국정 감사에 출석하는 플랫폼 기업 명단 (출처: 중앙일보)

업을 전면 철회하겠다고 밝혔습니다.

네이버 역시 직장 내 괴롭힘과 업무 스트레스로 극단적인 선택을 한 개발자 이슈와 공익 재단인 해피빈(Happy Bean)에서 발생한 직장 내 괴롭힘 의혹에 대해 검증을 받았습니다. 또 네이버 스마트스토어를 통해 동물용 의약품이 불법 유통되고 있는 실태와 웹툰 창작자들에게 '일방적이고 불공정한 계약'을 강요하는 사례에 대해서도 추궁을 당합니다. 그리고 이 사건으로 한성숙 대표는 임기를 1년 4개월이나 남긴 상황에서 CEO 자리에서 물러나게 되지요.[28]

쿠팡은 2021년 6월 경기도 이천 물류센터 화재 사고 이후 대책에 대해 중점적으로 지적을 받았으며, 배달의 민족은 배달 앱 수수료 적정성 문제와 '별점 테러'로 확인된 플랫폼 관리의 책임을 물었습니다. 또 야놀자는 업주에게 광고료를 과도하게 떠넘긴다는 논란에 대한 대책을 마련해야 했으며, 넥슨은 '확률형 아이템 게임의 공정성 논란'에 대한 해결 방안을 제시해야 했습니다. 그 외 「구글갑질방지법」의 당사자인 구글과 애플의 한국 법인도 인터넷망 이용료 부담을 의무화하는 내용의 '인터넷망 무임승차 방지법'에 대한 입장을 제출하였습니다.

이렇듯 많은 기업들이 언론을 통해 혁신을 하는 척 이야기하더니, 기존 산업을 파괴하고 혼자 독식하고 있었다는 것을 알 수 있습니다.

플랫폼에 대한 나이키의 반격

나이키 코리아에 다니는 친구가 있습니다. 주기적으로 이월 신발과 셔츠를 집에 몇 벌씩 가져오는데, 어느 날 친구의 아이가 다음과 같은 말을 했다고 하였습니다.

"안 입을래, 아빠. 친구들은 다 아이다스 입는데 나만 혼자 나이키야!"

아이가 안 입겠다고 거부하던 그해 나이키의 본고장인 미국에서 가장 잘 팔렸던 스니커즈는 아디다스의 '스탠스미스(StanSmith)'와 제가 즐겨 신는 '슈퍼스타(Superstar)'였습니다.

2016년 나이키는 절체절명의 위기에 직면합니다. 글로벌 스포츠

브랜드의 선두 지위가 불투명했기 때문입니다. 일단 나이키의 본가로 여겨지는 북미 시장에서 경쟁 브랜드인 아디다스에게 점유율을 빼앗기고 있었습니다. 나이키는 그전까지 다양한 운동선수들과 협업을 이어가며, 정통 스포츠 기반에 뿌리를 둔 브랜딩으로 줄곧 업계 1위를 달리고 있었습니다. 즉, 트렌디보다 정통성을 더 추구하고 있었던 것이지요.

그러는 사이 아디다스는 트렌디한 이미지를 추구하면서 점유율을 조금씩 확보하고 있었습니다. 대표적인 사례가 뮤지션 칸예 웨스트(Kanye West)와 장기 파트너십을 맺은 것입니다. 아디다스는 칸예와 공동으로 스니커즈 브랜드인 '이지 라인(EZ-Line)'을 런칭하였고, 이 제품으로 연간 약 1조 5,000억 원의 수익을 거두어들입니다. 이밖에도 뮤지션인 퍼렐 윌리엄스(Pharrell William)와 런 디엠씨(Run-DMC)의 '마이 아디다스(My Adidas)'라는 브랜드도 성공적으로 런칭하였고, 농구선수 제임스 하든(James Harden), 패션 디자이너 라프 시몬스(Raf Simons), 조형·설치 아티스트 다니엘 아샴(Daniel Arsham) 등 유명인들과 협업하여 나이키를 매섭게 위협했습니다.

이러한 상황 속에서 나이키는 라이프 스타일 스니커즈 시장에 진입해야 한다는 사실을 깨닫게 됩니다. 또한 소비자들의 소비 패턴에서도 새로운 신호를 감지하게 되지요. 바로 소비자들이 기존 구매 경로에서 벗어나 번거로운 절차 없이 클릭 한 번으로 물건을 사는 온라인 쇼핑 문화의 변화였습니다. 즉, 디지털 세상으로 소비자들의 이동이 시작된 것을 파악한 것입니다. 그렇게 2017년 6월 나이키는 투자자들에게 생산 일정을 절반으로 단축하고, 3만 개에 달하는 온라인과 오프라인 도매 유통 협력자를 40개만 남기고 전부 없애겠다고 발표합니다.

이후, 2020년 10월 나이키는 차기 CEO로 존 도나호(John Joseph Donahoe)를 선임합니다. 도나호는 미국 최대 온라인 결제 서비스인 페이팔(PayPal)의 의사회 의장이자, 클라우드 컴퓨팅 기업 서비스나우(ServiceNow)의 최고경영자 출신입니다. 도나호는 여성·남성·아동 부문으로 사업을 조직화하였고, 스포츠 활동 중심의 조직 구조로 조직을 단순화시켰습니다. 아울러 애슬레저 라이프 스타일(Athleisure Life Style) 신발 및 의류 분야에서의 입지를 확장하기 위해 마케팅 영역을 스포츠 중심에서 다양한 문화적 현상으로 진화하도록 주문하였지요. 또한 미국에서 촉발된 흑인 인권 시위운동인 '흑인의 목숨도 소중하다(Black Lives Matter).'에 적극적으로 동참하였습니다. 'Just Do It(그냥 해)'이라는 브랜드 구호를 'For Once, Don't Do It(이번 한 번은 하지 마)'으로 바꿔가며, 흑인 인권 운동을 적극적으로 지지한 것이지요. 또 각 국가의 지역 사회 문제에 적극 참여해 캠페인으로 발전시켰습니다. 최근 나이키의 일본 사업 법인에서 선보인 일본 내 인종 차별을 담은 캠페인도 이와 같은 연장선입니다. 동시에 IT 전문가인 도나호는 그가 취임하기 이전부터 추진되었던 '디지털 혁신'에 박차를 가하며 실행 전략을 내놨습니다.

도매 유통 판매망을 통합하는 나이키

나이키의 '도매 유통 협력자 축소' 전략은 2017년 나이키의 전 CEO

마크 파커(Mark Parker)가 발표한 것이지만, 속도를 내기 시작한 것은 2019년에 들어서부터입니다. 우리나라에서는 레스모아(LesMore)가 2021년 6월 도매 유통 파트너에서 제외되었으며, 벨크(belk), 딜라드(dillard's), 자포스(zappos) 등 멀티 브랜드 유통 업체, 나이키 제품을 50년 넘게 판매한 곳은 물론, 대를 이어 가족 경영을 이어온 작은 소매점과도 결별하였지요. 그리고 이때 아마존에도 거래 종료를 통보합니다. 당시 아마존은 나이키의 허가 없이는 제품을 판매하지 않겠다며 아마존을 떠나지 말라고 만류하지만, 나이키는 'D2C(Direct to Customer) 전략 강화'에 초점을 맞춘다면서 철수를 강행합니다. 나이키 내부에서는 '아마존에서의 판매 실험은 실패했으니, 자체 판매 채널을 통해 브랜드의 팬을 끌어들여야 한다.'고 판단했던 것이지요. 반면 유럽에서는 잘란도(Zalando), 중화권에서는 알리바바의 티몰(Tmall) 등과 손을 잡고 사업을 확장합니다.

나이키는 도매 유통 협력자를 줄이면서 D2C 이커머스 투자의 속도를 높였습니다. 이에 따라 기술과 이커머스 판매망 서비스 개선에 적극적으로 투자하기 시작합니다. 애플리케이션과 디지털 구매 기능에 10억 달러(약 1조 1,800억 원) 이상을 투자하였고, 고객 데이터 분석 기업 조디악(Zodiac)에 이어 빅데이터 기반 수요 예측 분석 기업 셀렉트(Celect)를 인수하지요. 그 결과, 코로나19 사태로 전 세계 패션계가 혼돈을 겪고 있는 가운데 나이키는 D2C 이커머스 채널에서 선전하고 있습니다. 덕분에 나이키의 회계연도 2022년 1분기 매출은 총 122억 달러(약 14조 3,600억 원)를 기록하게 되지요. 북미, 아시아·태평양, 유럽·중동·아프리카 지역에서는 두 자릿대의 높은 성장률을 기록합니다. 순

이익은 전년 동기 대비 23% 증가한 19억 달러(약 2조 2,364억 원)를 기록하였고요. 이 중에서 이커머스 매출이 약 3분의 1을 차지합니다.

아울러 이커머스 D2C 채널 강화를 시작하면서 디지털 콘텐츠와 커뮤니티도 함께 강화하고 있습니다. 나이키가 애플과의 협업으로 그동안 쌓아 온 디지털 분야의 투자와 최근 인수한 IT 기업의 기술까지 갖추면서 고객의 행동을 추적하고, 상품·소비자·유통까지 디지털 콘텐츠와 어떻게 상호작용하는지를 세세하게 파악할 수 있게 된 것이지요.

나이키가 만드는 창조버스,
디지털 커뮤니티와 오프라인 체험의 연결

코로나19 사태가 시작되면서 나이키도 중국 내 오프라인 매장의 90%를 폐쇄할 수밖에 없었습니다. 2020년 3월에 들어서는 전 세계 주요 매장이 문을 닫았습니다. 결국 재고 보유량이 전년 대비 31%나 늘어나게 되었지요. 이에 나이키는 서둘러 2020년 11월 중국에서 나이키 앱을 선보였습니다. 위챗 아이디와 통합하고, 사용자가 알리페이(Alipay)나 위챗으로 결제할 수 있도록 연결한 것이지요. 덕분에 코로나19 사태 발생 이후 나이키 커머스 앱은 회원을 추가로 5,000만 명이나 확보할 수 있었습니다. 결과적으로 나이키는 더 많은 고객 데이터를 수집할 수 있게 됐고, 이를 활용하여 더 나은 제품을 개발해서 고객들에게 다시 팔 수 있게 된 것이지요.

커머스 앱은 2년 전부터 새로운 콘셉트로 확장 중인 '나이키 라이

브(Nike Live)'와 '나이키 유나이티드(Nike United)' 같은 체험형 직영 매장과 연결해 고객 경험을 확보하고 있습니다. 최근 우리나라 시장에서도 영업을 시작한 '멀티숍 풋락커(Foot Locker)'도 대표적인 사례입니다. 멀티숍 풋락커는 나이키의 모바일 앱과 연동한 서비스까지 제공하고 있습니다.

나이키 마니아들과 수집가들을 겨냥한 나이키의 SNKRS(스니커즈) 앱은 연간 10억 달러(약 1조 855억 원)의 수익을 올리는 채널로 성장하였습니다. SNKRS 앱은 좋아하는 모델이나 색상 등을 지정하면 출시될 때 알람을 보내주고, 응모하게 해주는 앱입니다. 한정판 운동화의 제작 과정이나 숨겨진 뒷이야기 등도 독점적으로 제공하고 있지요. 또한 다양한 채널을 창조버스로 활용해 구매 과정 또한 특별한 경험으로 만들며, 제품을 사지 않더라도 나이키 신발을 하나의 예술 작품으로 감상할 수 있도록 디자인에도 신경을 많이 썼습니다. 2020년에 코로나19 사태가 시작되면서 스니커즈 앱의 신규 회원은 더욱 증가하였습니다. 2020년 나이키의 발표에 따르면 스니커즈 앱은 나이키 홈페이지의 회원 수를 넘어섰다고 합니다.

나이키는 나이키 트레이닝 클럽(NTC) 앱을 통해 한 달에 약 15달러(1만 7,000원)어치의 트레이닝 비디오와 운동용 음악을 무료로 제공하였습니다. 이를 통해 나이키 트레이닝 클럽 앱과 나이키 런 클럽(NRC) 앱의 가입자 수는 지난 2017년 대비 두 배가량 증가하였지요.

이렇듯 나이키는 각종 앱을 중심으로 무리한 매장 확장 없이 온라인 소비자를 공략하고 있습니다. 물론 오프라인 매장에서도 온라인과의 연결이 활발하고요. 매장이 단순히 구매만 하던 곳에서 편안하게 체험하는 공간으로 진화한 것입니다. 현재 나이키 앱에서 각종 서비스를 지원하도록 설계되어 있는 체험형 매장은 서울, 뉴욕, 파리, 상하이, 도쿄 등으로 더욱 늘어나고 있습니다.

온라인으로만 판매하는 캐스퍼의 D2C 마케팅, 어떻게 파느냐가 문제

물건을 팔려면 일반적으로 제조사⇒판매업체⇒총판⇒도매점⇒소매점⇒소비자 등의 여러 유통 단계를 거칩니다. 따라서 제조사는 유통 마진을 주면서도 이익을 보전하기 위해 제작 단가를 낮출 수밖에 없지요. 그런데 디지털의 힘으로 온라인 판매가 활성화되면서 이런 중간 유통 단계가 축소되었습니다. 하지만 여전히 소비자와 제조사 사이에는 유통 채널이 존재하지요.

이러한 상황에서 현대자동차는 경차인 캐스퍼를 나이키의 제품들처럼 온라인으로만 판매하겠다는 과감한 전략을 펼칩니다. 나이키처럼 D2C 마케팅을 시도한 것이지요. 그리하여 캐스퍼는 2021년 10월 23일 기준 약 2만 5,000대가 사전 계약되었습니다. 사전 계약 첫날에는 1만 8,940대를 기록하며 종전 최고 판매 모델인 그랜저의 1만 7,294대를 제치고 역대 최고 판매 기록을 세우기도 하였지요. 사실상 2021년 생산 물량이 '완판'된 것입니다. 위탁 생산을 맡은 광주글로벌모터스(GGM)는 연말까지 1만 2,000대, 내년부터 연간 7만 대 이상의 생산을 목표로 하고 있습니다.

캐스퍼는 현대자동차가 19년 만에 내놓은 경차이자 노동자들의 임금을 낮추는 대신 일자리를 늘린다는 정부의 '광주형 일자리' 정책에 따라 설립한 광주글로벌모터스가 위탁 생산한 첫 차이기도 합니다. 광주글로벌모터스는 광주시와 현대자동차, 광주은행, 그리고 국책은행인 산업은행이 함께 자본금을 대고 2019년 출범하였습니다. 다음은 놀라운 판매 실적을 세운 캐스퍼와 관련된 현대자동차 관계자의 분석입니다.

"국내 시장에 처음 도입하는 차급인 캐스퍼가 사전 계약 첫날부터 폭발적인 반응을 얻은 건 경제성과 디자인, 안전성, 공간성을 두루 갖춘 상품성 때문입니다."

캐스퍼의 인기는 여러 가지로 의미가 있습니다.

첫째, 경차의 활성화입니다. '경형 SUV'라는 새로운 모델이 경차 활성화를 위한 중요한 모티브를 제공한다고 볼 수 있습니다. 저 역시 이번에 캐스퍼 한 대를 예약하였습니다. 세단형 자동차가 있어서 그전부터 SUV를 노리고 있었는데, 비록 경차지만 다른 세단형 경차와는 확실히 느낌이 달랐기 때문입니다. 과거 기아자동차가 레이를 출시할 때도 모닝이 주도하던 기존의 세단형 경차 시장은 그대로 유지하면서 새로운 박스카 시장을 추가했던 전력이 있습니다. 캐스퍼의 경우도 기존 경차 시장과는 별도로 경형 SUV라는 새로운 시장을 개척했기에 인기를 끌었다고 볼 수 있지요.

둘째, 캐스퍼를 만든 광주글로벌모터스는 지자체와 제작사가 합작하여 만든 최초의 위탁 생산 공장입니다. 광주에 공장을 짓는다고 처음 발표했을 때, 민주노총에서는 결사적으로 반대하였습니다. 민주노

총 등 기존 자동차 노조에서는 연봉 4,000만 원 미만의 노동자들이 일하는 새로운 자동차 공장이 안착하면, 기존 자동차 생산직의 인센티브가 사라질 것이라는 두려움을 가지고 있었기 때문이지요.[29] 당시 울산의 현대자동차 공장은 생산직의 평균 연봉이 1억 원에 가까울 정도로 높았습니다. 하지만 고비용·저생산 위주로 운영 체제가 바뀌면서 국내 자동차 생산 현장은 점차 경쟁력을 잃을 위협에 봉착하였지요. 이후 갖은 우여곡절 끝에 한국노총과 합의하여 공장을 기공하였고, 지금의 캐스퍼를 탄생시켰습니다.

위탁 생산 공장인 광주글로벌모터스의 성공은 국내 자동차 산업계의 패러다임을 통째로 바꿀 수 있는 시작점이라는 분석이 많습니다. 국내 자동차 생산 현장의 경쟁력을 높이고, 동시에 품질 개선도 이루기 위한 동기를 부여할 수 있다고 보기 때문입니다. 광주글로벌모터스의 노동자들은 연봉 약 3,500만 원 정도를 받지만, 광주시에서 의료·주거·교육 등 각종 복지 혜택을 받음으로써 실질적으로 연봉 4,500만 원을 받는 셈입니다. 결국 광주글로벌모터스는 다른 지자체에서 '군산형 일자리', '대구형 일자리' 등으로 벤치마킹할 만큼 새로운 성공 모델이자 중요한 모델이 되었습니다. 아울러 광주글로벌모터스와 같은 광주형 일자리는 문재인 전 대통령도 대선 공약으로 내세웠을 만큼 중요한 모델입니다.

셋째, 광주글로벌모터스 공장은 23년 만에 새로 지은, 최첨단 시스템과 최신형 설비를 갖춘 공장입니다. 그래서 최근 기하급수적으로 증가하는 전기차와 수소차 생산에도 활용할 수 있지요. 이번 캐스퍼의 성공이 단순히 한 차종의 성공 이상의 의미를 가진 이유입니다.

넷째, 국내 최초로 온라인 판매만 했다는 점입니다. 온라인 판매는 코로나19 사태 이후 비접촉·비대면 비즈니스 모델로 글로벌 시장에서 대세가 되어가고 있습니다. 하지만 국내 자동차 판매에는 쉽게 도입하지 못하였지요. 현대자동차는 캐스퍼를 위탁 생산하는 만큼 온라인 판매까지 테스트해보고 싶었을 것입니다. 그래서 온라인 판매를 하더라도 고객이 추천 판매 사원의 이름을 넣으면 해당 사원의 실적으로 인정한다는 내용의 실적 보전 방안을 마련하는 등 노조와의 타협안을 찾았습니다. 먼 거리에 있거나 비대면 구매에 익숙한 고객들을 상대로 온라인 영업이 병행되면 판매 사원과 회사 양쪽 모두에 이익이 될 수 있다는 논리이지요. 그렇다면, 이러한 캐스퍼의 온라인 판매 전략이 자동차 업계의 D2C 마케팅에 어떤 영향을 미치게 될까요?

D2C 마케팅에 열을 올리는 자동차 업계

D2C 마케팅에 주목하는 이유는 향후 자동차 판매 형태의 획기적인 변화를 불러올 수 있기 때문입니다. 사실 캐스퍼가 온라인으로 판매하는 최초의 자동차는 아닙니다. 기아자동차의 전기차 EV6도 온라인으로만 주문을 받았습니다. 쉐보레(Chevrolet) 역시 전기차 볼트EUV를 온라인으로만 판매하고 있지요. 국내 완성차 업체 중에서 100% 온라인으로만 판매하는 자동차는 쉐보레의 볼트EUV가 최초입니다.

반면 해외차 브랜드는 이미 온라인 판매를 강화하고 있습니다. 테슬라(Tesla)는 이미 100% 온라인으로만 판매가 가능하도록 하였지요.

홈페이지에 회원 가입을 한 뒤 원하는 모델을 선택하고, 차량의 색상, 휠, 내부 인테리어 등 세부 옵션을 결정합니다. 이후 주문 대금을 결제하면 탁송이 이루어집니다. BMW도 온라인 판매를 시작하였습니다. 모델별로 14대 내외만 한정 판매를 했는데, 1억 원이 넘는 자동차도 대부분 완판되었습니다. 이러한 흐름에 맞춰 메르세데스-벤츠(Mercedes-Benz) 역시 온라인 판매 플랫폼을 준비 중이며, 볼보(Volvo) 또한 향후 출시되는 전기차를 모두 온라인으로 판매하겠다는 계획을 발표하였습니다.[30]

일부 기업에서는 라이브 커머스도 시도하였습니다. 쉐보레는 네이버 쇼핑 라이브에서 볼트EUV 및 2022년형 볼트EV의 '런칭 라이브 투어(launching live tour)'를 진행하였지요. 르노삼성자동차 역시 2021년 7월부터 홈쇼핑 방송인 GS마이샵을 통해 전기차 르노 조에(Renault ZOE)를 판매하였습니다.

A/S와 중고 거래 분야에서도 D2C 마케팅은 활성화되고 있습니다. BMW 코리아는 최근 A/S 운영 예산의 20% 이상을 디지털화 작업에 투자해 2022년까지 100% 비대면·디지털화를 달성할 계획이라고 밝혔습니다. 중고차 시장에서도 다양한 온라인 구매 플랫폼이 출시되고 있습니다. 중고차 플랫폼 '케이카(K-Car)'는 2021년 PC 및 모바일을 이용한 구매 '홈서비스(home-service, 배달 주문)'가 전년 동기 대비 49% 증가했다고 발표하였지요.

이렇듯 국내 완성차도 온라인 판매를 더 이상 미룰 수 없는 상황입니다. 사실 최근까지 금속노조 현대차지부 판매위원회는 영업점 매출 감소와 직원 감축 등을 우려하여 온라인 판매를 반대해왔습니다. 제조사 입장에서 경차는 이익이 적으며, 그리 선호하는 차종이 아닙니다. 기아자동차의 경차인 모닝이나 레이 모두 '동희오토'라는 하청 기업을 통해 생산하므로 마진도 적습니다. 또 큰 차를 선호하고, 사회적으로 대형 고급차가 대접받는다는 잘못된 인식도 한몫하고 있습니다. 이는 현대자동차가 19년 동안 경차 개발을 미루었던 이유이기도 하지요. 마티즈가 선풍적인 인기를 끌던 1990년대 후반에만 해도 경차 판매율이 20%에 가까웠지만, 현재는 약 7%에 머물고 있습니다.

일본에서는 경차의 종류가 40가지가 넘고, 점유율도 37%에 이릅니다. 유럽은 약 40% 정도이지만 우리나라보다 확연히 높으며, 이탈리아는 60%에 이릅니다.

그렇다면 우리나라와 달리 해외 여러 나라에서 경차의 점유율이 높은 이유는 무엇일까요? 해외 제조사들의 경차 종류가 다양하기 때문일까요? 아니면 가격이 저렴하기 때문일까요? 다양한 이유야 존재하겠지만, 해외에서는 자동차를 그저 실용적으로 보는 시각이 강하기 때문입니다.

주목받는 D2C 마케팅, 앞으로의 행방은?

문재인 전 대통령이 캐스퍼를 예약할 때 즈음 저 역시 캐스퍼를 예약 주문하였습니다. 온라인 판매만 가능하다 보니 주문이 편리하다는 장점은 있었지만, 실물을 볼 수 없다는 아쉬움과 영업 사원의 친절한 설명을 들을 수 없다는 불편함 등의 단점도 존재하였지요.

먼저 장점부터 살펴보겠습니다. 캐스퍼의 옵션을 선택하는 과정에서는 생각보다 실수가 적었습니다. 아마 캐스퍼 홈페이지의 빅데이터 덕분이었겠지요. 저는 가장 인기 없는 '티탄 그레이 메탈릭'이라는 색상을 선택했지만, 캐스퍼 홈페이지에서는 7가지 차량 색상을 인기도순으로 보여 주고 있습니다. 1위는 톰보이 카키, 2위는 화이트, 3위는 아이보리였지요. 또 사람들이 많이 선택하는 옵션도 빅데이터로 제공되어 있었습니다. 그래서 옵션 선택 역시 TOP 3를 살펴보았지요. 1위는 최고급 차종의 풀 옵션, 2위는 최고급 차종의 아무 것도 선택하지 않은 옵션, 3위는 최하등급 차종의 아무것도 선택하지 않은 옵션이었습니다. 덕분에 최하등급 차종에 터보 기능과 최소한의 옵션을 추가한 제 선택에 약간 안도할 수 있었지요.

반면, 단점은 생각보다 컸습니다. 천만 원이 넘는 고가의 금액을 온라인으로 결제하는 것부터가 쉽지 않았고, 옵션과 같은 사소한 것 하나를 변경하거나 궁금한 것들이 있을 경우에는 고객센터에 일일이 물어서 진행해야 하였지요. 그렇다고 고객센터의 직원이 전문적인 지식을 바탕으로 상세하게 안내해주었을까요? 아닙니다. 고객센터의 직원은 전문적이지 않았고, 어려운 설명이 달린 원론적인 내용만 말할 뿐이었습니다. 제 질문에 항상 '여기로 연락해보세요. 저기로 연락해보세요' 하면서 전화를 돌리기 일쑤였지요. 또한 앞 유리에 서비스로 해주는 줄도 몰랐던 선팅을 다른 유리에도 추가로 하려면 10만 원을 더 내라고 하더군요. 소소한 옵션을 다 챙겼는지도 제가 직접 일일이 체크해야 했습니다. 차량을 고객에게 인도하면서 상세히 설명해주어야 할 딜러가 없었기 때문이지요.

물론 자동차를 직접 보지 않은 것은 아닙니다. 예약을 하고 한 달 뒤에 서울 성수동의 캐스퍼 스튜디오를 찾아가 실제로 살펴보았습니다. 하지만 풀 옵션과 깡통 옵션의 차이를 체감하는 데에는 한계가 있었습니다. 가장 황당했던 것은 운전대의 우측 팔걸이가 옵션이라는 것을 몰랐다는 사실이었습니다. 그러다 보니 캐스퍼는 제가 이제껏 탄 차 중에서 유일하게 팔걸이가 없는 불편한 자동차가 되어 버렸습니다. 또 차를 받고 막상 구글의 자동차 통제 시스템인 '안드로이드 오토' 서비스를 사용해 보니 USB 포트가 접촉 불량이더군요. 당장 누구에게 점검을 요청해야 할지, 현대자동차의 블루핸즈 서비스를 방문하면 해당 부품을 교체할 수 있는지 막막하였습니다. 이렇게 오프라인으로 차량을 구매해 보니, 아무리 온라인으로 판매하는 비중이 높아도 오프라인 영업 사원의 존재는 여전히 중요하다는 것을 깨달을 수 있었습니다.

나이키의 D2C 마케팅

2021년 8월, 나이키는 서울 명동의 눈스퀘어에 '나이키 라이즈 서울(Nike Rise Seoul)'이라는 매장을 오픈합니다. 총 3층으로 구성된 나이키 라이즈 서울 매장에서 눈에 띄는 것은 온라인과 오프라인의 연계 서비스입니다. 온라인상에서 구입한 제품을 매장에서 픽업하는 서비스와 제품 예약은 물론, 낡은 나이키 제품을 기부하거나 재활용하는 '나이키 리사이클링 & 도네이션(Nike Recycling and Donation)' 공간을 새롭게 선보였습니다. 기부 제품 일부는 러닝 트랙(Running track)의 소재 등으로도 사용됩니다.

셀프 결제 시스템인 '그랩앤고(Grab and go)' 서비스도 처음 선보였습니다. 바쁜 소비자들이 간편하고 빠르게 운동 용품이나 스포츠 웨어, 음료수 등을 구입할 수 있게 하는 서비스이지요. '아마존고(Amazon Go)'의 무인 결제 시스템처럼 선택한 상품을 바구니에 담으면, 그랩앤고 시스템이 자동으로 제품을 인식하고서 디스플레이에 가격과 종류를 표시합니다. 그렇기에 소비자는 그저 나이키 멤버 인증 후, 신용 카드로 결제만 하면 됩니다.

'시티 리플레이(City Replay)' 공간에서는 구매한 티셔츠나 모자, 에코백 등에 '나이키 서울'의 로고와 남산타워 그래픽 등 원하는 디자인을 인쇄해줍니다. 신발과 핸드폰을 꾸밀 수 있는 아이템도 판매하고요. 2층과 3층에는 '인사이드 트랙(Inside Track)'과 '풋웨어 패스트레인(Footwear Fastlane)'이라는 디지털 기반의 신발 전시 공간이 있습니다. 원하는 신발을 골라 전자 태그 테이블에 올려놓으면 대형 디스플레이 화면에 신발 정보가 표시되고, 두 개의 제품을 비교할 수도 있습니다. '1 대 1 스타일링'과 '브라 핏(Bra fit)' 같은 서비스가 제공되는 여성 전용 피팅룸도 눈여겨 볼만합니다. 밝은 조명과 넓은 공간, 화려한 인테리어를 갖추고 있어 셀카 촬영을 즐기는 소비자들에게 '사진 맛집'으로 적합한 분위기입니다. 피팅룸에서 제품을 착용해보고서 방해받지 않고 셀카를 찍을 수 있으니까요. 다음은 앤디 호튼(Andy Houghton) 나이키 코리아 마켓플레이스 시니어 디렉터의 말입니다.

"혁신적인 디지털 경험을 통해 스포츠와 도시, 소비자를 하나로 연결하면서 서울 속에서 생동감 있게 숨 쉬는 스포츠 맥박을 선사하는 공간입니다. 디지털 혁신을 가장 빠르게 선도하는 한국 시장의 새로운 기준점 역할을 통해 소비자들의 스포츠 활동을 촉진하는 활력을 불어넣을 것으로 기대합니다.”

그렇다면 나이키가 우리나라의 대표 상권인 명동에 이렇듯 물건도 판매하지 않는 매장을 오픈한 이유가 무엇일까요?

경험이 중심이 되는 창조버스, 체험형 매장

전통적인 상권이 어려움을 겪는 것은 우리나라만의 문제는 아닙니다. 대표적인 번화가인 미국 뉴욕의 브로드웨이(Broadway)에 있는 소매 매장은 한 달 임대료가 6분의 1 수준으로 줄었습니다. 다음은 현지 부동산 중개업자인 캐런 벨란토니(Karen Bellantoni)의 말입니다.[32]

“건물 소유주들은 쇼핑객들의 발길을 자석처럼 끌어당기는 온라인 전용 판매 브랜드의 오프라인 매장을 몹시 들이고 싶어 합니다. D2C 브랜드는 독특하고 특이하기에 그 역할을 할 수 있지요.”

위치가 좋아서 임대 기간을 5~10년으로 하겠다고 고집했던 매장 소유주들도 지금은 3~6개월 동안이라도 기꺼이 임대하고 있습니다. 상황이 이러하니 스타트업이 만든 제품이나 온라인 전용 판매 브랜드는 저렴한 임대료로 오프라인 체험 매장을 열어 소비자 접점을 늘일 수 있게 되었지요.

한편, 명동에 나이키 라이즈 매장이 있다면, 뉴욕 맨해튼에는 남성복 전문 업체 '보노보스(Bonobos)'의 착용 체험 매장인 '가이드샵 (Guideshop)'이 있습니다. 다음은 보노보스의 공동 창업자인 앤디 던 (Andy Dunn)의 말입니다.

"사람들은 바지를 입어 보고 나서 빈손으로 로비를 걸어 나갔지만, 나중에 온라인으로 주문을 했습니다. 그래서 우리는 옷을 진열해 놓지 않거나 판매할 옷을 갖춰 놓지 않더라도 매장을 운영할 수 있겠다는 사실을 깨달았습니다."

보노보스의 체험 매장을 방문한 고객은 온라인으로만 주문하는 고객보다 평균적으로 두 배 이상 많은 주문하였고, 재주문 빈도도 더 높았습니다. 이에 보노보스는 매장을 60여 개로 늘렸습니다. 단, 비용을 절감하기 위해 모든 매장의 면적을 60평 이하로 유지하고, 재고를 거의 쌓아 놓지 않았지요. 즉, 고객이 착용해보고 원단을 살펴볼 수 있을 정도까지만 구비한 것입니다. 착용 체험 매장의 홈페이지(bonobos. com)에는 다음과 같은 안내문을 붙어 있습니다.

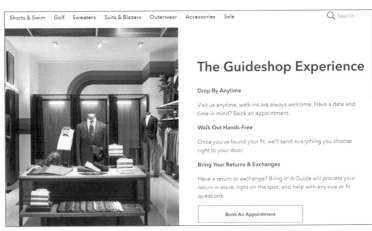

〈그림 15-3〉 보노보스의 체험형 매장 소개 홈페이지

'잠깐 들러서 원하는 옷은 무엇이든 입어보세요. 빈손으로 돌아가셔도 됩니다. 매장에서 제품을 주문하시면 자택이나 사무실로 직접 배송·교환해드리니까요.'

이 같은 미니멀 지향적 접근은 비대면 시대의 D2C 브랜드 매장의 특징 중 하나입니다.

보노보스가 오프라인 매장을 연 지역에서는 공교롭게도 온라인상의 판매량이 함께 늘어난다고 합니다. 그렇다면 오프라인 매장은 제품을 구매하는 소비자에게 판매자에 대한 신뢰감을 더 줄까요? 이러한 궁금증을 해소해보기 위해 '우화여우'의 김가람 대표와 A/B 테스트를 진행했었습니다. 테스트는 다음과 같이 진행되었습니다. A 광고를 클릭한 소비자에게는 망원동에 위치한 매장의 전경 사진을 보여주고, B 광고를 클릭한 소비자에게는 사진을 보여주지 않았지요. 어떤 결과가 나타났을까요? 다음은 우화여우 김가람 대표의 말입니다.

"소비자들은 우리에게 매장이 있다는 사실을 알려준 A 광고에서 높은 판매 전환율을 보였습니다."

와튼 경영대학원의 데이비드 벨(David bell) 교수도 비슷한 실험을 진행하였습니다. 벨 교수는 온라인 전문 안경 유통 회사 '와비파커(Warby Parker)'가 처음 몇 년 동안 사업을 운영하며 수집한 판매 데이터를 분석하였습니다. 온라인상에서만 안경을 판매하는 와비파커는 당시 소비자들이 제품을 사지 않더라도 착용해 볼 수 있는 동일한 형태의 전시실을 도시에 있는 일부 안경점들에 설치해 놓고 있었지요. 다음은 벨 교수가 내린 결론입니다.

"첫째, 어느 정도 예상하기는 했지만, 전시실을 갖춘 지역에서 총매출이 약 9% 증가했습니다. 둘째, 우편 번호를 기준으로 측정했을 때 전시실을 갖춘 지역에서 웹 사이트 매출도 약 3.5% 증가했습니다."

실제로 와비파커는 2013년 4월 뉴욕 맨해튼의 소호 지역에 첫 상설 매장을 연 것을 시작으로, 2018년 말까지 100개 가까운 매장을 열었습니다. 와비파커의 소매 매장 매출과 온라인 매출은 각각 전체 매출의 절반을 차지합니다. 다음은 와비파커의 창업자 닐 블루멘탈 (Neil Bluemnthal)의 말입니다.

"우리는 반드시 디지털 기업이어야 한다고 독단적으로 고집하지 않았습니다. 미국에서 판매되는 안경의 95%는 오프라인 매장에서 판매되므로 매장을 운영하지 않고서는 미국 최대 안경 브랜드로 성장하기 어렵습니다."

이뿐만이 아닙니다. 온라인상에서만 판매하는 여행 가방 브랜드인 '어웨이(Away)' 역시 2017년 뉴욕에 첫 매장을 열었고, 이후 2년 동안 다른 도시에 매장 여섯 곳 이상을 추가로 열었습니다. 그리고 매장을 열었던 도시의 온라인 매출이 소매 매장을 운영하지 않는 도시들보다 40% 증가하였지요.

속옷 브랜드 '서드러브(ThirdLove)' 또한 2019년 여름 뉴욕의 소호 지역에 185㎡(약 56평) 면적의 콘셉트 중심 팝업 매장을 열었습니다. 서드러브는 구매 경험에서 쾌적성을 늘리고, 불편함을 줄여 매장 내 경험을 창조하도록 매장을 구성하였습니다. 다음은 서드러브의 수석 디자이너 라엘 코헨(Rael Cohen)의 말입니다.

"도움을 받기 위해 속옷 차림으로 직원을 부를 필요가 없도록 탈의실마다 '호출' 버튼을 설치해 탈의실로 직원을 부를 수 있습니다."

더 나아가 서드러브는 일부 탈의실에 고객이 판매 직원을 직접 상대하지 않고서도 다른 스타일과 크기의 제품을 착용해볼 수 있는 창구를 마련하였습니다. 또 인기 브래지어는 매장에 구비해서 판매하지만, 나머지 브래지어는 착용만 해볼 수 있습니다. 구매를 원하면 온라인으로 주문이 가능하고요. 이런 방식으로 재고 비용을 획기적으로 줄일 수 있었습니다.

디지털 트랜스포메이션

나이키의 체험형 매장인 '나이키 라이즈(Nike Rise)'의 첫 번째 매장은 2020년 7월에 오픈한 중국 광저우점입니다. 전자 상거래 및 기술에 대한 투자를 늘리고, 새로운 디지털 상점을 최대 200개나 열 계획이라고 발표한 직후에 오픈한 매장이지요.

이 새로운 매장의 콘셉트는 '디지털 트랜스포메이션(Digital Trans-formation)', 즉 디지털 전환입니다. '나이키 라이즈'의 핵심은 디지털화입니다. 그래서 이 오프라인 매장에서는 디지털로 움직이는 스포츠 패션의 혁신을 보여주고, 다양한 체험과 서비스를 제공하지요. 아울러 나이키의 '하우스 오브 이노베이션(House of Innovation)' 콘셉트와 회원들의 현지 큐레이션 쇼핑 체험인 '나이키 라이브(Nike Live)'가 포함되어 있습니다.

매장은 약 2,043㎡(약 618평)에 걸쳐 3층으로 구성됐으며, 향후 모든 스포츠의 데이터 중심 허브 역할을 할 것으로 판단됩니다. 매장 내

<그림 15-4> 나이키 라이즈 광저우점 (출처: 홈페이지)

부에서 고객은 디지털 방식으로 활성화된 환경을 통해 나이키 브랜드
의 남성·여성·아동용 의류·신발을 찾을 수 있으며, 나이키 회원은 브
랜드 앱을 통해 새로 출시된 경험 기능을 이용해 축구 경기나 클럽 달
리기 등 지역 주민을 위해 맞춤화된 활동에도 가입할 수 있지요. 또한
광저우의 도시 스포츠 팀인 '광저우 에버그란데 타오바오' 풋볼 클럽
을 대표하는 유니폼부터 셔츠와 액세서리에 이르기까지 도시의 스포츠
문화에서 영감을 얻은 디자인의 아이템도 판매합니다. 다음은 나이키
다이렉트 스토어 앤 서비스의 캐시 스파크스(Cathy Sparks) 부사장의 말
입니다.

"멤버들이 나이키 앱을 통해 만나던 매장에서 합류하든지, 도시의
에너지와 활동으로 연결되는 디지털 방식의 여행을 경험할 수 있도록
할 것입니다."

이러한 체험형 매장 덕분에 나이키 디지털 멤버십 프로그램의 가입자 수가 2억 5,000만 명을 넘어섰습니다. 동시에 나이키의 D2C 유통 매출 비중 역시 35%까지 늘어났고요. 이렇듯 앞으로는 나이키 뿐만 아닌, 다른 기업들 역시 체험형 매장에 대한 투자를 계속해서 이어갈 것으로 보입니다.

종이 신문의 디지털 전환

10년 이상 중앙일보를 구독한 덕분에 최근 좌담회에 초대를 받았습니다. 학동역에 위치한 조사회사 사무실에 들어가니 테이블에 만족도 조사 설문지가 놓여있더군요. 누가 봐도 더 나은 신문을 만들기 위한 독자들의 피드백 시간이었고, 참석하신 분들은 사심 없이 답변을 하였습니다. 총 30명을 각 다섯 명씩 여섯 그룹으로 나누어 진행되었는데, 저희 그룹은 저를 포함해서 치과의사, 한의사, 입시컨설팅학원소장, 자영업을 하는 분으로 구성되었습니다.

신문을 가장 열심히 읽는 분은 매일 아침 8시에서 9시까지 한 시간 가량을 줄쳐가며 꼼꼼히 읽는 치과의사였습니다. 애로 사항을 묻는 질문에 치과의사는 이런 하소연을 하더군요.

"저는 10년째 중앙일보와 동아일보를 보는데 특히 중앙일보에 광고가 많은 것 같아요. 광고를 좀 줄여 주시면 좋겠습니다."

모두가 동의할 것 같았던 이 말에 반대하시는 분이 계셨습니다. 한의사가 손을 내저으면서 말합니다.

"거 말도 안 되는 소리 마십시오. 광고 덕분에 신문을 저렴하게 보는 거 아닙니까?"

이 말에 참석자들 모두가 소리 내어 웃었지만, 저는 신문사의 광고 담당자들로부터 들었던 이야기가 떠올라서 웃을 수 없었습니다.

종이신문의 위기

한때 중앙일보는 '섹션 신문'으로 유명했습니다. 경제, 교육, 문화 등의 섹션을 마치 해당 전문지 수준으로 풍성하게 구성하였지요. 그런데 어느 순간부터 경제만 남기고 나머지 섹션은 없어졌습니다. 이때 함께 사라진 것이 조선일보의 '맛있는 공부', 중앙일보의 '열려라 공부', 동아일보의 '신나는 공부'와 같은 교육 섹션이었습니다. 판매 부수가 줄어들어 신문을 보는 사람들이 적으니 학원 전단지 광고가 효과가 없었고, 자연스럽게 교육 섹션의 지면을 꾸릴 수 있는 최소한의 기업 광고도 없었던 것이지요.

순간 이 좌담회가 단순히 애독자를 대상으로 하는 신문지면 개선 조사가 아니라 신문사의 새로운 먹거리에 대한 소비자 조사일지도 모른다는 생각이 들었습니다. 자세를 고쳐 잡고 목청을 가다듬으며 진행자에게 오늘 인터뷰의 목적이 무엇인지 물었습니다. 진행자는 머뭇거리며 입을 열었습니다.

"이번 인터뷰의 목적은 저희 신문이 온라인 유료 서비스를 만들면 구독하실 의향이 있는지 알아보는 것입니다. 이제 본론으로 넘어갈 시간이군요. 혹시 여러분들은 저희가 유료 서비스를 시작하면 돈을 내고 보실 의향이 있으십니까?"

돈을 내고 뉴스를 본다고?

최고의 전성기를 맞이했던 2002년 한일월드컵을 기점으로 전 세계 종이신문은 쇄락의 길을 걸어왔습니다. 시작은 스포츠 신문이었습니다. 스포츠 기사는 포털 사이트의 실시간 순위 데이터로 유명무실해졌고, 신문을 가득 채우던 만화는 웹툰으로 대체되었습니다. 2010년이 되면서 일간지 역시 해마다 독자가 떨어져 나가고 있습니다. 또 구독과 상관없이 신문을 통해 뉴스를 접하는 비율인 '신문열독률' 역시 8.9%로 대한민국 신문 역사상 처음으로 10% 아래로 떨어졌습니다. 이미 라디오로 뉴스를 접하는 사람은 8.4%, 잡지는 0.3%에 불과합니다. 좌담회 진행자 역시 우리나라 전체 인구 중에서 신문을 구독하는 사람이 6.8%에 불과하다고 하더군요. 이에 반해 인터넷 포털 뉴스 이용은 79.2%, 메신저 서비스를 통한 뉴스 이용은 17.2%, 온라인

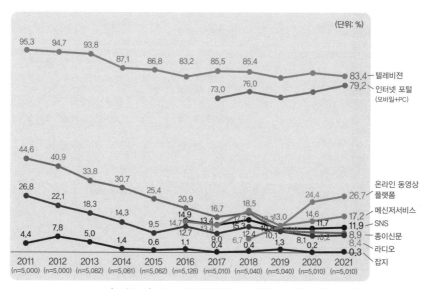

〈그림 15-5〉 2011~2021년 매체별 뉴스 이용률 추이 (출처: 한국언론진흥재단)

동영상 플랫폼을 통한 뉴스 이용은 26.7%, SNS를 통한 뉴스 이용은 11.9%로 매년 증가하고 있습니다.[33]

미국의 경우도 우리와 크게 다르지 않습니다. 퓨리서치센터(Few Reseach Center)가 조사한 바에 의하면, 2022년 현재 미국 성인의 71%가 SNS를 통해 뉴스를 접하고 있다고 합니다. 물론 자주, 종종, 가끔 본다는 정도의 차이는 있지만, 종이신문만 보던 시대에 비하면 엄청난 변화인 것이지요. 그런데 이런 상황에서 미국의 뉴욕타임즈(New York Times)는 극적인 반전을 이루고 성장세를 이끌고 있습니다. 최근 종이신문과 인터넷신문을 포함한 유료 구독자 수가 1,000만 명을 돌파했기 때문이지요. 2021년 4분기 매출 역시 전년 대비 16.7%

순위	매체명	구독자수	연 증가율	1년 전 구독자
1	뉴욕타임즈	1,000만(자매지 포함) *2022년 2월 기준	25% 이상	610만(자매지 제외) *2020년 9월 기준
2	워싱턴포스트	300만 *2020년 11월 기준	미공개	미공개
3	월스트리트저널	280만 *2021년 9월 기준	19%	240만 *2020년 9월 기준
4	가넷(USA투데이)	150만(자매·지방지 포함) *2021년 9월 기준	50%	100만 *2020년 9월 기준
5	디 애슬레틱	120만 *2021년 5월 기준	20%	100만 *2020년 9월 기준
6	서브스택	100만 *2021년 11월 기준	400%	25만 *2020년 12월 기준
7	날씨 채널	100만 *2021년 11월 기준	신규	신규
8	파이낸셜타임즈(영국)	100만 2022년 3월 기준	4%	94만 5,000 *2020년 9월 기준
9	이코노미스트(영국)	96만 4,518 *2021년 6월 기준	21%	79만 5,878 *2020년 6월 기준
10	가디언(영국)	96만 1,000 *2021년 7월 기준	7%	90만 *2020년 11월 기준

〈그림 15-6〉 세계 톱10 영어 미디어 디지털 구독자 급증 현황

상승한 5억9,420만 달러(7,183억 원)를 달성하였습니다. 좌담회 진행자의 자신감에 찬 질문은 여기서 비롯된 것이지요.

뉴욕타임즈뿐만 아니라 워싱턴포스트(Washington Post)와 월스트리트저널(Wall Street Journal) 역시 디지털 유료 독자 수가 각각 300만 명에 이르는 등 최근 온라인 구독료 매출이 종이신문 구독료 매출 규모를 넘어섰습니다. 그야말로 디지털 전환을 이루어 낸 것입니다. 뉴욕타임즈는 이제 종이 신문사가 아닌 디지털 콘텐츠 기업입니다.

뉴욕타임즈의 성공 요인은 무엇일까?

그동안 신문사는 광고비를 주는 기업이 있어야 제대로 된 기사와 뉴스를 생산해 낼 수 있었습니다. 그러나 이제는 '뉴스 소비자'를 공략해야 살아남을 수 있습니다. 여기서 문제는 '어떻게 뉴스 소비자의 주머니에서 돈을 꺼내게 할 것인가' 입니다. 인터뷰 진행자에게 중앙일보가 준비하는 유료 콘텐츠가 무엇인지 물어보았습니다.

"중앙일보 〈오피니언〉란에 있는 'e글중심'이라는 코너 아시죠? 저희 기사에 대한 네티즌들의 댓글을 모은 코너인데, 이런 것을 온라인으로 좀 더 큐레이션 하려고 합니다."

이에 대해 참석자의 의견은 반반으로 갈렸습니다. 입시컨설팅학원 소장은 입시 준비에 신문을 통한 시사 상식 증진이 중요한 요소라며, 유료화의 성공 가능성에 무게를 실었습니다. 반면, 자영업을 하시는 분의 의견은 정반대였습니다.

"한때 중앙일보는 물론 조선일보와 동아일보 등의 언론사 사이트에서 자체적으로 블로그 서비스를 운영했고, 스타 기자들의 블로그도 꽤 많은 인기를 끌었었죠. 그런데 지금은 어떻게 되었습니까? 네이버가 검색 결과에서 제외시키고 네이버 블로그만 노출시켜주면서 언론사 블로그는 모두 사라져 버리지 않았습니까?"

이 말에 눈을 감으며 고개를 가로 짓던 치과의사가 미간을 찌푸리며 입을 열었습니다.

"중앙일보가 한때 제공했던 '중앙 선데이' 같은 주간지는 유료로 볼 만했어요. 월 만원이 채 안 되는 돈에도 볼거리가 아주 많고 내용이 다양해서 즐겨 봤거든요. 선데이라는 이름이 무색하게 지금은 토요일 판으로 만들어서 중앙일보 구독자들에게 나눠주는데, 저는 조금 아쉽더라고요. 가령 최근 백신에 대한 기사를 보면 이재갑, 엄중식, 김우주 등 늘 비슷한 의사들만 등장하는데, 저희 의료계에서는 너무 치우친 시각이라고 우려하는 게 사실입니다. 전문가들의 다양한 의견을 기획하고 유익한 콘텐츠를 제공한다면 유료화도 가능할 것 같은데요."

반면에 같은 의료계에 종사하지만 한의사의 생각은 달랐습니다.

"의사나 전문가가 모두 아는 것은 아니죠. 요즘 영화평은 대부분 전문가가 아닌 네티즌들의 무대입니다. 지금과 같은 기사를 온라인으로 전환하고 유료화 정책을 시행한다면 오히려 네티즌들이 작성하는 양질의 파워블로거나 유튜버에게 자리를 내주는 꼴이 되지 않을까요?"

이처럼 찬반 의견은 조금의 치우침도 없이 팽팽하게 이어졌습니다. 기사를 찾아보니 화면 개편 후 뉴욕타임즈와 파이낸셜 타임즈, 워싱턴 포스트 등의 대표적인 신문사 웹 사이트의 '유료' 구독자 수가 종이신

문보다 3배 이상 많아졌다는 내용이 있더군요.[34]

미국인들은 왜 '돈'을 내고 뉴스를 볼까요? 아니, 뉴욕타임즈와 워싱턴포스트는 어떻게 독자들로 하여금 주머니에서 돈을 꺼내도록 만들었을까요?

첫째, 전통적인 비즈모델인 '구독'의 재해석

전통적으로 신문사의 수익원은 독자의 구독료와 기업의 광고비, 두 가지로 이루어져있습니다. 구독자가 있어야 기업들로부터 광고를 받을 수 있으니 신문사는 구독자를 놓치지 않기 위해 총력을 기울입니다. 물론 구독료로 인한 수익은 거의 발생하지 않습니다. 제 값을 내고 구독하는 사람도 거의 없거니와, 오히려 신문을 봐달라고 현금을 내어주기 때문입니다. 대신 해지하기도 그만큼 어렵습니다. 작고 보잘것없는 구독자 수이지만 뉴욕타임즈는 이들을 기반으로 서비스를 확대하면 추가 수익원을 창출해 낼 수 있다고 생각했습니다. 아무것도 없는 온라인 매체와는 시작점부터 다른 것이죠.

뉴욕타임즈는 자신들의 강점에 집중하기로 했습니다. 핵심 비즈니스 모델을 170년간 유지해 온 '구독'에 둔 것이지요. 2021년에 구독자 수가 급성장한 이유는 5억 5,000만 달러(약 7천 2백억 원)에 인수한 스포츠 미디어 디애슬레틱(The Athletic)의 구독자 120만 명 때문입니다. 디애슬레틱은 400명의 스포츠 기자를 중심으로 미국, 영국, 유럽 지역에 걸쳐 200개가 넘는 스포츠 팀을 커버해온 스포츠 뉴스 구독 전문 미디어입니다. 120만 명 가입자를 확보한 덕분에 스포츠 베팅 회사와 인터넷 매체 악시오스(Axios) 등이 인수 의사를 밝혔지만, 최종 승자는 뉴욕타임즈였습니다. 또 뉴욕타임즈는 2022년 초 출시 두 달 만에 이용자가 200만 명 이상으로 불어난 미스터리 단어 찾기 게임 '워들(Wordle)'을 전격 인수하였고, 추후 월 5달러(약 6,500원)짜리 게임 패키지 상품을 개발할 예정입니다. 이렇듯 뉴욕타임즈가 디애슬레틱 과 워들은 인수한 것을 보면 구독을 강화하기 위한 묶음 서비스 때문 이라는 예측이 가능합니다.

뉴욕타임즈는 2021년 말 기준, 880만 명의 구독자를 확보하였습니 다. 이중 760만 명이 디지털(680만 명)과 지면 뉴스 구독자(80만 명)이 며, 나머지 120만 명은 뉴스 외 다른 구독 상품의 구독자입니다. 최근 뉴욕타임즈는 뉴스뿐만 아니라 다른 상품도 함께 구독할 수 있는 뉴 욕타임즈만의 '원스톱 숍(a one-stop shop)' 서비스를 출시하였습니다. 뉴스와 쿠킹, 뉴스와 게임, 뉴스와 스포츠, 스포츠와 게임 등 2~3개의 미디어 상품을 묶어서 구독할 수 있도록 한 것이지요. 이 묶음 구독은 이미 가입한 회원을 대상으로 마케팅을 하기 때문에 구독을 추가하기 쉽다는 장점이 있습니다. 만약 뉴욕타임즈의 묶음 구독 전략이 성공하 면 구독자 1인당 구독 매출 증대와 다양한 구독 상품 생태계 마련 등 다른 회사와는 차원이 다른 비즈니스 영역을 구축하게 됩니다. 다음은 뉴욕타임즈 CEO인 메리디스 코빗 레비엔(Meredith Kopit Levien)의 말 입니다.

"미국과 전 세계에 걸쳐 영어 기반 뉴스, 스포츠 정보, 퍼즐, 쿠킹, 혹은 전문가들의 쇼핑 정보 등을 필요로 하는 잠재적인 구독자는 대략 1억 3,500만 명으로 추산되고 있습니다. 이들은 하나 혹은 그 이상을 구독할 수 있는 경제력을 갖춘 성인입니다."

둘째, 차별화된 콘텐츠 큐레이션

콘텐츠 큐레이션 서비스의 대표적인 매체는 조나 페레티(Jonah Peretti)가 설립한 버즈피드(BuzzFeed)와 허핑턴포스트(Huffington Post)를 들 수 있습니다. 그리고 이러한 매체로 인해 뉴욕타임즈, 워싱턴포스트 등의 종이신문들은 새로운 미디어 서비스에게 의문의 일격을 맞게 되지요. 일격이 먹힌 것일까요? 늦었지만 그제서야 종이신문들은 이들의 서비스와 네티즌이 찾는 콘텐츠를 연구하기 시작하였습니다. 뉴욕타임즈는 우선 메인 페이지에 완성도가 높고, 정제된 뉴스와 오피니언 기사를 전면 배치하였습니다. 독자들이 궁금해 하는 가십성 기사가 아니라 알아야 하는 기사 중심으로 노출한 것이지요. 또 동영상 콘텐츠 등 다양한 시도로 독자의 참여를 독려하였습니다. 다음은 전 US뉴스&월드 리포트 편집장 제임스 팰로우(James Fallows)의 말입니다.

"의제 설정과 콘텐츠, 호기심, 인재, 표현 수단에서 뉴욕타임즈를 능가하는 언론사는 없습니다."

덕분에 뉴욕타임즈는 최근 잇따른 인수 합병 후에도 5억 달러(약 6천 5백억 원)가 넘는 현금을 보유하고 있습니다. 10여 년 전 14억 달러(약 1조 8천억 원)의 빚에 허덕이던 모습을 생각하면 그야말로 '화려한 부활'이 아닐 수 없습니다.

2013년 아마존 CEO 제프 베조스가 인수한 워싱턴포스트 역시 콘텐츠 큐레이션 서비스로 성장을 이루었습니다. 워싱턴포스트의 대표적인 콘텐츠는 '워싱턴포스트 라이브(The Washington Post Live)'입니다. 널찍한 인터뷰 스튜디오에서 영향력 있는 각계 인사를 초대해 주기적으로 인터뷰를 진행하는 '오늘의 초대석' 같은 프로그램이지요.

단, 기존의 프로그램들과는 다른 점이 있습니다. 바로 주목받는 인물을 단독 인터뷰해서 다음 날 신문 지면에 대서특필하는 방식이 아니라, 아예 인터뷰를 온라인으로 생중계하고, 그 현장에 독자나 시청자들도 초대하는 쇼 방식으로 콘텐츠를 만들어 진행한다는 것이지요. 이러한 차별성 덕분일까요? 워싱턴포스트 라이브는 미국 독자들에게 큰 반향을 얻고 있습니다.

최근 제임스 웹 망원경(James Webb Space Telescope)이 연일 인류의 시야를 넓히고 있습니다. 제임스 웹은 주 반사경 지름 6.5m, 전체 길이 20m로 인류 역사상 가장 큰 우주 망원경입니다. 또한 단순하게 크기만 압도적인 게 아닌, 관측 성능 면에서도 기존 '허블 우주 망원경'의 100배에 달하는 것으로 평가됩니다. 미국 항공우주국(NASA)은 2021년 말 발사한 이 제임스 웹 망원경이 우주 깊숙한 곳들을 고해상도로 촬영한 영상과 분석 데이터를 2022년 7월부터 공개하고 있습니다. 이를 놓치지 않고 워싱턴포스트지는 미국 항공우주국의 과학 임무부서 부국장인 토마스 저버첸(Thomas Zurbuchen)을 라이브에 출연시키면서 신문과 온라인 홈페이지에 기사와 짤막한 동영상 클립들을 배치하는 전략을 펼쳤습니다. 지구로부터 46억 광년(1광년=약 9조 5,000억㎞) 거리에 있고 태양 질량의 839조 배에 달하는 'SMACS 0723'은 하단의 선명한 모습, 우주 생성 초기인 131억 년 전 외계 은하의 위치와 모습, 우리 은하 내 5,000여 행성 중 하나인 'WASP-96b' 대기에 물 성분이 존재함을 나타낸 분광 데이터 등을 전문가의 설명과 함께 공개한 것이지요. 이로 인해 미국 주요 매체들 역시 관련 내용을 기사화하는 등 상당한 반향을 일으키고 있습니다. 이처럼 각 분야의 전문가나 칼럼을 쓴 기자가 '라이브 채팅(Live Chat)'에 출연해 독자들과 깊이 있는 분석을 나누는 코너를 만든 방식이 질 높은 기사와 저널리스트 개개인에 대한 신뢰를 쌓는데 기여하고 있는 것이지요. 여기서 우리는 중요한 사실 하나를 발견할 수 있습니다. 바로 탈 종이신문 전략의 핵심은 콘텐츠가 아니라 콘텐츠를 보여주는 방식의 변화라는 것을요.

셋째, 웹 사이트 방문자 증대

세 번째는 웹 사이트 방문자 증대 전략입니다. 아마존의 설립자 제프 베조스는 웹 사이트 방문자 수의 중요성을 누구보다도 잘 알고 있는 인물입니다. 그는 온라인 서점을 운영하던 시절부터 쇼핑몰과 아무 상관이 없는 웹 사이트 조회수 조사 기관인 알렉사닷컴(alexa.com)을 2억 5천만 달러(약 2,685억 원)에 인수하는 등 줄 곧 아마존의 방문자를 늘이기 위한 노력에 관심을 기울여왔습니다.[35]

한편, 고품질 저널리즘을 미끼로 가진 뉴욕타임즈와 워싱턴포스트가 방문자를 끌어들이기 위해 공을 들인 서비스는 이른바 빅데이터 전략입니다. 우리나라도 동아일보의 DBR(동아 비즈니스 리뷰, Donga Business Review)이나 중앙일보의 폴인(folin)이 이런 방식으로 유료 독자를 끌어들이고 있습니다. 고급 정보를 만들어 검색을 유도하고 몇 건의 기사를 무료로 보게 한 뒤, 더 보려면 유료 회원으로 전환하는 방식을 사용하는 것이지요. 저 역시 두 콘텐츠를 유료 구독한 적이 있습니다. 익히 알려진 뉴스를 전문적인 견해로 풀어가는 기사들이 매우 흥미 있게 다가왔기 때문입니다. 그런데 글쓴이의 색깔이 너무나 많이 묻어나서 인용하거나 참고하기에는 주관적인 내용이 많더군요. A뉴스와 B뉴

스를 결합하여 고급스런 A를 기대했는데, C라는 전혀 생뚱맞은 결론
이 도출되어 그 글을 읽은 독자가 비집고 들어갈 틈이 없다고나 할까
요. 결국 몇 달 후 구독을 취소하고 말았습니다.

　이러한 상황은 워싱턴포스트도 비슷하였습니다. 고품질 저널리즘
이라는 미끼를 가지고 있었지만, 구독자가 늘어나지 않았지요. 그래서
워싱턴포스트는 빅테크 기업 아마존(Amazon)과 연계한 디지털 기법
도입에 풍부한 인력과 기술을 투자하였습니다. 가장 먼저 시작한 것은
2014년 3월부터 미국 전역의 지역 신문 정기 구독자들에게 무료로 워
싱턴포스트 사이트와 앱에 접속하도록 하는 '디지털 파트너 프로그램'
이었습니다. 이후 모회사인 아마존과 제휴해 약 4,000만 명의 '아마존
프라임' 가입자들을 대상으로 '워싱턴포스트 디지털판 6개월 무료 구
독'과 '6개월 후 정상 가격의 3분의 1 제공' 같은 서비스도 내놓았지
요. 이는 아마존의 성공 방식처럼 당장의 수익 증대보다는 디지털 뉴
스 소비자를 양적으로 늘리는 전략을 선택한 것입니다. 그 결과, 2015
년 10월에는 워싱턴포스트의 인터넷 월간 순방문자(unique visitor) 수
가 6,690만 명을 기록하며, 6,580만 명의 뉴욕타임즈를 앞지르기도
하였습니다. 물론 지금은 상황이 다시 뒤바뀌기는 하였지만요. 2022
년 현재 인터넷 트래픽 조사 기관 '콤스코어(Comscore)'에 따르면, 뉴
욕타임즈의 월간 순방문자는 1억 2,709만 명으로, 워싱턴포스트의
8,680만 명보다 4,000만 명 이상 많습니다.

뉴욕타임즈와 워싱턴포스트의 닮은 듯 다른 전략

최근 성장세를 이루고 있는 두 신문사 뉴욕타임즈와 워싱턴포스트의 성장 전략은 비슷하면서도 약간의 차이점이 있습니다. 뉴욕타임즈가 저널리스트들이 쏟아내는 양질의 기사를 바탕으로 추가적인 서비스를 제공하여 '구독료가 아깝지 않게' 만드는 가치 우선 전략을 펼친다면, 워싱턴포스트는 인공지능과 소프트웨어 기술에 더 치중하고 있지요. 뉴욕타임즈에는 토머스 프리드먼(Thomas L. Friedman), 데이비드 브룩스(David Brooks), 노벨상을 수상한 경제학자 폴 크루그먼(Paul Robin Krugman), 게일 콜린스(Gail Collins) 같은 유명 칼럼니스트들은 물론, 분야별로 세계적 권위를 인정받는 전문 기자들이 포진되어 있습니다. 1996년부터 20년 넘게 백악관을 취재 중인 피터 베이커(Peter Baker)와 150만 명의 트위터 팔로워를 갖고 있는 매기 해버먼(Maggie Haberman), 대표적인 과학전문 기자 도널드 맥닐(Donald McNeil), 외교안보 분야 전문 기자인 데이비드 생어(David Sanger) 등이 대표적입니다. 최근에는 인터넷 매체인 복스(Vox)와 버즈피드(BuzzFeed), 리코드(ReCode)의 간판 필진인 에즈라 클라인(Ezra Klein), 벤 스미스(Ben Smith), 카라 스위셔(Kara Swisher)도 뉴욕타임즈에 합류하엿습니다.

반면, 워싱턴포스트에서는 세계적으로 유명한 저널리스트를 찾아보기가 어렵습니다. 물론 조지 윌(George Will), 유진 로빈슨(Eugene Robinson), 다나 밀뱅크(Dana Milbank) 같은 칼럼니스트가 있지만, 뉴욕타임즈에 비하면 존재감이 미약한 편이지요. 대신 200여 명의 디지털 엔지니어·기술팀과 인공지능(AI) 및 빅데이터 연구·분석팀을 별도로 운영하고 있습니다. 기술팀은 여러 뉴스 채널과의 협업은 물론 '제우스(Zeus)', '아크(Arc)' 같은 자체 개발한 콘텐츠관리시스템(CMS)을 통해 독자들의 서비스를 개선하는 데에 많은 노력을 기울이고 있습니다. '제우스'는 리얼타임(real time) 입찰 방식의 광고 플랫폼이며, '아크'는 디지털 기사 작성 첨단 소프트웨어입니다. 워싱턴포스트는 이러한 콘텐츠 관리 시스템을 아마존 웹 서비스처럼 다른 언론사에 유료로 판매하여 상당한 매출을 올리고 있습니다.

이미 시작된 종이신문의 미래

중앙일보의 좌담회에 참여하면서 참가자들은 진행자에게 종이신문의 장점을 설명하는 데에 많은 공을 들였습니다. 입시컨설팅학원소장은 "종이신문의 가치는 영원합니다."라고까지 주장하더군요. 하지만 집에 오는 길에 곰곰이 생각해 보니 이번 좌담회는 중앙일보의 디지털 전환 전략에 대한 검증의 시간이라는 생각이 더 컸습니다. 이미 중앙일보는 홈페이지의 주소를 joins.com에서 joongang.co.kr로 바꾼 시점부터 탈 종이신문 전략을 시작하고 있었거든요.

아이패드를 열어 중앙일보의 홈페이지에 접속하였습니다. 뉴욕타임즈와 워싱턴포스트의 홈페이지처럼 흑백 중심의 심플한 구성이 눈에 띄더군요. 다른 신문들의 홈페이지도 비슷하였습니다. 조선일보, 동아일보, 경향신문 역시 레이아웃은 물론 우측에 오피니언 코너를 나열한 구성까지 뉴욕타임즈나 워싱턴포스트와 동일하였습니다. 다시 중앙일보 사이트에 접속하여 기사를 몇 개 살펴보았습니다. 서 너 개 정보 읽어보았더니 〈회원에게만 제공되는 편의 기능〉이라는 알림이 뜨더군요.

- 취향 저격한 구독 상품을 한눈에 모아보고 알림 받는 내 구독
- 북마크한 콘텐트와 내 활동을 아카이빙(archiving)하는 보관함
- 기억하고 싶은 문구를 스크랩하고 기록하는 하이라이트 / 메모
- 중앙일보 회원에게만 제공되는 스페셜 콘텐트

로그인을 한 후, 저의 구독 정보를 입력하자 위의 모든 기능이 활성화 되었습니다. 아카이빙, 하이라이트, 메모 기능 등은 PDF 파일로 읽는 것과 차이가 별로 없고, 오히려 더 편리한 면도 있었습니다. 또한 좌담회에서 들은 것보다 훨씬 더 인터렉티브한 콘텐츠도 많았습니다. 특히 '도전! 국제뉴스 퀴즈왕'과 같은 회원 전용 콘텐츠는 문제를 맞출 때마다 다음 단계로 넘어가는 방식이라 흥미로웠습니다. 중간에 사진이 아닌 동영상이 담겨 있는 기사도 아이패드로 읽기 수월했습니다. 그리고 그제서야 중앙일보가 조인스 프라임 서비스를 2022년 6월 30일부로 종료한 이유를 알 수 있었습니다. '우리는 같은 강물에 두 번 들어갈 수 없다'는 고대 그리스 철학자 헤라클레이토스(Heraclitus)의 말처럼 만물은 흘러가고 세상은 계속해서 변하는 모양입니다. 종이신문의 운명은 이제 디지털 전환에 내몰린 신문사 자신들의 손에 달렸습니다.

◤ 헤드라이트 ◢

콘텐츠는 어떻게 마케팅이 되는가

CASE STUDY

경기도 포천에 위치한 자동차 튜닝 전문 기업 훈스모터스포츠에서는 최근 자동차 엔진 세척제를 수입하였습니다. 제품명은 '엔진 컨디셔너'입니다. 훈스모터스포츠에서는 온라인 쇼핑몰을 오픈한 기념으로 새로운 마케팅을 실행하기로 결정하였습니다. 하지만 엔진 세척제 판매가 주력 사업이 아니어서 광고 예산이 그리 넉넉하지 않았지요. 어떤 마케팅 전략이 좋을까요?

그동안 공동 구매와 카페 마케팅을 꾸준히 해 왔지만, '엔진 컨디셔너'의 판매량은 크게 오르지 않았습니다. 그래서 예산을 더 투자해 키워드 광고를 진행하였지요. 그런데 마진보다 광고비가 더 들어갔습니다. 앞으로 남고 뒤로 밑지는, 즉 팔리면 팔릴수록 손해를 보는 악순환이 반복되었지요. 어떻게 하는 것이 좋을까요?

콘텐츠는 어떻게 마케팅이 되는가

창업을 준비하시던 임원을 컨설팅할 때의 일입니다. 한국전력에서 은퇴하시고 커피 원두를 팔고 싶어 하시더군요. 커피에 대해 상당한 조예를 가지셨고, 바리스타 자격증도 취득하셨습니다. 수입할 거래처도 이미 확보해두었지요. 컨설팅 초반에 간단한 질문을 하나 드렸습니다.

"커피 시장 규모가 얼마나 됩니까?"

놀랍게도 그 창업 준비자께서는 커피 시장 규모에 대한 기본적인 데이터가 없었습니다. 임원까지 하시고, 수많은 발전소를 총괄 지휘하셨음에도 해당 분야에 대한 시장 조사를 전혀 하지 않으셨던 것입니다. 분명히 해당 분야의 시장 조사가 우선이라는 것을 모르실 리 없었을 텐데 말이지요. 이처럼 자신의 생업과 맞닥뜨리는 마케터의 입장에서도 이런 기본기를 놓치는 경우가 생각보다 많습니다.

그 창업 준비자와의 컨설팅은 총 5주간 진행되었는데, 두 번째 주에 주요 경제연구원에서 발표한 커피 시장 조사 자료를 중심으로 설명해 드렸습니다. 당시 그분은 한 집 건너 한 집이 커피숍인 상황이 걱정이라고 하셨지요. 하지만 자료를 보니 커피 시장은 그만큼 성장세도 높아서 2018년 7조 원에서 2023년 9조 원까지 성장을 바라보고 있었습니다. 이러한 자료를 바탕으로 커피 시장의 성장세에 대해 설명을 하고 나니, 이후 전략을 세우고 방향을 설정하는 것이 훨씬 수월하였습니다.

그날 이후 지금까지도 뉴스에서 커피 산업 관련 뉴스가 나오면 제 머릿속에서는 상황 정리가 빠르게 됩니다. 이렇듯 시장에 대한 공부는 마케터는 물론 모두에게 중요합니다. 마케팅만 잘 안다고 해서 일이 돌아가지는 않기 때문이지요.

저는 아이폰을 제법 오래 사용하였습니다. 그러다 사기를 크게 당한 뒤, 안드로이드폰으로 바꿨지요. '앞으로 그 사람에게 걸려오는 전화는 모두 녹음해두십시오.'라는 변호사의 조언 때문입니다. 별다른 장비 없이 전화기만 바꿔도 녹음이 자동으로 된다니 놀라운 세상임에는 틀림이 없습니다. 마침내 그 사기꾼으로부터 전화가 왔습니다. 그런데 제 녹음 버튼이 비활성화되더군요. 녹음이 불가능했습니다. 상대가 어떤 옵션을 설정하면 녹음을 할 수 없게 되어 있는 모양이었습니다.

그때 깨달았습니다. 자동으로 기록되는 많은 정보가 실은 아무런 쓸모가 없다는 것을요. 회사나 개인이 만들어 내는 정보라면 콘텐츠 마케팅의 소스가 될 수 있지만, 모든 것이 콘텐츠가 되는 것은 아닙니다. 별도의 정리가 필요하지요. 콘텐츠 마케팅은 우리의 경험을 정리해 다른 사람들과 공유하는 방식으로 이루어집니다.

'기록'과 '정리'의 차이

콘텐츠는 다양합니다. 그리고 여러분의 지식을 경험에 녹여 팔면 여러분은 장사꾼 이상의 관계를 소비자와 맺을 수 있습니다. 이때 여러분이 어렵게 만든 지식을 누군가에게 빼앗기는 기분이 들 수도 있습니다. 하지만 인터넷에는 '등록 날짜'라는 것이 존재하기에 웹상에 올려놓는 순간 여러분은 그 지식의 원천이 됩니다. 예를 들어, 다른 사람이 여러분의 글을 카피해서 올린 곳이 블로그라면 네이버는 유사 검색으로 그

블로그에 올라온 카피본을 삭제시킵니다. 구글도 마찬가지지요. 그러므로 회사의 핵심 기술 같은 자료만 아니라면 글쓰기든, 이미지든, 영상이든 꾸준히, 그리고 때깔 좋게 생산할 수 있는 형태를 선택해 잠재 고객과 소통하는 것이 좋습니다. 이것이 바로 콘텐츠 마케팅인 것이지요.

1인 기업이나 소규모 회사일수록 마케팅에 돈을 쓰는 것은 생각보다 쉽지 않습니다. 돈을 쓴다고 해서 즉각적인 피드백이 오는 것이 아니기 때문이지요. 물론 '돈을 써야 주목을 끈다'는 생각을 하고는 있지만, 이러한 생각이 광고비에 대한 투자로는 이어지지 못하고 있는 실정입니다. 그래서 성공 확률이 높다고 장담하기 어려운 마케팅보다는 투입 대비 효과가 확실한 영업, 접대, 상품 개발 등에 힘을 쏟는 편이 좋다고 생각하는 사장님들이 훨씬 많지요. 하지만 이런 상황에서는 '내가 직접 만든 콘텐츠를 꾸준히 업로드 하는 것'이 꽤나 큰 도움이 됩니다.

검색으로 정보를 얻는 시대에 여러분이 만든 콘텐츠가 발견되는 것은 전혀 어렵지 않습니다. 유튜브의 알고리즘이나 인스타그램의 해쉬태그 등이 좋은 길잡이 역할을 해주기 때문이지요. 혹시 압니까, 여러분의 사업에서 만들어지는 기록에 약간의 노력을 더하여 정리해둔다면 소비자의 검색 결과에 여러분의 콘텐츠가 노출될 수도 있겠지요.

강요하지 말고 설득하라

매번 만들어지는 기록이 있다면, 그것을 정리하여 여러분만의 콘텐츠로 만들어 두는 것이 좋습니다. 그 콘텐츠로 인해 고객과의 만남이 이루어질 확률이 높아지기 때문이지요. 궁금해서 검색하러 들어왔다가 여러분의 채널, 상품, 브랜드에 대해 알게 되는 것, 즉 광활한 인터넷의 바다에서 소비자가 우리의 존재를 알게 된다는 것은 마케터 입장에서 가장 중요한 단계입니다.

한 발짝 더 나아가 소비자가 원하는 것을 파악할 수 있으며, 소통할 수도 있습니다. 시종일관 자랑만 하는 일방향 광고, 제품의 특징만 줄줄이 나열하는 지루한 광고는 대부분 소비자가 원하는 정보가 아닙니다. 반가운 존재도 아니지요. 그래서 광고를 피하려는 경향은 모바일 시대에 들어 훨씬 강해졌습니다. 인터랙티브(Interactive), 즉 상호작용이라는 인터넷의 특성 때문입니다. 게다가 TV를 통한 본방 사수보다 유튜브를 통한 녹화 시청이 증가하고, 광고 건너뛰기 버튼이 일상화된 요즘에 광고는 소비자에게 더 이상 강요가 아니라 설득의 도구입니다.

수백만 회나 조회되는 귀여운 아기 영상, 빵 터지는 유머, 마음을 울리는 강연 등과 같이 '보고 싶다.'는 생각이 자발적으로 들지 않으면 사람들은 그 콘텐츠를 지나쳐 버립니다. 사람들은 즐겁고 재미있는, 그리고 유익한 콘텐츠를 더 선호하기 때문이지요. 그렇다면 광고도 일단은 즐겁고 재미있게 만들고, 메시지는 마지막에 슬쩍 노출하는 편이 사람들의 관심을 끌지 않을까요? 물론 예산이 많다면 여전히 매스 미디어, 즉 TV, 신문, 잡지, 라디오 등 4대 플랫폼을 활용한 광고가 유리합니다. 대기업이 여전히 TV 광고나 신문 광고를 선호하는 이유는 공중파나 언론이 갖고 있는 신뢰도 때문이지요. 다만, 중소기업의 입장에서 신뢰도를 얻겠다고 적은 양의 노출로 매스 미디어 광고를 집행하는 것은 안 하느니만 못합니다. 그렇다고 포기할 일도 아니지요.

누구나 할 수 있는 마케팅

앞서 소개한 훈스모터스포츠의 최상훈 대표는 유튜브에서 '엔진 컨디셔너'의 실험 영상을 보고, 국내 독점 수입을 결정하였습니다. 이렇듯 최 대표가 본 동영상 같은 것을 활용한다면 대규모 광고 없이 공감대 형성만으로도 매출을 끌어올릴 수 있을 것입니다. 최 대표는 광고 대행사를 운영하는 후배를 사무실로 불러 자신의 생각을 이야기하였습니다. 자신의 생각을 털어놓자 후배가 질문합니다.

"요즘은 콘텐츠 마케팅이 유행이에요. 혹시 훈스모터스포츠에서 가지고 있는 재미있는 콘텐츠 없으세요?"

후배의 말을 들으니 더 난감하였습니다. 자동차 튜닝 숍에 콘텐츠라고 해봤자 자동차 고치기 전과 후 사진이 전부이고, 그마저 고객이 가지고 있었기 때문이지요. 그때 마침 선임 기술자가 손가락으로 CCTV를 가리켰습니다.

"아, 대표님! 저기에 엔진 컨디셔너로 자동차 엔진 소리가 달라지는 영상이 있을 텐데, 저걸 콘텐츠로 만들면 어떨까요?"

그 말에 최 대표의 머릿속에서는 전기불이 번쩍하고 켜졌습니다. '그거 재미있겠다.'는 생각이 든 것이지요. 후배도 다음과 같이 제안하였습니다.

"CCTV에서 엔진 상태가 엉망인 채 입고되었다가 엔진 컨디셔너 덕분에 소리가 유난히 좋아진 차량의 영상을 찾아보세요. 그리고 해당 차주에게 부탁해서 후기를 보내달라고 하는 겁니다. CCTV로 솔직하게 찍은 영상을 그대로 유튜브에 올려보는 것이지요."

유튜브라면 전국 어디서든 볼 수 있고, 내용만 재미있다면 많은 사람들이 보고서 쇼핑몰에 들어와 매출 상승으로 이어질 것이라고 생각하였습니다. 그래서 곧바로 프로젝트를 시작하였지요. 몇 번의 검토 과정을 거쳐 다소 과감한 영상을 만들어보기로 하였습니다. CCTV 영상의 화질은 별로 좋지 않았지만, 주요 내용 위주로 편집을 하다 보니 생각보다 짜임새도 있었지요. 이 영상 마지막에는 직원들이 함께 출연해 누아르 영화와 같은 분위기로 다음과 같이 외칩니다.

"뜨거운 심장을 보호해줄 탁월한 선택, 엔진 컨디셔너!"

제품을 구매해달라는 말이 없어 최 대표는 불안했지만, 함께 영상을 촬영한 직원들은 생각보다 좋은 성과가 나올 것 같다고 설득하였습니다. 그리고 결과는 상상을 초월한 대성공이었지요. 이 동영상이 엔진 컨디셔너에 관한 다른 유튜브 동영상과 맞물린 덕분에 다양한 사람들이 영상을 보게 되었고, 회사 쇼핑몰로 들어와 상품을 구매한 것입니다. 짧게 만든 홍보 영상이 엔진 컨디셔너의 매출을 세 배나 뛰게 한 것이지요. 이렇듯 최근 주목받고 있으며, 활용 사례에서도 더 눈에 띄는 것이 콘텐츠 마케팅입니다. 다음은 콘텐츠 마케팅 인스티튜트의 설립자 조 풀리지(Joe Pulizzi)가 내린 콘텐츠 마케팅의 정의입니다.

"유익하며 설득력 있는 콘텐츠를 제작해 명확하게 정의된 타깃을 끌어들여 인게이지먼트(engagement)를 획득하기 위한 마케팅 방법이다."

여기서 '인게이지먼트'란 소비자와의 관계 구축을 말합니다. 콘텐츠 마케팅의 목적은 고객의 특정한 행동을 촉진시켜 이를 수익으로 연결하는 것입니다. 이때 콘텐츠를 구현하는 도구는 앞으로 배울 블로그나 인스타그램, 유튜브 등 어떤 것이든 가능합니다.

콘텐츠 마케팅은 광고와는 약간 차이가 있습니다. 정보 취득에 대한 '능동성'과 '수동성'에 따른 차이입니다. 전형적인 마케팅이나 광고 기법과는 달리 콘텐츠 마케팅은 소비자를 안으로 끌어들여야 합니다. 소비자가 필요해서 찾을 때 곁에 슬쩍 놔두고 끌어들이는 전략이지요. 광고 용어로는 '브랜디드 콘텐츠(Branded Content)'라고 부릅니다. 일반적인 형태의 광고는 아니지만, 콘텐츠로 소비자를 끌어들이므로 광고의 역할을 충분히 합니다.

CCTV로 콘텐츠 마케팅을 해보자

콘텐츠 마케팅의 콘텐츠 중, 가장 주목받는 것이 바로 온라인 동영상 콘텐츠입니다. 유튜브 등에 동영상 콘텐츠를 올리고 소비자가 클릭해서 보도록 하는 것이지요. 처음에는 작은 회사들이 먼저 동영상 콘텐츠를 시작하였습니다. 그러다가 점차 대기업들도 시작하게 된 것이지요.

콘텐츠 마케팅과 일반 광고의 차이점으로는 '개인화'를 들 수 있습니다. 여럿이 함께 보는 과정에서 형성되는 공감이 일반 광고의 장점이라면, 콘텐츠 마케팅은 내 속을 들여다보는 듯한 내밀함이 장점이지요. 그리고 이런 내밀함을 마케팅으로 잘 풀어내는 것으로 유명한 기업이 영국 런던의 대형 백화점 '하비 니콜스(Harvey Nichols)'입니다. 명품 브랜드부터 신인 디자이너의 브랜드까지 폭넓은 제품군을 자랑하는 이 백화점은, 참신한 아이디어가 돋보이는 아이템과 패션뿐만 아니라 세계 곳곳의 와인과 식료품, 다양한 소품까지 고루 갖추고 있지요. 또 유행에 민감한 젊은 층을 타깃으로 하기에 독특한 광고로 젊은 층의 취향을 저격하는 것으로도 유명합니다. 〈그림 15-7〉의 광고는 하비 니콜스의 세일 소식을 보고서 득달같이 달려온 고객이 욕망에 가득 찬 눈빛으로 쇼윈도 안쪽을 들여다보는 것을 노골적으로 표현하였습니다.

〈그림 15-7〉 하비 니콜스 백화점 광고

하비 니콜스는 이런 고객의 욕망을 영상에 표현하는 콘텐츠 마케팅도 선보였습니다. 백화점에서 물건을 훔치는 사람들의 모습을 담은 CCTV 영상을 모아 동영상 광고로 만든 것이지요. 편집 없이 얼굴만 가린 채 백화점에서 물건을 훔치는 장면이 등장합니다. 이후 도망가다 백화점 직원들에게 잡혀 유치장에 들어가는 장면이 이어지지요. 그리고 마지막에 다음과 같은 자막이 등장합니다.

'하비 니콜스 백화점의 물건을 공짜로 취하길 원한다면 마일리지 리워드 앱으로 당당하게 혜택을 누리세요.'

이 광고는 2016 칸 국제광고제 필름 부문 대상을 수상하였습니다. 이처럼 CCTV의 자연스러움을 콘텐츠 마케팅에 활용한 곳은 하비 니콜스 뿐만이 아닙니다. 최근 코로나19 사태로 매장 방문객이 뜸해지자 전 세계의 음식점이 배달 서비스를 확충하고 있는데, 패스트푸드점도 예외는

〈그림 15-8〉 하비 니콜스 광고 'Love freebies? Get them legally. Rewards by Harvey Nichols (공짜를 좋아하세요? 하비 리콜스의 마일리지로 합법적으로 사세요).'

아닙니다. 그중 '버거킹 브라질(Burger King Brazil)'은 매장에서 난동을 피우는 고객들의 모습을 담은 영상 광고를 만들었습니다. 하비 니콜스처럼 편집 없이 자연스러운 모습을 담았지요. 물론 공개하기 전에 등장하는 고객들에게 미리 양해를 구했다고 합니다. 광고 내용은 이렇습니다. 탄산음료를 따르는 기계로 머리를 감는 고객, 술에 취해 잠든 고객, 기물을 훼손하는 고객 등 새벽에 '진상'을 부리는 고객의 모습을 차례차례 보여줍니다. 그리고 마지막에 다음과 같은 자막이 등장하지요.

'술에 취하신 분들은 굳이 매장에 오지 않으셔도 됩니다. 새벽 배송을 시키시면 70% 할인되거든요.'

하지만 광고에 있어 자연스럽다는 것만으로는 소비자들로부터 '건너뛰기' 당할 가능성이 높습니다. 차범근 감독이나 안정환 선수의 해설이 인기가 높은 것은 듣는 사람이 알고 싶어 하는 것을 쉽게 해설해주기 때문이지요. 그런데 광고는 해설과는 다릅니다. 보고 싶어서 보는 것이 아니니까요. 광고는 TV 프로그램이나 신문기사 중간에 끼어들어 내가 보고 싶어 하는 프로그램이나 기사의 시청을 방해하고 억지로 보도록 만듭니다. 아울러 광고의 속성인 일방적 정보 전달에 대한 거부감도 점점

〈그림 15-9〉 버거킹 광고 'Burger King | BK Na Madruga(버거킹 새벽 배송)'

높아지고 있습니다. 태생적으로 이목을 끌어야 하는 광고가 더 이상 '이해하기 쉽다'는 것만으로는 효과를 거두기가 어려워진 것이지요. 기억을 더듬어볼까요? 여러분의 기억에는 어떤 광고가 남아 있습니까? 오히려 난해한 광고가 소비자의 궁금증을 유발할 수도 있습니다.

콘텐츠를 성공적으로 활용하는 3가지 전략

1. 상품은 가급적 늦게 노출한다

상품 노출은 가급적 늦게 하는 것이 좋습니다. 판매자나 기업이 보여주고 싶은 것을 보여주는 것이 아니라, 소비자가 보고 싶어 하는 것을 보여주어야 하기 때문이지요. 누가 제공하는 콘텐츠인지는 마지막에 밝히는 것이 콘텐츠 마케팅의 기본입니다. 이는 기존 광고 상식과는 정반대의 접근 방법이지요.

2. 광고로 보이지 않는다

상품을 노골적으로 노출하지 않는 것은 어렵지 않지만, 그것만으로는 사람들의 주목을 끌 수 없습니다. 촬영 방법이나 스토리가 광고스럽다면 사람들은 '건너뛰기'를 해버립니다. 그렇기에 광고를 광고로 보이지 않게 할 필요가 있습니다. 하비 니콜스 백화점의 광고는 아마추어가 만든 영상 같습니다. 그러나 CCTV로 찍은 자연스러운 영상으로 표현한 것이기에 더욱 사실적이지요. 이런 것은 머리로는 이해해도 구현하기는 어렵습니다. 상당한 생각의 전환이 필요하지요.

3. 노골적이지 않은 형태로 상품과 연결한다

마케팅용 콘텐츠를 만드는 사람의 목적은 좋은 콘텐츠를 만드는 것이 아니라 어디까지나 '콘텐츠를 활용한 마케팅'입니다. 그래서 주제 설정이나 콘셉트, 방향성 등은 모두 광고를 목적으로 하지요. 하지만 이를 노골적으로 드러내지 않는 형태로 상품과 연결되게 해야 합니다. 앞서 살펴본 훈스모터스포츠의 사례를 보면 온라인 판매라는 점, 가격이 저렴하다는 사실 등 상품의 특징을 콘텐츠의 주제로 잘 활용하고 있습니다. 버거킹의 광고도 새벽이라는 시간대와 잘 들어맞는 배달 서비스라는 점, 코로나19로 매장 방문을 꺼리는 잠재 고객에게도 어필한다는 점 등 서비스의 특징과 잘 연결된 콘텐츠라고 할 수 있습니다.

가장 개인적인 것이 가장 창의적인 것이다

'다르게 생각하라(Think Different)'

애플의 유명한 이 슬로건이 IBM(International Business Machines)의 '생각하라(Think)'에서 따왔다는 사실을 아는 사람은 많지 않은 것 같습니다. 애플 창업 초기에 스티브 잡스가 생각한 경쟁 상대는 IBM이었습니다. 당시 IBM은 스티브 잡스가 먼저 개발한 컴퓨터 운영체제를 모티브로 한 마이크로소프트 사의 윈도우즈를 탑재하여 멀찌감치 앞서나가 있었습니다. 그렇기에 경쟁에서 밀려난 것만 같았던 스티브 잡스는 IBM을 이기려면 그들과 다른 방식으로 제품을 만들어야 한다고 생각했지요. 당시 IBM의 슬로건은 '생각하라'였습니다. 지금은 대만의 레노버(Lenovo)에 팔린 노트북 브랜드 역시 싱크패드(Think Pad)였지요. 스티브 잡스는 IBM이 만드는 컴퓨터의 표준을 따라가서는 결코 그들을 뛰어넘을 수 없을 것이라고 생각하였습니다. 그래서 만든 것이 바로 '다르게

생각하라'였지요. 만약 IBM의 슬로건이 없었다면, 또한 그들을 뛰어넘어야겠다는 스티브 잡스의 목표가 없었다면, 애플의 슬로건은 지금과 달랐을 겁니다. 애플이 당면한 상황과 스티브 잡스의 개인적인 열망에서 시작했기에 가장 창의적인 슬로건이 탄생한 것이지요.

이번 책을 준비하면서 제 머릿속을 떠나지 않던 문장이 있습니다. 평생 마틴 스콜세지(Martin Scorsese) 감독을 동경하다가 제92회 아카데미 시상식에서 오히려 그를 뛰어넘는 찬사를 받은 봉준호 감독이 수상 소감으로 발표하였던 '가장 개인적인 것이 가장 창의적인 것이다'라는 말입니다. 이는 대학에서 학생을 가르칠 때부터 되새겼던 마음가짐이기도 합니다.

교과서에 있는 지식은 현실과 어느 정도의 거리감이 있습니다. 그렇기에 학생들과의 수업은 마케팅 이론과 저의 경험을 연결하도록 훈련하는 과정이었지요. 또한 KB국민은행, 삼성전자 로지텍, 삼성금융그룹, JB금융그룹, 아모레퍼시픽, 신영와코루, 교원그룹 등의 기업체 강의에서 책에 등장하는 사례를 미리 소개하면서 원고에 대한 피드백을 받곤 하였습니다. 봉준호 감독이 말한 것처럼 개인의 생각에서 가장 창의적인 것들이 나오기 때문입니다. 제2부에서 소개한 인터넷의 역사를 다룬 수업 직후, 한 수강생 분이 제 인스타그램에 다음과 같은 답변을 달아주셨더군요.

"어제 교육 매우 유익했습니다. 일과 일상에서 늘 다루는 것들이기에 안다고 생각했던 것들의 히스토리와 연결감에서 새로운 인사이트를 많이 수집했습니다! 매우 재미있었어요, 다음 수업이 기다려지는 교육은 상당히 오랜만이에요."

덕분에 책의 부제목을 '인사이트를 얻기 위한 최적의 마케팅 공부'로 정할 수 있었습니다. 이처럼 이 책은 그동안의 모든 피드백이 담긴 하나의 결과물인 만큼 어떤 책보다 준비 기간도 길었고, 초고에서 절반 이상을 덜어내고 다시 작성하는 등 상당히 많은 애정을 가지고 썼습니다. 버린 원고만 모아도 책 두 권은 더 만들 수 있을 정도이지요. 그럼에도 불구하고 대홍기획의 수많은 선배들이 쌓아둔 토대와 한우리열린교육에서의 폭넓은 경험 덕분에 한 뼘 높은 곳에서 부족하게나마 저의 이야기를 풀어낼 수 있었습니다. 그 과정에서 편집자님께서 너무나도 고생해주셨지요.

아울러 이 책의 모티브를 제공하고 저에게 새로운 도전의 기회를 주신 패스트캠퍼스의 어효경 파트장님과 강지선 매니저님 이하 패스트캠퍼스의 모든 가족분들께도 감사의 인사를 전합니다. 책에 모두 담지는 못했지만, 이 책은 여러분들의 노고가 모인 결과물입니다. 그중에서 저의 창의력에 가장 많은 영감을 주셨던 분은 어머니였습니다. 책을 쓸 때마다 응원과 질타를 아끼지 않으시던 그 어머님께서 이번 책은 보시지 못한 채 세상을 떠나셨습니다. 여러모로 이전 책과 비교할 때 도전의 연속이었고 몇 번이나 그만두고 싶을 만큼 힘든 작업이었지만, 어머님을 대신하여 믿어주시고 응원

해주시는 성안당의 최옥현 전무님과 성안북스의 김상민 팀장님을 비롯한 모든 임직원분들께 감사드립니다.

그동안 몇 권의 책을 쓰면서 글 솜씨가 눈에 띠게 향상되지는 않았지만, 글을 읽는 사람에 대한 이해도는 확실히 높아진 것 같습니다. 늘 독자를 생각하면서 읽기 쉽고 흥미 있게 쓰려고 노력하였습니다. 모쪼록 저자의 경험을 정리한 이 책이 독자의 관점이라는 토양에 뿌리내려 자신만의 창의적인 결과물로 이어진다면 저자로서 더한 보람은 없을 것입니다.

감사합니다.

| 미주 |

제1부. 적과의 동침

1) 게리 하멜(Gary Hamel)과 프라할라드(C.K. Prahalad)가 쓴 『시대를 앞서는 미래 경쟁 전략』에 등장하는 내용을 요즘 트렌드에 맞게 수정한 문장입니다. 자세한 내용은 제3장을 참고해주시기 바랍니다.

2) "삼성역 코엑스몰에 대형 서점이 사라진 이유는 별마당 도서관 때문?"
https://blog.naver.com/nosung/222046554313

3) "'일본 대학생도 책 안 읽네'…대학생 절반, 하루 독서 시간 '제로'" 연합뉴스 2017.02.25

4) 『신호와 소음』 네이트 실버 저 / 이경식 역 / 더퀘스트

5) "정용진의 고민…'별마당' 덕분에 코엑스몰 활기는 되찾았는데" 뉴스웨이 2018.04.05

6) "폴 매카트니 전 부인 '린다 사진전' 20만 명 봐" 이데일리 2015.03.16

7) [리포트 +] "사진 촬영하세요"…미술관의 이유 있는 변신! SBS뉴스 2017.03.05

8) 『시대를 앞서는 미래 경쟁 전략』 P.73에 등장하는 원문은 다음과 같습니다. "AT&T에게 있어 모토롤라는 공급업체이자 구매자, 경쟁자이자 협력자다. 잘 정립된 산업에서는 상품과 고객의 세그먼트를 파악하기 쉽다. 하지만 가치사슬이 존재하지 않는 곳에서, 어디서 어떻게 돈을 벌어야 할지, 어떤 활동을 어떻게 통제할지, 수직 혹은 수평적으로 통합될지를 어떻게 알 수 있을까?"

9) "우티, 우버와 앱 통합 앞두고 베타테스터 모집" 파이낸셜 뉴스 2021.10.01

10) "이해진이 말하는 '네이버와 라인'" 전자신문, 2016.7.15

11) "코엑스몰 '갑질'에 영풍문고 '못 해먹겠네~'" 2015.7.13

12) "일본, 다음 달 11일부터 자유 여행 무비자 입국 허용" BBC코리아 2022.9.23

13) "https://tsutaya.tsite.jp/store/lounge/index

14) 『미래생존력, 적응 우위가 결정한다』 박찬욱 / 포스코경영연구원 2018.10.11

15) "정용진이 인문학 고전 번역한 이유는" 매일경제 2020.11.12

16) "휴관, 휴관 또 휴관… 국회도서관 문은 왜 1년 가까이 닫혀 있나" 조선일보 2021.08.21

17) "올해 출판계 키워드는 '코로나·재테크'…책 판매량은 23% 증가" 연합뉴스 2020.12.03

18) "One Fine Day: New York City's Three Public Library Systems Eliminate Late Fines" 뉴욕시립도서관 공지사항 2021.08.21.

19) "토스, '타다' 전격 인수. 지분 60퍼센트 확보" 지디넷 2021.10.08

20) "[대한민국 청와대] 도서 정가제의 폐지를 청원합니다" https://www1.president.go.kr/petitions/583076

21) "쿠팡·쓱닷컴이 불붙였다…온라인 서점도 새벽배송 전쟁" 한국경제 2021.4.10

22) 『핵심 정리 비즈니스 프레임워크 69』, 호리 기미토시, 위키미디어

23) 도브의 '리얼 뷰티 스케치' 광고 캠페인을 참고로 창작한 것입니다.

제2부. 선도 기업의 딜레마

1) "코로나19 이후 미래준비… 240조 투자, 4만 명 고용" 삼성 뉴스룸 2021.08.24

2) '[롯데를 움직이는 사람] 권용술 모비도미 이사' 매일경제. 2001. 12. 6. https://www.mk.co.kr/news/home/view/2001/12/331917

3) "인터넷한겨레 '디비딕닷컴' 개장–사용자끼리 질문·답하는 검색 포털", 미디어오늘, 2000. 8. 31

4) "다음–NHN, 친구끼리 '카페' 다툼", 한국경제, 2003. 12. 14

5) "강추e사이트] 검색 사이트 '첫 눈'" 디지털타임스 2005.08.24

6) "NHN이 한여름에 '첫눈'을 산 이유는?" 이데일리 2006.06.29

7) "김범수 전 NHN 대표의 야심 '韓 위지아, 美 부루닷컴'", 아시아경제, 2008. 5. 26

8) "수백억 적자낸 카톡 '유료화 안 합니다'" 이데일리 2012.04.30

9) 『톡톡! 국민앱 카카오톡 이야기』, 문보경·권건호·김민수 공저, 머니플러스, p.67

10) 통계청 '경제활동인구 및 참가율(OECD)' 2021.9.30. 기준

11) "카카오톡, '애니팡'의 힘으로 2년 만에 첫 흑자" 시사포커스 2012.10.29

12) "네이버, 방문자수 다음 첫 추월" 한국경제 2004.03.12

13) "'네이버' 카페 방문자수 '다음' 추월" 투데이 코리아 2007.07.06

14) "네이버 메일, 한메일 추월했다" 지디넷코리아 2009.08.28

15) "'멜론'을 1조 8700억에 먹은 카카오" 조선일보 2016.1.22

16) "라 전무 떠난 카카오IX…'카카오스페이스'로 재탄생" 아이뉴스24 2020.12.07

17) 구글의 웹 사이트 Think with google에 소개된 "모든 마케터가 알아야 할 네 가지 새로운 순간(4 new moments every marketer should know)"을 참고하시기 바랍니다.

18) '광고 유형(네이티브 vs 배너)이 모바일 광고의 클릭률에 미치는 영향', 윤각·김신애·조재수, 〈광고학연구〉 제28권 1호(2017년), pp.7~26

19) "네이버 이해진, 일본 최대 인터넷기업 'A홀딩스' 대표이사로" 조선일보 2020.08.25

20) "이해진 손정의 AI동맹 수조원 쏟아붓는다" 매일경제 2021.10.15

21) "알파고 능가하는 AI '알파 제로' 나왔다" 서울신문 2018.12.06

22) 2022년 10월 기준 애플의 시가 총액은 2조 3700만 달러(약 3조500억 원)로 세계 2위입니다.

23) 『손정의 300년 왕국의 야망』 스기모토 다카시 저, 유윤한 옮김 / 서울문화사

24) "베트남, 내년 '한국어' 제1외국어 정식 교과로 채택할 듯" 한국경제. 2020. 11. 17

제3부. 소비자를 열광시켜라

1) 『어니스트 티의 기적』 세스 골드먼, 배리 네일버프 공저 / 이유영 역 / 최성윤 그림 / 부키

2) "2012-2021 스마트폰 사용률 & 브랜드, 스마트워치, 무선이어폰에 대한 조사"
   갤럽조사연구소 2021.06.03

3) "코로나 불안, 코인 광풍 'C세대'가 온다. 해외선 코인 중독 재활센터 생겨나" 조선일보 2021.11.13

4) 『브랜드 포트폴리오 전략』 데이비드 아커(David Aaker) 저 / 이상민 옮김 / 비즈니스 북스 p196

5) 『소비의 사회』 장 보드리야르 저 / 이상률 옮김 / 문예출판사

6) "페이스북의 인스타그램 인수는 悪手?… 매출 '0' 굴욕" 조선비즈 2014.01.06

7) "인스타그램, 네이버 밴드도 제쳤다…월간 이용자 국내 첫 1위" 조선비즈 2022.08.04

8) TAAS 교통사고 분석시스템 자료 참조 http: //taas.koroad.or.kr/

9) "비난 쏟아진 '배민' 이벤트, 공식 입장에 네티즌 분노 폭발했다" 위키트리 2021.02.22

10) 〈온라인 식료품 구매 트렌드 리포트 2020〉 오픈서베이

11) "[폴인인사이트]새벽 배송 1년 반에 170억 매출 스타트업, '아마존이 새벽 배송 못하는 이유는'"
    중앙일보 2020.01.15

12) 『아인슈타인, 피카소 현대를 만든 두 천재』 아서 I. 밀러 / 작가정신

13) "30~50년뒤엔 1만달러만 내면 우주여행" 한겨레 2005.11.28

14) "How Greg Olsen Got A Bargain When He Spent $20 Million Of His Own Money To Fly In Space" 포브스(Forbes) 2017.2.23

15) 월리 펑크는 1960년대 초 미국 최초의 유인위성 발사 계획인 '머큐리 계획'에 따라 엄격한 NASA의 우주비행사 시험을 통과한 '머큐리 여성' 13명 중 한 명입니다. 하지만 실제 우주에 가지는 못했습니다. 여성이라는 이유로 NASA 우주비행사단에 들지도 못했기 때문입니다. 이 시절 NASA 우주비행사는 전원이 남성 군인 시험 비행사들이었습니다. 펑크는 자신이 다른 어떤 남성보다도 더 잘했고 일을 빨리 완수했다는 얘기를 들었다고 회고합니다. 하지만 아무도 자신을 우주비행사로 뽑지 않았습니다. 이후 펑크는 미 연방항공청(FAA)의 첫 여성 감사관을 지냈고, 연방교통안전위원회(NTSB)의 첫 여성 항공안전 수사관을 역임했습니다. 베조스는 그녀의 사연을 듣고 특별히 뉴 셰퍼드호의 첫 여행객으로 낙점하게 됩니다.

16) 멀게만 느껴졌던 우주 관광 산업이 우리 눈앞에 다가온 셈입니다. 스페이스X가 우주선을 쏘아올린 바로 그 다음달인 10월 5일 러시아는 영화 촬영을 목적으로 소유스 MS-19호를 쏘아올렸습니다. 우주선에는 전문 우주비행사 안톤 슈카플레로프와 우주 공간에서 촬영하는 영화 〈도전〉(가제)의 감독인 클림 쉬펜코, 배우 율리야 페레실드가 탑승했습니다. 영화는 심장질환을 겪는 우주비행사를 구하기 위한 여의사의 이야기를 다루고 있습니다. 우리나라도 10월 21일 누리호를 발사하여 목표 궤도인 700㎞ 상공까지 비행하는 데는 성공했지만, 함께 싣고 올라간 모형 인공위성을 궤도에 안착시키는 데는 실패했습니다. 아쉽기는 하지만 기존의 고정관념에서 벗어나 새로운 시각으로 전에 없던 이미지를 창조한 우주여행 시대에 대한민국이 도전했다는 점에 큰 의미를 두고 싶습니다. 우주 항공 산업 분석가인 마일즈 월튼에 따르면 2030년까지 우주 관광 산업이 40억 달러(약 4조 5940억 원) 시장 규모로 성장할 것이라고 합니다. 바야흐로 우주 개발의 시대가 도래한 것입니다.

제4부. 광고로 위기를 극복했다는 착각

1) 영국 런던에 위치한 글로벌 미디어 커뮤니케이션 기업 WPP 그룹의 전 의장입니다. WPP 그룹에 속하는 대표적인 회사로는 그룹M(GroupM), JWT, 오길비앤매더(Ogilvy and Mather), 그레이(Grey) 등이 있습니다.

2) "[단독] 김정남 '천안함, 北의 필요로 이뤄진 것'[정정내용 있음]" 조선일보 2012.01.17

3) "[사설] 김정남의 '천안함 발언', 조선일보가 날조했나" 한겨레 2012.01.19

4) "이재용 경영복귀 효과…삼성이 빨라졌다" 조선일보 2021.08.22

5) "이재용 출소날 하필 삼성전자 주가는 '급락'…왜?" 이데일리 2021.08.13

6) "코로나19 재난지원금 17조 6천억 원으로 소비 지출 10.4퍼센트 증가" 연합뉴스 2021.09.15

7) "'재난지원금 받아도 그때뿐'… 자영업 작년 매출 19조 4137억 '뚝'" 세계일보 2021.05.12

8) "민물고기가 담도암을 유발한다?" 헬스코리아뉴스 2019.08.27

9) 대홍기획은 1990년 디디비 니드햄(DDB Needham) 사와 일본 다이이치기획과 합작해서 디디케이(DDK, DDB Needham Korea)라는 광고대행사를 설립하여 자회사로 둔 적이 있습니다. 디디비 니드햄이라는 명칭은 네드 도일(Ned Doyle), 막스웰 데인(Maxwell Dane), 빌 번벅(Bill Bernbach)이 세운 디디비와 니드햄 하퍼 월드와이드(Needham Harper Worldwide)가 합병해서 만들어진 것입니다. 이 회사는 현재 우리나라에서 디디비 코리아(DDB Korea)라는 명칭으로 영업 중이며 뉴욕 본사를 중심으로 90여 개국 200여 개 사무실을 두고 있습니다.

10) "논란 거세지는 '만 5세 취학'… '저출산 해결' vs '졸속 교육안' 커지는 파열음" 세계일보 2009.12.06

11) "50년 뒤 한국 인구 3689만 명, 서울도 629만 명 된다" 중앙일보 2021.08.20

12) "참여정부 사교육 시장 줄인다더니…DJ정부 2배" 2007.12.17

13) "2009년 상장 아발론 교육, 美 AIG서 600억 원 유치" 한국경제 2008.07.03

14) "서울 '영어 몰입 교육' 효과 연구 착수" 아시아경제 2008.8.20

15) 『내용언어 통합학습(영어 몰입 교육)에 기반한 영어 교육의 적합성 및 효과성에 관한 연구』 74쪽

16) "영어 몰입 교육과 영어 능력 향상은 아무 관계 없어" 오마이뉴스 2009.07.06

17) "'영어 몰입 교육 효과 없다' 보고서 은폐 의혹" 레디앙 2009.07.02

18) 『노자 마케팅』 이용찬 저 / 마일스톤

19) KB금융그룹의 '하늘 같은 든든함, 아버지(몰래카메라)' 기업 PR 캠페인을 참고로 창작한 것입니다.

제5부. 뛰는 자(者) 위의 나는 자(者)

1) 방탄소년단의 소속사인 하이브(HYBE)의 설립자 겸 이사회 의장

2) OTT란 over the top의 약자로 전파나 케이블 채널이 아닌 셋톱박스에 연결된 인터넷망으로 개인 기기를 통해 영화, 드라마 등의 미디어 콘텐츠를 제공하는 서비스를 부르는 단어입니다.

3) "쿠팡, 날아오를까 추락할까" 메트로신문 2021.11.16

4) "[인터뷰] 김범석 쿠팡 의장 '아마존·알리바바 진출 막겠다'" 한국경제 2021.03.12

5) "강도 높은 구조조정 부족했나…또 한 차례 인력감축 나선 롯데마트" 뉴스웨이 2021.11.02

6) "11번가, '한국서 가장 존경받는 기업' 7년 연속 오픈마켓 1위" 지디넷코리아 2022.03.02

7) "이베이코리아 변광윤號, 매출 '1兆 클럽' 입성 유력" 아이뉴스24 2020.02.19

8) "[금융특집] '1등 금융플랫폼' 도약 선언한 윤종규 KB금융지주 회장" 월간 중앙 2022.01.17

9) 『베조노믹스』 21세기북스, 브라이언 두메인 저

10) 『최강의 유튜브 플랫폼을 넘어 크리에이터로 사는법』 성안북스, 박노성 외 저

11) 최근에 이베이닷컴(ebay.com)은 아마존과 유사한 노출방식으로 개편하였습니다.

12) https://join.shopping.naver.com/faq/list.nhn?catgCd=H00015

13) 『아마존, 세상의 모든 것을 팝니다』 21세기북스, 브래드 스톤

14) "서울시향 조회수 12만회... 1만 5,000명 몰린 서울 메타버스 축제" 중앙일보 2021.11.03

15) 디지털 트윈(Digital Twin)은 물리적 자산, 시스템 또는 프로세스를 소프트웨어로 표현하는 기술을 의미
합니다. 3D 이미지와 달리 실시간 분석을 통해 대상을 감지·예방·예측 및 최적화하여 비즈니스 가치를 제
공하는 역할을 수행합니다.

16) "AI·메타버스 업고...엔비디아, 반도체 시총 1위" 한국경제 2021.10.28

17) "AR 박차 가하는 페이스북, 뇌 신경 스타트업 인수" IT조선 2019.09.24

18) "SKT '오큘러스 퀘스트2' 재입고 4분 만에 완판...인기 비결은?" 블로터 2021.03.04

19) "오큘러스 플랫폼서 1백만 달러 매출 타이틀 60개로 늘어" 테크지 2021.0203

20) "SM 온라인 콘서트 '광야', 161개 지역 5100만 관람" 이데일리 2022.01.02

21) "BTS 코로나 같다더니..."인종 차별 아냐" 독일DJ 고개 숙였다" 중앙일보 2021.2.28

22) 이날치 이어 콜드플레이 러브콜 '백업 댄서로 보일까 망설여'" 2021.06.22

23) "빅히트 방시혁 대표 '방탄소년단의 성공 비결은 좋은 콘텐츠'" 한국경제 2019.11.25

24) "혁신이란 이름의 갑질..공정위, 쿠팡에 과징금 33억" 조선일보 2021.08.19

25) "'동료 기사가 말도 안 걸어'...'카카오 T블루'가 뭐길래" KBS뉴스 2021.03.10

26) "'구글 인앱결제 방지법' 국회 본회의 통과...세계 첫 입법 규제" 한겨레 2021.8.31

27) "역대급 플랫폼 때리기 국감...카카오 김범수 나온다" 중앙일보 2021.9.27

28) "네이버 '제2의 전성기' 토대 만든 한성숙, 결국 조기퇴진..향후 거취는?" 블로터 2021.11.17

29) "광주형 일자리, 이럴 거면 왜 하나" 한국경제 2020.03.31

30) "볼보 '100퍼센트 전기차 기업' 선언...'판매도 절반 이상 온라인으로'" 매일경제 2021.03.03

31) "서울 핵심상권 명동 상가, 10곳 중 4곳이 비었다" 동아일보 2021.07.29

32) 『D2C 레볼루션』 로런스 인그래시아 저 / 안기순 역 / 부키

33) 〈2021 언론수용자 조사〉 한국언론진흥재단 2021.12.31

34) "NYT 1000만, FT 100만... '디지털 유료 구독' 체질 개선" 한국기자협회 2022.03.15

35) "아마존, 25년 세월 쌓아 올린 '알렉사'와 이별한다" 테크플러스 2021.12.20

Foreign Copyright:　Joonwon Lee
Address: 3F, 127, Yanghwa-ro, Mapo-gu, Seoul, Republic of Korea
　　　　　3rd Floor
Telephone: 82-2-3142-4151, 82-10-4624-6629
E-mail: jwlee@cyber.co.kr

인사이트를 얻기 위한 최적의 마케팅 공부

Re: 리마케팅하라!
Marketing

2022. 10. 25. 초 판 1쇄 인쇄
2022. 11. 1. 초 판 1쇄 발행

지은이 | 박노성
펴낸이 | 최한숙
펴낸곳 | **BM 성안북스**
주소 | 04032 서울시 마포구 양화로 127 첨단빌딩 3층(출판기획 R&D 센터)
　　　| 10881 경기도 파주시 문발로 112 파주 출판 문화도시(제작 및 물류)
전화 | 02) 3142-0036
　　　| 031) 950-6378
팩스 | 031) 955-0808
등록 | 1978. 9. 18. 제406-1978-000001호
출판사 홈페이지 | **www.cyber.co.kr**
이메일 문의 | smkim@cyber.co.kr
ISBN | 978-89-7067-423-0 (13320)
정가 | **20,000원**

이 책을 만든 사람들
책임 · 기획 · 진행 | 김상민
편집 | 김동환
본문 · 표지 디자인 | 박현우
홍보 | 김계향, 유미나, 이준영, 정단비, 임태호
국제부 | 이선민, 조혜란
마케팅 | 구본철, 차정욱, 오영일, 나진호, 강호묵
마케팅 지원 | 장상범, 박지연
제작 | 김유석

■ 도서 A/S 안내

성안당에서 발행하는 모든 도서는 저자와 출판사, 그리고 독자가 함께 만들어 나갑니다.
좋은 책을 펴내기 위해 많은 노력을 기울이고 있습니다. 혹시라도 내용상의 오류나 오탈자 등이
발견되면 **"좋은 책은 나라의 보배"**로서 우리 모두가 함께 만들어 간다는 마음으로 연락주시기
바랍니다. 수정 보완하여 더 나은 책이 되도록 최선을 다하겠습니다.
성안당은 늘 독자 여러분들의 소중한 의견을 기다리고 있습니다. 좋은 의견을 보내주시는 분께는
성안당 쇼핑몰의 포인트(3,000포인트)를 적립해 드립니다.
잘못 만들어진 책이나 부록 등이 파손된 경우에는 교환해 드립니다.